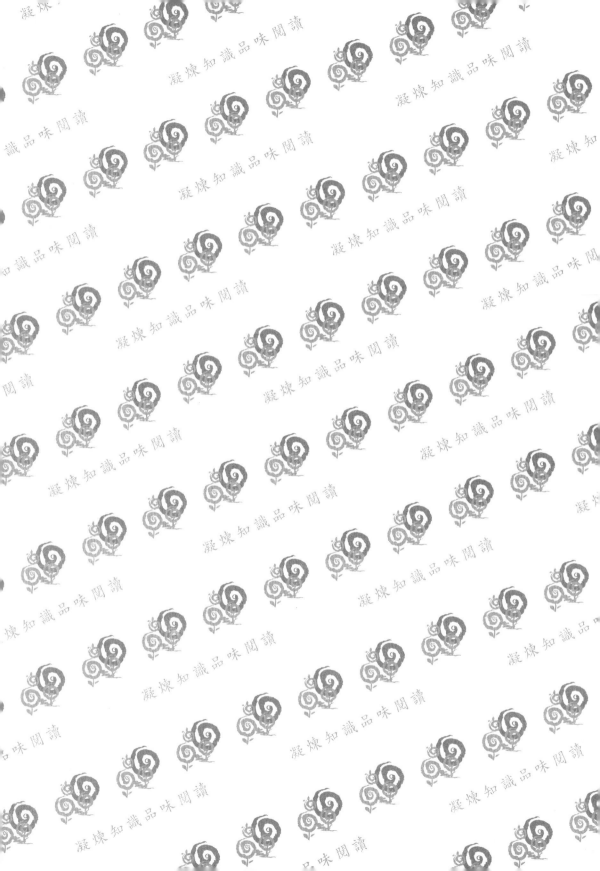

輔導原理與實務

周新富　著

五南圖書出版公司 印行

目　錄

第一章

緒 論

　　輔導是一種幫助學生認識自己和環境，以及應用自己的智慧和能力作適當反應的歷程，來解決自己所遭遇的困擾或面臨的問題，並計畫安排自己當前的和未來的生活。學生為什麼需要輔導？其理由有三：(1)成長中的兒童或青少年經驗不足，心智未成熟，他們需要成長與發展；(2)學生在成長過程中有了困惑，需要他人協助，例如：學業、交友、擇業、求職等；(3)學生在發展過程中易發生心理衝突、違規犯過、學習困擾等危機（吳武典等，1995）。基於上述理由，學校輔導工作成為學校教育體系中不可缺少的一環。輔導工作開始於二十世紀的美國，由職業輔導開始，慢慢擴展到教育輔導、生涯輔導，許多的諮商理論及方法不斷地提出，對輔導的推展產生很大的影響。我國的輔導工作如果從1968年在國中設置「指導活動」課程開始算起，不過是短短五十多年，在發展和成長方面還有極大的空間。本章的重點在敘述輔導的基本概念，共分為四節，分別探討輔導的意義、目的、功能、發展、內容、基本原則，以及與其他助人專業比較。

第一節　輔導的意義、目的與功能

　　傾聽一位朋友傾訴他的問題、幫助親朋好友解決問題，這是比較常見的助人行為，有些工作，例如：教師、警察、護士、醫師、牙醫等，皆屬於助人工作，但此等類型的協助稱作非正式的助人工作或一般性的助人工作，因上述協助未經系統化的規劃或執行，助人者未受過專業助人訓練或僅是間歇性幫助他人。而諮商員、心理治療師、社會工作者等助人服務的工作稱之為「助人工作」（helping professions），這些助人工作是由訓練有素的專家，在專業倫理的規範下，為滿足當事人的特定需求而從事的一種有計畫性的專業服務（王智弘、林意苹、張匀銘、蘇盈儀譯，2006）。輔導（guidance）是一種專業的助人工作，也是一種科學化的助人方式，具有可靠的助人效果（王文秀、田秀蘭、廖鳳池，2011）。本節分別從輔導的意義、目的與功能，來說明輔導工作的意義。

壹 輔導的意義

以下分別從定義與特性來闡述輔導的意義。

一、輔導的定義

輔導按字面上的解釋，「輔」是助的意思，「導」是引的意思，輔導兩字合在一起，可視為「輔助引導」，具有引導、指導、協助等意涵，也就是藉著引導來協助受輔者（學生）。輔導的英文為guidance，具有引導或指示方向的意思，所以，「輔導」一詞在中英文字義極為相似（吳清山，2015）。輔導這項助人專業，雖然可以應用到各項職業領域，但最常被應用到學校，因此，輔導大多是指學校中教育人員對學生的一種協助或引導，但「引導」並不是單方面將自己的想法、價值觀和人生經驗直接或間接地傳遞給學生，或代替學生解決問題，而是要協助學生了解自己目前的處境及問題，協助其找出適當的解決方法（周甘逢、徐西森、龔欣怡、連廷嘉、黃明娟，2003）。

根據《心理學辭典》的解釋，輔導是一種教育的歷程，在輔導歷程中受過專業訓練的輔導人員運用其專業知能，協助當事人了解自己、認識世界，引導當事人根據自身條件（如能力、興趣、經驗、需求等），建立有益個人與社會的生活目標，並使其在教育、職業及人際關係各方面的發展上，能充分展現其性向，從而獲得最佳的生活適應（張春興，1989）。

輔導學者也對輔導的定義作了詮釋。吳武典等（1995）認為輔導是一種助人的歷程或方法，由輔導人員根據某種信念，提供某些經驗，以協助學生自我了解與充分發展。在教育體系中，它是一種思想（信念），是一種情操（精神），也是一種行動（服務）。周甘逢等（2003）認為輔導是一種助人的方法，由輔導人員依據誠信原則，來協助個體探索自我與剖析環境，有效解決所面臨的問題，並積極管理自我，建構美好人生的歷程。黃政昌等（2015）認為輔導是一種專業的助人過程，透過輔導員與當事人建立信任的合作關係，輔導員將協助當事人增進自我了解、有效解決問題、充分適應環境，以邁向自我成長與自我實現的境界。

　　西方學者分別對輔導做如下的定義：輔導是某人給予另一人的協助，使其能做明智的抉擇與適應，並解決問題（Jones, 1970）。輔導是協助個人了解自己及其周圍環境的一種過程，輔導是協助不是強迫矯治，而是應求助者的邀請所提供的輔助或助力（Shertzer & Stone, 1981）。布朗（Brown, 1991）將輔導界定為是一種提供個人與職業輔導的助人歷程，是一個澄清取捨的歷程。在此歷程中，助人者會提供建議、諮商、評估、賦予權利、辯護與回饋，同時也要表現出以案主為中心、維護隱私、開放性與親和性、自主性、有意願幫忙等五個價值（引自鄔佩麗、陳麗英，2011）。另一學者施密特（Schmidt, 2008）對輔導所下的定義為：輔導是有關情意或心理的課程，被用來描述特殊的教學或資訊服務，是以全校為對象，可以整合到班級教學之中，例如：班級輔導或小團體輔導，有時輔導也是全校性活動，例如：生涯輔導。

　　綜合上述中西方學者對輔導的定義，我們可以得知，輔導是一種助人專業，由受過專業訓練的輔導人員運用專業方法或技術，協助當事人探索自我、接納自我、解決困惑或問題的歷程。在協助的過程中，輔導人員要與當事人建立良好專業關係，並要尊重當事人的自由意願。

二、輔導的特性

　　輔導的英文為guidance，由每個字母的聯想單字，可以說明輔導所具有的特性（張德聰等，2004；劉焜輝主編，2014）：

　　G-growth（成長性）：輔導是協助當事人於身、心、靈（精神）皆能朝向成長的目標。

　　U-understanding（覺察性）：輔導過程是一種學習自我探索及自我覺察的過程，覺察自我的想法、情緒、行為及外在環境。

　　I-individual（個別性）：輔導的方式可分為個別輔導及團體輔導，不論何種方式皆重視學生的個別差異性及獨特的主觀經驗。

　　D-development & direction（發展性及方向性）：輔導必須考量個體身心發展及社會發展任務，且在輔導過程中，當事人在輔導人員的協助下，由自我探索，進而自我了解、自我接納、自我改變、自我突破及自我實現。輔導基本上是有方向、有目標的協助當事人朝向成長的過程，於輔導

過程中，應協助當事人建立發展性目標。

A-arrangement（妥善性）：輔導是一種安排適切環境以引導當事人朝著輔導目標前進的助人方法，如果能妥善安排一種安全、信任、沒有威脅的氣氛，當事人即能發揮其自我功能。

N-need（需求之契合性）：輔導是合作與民主之協助，根據當事人的需求而輔導，非強迫式的指導。當事人是否有動機接受輔導，和輔導目標是否與其需求相契合有密切關係。

C-chance（機會性）：輔導提供當事人自我成長、自我改變的機會，於輔導過程中，當事人的問題是其危機，但危機亦為轉機，可提供當事人成長、再學習的機會。

E-education（教育性）：輔導可以成為一門課程，與其他科目一樣教給學生，例如：輔導活動、生涯發展，學生可於輔導課程中探索自我、了解自我，彌補傳統教育之不足。

 ## 貳 輔導的目的

輔導工作的目的是什麼？羅傑斯（Rogers, 1962）認為輔導和諮商等助人專業工作的目的，就是要促進當事人的個人發展，使其心理朝向社會化的成熟性成長（引自王文秀等，2011）。王文秀等（2011）將輔導的目的歸納為以下三項：一是協助當事人自我探索，增進自我了解；二是協助當事人的自我成長與適性發展；三是促進當事人的社會與環境適應。國外學者莫立歐等（Morrill et al., 1974）以輔導介入的目標、介入的目的及介入的方法等三個向度來說明輔導工作的領域，其中介入的目的包含預防、發展、治療，介入的方法包含直接服務、諮詢訓練、媒體（引自張進上，2006）。從上述學者對輔導目的的敘述，可知輔導具有發展、預防、治療三項目的，以下分別說明之（王文秀等，2011；張進上，2006；馮觀富，1997）。

一、發展性目的

　　輔導工作以全體學生為對象，在於協助學生了解與克服發展過程中所遭遇的困擾，包括學生身心發展各個層面，以及親子關係的增進，例如：充分了解自己的能力、興趣、價值觀、性向、人格特質等，更進一步可以不斷提升自我成長、發揮自我潛能。

二、預防性目的

　　輔導工作另一個目的在於預防問題的發生，亦即在將發生而尚未發生時，輔導及時介入，以免問題惡化，例如：協助單親兒童生活上的適應、協助生涯選擇方面的困擾等。預防對象較治療性輔導為廣，以求遍及全體學生，但實際上因侷限於輔導人力，仍以少數有問題傾向的學生為主。

三、治療性目的

　　治療性輔導的目的在診斷、治療學生的問題，輔導對象僅限於少數有問題的學生，針對已發生問題的學生進行個別諮商，依學生的特殊性，選擇合適的方法，協助其克服困擾，例如：提供學生學習問題的解決策略，以治療學生學習上的問題。

 輔導的功能

　　輔導工作的需要是基於學生於成長與發展過程中的需要，因而受到廣泛的重視。學者麥克唐納（McDaniel, 1957）提出輔導的功能可分為適應、分配與調整三種：(1)適應功能（adjustive function）是幫助當事人了解自我、認識環境、學習與教師及同學相處之道；(2)分配功能（distributive function）是幫助當事人了解自己的興趣、性向及能力，發現自己的個別需要，藉以考慮將來可能的發展，以協助學生做好生涯發展及選擇；(3)調整功能（adaptive function）是協助當事人藉由標準化的心理測驗及各項資料，了解其生涯環境不同之機會，並藉由定向輔導協助其適應及調整，例如：以學習輔導調整學習策略、建立紀錄資料作為調整或充實輔導

策略之參考。莫天生與許穆勒（Mortensen & Schmuller, 1976）認為輔導具有協助自我了解、引導適性發展、提升適應指標、進行有效溝通四項功能（引自賴保禎、周文欽、張德聰，2004）。喬治和克里斯丁妮（George & Cristiani, 1995）歸納輔導具有催化行為改變、增進因應技巧、提升做決定的能力、增進人際關係、催化當事人的潛能等五項功能。根據相關學者的論述，可以歸納出輔導工作主要在協助當事人增進下列的功能（公務人員保障暨培訓委員會，2016；周甘逢等，2003；賴保禎等，2004）：

一、自我了解

　　幫助當事人增進自我了解，也就是自知之明。凡是對自己的個性、才能、興趣、知識、技術越了解的人，也會越能夠訂定合理的學習和生活目標，如此可以增進學習和生活的適應。

二、自我悅納

　　幫助當事人喜歡和接納自己，包括自己的身材、容貌、才能、個性等。通常喜歡自己、悅納自己的人，也會比較快樂和滿足，有助於心理健康。

三、生活適應

　　幫助當事人認識其所處的環境，例如：學校和家庭的生活環境。輔導工作需預防學生產生適應不良的問題，對於面臨學習和家庭問題的學生，則給予特別協助。

四、解決問題

　　學生在每天的生活中總是面臨許多的問題要處理和解決，小問題或許當事人可以自己處理，遭遇比較嚴重的學習或生活問題時，輔導人員可以協助他們解決，並增進他們解決問題的能力。

五、人際關係

輔導的目的之一即在協助當事人發展良好的人際關係，例如：幫助學生了解與教師、同學的相處之道，當學生的人際關係出現問題時，則給予適當協助。

六、生涯規劃

幫助當事人及早進行生涯規劃也是很重要的輔導目標，例如：協助當事人了解現行教育制度和職業資料，做好學生畢業後升學或就業的規劃。

七、發展潛能

對於有問題或困難的學生，輔導人員可以提供必要的協助；對於認真學習的學生則可協助他們發展學習能力，擴大學習效果。所以，輔導的功能在於協助他們發揮潛能、實現自我。

八、增進心理健康

輔導的目的還包括增進當事人的心理健康，人生不如意者十之八九，在遭遇學習或生活上的挫折和困難時，如果適應得不好，容易導致心理困擾，甚至精神疾病。輔導的功能在於對學生之情緒予以支持、關懷，協助當事人促進心理健康，並能在困境中重新出發。

除上述八項功能之外，尚有學者提出的轉介、團隊合作之功能。總之，輔導的功能在於幫助學生增進自我的了解，促進成長與發展潛能，以及增進適應環境與解決問題能力。

第二節　輔導的發展

美國強調民主、個體發展，正是輔導孕育的必備條件，所以輔導源於美國，亦發揚於美國。促使美國輔導運動發展的淵源包括：(1)進步主義教育思潮特別強調個體發展、志趣、自由及活動等在教育上的意義；

(2)精神醫學及心理治療法由歐洲逐漸傳播到美國，促進美國心理衛生運動的發展；(3)行為學派心理學以科學化的實驗方法研究人類行為，促使心理測量運動的興起，對輔導影響甚鉅；(4)人本心理學反實驗心理學、反精神分析，其主張及方法對輔導與諮商產生極大影響；(5)工業化社會引發社會劇烈變動，造成社會弱勢群體的需求亟需被正視與關照（宋湘玲等，2004；劉焜輝主編，2014）。以下分別就美國及我國輔導工作的發展情形做扼要敘述（宋湘玲等，2004；吳武典等，1995；劉焜輝主編，2014；Gysbers & Henderson, 2012）。

壹　美國輔導的發展

輔導運動發展不是官方由上而下的指導與帶領，而是知識分子在工業革命發展過程對勞動力所發出呼聲之呼應。早期美國的輔導工作以職業輔導為主要項目，再逐漸將教育輔導及生活輔導列為學校輔導的工作。以下分為開創期、興盛期、整合期、執行期及未來挑戰等五期來說明。

一、輔導的開創期（1908-1940年代）

1908年戴維斯（J. B. Davis）擔任中學校長時，看到學生的職業問題，他們無力抗拒資本家的剝削，只能被迫在生活條件極差的工廠中謀生，於是他有系統地對全校學生進行輔導，利用每週五的英文課為七年級至十二年級學生進行職業輔導課程，對學生施以「職業與品德輔導」。此時被尊稱為「輔導之父」的帕森斯（Frank Parsons），在波士頓創設職業局（Vocation Bureau）對校外求職青年進行職業輔導，是第一所青年謀職的職業輔導機構。此時期的輔導內涵主要為三項：(1)觀察和分析個體興趣、工作能力與人格特質；(2)蒐集職業資料、工作性質與工作要求；(3)決定與安插工作。1946年聯邦政府制定「職業教育法」（Vocational Education Act），對學校輔導與諮商的成長和發展有很大的影響。

二、輔導的興盛期（1950-1960年代）

在1950年代末期與1960年代初期，民眾對教育的觀念產生重要的改變，一是視教育為國家防衛的觀念，因此於1958年通過「國防教育法案」；另一觀念為將教育視為社會重建的工具。這兩項教育觀念的改變，促使輔導機構與人員的快速增加，也促使教育輔導的興起。教育輔導活動是一個基本歷程，目的在幫助學生更有效能地適應學校生活和選擇學習課程，輔導的重點從離校後的生活調適拉近到在校期間的輔導。1960年代為了對個人的改變更能掌握其方法及策略，輔導逐漸看重諮商技術，學生個人的服務包括健康、心理服務、社會工作、上課出席等成為主要工作，諮商也逐漸從輔導概念脫離，在學校輔導工作角色日漸吃重。

三、輔導的整合期（1970-1980年代）

1975年，聯邦立法通過「殘障兒童教育法案」，學校對於不利地位的殘障孩童提供特殊服務，並避免造成隔離，使其回歸主流，「個別教育計畫」（IEP）應運而生。這十年間的另一焦點為生涯教育以及諮商人員在生涯教育中所扮演的角色，透過「生涯輔導與諮商法案」、「生涯教育激勵法案」，聯邦、各州及地方政府均增加經費上的支援，生涯發展的實施同時也整合到學校課程之中。這個時期開始經由國家的努力，協助各州發展和執行全州的生涯輔導和諮商的模式，這項工作開始於1970年代初期，先將理論模式轉換成可實際在學校運作、執行的輔導方案，再將多項不同的輔導方案統整成「綜合性輔導和諮商方案」（comprehensive guidance and counseling programs）。

四、輔導方案的執行期（1980-1990年代）

1970年代晚期，檢視傳統的輔導和諮商的做法，提出諸多修改的建議。「綜合性輔導和諮商方案」逐漸包含多種服務模式，也得到普遍的接受，該方案名稱為「學校諮商員和發展性輔導」（The School Counselor and Developmental Guidance），是由美國學校諮商員協會（American School Counselor Association, ASCA）於1978年提出，1984年修訂。1980年

代後期至1990年代，共有34州以上持續推行「綜合性輔導和諮商方案」。

五、二十一世紀的挑戰

2001年美國國會通過「沒有孩子落後法案」（No Child Left Behind Act），其中有些條文是有關小學和中學的諮商方案，聯邦政府允諾提供經費至教育機構推展輔導和諮商方案。二十一世紀第一個十年持續推動「綜合性輔導和諮商方案」的執行、評鑑，由ASCA整合學者以及各州的輔導計畫後，建立了ASCA全國模式，希望能將這個模式推展到全美各州，各州再透過立法支持各學區輔導和諮商方案的發展、執行和評鑑。為使輔導方案能夠成功地實施，有效領導是相當重要的。沒有適當的領導，輔導系統便無法執行，因此對於輔導方案的領導、行政、督導和管理更加重視。

貳 我國輔導的發展

輔導運動在我國的發展較慢，然而輔導觀念的萌芽並不比美國晚，輔導工作之發展可以上溯1917年之中華職業教育社對職業輔導的推動，後來因為戰亂的影響，我國輔導的歷史留下二十餘年的空白。政府遷臺以後於1954年再度展開的輔導工作，包括僑生的輔導、中國輔導學會的推廣。1968年實施九年義務教育後，開始在國民中學全面推行輔導工作。為了解輔導在我國如何因應時代脈動而漸次茁壯，成為專業體系，以下分別以萌芽時期、開拓時期、制度建立時期、專業效能提升時期，以及轉型期，說明我國輔導工作的發展歷史（林清文，2007；宋湘玲等，2004；賴保禎等，2004；劉焜輝主編，2014；葉一舵，2013）。

一、萌芽時期

我國近代輔導工作，始於1954年教育部僑民教育委員會號召僑生回國升學，當時教育部會同僑務委員會等有關機構，訂定各種輔導僑生回國升學辦法，有計畫的輔導海外僑生回國升學。由於返國僑生年齡多在20歲以

下，他們遠離父母，加上人地生疏及語言隔閡，產生嚴重的生活適應與學習困難。於是蔣建白先生規劃僑生輔導工作，針對課業、生活適應各方面予以協助，並發行《輔導月刊》，供各校教師研究參考之用，成效顯著，被認為是近代教育輔導工作之始。

二、開拓時期

從1958年至1960年代間稱之為開拓時期。1958年「中國輔導學會」成立，該學會可說是我國輔導工作的帶領者，此階段其對國內輔導工作的貢獻，包括將輔導觀念引入我國、輔導理論與知識的傳播、進行輔導人員訓練、推廣輔導活動至各級學校、促進輔導與相關學術團體的合作等項。

三、制度建立時期

1968年，政府實施九年國民教育，創立國民中學，輔導學會協助政府擬訂國民中學「指導活動」課程標準，編輯「指導活動」學生手冊及教師手冊，此為我國各級學校發展輔導的起步，自此以後，學校輔導工作進入建立時期。此時期重要的發展如下：

㈠輔導專業課程設置

1968年，國立臺灣師範大學成立教育心理學系；1971年，彰化教育學院成立輔導學系。

㈡輔導納入學校體制

1968年，在國民中學暫行課程標準增列「指導活動」課程，並設置「指導工作推行委員會」，聘用執行祕書及「指導老師」，透過課程形式專設「指導活動」一科，排定每班每週一小時。1975年，教育部頒訂「國小課程標準」，增列「國小輔導活動實施要點」，融入課程中。但一直到1996年，國民小學中高年級才開始每週一次一小時輔導活動課程。1979年，「國民教育法」明訂國中應設輔導室，小學應有輔導室或輔導人員，但1984年國中小輔導室才全面設立。高級中學方面，依1979年訂頒的「高級中學法」規定，高級中學設置輔導工作委員會，規劃協調全校學生輔導

工作，輔導工作委員會置專任輔導教師，由校長遴聘具有專業知能人員充任之。在大專部分，教育部在1976年通令各大專院校設置學生輔導中心或心理衛生中心，進行各大專院校之學生輔導工作。

㈢民間輔導機構之創設

　　社區輔導工作之推動，對輔導工作的推展影響深遠。1969年救國團籌設「張老師輔導中心」，提供對社會人士之電話諮詢及直接服務。社會及醫療機關附設的輔導機構，如社區心理衛生中心、生命線、協談中心等，對輔導工作的推廣有相當的貢獻。

四、專業效能提升時期

　　任何一種專業倫理準則是構成其之所以為專業的條件之一，1989年中國輔導學會頒布「中國輔導學會會員專業倫理守則」。目前我國的輔導工作隨著社會變動日鉅而需求日殷，教育部在1992年「輔導工作六年計畫」中，即以「舒緩青少年問題的嚴重程度」和「逐步建立輔導體制」為主要推動方向，至1995年則實施「第二期輔導計畫」，以認輔制度、輔導法、生涯輔導、輔導網絡為主。在此期間，教育部針對青少年問題所推動的輔導方案包括春暉專案、朝陽專案、璞玉專案、旭日專案、攜手計畫等。綜合而言，本階段輔導之主要發展有：

㈠強化中、小學教師及輔導人員的專業知能

　　近年來校園暴力事件激增，輔導技巧的訓練和專業知能養成已為教師不可或缺之一環。教育部學生事務及特殊教育司積極推動提升教師及專業輔導人員輔導知能的職前教育及在職進修，且督促學校定期辦理教職員工輔導知能研習，持續強化輔導人員之專業知能，以提升工作成效。

㈡重視社區諮商師的培養

　　機構或社區之輔導專業人員包括生涯諮商師、臨床心理健康諮商師、家庭與婚姻諮商師、復健諮商師等不同特殊工作範圍的專業人員。過去我國諮商師培養課程偏向學校諮商師的養成，學生所學技能不足以應付社區諮商工作，在此時期對專業輔導人員的培訓同時兼顧符合社區民眾需要的

諮商技能。

㈢督導制度的推動

督導是保障當事人權利的重要措施，也是建立專業權威和公信力不可或缺的一環，但是我國心理專業人員訓練中，最為脆弱的一環是臨床督導。張老師青少年輔導中心是最早引進督導制度的機構，著重於對義務張老師建立良好的督導關係及支持性的督導功能，國內輔導專業對督導的重視與日俱增。

五、轉型期

從1998年教育部推動教育改革行動方案迄今，是學校輔導的轉型期，這一時期的輔導工作伴隨著教育改革，進入一個不斷調整與變革的階段，輔導工作進入多元化並充滿爭議的時期。九年一貫課程體系的實施，輔導被整合到「綜合活動領域」之中，輔導不再是學校中一門獨立的課程。「教訓輔三合一」體制的建立試圖打破原有的工作領域，以期達成教學、訓導、輔導工作的最佳互動模式。輔導教師的任用與資格認定也不斷調整，心理諮商師和社會工作師可以在取得教師證照後進入學校，為學生提供輔導和諮商服務。2014年「學生輔導法」完成立法，對於學生輔導工作有了重大突破，例如：完備學生輔導三級體制、設置學生輔導諮商中心、高級中等以下學校每校設置輔導教師、增置專業輔導人員、強化輔導網絡合作及提升教育人員輔導知能等，對於有效解決教育現場各類問題充滿期待。

第三節　輔導的基本原則與內容

壹　輔導的基本原則

不同輔導學派在建立諮商理論時，都會針對人類的行為提出基本假設，例如：行為主義的諮商理論，基本上假設大部分當事人的問題乃是學

習的問題，因此，諮商人員的主要任務就是企圖幫助當事人能完成學習新的且比較適應的行為（修慧蘭等譯，2016）。個人中心治療的基本假設是人在本質上是可以信任的，每個人都擁有自我了解及自我解決問題的潛能，信任人有能力做正向、有建設性的決定（Corey, 2009）。雖然各學派對行為的基本假設不同，但其基本原則是一致的，這些原則源自專業的經驗與價值，代表大多數輔導人員的觀點，因此原則成為與專業角色、功能及活動有關的基本假設或信念的體系（宋湘玲等，2004）。茲將輔導的基本原則整理如下（宋湘玲等，2004；劉焜輝主編，2014；馮觀富，1997）：

1. 相信每個人都是獨特的個體，尊重每個人的價值、尊嚴及選擇權。
2. 以整體角度來了解當事人，不以偏概全。
3. 必須了解當事人之個別差異性。
4. 輔導主要關心的是個人全人人格之發展，包括身心健康、生涯發展、家庭和諧、工作及社會適應。
5. 輔導主要方式是透過與當事人個人行為互動之歷程，強調尊重當事人之意願，與當事人建立良好之合作關係。
6. 輔導是與當事人持續的成長教育歷程，是教育計畫中獨特而重要的一環。
7. 輔導員需自我提醒，避免於輔導歷程中將自己之價值觀有意或無意之間加給當事人。
8. 輔導之積極面是協助當事人做好預防問題的產生，預防的意義遠超過補救治療的意義。
9. 輔導之對象不僅考量當事人，並考慮與關鍵人物密切合作，例如：父母、教師、同學或同儕。
10. 以當事人之利益為前提，輔導員必須遵守專業倫理。
11. 輔導工作之實施成效必須客觀評估、定期評鑑，以求發現問題再求改進。
12. 輔導是有組織、有計畫的活動，也是一項團隊工作。
13. 輔導能有所為，也有所不能為之處，也就是說，輔導非並解決學生問題的萬靈丹。

貳　輔導的內容

　　輔導工作是整個學校教育計畫中的一部分，其工作內容可依人數、學生問題、服務內容來分類。

一、依輔導人數來分

　　依據同一時間所輔導人數的多寡，可分為以下四種方式（張進上，2006；王文秀等，2011）：

㈠個別輔導

　　或稱為個別諮商，通常是針對適應欠佳或主動前來求助的學生為之，主要的方法為一對一的專業關係，在諮商情境中，輔導專業人員協助當事人自我成長的專業過程。

㈡團體諮商

　　又稱為小團體輔導，通常人數約8-12人。輔導人員運用團體動力的原理，經歷不同的團體發展階段，協助成員在團體互動中，增加體驗與覺察，或學習社會技巧，以達成目標的一種互動歷程。

㈢班級輔導

　　以班級為單位，在輔導教師的協助與帶領下，透過團體動力，讓全體學生對自己有更多的了解與接納，並發展班級團體的向心力與目標。

㈣演講座談

　　可視為輔導人數最多的一種輔導方式，以學生身心發展作為演講主題，但是此類活動容易流於說教或宣導活動，而脫離輔導工作的本質，因為未能採取讓學生參與的方式來進行。

二、依學生問題內容來分

　　依學生問題的性質，輔導的內容包含學業輔導、生活輔導、情感輔導、人際交友輔導、生涯輔導、價值輔導、自我了解等。然而這些問題可

以歸納為生活輔導、學習輔導、生涯輔導三類，以下分別說明之（張進上，2006；賴保禎、周文欽、張德聰，1993）：

㈠生活輔導

生活輔導亦稱為行為輔導，學校輔導工作之生活輔導，在於協助學生學習生活作息的安排，例如：休閒生活、宗教生活、結交朋友、家庭生活等，其目的在幫助學生在家庭、學校及社會生活中有良好的適應。此外，增進自我概念、了解自己的各種能力、興趣與人格亦屬之。

㈡學習輔導

學習輔導又稱為教育輔導，將輔導工作應用在教育方面，協助學生在教育上的適應與發展。輔導的目的在增進學生學習活動的成效，例如：教導學習方法、學習策略，同時培養主動觀察問題及主動思考、創造，並學習面對問題及改善學習問題的能力。

㈢生涯輔導

培養學生正確的職業態度與觀念，並能主動觀察不同職業的差異與關係，在了解自我特質之後，逐漸規劃未來的生涯發展方向。生涯輔導逐漸取代傳統的職業輔導，不僅包括畢業後的就業或升學，也包括協助學生進行自我探索。

三、依服務取向來分

輔導是一種服務工作，只要學生有所需求，輔導單位就應予以服務。輔導的服務項目有地區性的差異，也常隨教育政策及學校主管取向而有所偏重，但輔導應包含的服務內容是不變的，學校可提供的輔導服務包括以下十項（王文秀等，2011；黃政昌等，2015）：

㈠衡鑑服務

衡鑑服務（appraisal service）又稱為評量服務，著重在個別差異的了解。此服務藉由各種主、客觀的工具或方法，例如：測驗、問卷、觀察、家庭訪問、社會計量等，蒐集有關學生個人、家庭及友伴的資料，以了解學生個別差異，以及協助學生解決學習或人際關係的困擾。

(二)資料服務

資料服務（information service）著重在充實學生的學習經驗。輔導人員提供學生所需要的教育、生活、職業相關資訊，增進學生對於環境資訊的了解，以協助當事人做有效之抉擇。

(三)諮商服務

諮商服務（counseling service）是輔導服務中的核心部分，輔導人員透過和學生建立安全且信任的關係，並採用個別或小團體的方式，協助當事人自我探索、了解、成長，以適應生活及有效解決問題。

(四)諮詢服務

諮詢服務（consultation service）主要是在提供資訊與建議給與當事人有關的重要他人，例如：父母、教師、朋友等，使其對當事人有充分的了解，並獲得必要的助人知識與技能。這是一種間接的服務，有別於直接面對當事人的諮商服務。

(五)定向服務

定向服務（orientation service）是針對學校之新生、轉學生或交換生等初入陌生之學習環境，幫助他們認識新環境、新課程和新的人際關係，例如：新生訓練。有些學校對於轉學生或中輟再回學校之學生亦提供如「小天使」或「小老師」之關懷協助制度，以協助其加速適應環境。

(六)安置服務

廣義的安置服務（placement service）包括校內之學習安置（如編班、選課輔導）、校外之工讀、實習教學之安排、畢業之升學或就業之輔導，以協助當事人於求學與求職時能各適其性、各得其所。

(七)延續服務

延續服務或稱為追蹤服務（follow-up service），追蹤服務有兩層涵義，一是對於離校的學生繼續保持聯繫並提供必要的協助，使其適應新環境。另一涵義是指對於所輔導之當事人於結案或轉介後，皆需適切地進行追蹤輔導，以提供學生必要之協助。

㈧研究服務

研究服務（research service）是指對於輔導需求與輔導績效，施以定期或不定期的評鑑，以便作為擬訂新輔導計畫的參考。輔導是一種連續的歷程，因此，輔導的評鑑與研究也需經常地進行，以保持輔導工作的朝氣與活力。

㈨課程設計

直接從事輔導活動課程的設計，或是提供發展心理學、學習原理、學習者表現等方面的專業知識給教師，以作為課程設計的依據。

㈩在職進修

對學校教師、行政人員及家長提供輔導知能、班級經營、親師溝通、親職教育等訓練，以協助改善學生的學習或家庭環境。

另外，服務項目亦可分為「直接輔導」和「間接輔導」。直接輔導是直接對學生、家長及教師提供服務，例如：個別諮商、團體諮商、班級輔導、全校宣導、測驗、資訊提供等。間接輔導是協助某人去幫助第三者，例如：同儕諮商員訓練、仲裁者培訓、家長或教師諮詢、轉介、推廣輔導業務（如壁報、參觀）等。輔導人員會依據學校與社區的環境、資源與不同需求，創發新的服務項目與方式（邱珍琬，2015）。

第四節　輔導和相關專業的關係

在學習輔導知能的時候，我們經常會看到五個和輔導很類似的名詞，分別是教育、諮商（counseling）、心理治療（psychotherapy）、精神醫療（psychiatry）、社會工作，這些助人專業與輔導的關係非常密切，其目的都是在助人解決問題與促進自我成長，但這幾種助人專業有其重疊之處，也有其程度之差異（黃政昌等，2015）。因此，本節先對這六個專業名詞的定義做一些說明，進而針對其異同加以分析比較。

壹　各項助人專業的定義

教育等六種助人專業經常被一般人混為一談，以下分別對這些名詞加以界定（公務人員保障暨培訓委員會，2016；王文秀等，2011）：

一、教育

教育是一個很常見的名詞，也是一種很常見的助人方式，可以是正式的學校教育，也可以是非正式的家庭教育和社會教育。學校教育雖然可以包括德智體群美五育，但是多數時候，教育具有知識性、指導性和預防性的特點。也就是說，學校教師通常會透過教學設計與活動，提供知識性與技能性的內容，協助學生能在健康、心智發展、家庭、職業、公民生活、休閒與倫理道德等七大領域有良好的發展。

二、輔導

輔導和教育有很多重疊的地方，輔導具有預防性、發展性和認知性的特點，但是多數時候，教育比較是面對全體學生，輔導比較會面對部分學生，特別是那些在學習上、人際上、行為上有困難的人，並由受過輔導知能訓練的人來提供協助。

三、諮商

諮商是指由受過專業訓練、具有專業知能且能得到對方信賴的諮商師，採取連續且直接接觸的方式，以協助其改變情緒、想法和行為的過程。諮商和輔導也有很多重疊的地方，例如：服務對象都是少數有困難的人，只是在問題嚴重程度或許不同，諮商是比較個別化的專業助人工作，處理問題比較嚴重的人；也就是說，尋求諮商的人通常已經發生問題了，需要給予補救性的協助。

四、心理治療

　　心理治療是指由臨床心理師或治療師對患有心理疾病的患者,以心理測驗、談話或具有治療的活動(如繪畫、舞蹈等),進行心理診斷及行為矯正,來改善病人認知、情緒和行為上的問題,以減除臨床症狀,進而適應正常生活。

五、精神醫療

　　精神醫療是指精神病院或醫院精神科,針對精神病患所進行的醫療工作。精神病患通常有較嚴重的知覺扭曲(如幻覺、幻聽)、過度防衛及行為異常的情形,嚴重者甚至會失去日常生活及照顧自己的能力。精神科醫師視需要實施藥物控制、物理治療、心理治療、職能復健等綜合性的醫療活動。

六、社會工作

　　社會工作是指由受過專業、半專業或志願工作者,結合社會資源與政府的力量,對於社會弱勢需要救援或協助的個人、家庭或社區所提供的協助。學校社會工作是運用社會工作專業的原則、方法與技術於學校中,引入相關資源以預防及加強輔導嚴重行為偏差與學習適應困難的學生,以發展其健全人格,以及協助學校與社區、家庭建立良性互動關係,建構社會資源網絡,以滿足學生全人發展之需求。其主要目的在提供社會工作專業服務,充實學校輔導人力資源,增益學校輔導工作績效,以及舒緩青少年問題。

貳　輔導與其他助人專業的比較

　　由上述定義發現,以上六種專業基本上都是一種助人專業,均強調助人關係的重要性與助人改變的歷程,也強調其目的是在協助當事人自我了解、問題解決、良好適應,進而發揮潛能(黃政昌等,2015)。以下將輔導與其他相關的助人專業工作進行比較,以釐清輔導在校園中的角色,並

能對輔導建立全面的認識（吳武典等，1995；鄔佩麗、陳麗英，2011；黃
政昌等，2015；Schmidt, 2008）：

一、輔導與教育

　　教育的目標是在幫助學生，學校就是要指導學生藉由參與個別或團
體的活動，得以規劃較好的生活方式，而輔導則是幫助學生能去了解、規
劃、拓展及改善他們個人的活動，能協助學生發掘個人的興趣、困擾與目
標，進而發展出正向的內在力量。教育偏向採取教導和直接的方式，較少
對學生個人的興趣與目標進行探索與催化，而教學含有評估的意味，所以
不利輔導；在進行輔導時，則強調學生的個別性與獨特性。雖然教學時可
以運用輔導的理念與技術，以提高學習效果，輔導工作與教學乃是相輔相
成的兩項教育措施。

二、輔導與諮商

　　輔導通常是指學校中所實施的整體性方案，諮商通常是指輔導服務中
的一種方式，而諮商是輔導的核心，諮商即是在協助學生知道如何選擇，
以促進其全面的成長與發展。整體性方案對學生在課業學習、個人困擾、
社會交往、生涯發展等方面提供服務，諮商則致力於建立一個能維護學生
隱私的人際關係，使學生能放心的探索自己內在的感受、想法與行為表
現。所以，諮商是一種手段，也是完成輔導工作的一項重要步驟。

三、輔導與心理治療

　　輔導與心理治療兩者在深度方面存在差異，心理治療通常是指深入個
人人格結構，著重於改善個人較嚴重之行為困擾的處理過程，而輔導計畫
及所包含的諮商服務則是處理一般情境性的問題，著重在面對情境中的壓
力時，要如何訂定合理的計畫以解決問題。兩者的工作場域也不同，輔導
是在學校，心理治療是在醫院；輔導與心理治療的工作目標亦不同，輔導
偏重發展性與預防性，心理治療偏重治療性。

四、輔導與精神醫療

輔導與精神醫療均是在協助當事人改善生活、人際、職業、學習等適應功能，但是在對象、功能、方法等方面存在差異，精神醫療針對有精神症狀的病患，輔導則是服務輕微困擾的正常人。精神醫療的專業人員是精神科醫師，強調醫師與病患的關係，其服務性質強調治療性，甚至是藥物治療，而輔導所提供的服務性質是發展性和預防性。

五、輔導與社會工作

學校社工的工作方式有時和輔導工作相近，但它的協助方式則更為廣泛，包括提供弱勢者金錢、就業安置、引進社區資源，以及運用法律制止加害者對弱勢者的侵害行為等。當社工人員在學校服務時，他們就是屬於學校輔導人員的一環，這個合作團隊各有不同的專業訓練，但都是在為學生權益謀取最大的利益。

輔導與教育、諮商、心理治療和精神醫學這五種助人專業，彼此之間在許多向度上有程度上的區別，根據圖1-1，這五種專業在各向度上的程度存有差異。以對象來說，教育的對象最廣，輔導次之，諮商又次之，精神治療的對象最少。以程度來說，教育一端是服務正常的人，精神醫療一端是服務心理異常的人。以功能來說，教育一端比較著重預防，精神醫療這一端則比較強調治療（黃政昌等，2015）。嚴格說來，這五種專業是有先後次序之別的，在教育上遭遇到困難者，可以進一步尋求輔導機制的協助，輔導人員若發現學生的問題已超過自己的能力和經驗，甚至在關心、引導後，仍無法協助學生解決問題，這時可以經由轉介與合作管道，讓學生接受諮商師或心理師、社工與精神科醫師等人的協助，情況嚴重者就改與醫院的精神科醫師合作，配合藥物治療（邱珍琬，2015）。

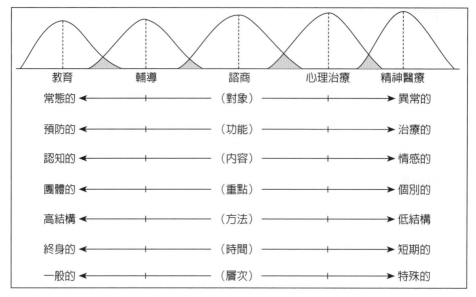

圖1-1 五種助人專業在各向度之程度差異

資料來源：黃政昌等（2015，頁23）。

自我評量

一、選擇題

(　　) 1. 青少年比其他人生階段更容易遭遇到適應問題，因此是最需要加以輔導的階段，關於此時期輔導工作最主要的目標敘述，下列何者最為正確？(A)成就、矯治與技能三層次　(B)技能、成就與發展三層次　(C)預防、矯治與發展三層次　(D)預防、技能與成就三層次

(　　) 2. 下列關於輔導的特性與概念，何者最為正確？(A)從事輔導工作有熱忱遠比專業重要　(B)輔導工作重視過程不需要重視效果　(C)輔導工作就是受輔對象無助時可以依賴的浮木　(D)輔導工作十分強調輔導人員與受輔對象之間信任與合作的關係

(　　) 3. 學校開學時進行新生輔導，幫助學生適應學校生活，此屬於下列何種服務？(A)安置服務　(B)定向服務　(C)諮商服務　(D)資訊服務

(　　) 4. 下列哪一句話較不適合助人專業者使用？(A)為什麼你沒有好好準備考試？　(B)發生了什麼讓你難以準備功課？　(C)你對這一次考試的表現感覺如何？　(D)當準備功課時心裡頭在想些什麼？

(　　) 5. 小和的父母上個月離婚，級任老師發現小和近兩個星期以來出現上課常打瞌睡，老師指定的回家作業也無法完成等情形。根據「學生輔導法」規定，輔導室應針對小和的現狀規劃下列哪一類的輔導方案最為恰當？(A)矯正性輔導　(B)介入性輔導　(C)發展性輔導　(D)處遇性輔導

(　　) 6. 以下有關學校輔導工作的敘述，何者正確？(A)有耐心和愛心的老師都能從事輔導工作　(B)輔導工作以諮商為主　(C)班級團體輔導的內容包括始業、學習及生涯輔導等　(D)學生提出要求做測驗，學校不得拒絕

(　　) 7. 下列有關學校輔導工作的敘述，何者正確？(A)輔導工作以諮商為主　(B)輔導是完全的代替學生解決困難　(C)有問題的學生才請輔導室協助解決　(D)每位教師都有輔導學生的責任

(　　) 8. a.以班級為中心；b.注重內控力的培育；c.強調全人的關注；d.輔導工作以諮商為主；e.助人的歷程。以下哪個選項對輔導的闡述為

真？(A)bcde　(B)abce　(C)cde　(D)bce

（　）9. 陳老師規劃全校學生輔導工作計畫，以促進學生心理健康與社會適應。此計畫最符合下列哪一項輔導？(A)發展性輔導　(B)介入性輔導　(C)處遇性輔導　(D)危機性輔導

（　）10. 藉各種客觀與主觀的方法，蒐集關於學生個人、家庭及友伴的資料，並加以分析、應用，是屬於學校輔導的哪一項？(A)定向服務　(B)研究服務　(C)諮詢服務　(D)衡鑑服務

（　）11. 幫助學生了解自己的能力、興趣、性向與需要，使其做適當選擇，從多方面試探中，決定其應前往的方向。此為輔導的何種功能？(A)適應　(B)分配　(C)調整　(D)溝通

（　）12. 協助每位學生充分發展，是發展性輔導的基本概念。以下哪種措施非屬此種概念？(A)篩檢出心理適應有障礙的新生，並予以輔導　(B)學校利用週會宣導心理衛生的基本概念　(C)輔導室邀請專家向學生介紹青少年身心發展的重要資源　(D)學校舉辦家長座談會，增進家長與其子弟溝通的技巧

（　）13. 下列關於輔導、諮商與心理治療的敘述，何者錯誤？(A)以深度而言，心理治療通常是指深入個人人格結構　(B)以廣度而言，輔導的涵義最廣　(C)心理治療的對象是心理失常的人　(D)諮商是長時間的接觸

（　）14. 吳老師是輔導室的輔導老師，也是小新班上的科任老師，有一天小新主動到輔導室找輔導老師晤談，剛好吳老師是該時段值班的輔導老師，請問此時吳老師應該如何處理？(A)直接與小新進行諮商　(B)轉介至適當的輔導老師進行諮商　(C)先與小新建立諮商關係　(D)先晤談一段時間再評估是否轉介

（　）15. 輔導、諮商與心理治療三者的關係與異同，下列何者是正確的？(A)輔導的對象是正常人，諮商與心理治療的對象是精神病患或嚴重情緒困擾的人　(B)輔導與諮商重視現在與未來，心理治療重視過去所發生的　(C)所有人都可以用這三種方式來協助遭遇困難的當事人走出困境　(D)輔導的目標偏重的是預防性，而諮商與心理治療偏重的是發展性

( ) 16. 從「輔導」、「諮商」與「心理治療」三者的「服務對象」來看，請選出正確的配對。【服務對象代號：有需要的團體－甲。一般正常個人－乙。心理失常的人－丙。】(A)輔導－乙、諮商－甲、心理治療－丙　(B)輔導－甲、諮商－乙、心理治療－丙　(C)輔導－丙、諮商－甲、心理治療－乙　(D)輔導－甲、諮商－丙、心理治療－乙

( ) 17. 有關輔導與其他助人專業的關係中，（甲）教育；（乙）諮商；（丙）輔導；（丁）心理治療，請以服務範圍由大到小，選出正確的排列。(A)甲 > 乙 > 丙 > 丁　(B)乙 > 丁 > 甲 > 丙　(C)丙 > 甲 > 丁 > 乙　(D)甲 > 丙 > 乙 > 丁

( ) 18. 教育、輔導、諮商、心理治療與精神醫療，五種專業在廣度與深度上的差異，何者正確？(A)就廣度上來說，輔導 > 諮商 > 教育　(B)就深度上來說，教育 > 輔導 > 諮商　(C)就廣度上來說，諮商 > 輔導 > 心理治療　(D)就深度上來說，心理治療 > 諮商 > 輔導

( ) 19. 有關輔導的基本原則，以下何者不對？(A)與當事人建立良好的合作關係，是自願而非強迫式的指導　(B)預防重於治療，協助當事人改變、成長，自己解決問題　(C)謹守輔導專業倫理，以學校的利益為優先　(D)輔導工作的信念是來自民主社會的需求與價值觀

( ) 20. 下列有關輔導的基本原則的敘述，何者是不正確的？(A)輔導的目的在自助助人　(B)輔導是持續不斷的教育歷程　(C)輔導工作的基本重點在於問題的治療　(D)輔導的基本前提是要先有正確的了解

( ) 21. 在學校藉著各種客觀的方法，例如：測驗、問卷、觀察、訪視等，來蒐集有關學生個人、家庭、人際關係等等資料，這部分是屬於學校輔導服務的何種類別？(A)資訊服務　(B)諮詢服務　(C)衡鑑服務　(D)研究服務

( ) 22. 接近會考時，班上學生的情緒浮躁，陳老師找學長回來分享讀書策略和放鬆方式。這屬於下列哪一種輔導？(A)發展性　(B)介入性　(C)處遇性　(D)回饋性

( ) 23. 對於離校的學生，無論是升學者或就業者，繼續保持聯繫並提供必要的服務，是屬於下列何項服務？(A)安置服務　(B)延續服務

　　　　　　　(C)定向服務　(D)研究服務

(　　) 24. 學校輔導工作的三大範疇，下列何者「錯誤」？(A)生活輔導
　　　　　　　(B)情緒輔導　(C)學習輔導　(D)職業輔導

(　　) 25. 對學生實施生活輔導、學習輔導及生涯輔導相關措施，此乃屬於？
　　　　　　　(A)預防性輔導　(B)介入性輔導　(C)處遇性輔導　(D)發展性輔導

參考答案

1.(C)　　2.(D)　　3.(B)　　4.(A)　　5.(B)　　6.(C)　　7.(D)　　8.(D)　　9.(A)　　10.(D)
11.(B)　12.(A)　13.(D)　14.(B)　15.(B)　16.(B)　17.(D)　18.(D)　19.(C)　20.(C)
21.(C)　22.(A)　23.(B)　24.(B)　25.(D)

二、問答題

1. 請說明何謂輔導？並就此定義分析輔導具有何種特性？
2. 試說明心理輔導的意義、功能與實施原則。
3. 輔導是一種助人的方式，目的在幫助學生解決問題。學校推動輔導工作可以發揮哪些功能？
4. 美國輔導運動的發展是由哪些因素所引發？
5. 請簡述我國輔導工作的發展概況。
6. 以學生問題的性質來分，輔導工作的內容包括哪些重點？
7. 學校可提供的輔導服務有哪些項目？
8. 請比較輔導、諮商、心理治療這三種助人專業有何異同？

第二章

學校輔導組織與行政

　　學校行政包括教務、訓輔、總務、人事及公關等五項，學校行政是由一群人來執行教育政策，這群人必須實施分工合作，才能有效達成其預定目標，故學校行政有其組織面，形成「職務配置」及「職權分配」的體系或結構。其中訓輔行政是與學生有關的行政事務，又稱為學生事務行政，主要包括學生行為管理、學生輔導、學生安全維護、學生衛生保健等。現行訓輔行政分別由學生事務處及輔導室（處）這兩個組織來執行，通常學校的行政組織是由政府制定法令規定，例如：國民中小學行政組織由「國民教育法」及「國民教育法施行細則」規定，高級中學行政組織由「高級中等教育法」規定之（謝文全，2002）。在學校系統裡，教務、學務與輔導三者的行政工作可以說是三足鼎立、各司其職，為提高輔導的功效，輔導組織應與各處相互聯繫，做好溝通協調的工作，以提高學生的學習效果。此外，輔導組織應擬訂及執行輔導計畫、提供合理的物理設施，以及採取有效的資料處理，來達成輔導的工作目標（鄔佩麗，2010）。本章重點在探討學校輔導組織體系、輔導行政、輔導評鑑及輔導方案等四主題。

第一節　學校輔導組織

　　學校輔導組織是一種長期性、持久性、連續性的服務工作，工作的推展有賴於健全的組織系統，並以科學、經濟的方法，獲致最大的效果（吳武典等，1995）。因此，學校輔導工作要能有效的推展，健全的輔導工作組織是不可或缺的。

 學校輔導組織的型態

　　輔導組織的類型必須配合學校的體制、規模、編制及其他特殊情形而定，所以，組織的類型不是固定的，而是要適合學校的需要。美國學校輔導組織大體上有兩種方式，第一種方式是單一的輔導組織，由專業輔導人員一人主持輔導計畫，如果學校規模大，可另聘若干專業輔導人員分任輔

導工作。第二種方式為聯合的輔導組織，小規模的學校與附近學校合作，聯合聘請專業輔導人員，輪流到各校（賴保禎、盧欽銘等，1995）。一般學校的輔導組織常因學校大小而有差異，其主要類型可分為以下三種（馮觀富，1991；宋湘玲等，2004）：

一、集權式的輔導組織

在這種組織型態中，輔導工作由輔導專業人員負責或由其主持的專設輔導單位來實施，一般多將所有人員、資料、設備集中在一起，由輔導人員統籌運用。在大型學校中，通常依輔導工作項目的不同，區分為若干組別，由組織內不同輔導人員負責不同業務；小型學校則多設一位輔導人員負責輔導業務。這種組織型態的優點在於專設單位、專人辦理，易有明顯績效。其缺點在於因為權責集中，易使一般教師會誤認輔導是輔導人員的專責，而且學校其他的教師常不能直接參與輔導工作，對全校輔導工作的推行不易普及。

二、分權式輔導組織

分權式輔導組織與集權式相反，將輔導的功能散置於每一位學校教育人員身上，學校未聘專業輔導人員，學校輔導工作是全校教師人人有責，共同推動全校的輔導工作，由校長負責指揮與協調。這類型輔導組織的優點是師生關係較為親近，對於學生的需要與問題最為了解，能給予學生最適當的協助。其缺點則是教師未必具備專業的輔導知能，在實施上難免產生不少困難。

三、綜合式輔導組織

集權式與分權式組織的混合，即為綜合式輔導組織，學校既設專業輔導人員策劃輔導業務，亦要求全體教師及行政人員參與輔導工作的推展。專業輔導人員除了針對學生，從事直接的諮商、輔導外，並以專家的角色提供教師及行政人員間接的輔導諮詢服務。由「國民教育法」及其施行細則觀之，我國中、小學輔導組織的型態較類似綜合式輔導組織，學校輔導

工作責成專人（輔導室主任和組長）負責策劃和推動，同時全校教師及行政人員共同參與輔導工作的推展。這種組織型態的優點是輔導工作專人專職，且人人有責，輔導工作人員可以認識自己的責任，同時也可改善彼此在輔導計畫中協同的情感與效率。而其缺點則是教師可能被要求使用過多的時間在輔導工作上，因而產生抗拒。此方式如果粗率實施，反而表現了分權式與集權式的缺點。

貳 輔導委員會

以輔導人員的組織模式為基礎，並在校內成立一個負責決策或僅供諮詢的委員會，稱之為輔導委員會，決策或諮詢的型態或受教育法令所訂定，或者是由該校所決定。該委員會的組成通常是基於兩種目的：(1)提供意見作為行政主管決策時的參考；(2)議訂輔導策略並付諸實施。若輔導委員會僅具諮詢功能時，學校輔導活動計畫的決策權屬於校長所有；若所設立的輔導委員會握有決策權力，則輔導活動計畫的擬訂與實施，均需由輔導委員會議定之。救國團「張老師」的分區輔導委員會屬諮詢式的委員會，學校的輔導委員會則諮詢式及決策式皆有採用者（賴保禎等，1993）。委員會的成員通常包含三方面的代表人員：教學部門、服務部門（輔導人員）、行政部門。輔導委員會具有以下的功能：(1)制定輔導計畫的目標策略及指導綱要；(2)決定輔導計畫的優先順序；(3)決定輔導計畫的修訂；(4)發展輔導人員的在職進修計畫；(5)定期評鑑輔導工作之實施；(6)提供專業輔導人員諮詢、督導、轉介之協助；(7)必要時成立專案小組處理輔導有關的特殊事項（馮觀富，1991）。

「學生輔導法」（2014）第8條規定高級中等以下學校應設學生輔導工作委員會，置主任委員一人，由校長兼任之，其餘委員由校長就學校行政主管、輔導教師或專業輔導人員、教師代表、職員工代表、學生代表及家長代表聘兼之；任一性別委員人數不得少於委員總額三分之一。但國民中、小學得視實際情況免聘學生代表。其任務如下：

1. 統整學校各單位相關資源，訂定學生輔導工作計畫，落實並檢視

其實施成果。

2. 規劃或辦理學生、教職員工及家長學生輔導工作相關活動。

3. 結合學生家長及民間資源，推動學生輔導工作。

4. 其他有關學生輔導工作推展事項。

 參　以系統觀看輔導組織的運作

　　系統理論（system theory）對於輔導原理頗能提供一個清晰的理解架構。系統取向認為具有運作力的機構包含了以下幾個特點：(1)一個有生命力的系統（living system），也就是一個非封閉的開放性系統（open system）；(2)組織包含許多的次級系統（subsystem），也就是一個「系統中又有系統」的階層組織；(3)次級系統之間會彼此互動、循環影響（reciprocal interaction），甚至於回饋（feedback），而且又能於互動及回饋中自我更新（self-renewing）；(4)系統與外界之間、次系統與次系統之間都保有一個可滲透性的界限（penetrable boundary）；(5)組織系統是一個動力平衡的狀態（dynamic equilibrium），具有適應與維持的機制（adaptive and maintenance mechanism）。所以，組織可視為一個在內外系統不斷相互影響中，繼續前進與運作的過程（劉焜輝主編，2014）。系統理論影響生態系統理論（Bronfenbrenner, 1979）及家庭系統理論，這兩個理論對輔導與諮商有深遠的影響。

一、輔導組織的系統觀

　　由系統理論的角度來看輔導組織，學校的輔導組織具有以下幾項特性（劉焜輝主編，2014）：

　　1. 輔導組織存在於一個更大的系統中運作，屬於學校系統中的一個次系統；也就是說，輔導組織並不是完全獨立的，它處於一種動力的平衡之中，因此，組織內的任何貢獻或行動，都會對整體系統有所影響。

　　2. 輔導組織的建立與運作，是需要充分了解與考量到學校各系統或教育系統的目標、條件、資源等，所以，輔導組織必須能反映整體學校的

特色，完成適合該校的輔導目標。

3. 輔導組織對於自身應擁有一個清楚的角色認定，保有一個可滲透的專業界限，能回應其他系統傳遞的資訊，並保有學習與自我更新的彈性與意願，以帶動學校系統產生建設性的行動與改變。

4. 輔導組織內亦有次級系統，亦即由許多相關人員所組成。而輔導組織內的許多人員可能與學校其他性質組織的人員重疊，所以，輔導組織內的動力與對外的關係更有其複雜的動力存在。

二、學校輔導組織的運作原則

輔導組織的設置是要來執行輔導計畫，目的在促進其心理健康與社會適應，因此，輔導組織的組成應以學生為主體，應為全體學生而設。組織內部成員之間依其角色不同，彼此分工合作，並扮演持續引導學生的角色。基於上述系統觀的理念，輔導組織在運作時可參考以下的原則（吳武典等，1995；馮觀富，1991；張德聰等，2004）：

(一)配合學校的實際需要

輔導組織必須顧及學校本身的客觀環境、面臨的問題、人力以及資源，適應學校的實際需要妥善規劃，才能積極推動輔導工作。

(二)配合學校整體教育計畫

一個有效的輔導計畫應為學校整體教育計畫中的一部分，學校輔導組織應與學校教育計畫密切配合，不可因過分強調輔導而忽略了其他學科教學，或忽略其他部分的工作。

(三)以共同了解為前提

健全的輔導組織需要全體教師的積極配合，才能發揮組織的功用。要做好學校輔導工作，一方面要提升全體教師對輔導的認識與了解，一方面要讓教師參與計畫的擬訂與推動。

(四)重視協調，注意溝通

輔導組織應重視與學校各處室的協調與溝通，做好輔導組織內外部的

溝通協調，可以建立和諧的人際關係，並朝向組織目標邁進。

㈤強調全體教師的責任與合作

學校輔導工作乃是全面性的，以全體師生為服務對象，對象眾多且範圍廣泛，有賴全體教師的密切合作才能收效。

㈥適當的設備、經費及人員

輔導計畫的執行需要適當的設備、時間、經費及人員，因此所需要設備及經費必須充足；為落實輔導工作，輔導組織除了輔導室（處）人員以外，應延伸納入校園教師人力資源，建立認輔教師的人才庫。

㈦與家庭及校外機構密切合作

輔導工作應不能僅侷限於校內組織之間橫向串聯、分工合作，有效的輔導組織應具備縱向的與其他層級學校，以及橫向的與家庭、社區、社會機構之協調、配合與合作，例如：對於適應困難的學生與家庭、社區齊一步驟，密切合作。

 ## 我國中小學輔導組織

早期中小學依據「國民教育法」、「高級中學法」等法規，對學校輔導組織的設置與運作提供明確的規定。1998年教育部推動「輔導工作六年計畫」，在輔導組織方面推動「教訓輔三合一」的輔導新體制，重新整合學校輔導工作。2014年「學生輔導法」公布後，規定各級主管機關為促進輔導工作發展，應召開學生輔導諮詢會，且規定直轄市及縣市教育局要成立學校輔導諮商中心，規劃及支援學校的輔導工作，以下分別介紹與中小學輔導業務相關的組織。

一、學校輔導諮商中心

社會環境快速變遷，學生學習與生活環境改變甚鉅，學生輔導工作日益成為一種挑戰，例如：1990年臺北市成淵高中學生集體性騷擾事件，當時學校輔導人力不足以及缺乏專業性，使此校園安全事件備受關注，

各縣市政府開始以專案方式招募專業學生輔導人力進駐校園。近年來各直轄市、縣市教育局（處）因應校園霸凌事件而成立的「學生輔導諮商中心」（簡稱學諮中心），也開始同步招募諮商心理師與社工師加入學校輔導工作團隊（游以安、姜兆眉，2017）。學諮中心是依據2014年制定公布的「學生輔導法」第4條所設置，辦理各項學生輔導工作之規劃及執行事項。第11條又規定：在高級中等以下學校主管機關應置專任專業輔導人員，其所轄高級中等以下學校數合計20校以下者，置1人，21校至40校者，置2人，41校以上者以此類推（學生輔導法，2014）。學諮中心的任務如下（學生輔導法，2014）：

1. 提供學生心理評估、輔導諮商及資源轉介服務。
2. 支援學校輔導嚴重適應困難及行為偏差之學生。
3. 支援學校嚴重個案之轉介及轉銜服務。
4. 支援學校教師及學生家長專業諮詢服務。
5. 支援學校辦理個案研討會議。
6. 支援學校處理危機事件之心理諮商工作。
7. 進行成果評估及嚴重個案追蹤管理。
8. 協調與整合社區諮商及輔導資源。
9. 協助辦理專業輔導人員與輔導教師之研習與督導工作。
10. 統整並督導學校適性輔導工作之推動。
11. 其他與學生輔導相關事宜。

至於從教育部到地方教育局所需召開的學生輔導諮詢會，其任務如下（學生輔導法，2014）：

1. 提供有關學生輔導政策及法規興革之意見。
2. 協調所主管學校、有關機關（構）推展學生輔導相關工作之事項。
3. 研議實施學生輔導措施之發展方向。
4. 提供學生輔導相關工作推展策略、方案、計畫等事項之意見。
5. 提供學生輔導課程、教材、活動之規劃、研發等事項之意見。
6. 協調各目的事業主管機關，並結合民間資源，共同推動學生輔導工作。

7. 其他有關推展學生輔導相關工作之諮詢事項。

二、高中職輔導組織

高中職的輔導組織係依2016年6月修正的「高級中等教育法」第四章「組織及會議」的第20條所設置，該條文規定：「高級中等學校設輔導處（室），置專任輔導教師，由校長遴聘具有輔導專業知能之教師擔任之。高級中等學校輔導處（室）置主任一人，由校長於專任輔導教師中遴聘一人兼任之。高級中等學校設輔導工作委員會，置主任委員一人，由校長兼任，其餘委員由校長就各處（室）主任及有關專任教職員聘兼之，負責協調整合各處（室）之輔導相關工作，並置執行祕書，由輔導處（室）主任兼任。」

2014年10月17日訂定發布的「國立高級中等學校組織規程準則」第3條規定：「輔導處（室）辦理學生輔導與諮商、資料建立與管理、生涯輔導及其他有關事項。」第4條規定：「學校一級單位下設二級單位（組）辦事；設置基準如下：一、前條一級單位，應設之組數總計如下：(一)未達二十四班者：九組。(二)二十四班以上未達三十六班者：十一組。……」設置基準是依全校班級數而決定設立之組數，也就是由學校自行決定是否設組及各組的職責。

綜合上述法規，高中職輔導組織如圖2-1所示，在輔導工作委員會下由校長擔任主任委員職務，旗下設多位委員以推動輔導工作，並由輔導處的主任輔導教師佐理各項工作，同時由輔導組、資料組與輔導教師共同負責學生的輔導工作。而導師及專任教師則在其他處室的協助下從事各項學生輔導工作（鄔佩麗，2010）。

三、國中小輔導組織

國中小學的輔導工作以預防性與發展性為主，以治療性為輔，因此，輔導人員應重視學生的心理與成長的發展，並能幫助學生探索未來的生涯發展，同時也能促進學生的學習行為（鄔佩麗，2010）。為健全輔導組織，1980年代對國中小要求根據實際情形設立不同的組織機構，例如：

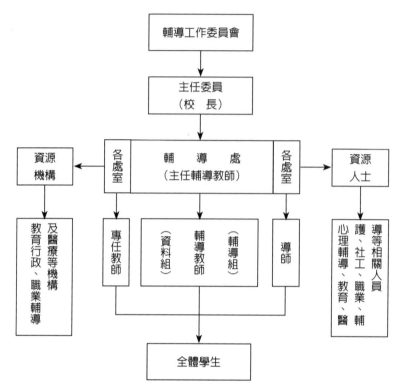

圖2-1　高中職輔導組織系統

資料來源：鄔佩麗（2010，頁58）。

1982年的「國民教育法施行細則」對不同班級規模的學校輔導工作組織結構做了不同的規定，25班以上的國中小，輔導室得設資料、輔導兩組，有特殊教育班者，增設特殊教育組。國中在6班以下、國小在12班以下的小校，設教導、總務兩處及輔導室，國小甚至只有輔導人員而無輔導室編制。

　　目前國民中小學的行政組織編制，係依據「國民教育法」、「國民教育法施行細則」，以及「國民小學與國民中學班級編制及教職員員額編制準則」等相關法規（黃政昌等，2015）。學校行政組織是朝組織鬆綁這個大方向走，但是在組織編制及教師員額還是依據學校班級數多寡而定。依據「國民教育法」（2023）第21條規定：「國民小學及國民中學應設輔導

室或輔導教師。輔導室置主任一人及輔導教師若干人，由校長遴選具有教育熱忱與專業知能教師任之。輔導主任及輔導教師以專任為原則。」2023年公布的「國民教育法施行細則」第6條，明訂輔導室或相關專責單位的工作內容如下：「學生資料蒐集與分析、學生智力、性向、人格等測驗之實施，學生興趣成就與志願之調查、輔導及諮商之進行，並辦理特殊教育及親職教育及其他相關事項。」國中小輔導組織的系統請參見圖2-2，此圖為國中13班以上、國小25班以上的編制，學校成立輔導工作委員會，由校長兼主任委員，輔導室設置輔導、資料與特教三組協助辦理各項工作。

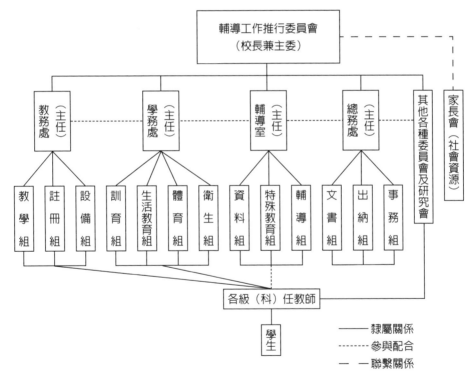

圖2-2　國民中小學輔導組織系統

資料來源：葉一舵（2013，頁180）。

🖋 第二節　輔導行政

　　學校輔導工作，著重於協助全體學生之成長與發展，應是教育的主體，而非僅為附屬之地位。個體在受教育的每一個階段，均需借助輔導有意的措施與安排，才能讓來自各種不同背景的學童獲得適性的照顧，而此一專業性工作，有賴完善之行政規劃，方能竟其功。換言之，輔導工作是當前學校教育的核心，而「輔導行政」則為學校輔導工作的靈魂，輔導行政之於落實學校輔導之重要性，自不待言（陳麗玉，2007）。

 輔導行政的內容

　　所謂輔導行政是根據輔導的目標，建立必要的組織，選擇合適的輔導人員，擬訂周詳、具體可行的輔導計畫，運用領導、溝通、協調等現代行為科學的原理原則和方法，切實有效地執行，並經由評鑑，以確保輔導工作目標的達成（馮觀富，1991）。依據此定義，輔導行政的內容如下（馮觀富，1991；彭駕騂，1997）：

一、輔導目標

　　輔導目標依據不同學生的需要、國家的教育政策，不同年齡的學生必會產生不同的困擾以及問題，因此必須針對不同的問題擬訂不同的輔導目標。

二、輔導計畫

　　輔導計畫亦稱為輔導方案（counseling programs），在確認輔導目標後，則可根據擬訂計畫的原則來訂定輔導計畫，有了妥善的計畫，輔導工作才有依據，才可按部就班的去實施。

三、輔導組織

有完整的可行計畫後，還需要有效率的輔導人員去執行，因此需建立輔導組織，讓輔導人員分工合作去執行計畫，而學校輔導組織的設置均有法律的依據與限制。

四、領導、溝通與協調

根據現代行政管理科學，領導、溝通與協調是從事行政工作者不可不知的學問。為使輔導工作順利進行，輔導人員應有效運用這些知識與技巧，建立起和諧的工作環境來推展輔導工作。

五、輔導設施

輔導設施是為了推展輔導工作所需具備的工具，此領域包含輔導室的設施、物品擺設，以及位置與空間的設計，讓學生感受到放鬆及溫暖的氣氛，而易於表露心聲。

六、輔導文牘

輔導人員在推展工作時常會使用到公文書，必須懂得公文書的處理；同時，輔導人員時常會接觸到家長、社區人士或者社會資源機構的專業人員，因此需熟悉公文的書寫，使得彼此之間的觀點、意見能充分傳達。

七、輔導評鑑

評鑑可檢視任務是否達成，可知工作成敗得失。評鑑是輔導工作必須要接受或參與的過程，如此才能督導計畫的進行；藉由評鑑的過程，也可看出缺失，以利即刻改善。有關輔導評鑑的模式及內容將於第四節中探討。

貳　學校輔導設施

　　「學生輔導法」第16條規定：學校應設置執行學生輔導工作所需之場地及設備，執行及推動學生輔導工作；其設置基準，由中央主管機關定之，因此教育部於2016年4月6日訂定「學校輔導工作場所設置基準」。各級學校之主管機關為改善學生輔導環境，亦訂定補助實施計畫，補助項目是以充實學校輔導設備及改善輔導環境之資本門為主。以下分別從硬體、軟體部分說明學校的輔導設施（宋湘玲等，2004；學校輔導工作場所設置基準，2016）：

一、硬體設施

　　輔導設施視學校層級、班級數大小而有不同的需求，例如：國小可設置遊戲治療室，但國高中就沒有必要。輔導室的基本設備標準為辦公區、個別諮商室、團體輔導室及圖書室，辦公區可以設置接待區，以供會客之用。在「學校輔導工作場所設置基準」的第2條，對學校輔導工作場所之設施做了下列的規定：

　　1. 有明顯區隔之獨立作業場所及出入口。

　　2. 總樓地板面積，不得小於三十平方公尺。

　　3. 應有個別諮商室、團體輔導（諮商）室，並得視需要增設輔導諮商相關媒材及空間；其空間應具隱密性與隔音效果，且合計不得小於十平方公尺。

　　4. 應有等候空間。

　　5. 應有保存學生輔導相關資料、測驗工具及執行業務紀錄之設施，並由人員專責管理。

　　6. 其他：(1)個別諮商室、團體輔導（諮商）室應在明顯可及處，設置警鈴等警示設備；(2)個別諮商室、團體輔導（諮商）室及等候空間，應明亮、整潔及通風。

二、軟體設施

軟體設施主要是指輔導資料，包含各項資料、檔案，例如：學生綜合資料卡、升學進路及就業資料、輔導書刊、光碟及電腦軟體、測驗工具及各項活動紀錄檔案等。輔導室若有充足的空間，應設置資料室及儲藏室，以節省輔導人員取用資料或其他用品的時間。此外，「學生輔導法」第9條第2款規定學生輔導資料，學校應指定場所妥善保存。「學生輔導法實行細則」第10條規定學生輔導資料，學校得以書面或電子儲存媒體資料保存之，並應自學生畢業或離校後保存十年；已逾保存年限之學生輔導資料，學校應定期銷毀，並以每年一次為原則。由此可知，學校設置資料室或／及儲藏室實有其必要。

第三節　輔導計畫與輔導方案

從事任何教育行政工作，均須先計畫，才能經濟而有效地達成目標，故行政三聯制：計畫、執行、考核，將計畫列為首位（謝文全，2002）。輔導工作的推行也必須經過妥善的計畫、設計、執行與評鑑，計畫是行動的指針，有工作計畫，工作才有依據，執行人員才能有所遵循（馮觀富，1997）。

壹　輔導計畫的意義

計畫是以審慎的態度和方法，預先籌謀如何有效達成目標並決定做何事及如何做的歷程（謝文全，2002）。輔導計畫即根據輔導目標擬訂執行的方案，輔導人員審查現況、展望未來，預先決定所要達成的任務及所預定的行動策略、方法與步驟，以為執行的張本，以期望能促進學生全人格的發展（馮觀富，1991）。而在擬訂輔導計畫時，應該注意如何協助全體學生解決問題，不能偏重少數特殊學生。輔導計畫也應與全校教育計畫相配合，且讓全體教職員參與輔導計畫。所擬訂的輔導計畫需要有明確的目

標，切合學生、教師及家長的需要，同時也要考量環境的條件與資源，如此，計畫才能具體可行（劉焜輝，1990）。

貳 輔導方案的意義與內容

為了能夠順利推動輔導工作，輔導人員會根據某一輔導目標而研擬各種活動計畫，使學生可以自活動中學到一些知識或技能，以提高其學習的能力。這些計畫就是輔導人員所謂的輔導方案，因為適當規劃的輔導方案可使輔導工作更有方向（鄔佩麗、陳麗英，2011）。「學校輔導方案」即是學校輔導人員依據學生發展階段而設計的，著重在學生成長不同階段的需求、興趣與議題，希望能幫助學生更有效率的學習到更多的能力，發展其教育、社會、生涯、個人方面等能力與力量，成為能負責、具生產力的公民，並且對個人的獨特性及人類潛能極致發展形成認同（劉焜輝等，2014）。

學校輔導工作相當多元，輔導人員要規劃各項輔導方案，並執行預防推廣、個案工作、團體輔導、測驗、轉介、行政業務等，其內容含括學校學生教育輔導、生活輔導、生涯輔導、危機處理，以及家長與教師的諮詢工作，其工作的質與量方面，皆深具挑戰性（許維素，2001）。因此學校輔導方案的內容包含以下十一項：(1)策劃與發展學校輔導方案；(2)諮商；(3)學生衡鑑；(4)教育與職業計畫；(5)轉介；(6)安置；(7)家長諮詢；(8)學校同仁諮詢；(9)研究；(10)公共關係；(11)專業成長（劉焜輝主編，2014；許維素，2001）。

參 輔導方案的規劃

輔導方案的設計著重在學生三個領域的發展：教育發展、生涯發展和個人及社會發展，整個方案的發展歷程包括規劃、組織、執行和評鑑四階段，本小節僅針對規劃階段做探討。在設計輔導方案，需要考量的重點有以下幾項：(1)依據的法令；(2)推行的時機合宜與否；(3)欲達成的

目標；(4)執行方案的原因；(5)對象；(6)環境的可能條件與限制；(7)參與方案的人員；(8)執行步驟；(9)執行的速度與進度；(10)可運用的資源；(11)地點；(12)經費（劉焜輝主編，2014）。為使輔導方案具體可行，在規劃時可參考以下的方法（王以仁等譯，2004；Schmidt, 2008）：

一、評估現有的方案

設定計畫的第一步是要先確認過去幾年來學校輔導方案的服務廣度，輔導人員可試著從以下問題來蒐集資料：先前曾提供哪些服務？方案的決定過程如何？曾用哪些方法評鑑現有方案？師生對於現有服務的感想為何？學生有哪些主要需求？

二、尋求能推動改變的資源與支持

在方案的規劃當中，若能邀請越多人來參與，就越能廣泛地得到他們對於方案的支持。首先要得到校長的支持，因此了解校長對輔導方案的看法是很重要的；其次是尋求輔導委員會的成員、行政人員、教師、護理師等人的支持，了解他們對輔導方案的意見與規劃方針。

三、評估學生、家長及教師的需求

輔導人員要服務的對象是學生、教師及家長，他們的需求可能有很大的差異，輔導人員為了解他們最關心的事情及需求為何，可以進行需求評估。需求評估最常用的方法為對學生、教師及家長進行問卷調查，當然也可透過訪談或觀察，從中評估其需求。

四、確認資源之所在

輔導人員在確認學生、教師及家長的需求之後，接著要衡量所需的物資、設備、空間等資源是否足夠，例如：學校是否擁有輔導方案所需的圖書、影片？個別諮商室及團體諮商室的間數是否足夠？

輔導人員將需求評估所得資訊加以整理之後，即可形成輔導目標，其範例請參見表2-1。依據目標擬訂實施策略及進行工作分配，加上預計的

執行時間,即可規劃出一學年或一學期的輔導工作計畫。

表2-1　依學生需求評估轉化為輔導方案目標

中等學校輔導方案	
依據七年級調查所得到的學生需要	建議方案的目標
1. 想要獲得增加能力和興趣的資訊(42%)	1. 規劃以小團體方式,讓七年級學生能多探索教育和生涯興趣,並與其他方面的表現作比較。
2. 關心交友的問題(68%)	2. 發展交友的單元,並統整到下學期的社會科課程中。
3. 如何處理父母分居或離婚的情緒(37%)	3. 對家庭遭逢變故的學生提供小團體諮商。
4. 需要發展更好的學習技能(35%)	4. 發展學習技能的單元,讓教師能在英文課中進行教學。
5. 強烈感受到孤獨和非常悲傷(8%)	5. 確認孤獨和憂鬱的學生,提供個別諮商或轉介服務。學校也需要檢視有無文化差異的現象。

資料來源:Schmidt (2008, p.137).

第四節　輔導評鑑

　　美國是輔導工作的先進國家,也是一個自由經濟體系的國家,學校教育制度必須依循市場功能的操作。換言之,即使是公立學校也不能保有無效率或不被看好的學生輔導組織。在此一背景下,加強學生輔導績效,提高輔導室的公共形象,尤其是透過家長的聯繫增加與社區的關係等策略的執行,就成為輔導工作者的重要課題。輔導人員不但要分析其所提供的服務,以及社會大眾對這些服務的看法,同時必須向社會大眾說明其服務的價值。換言之,學校輔導工作者也應具備行銷的理念和做法,而績效報告正是輔導工作部門爭取外部支持及合理資源分配的具體行銷策略(林清文,2007)。輔導評鑑(evaluation of guidance)的實施,就是在對輔導工

作的績效進行評估，來探究其結果是否達成一定的成效，並且改進輔導工作的品質以及功效。

 評鑑的模式

「學生輔導法」第18條規定：學校應定期辦理輔導工作自我評鑑，落實對學生輔導工作之績效責任。各級主管機關應就學校執行學生輔導工作之成效，定期辦理評鑑，其結果應納入學校校務評鑑相關評鑑項目參據；評鑑結果績優者，應予獎勵；成效不佳者，應輔導改進。此條文規範學校輔導評鑑採用自我評鑑及訪視評鑑兩種模式，自我評鑑的目的在了解學校輔導工作的現況，並進行機構內的自我精進，而教育局（處）的定期訪視評鑑則是擇優進行獎勵，並對成效不佳者加以輔導改進（劉仲成，2016）。定期訪視評鑑屬於外部評鑑，由教育局聘請專家進行評鑑，目前的做法是輔導評鑑併入學校整體評鑑。以下提出兩種基本模式，作為輔導評鑑的參考：

一、PPBS績效評鑑模式

PPBS模式即「規劃、設計和預算系統」（Planning, Programming, Budgeting System, PPBS），是普遍使用在工商業界的績效評鑑系統。PPBS績效評鑑模式本身亦可以作為「目標管理」技術之一，其核心要素包括規劃、設計、預算和系統分析等四個階段。就學校輔導工作而言，規劃階段包括需求評估、排定輕重緩急、界定並列出長短程目標；設計階段則指設計達成長短程目標的活動或服務項目；預算階段則需安排既有的經費資源與人力，進而評估結果；在系統分析階段，主要的工作包括修正目標、擬訂新目標及向外界報告成果（林清文，2007）。

二、目標評鑑模式

羅巴納（Lombana）致力闡述學生目標和方案目標的異同，因而於1985年提出輔導績效目標評鑑模式。如圖2-3所示，該模式結合輔導工作

來自學生和輔導人員的目標，以及客觀性的實徵資料評估和主觀性的覺知資料評估，此一績效評鑑模式頗有助輔導人員周延而廣泛的蒐集績效評鑑資料，並以引導方案的規劃，而避免偏向學生或輔導人員（林清文，2007）。

實徵性評估

方案目標	1.方案是否完成目標所列任務？	3.學生是否如方案致力之結果而改變行為？
	2.旁人認為方案的成效如何？	4.旁人認為學生行為改變的成效如何？

服務對象目標

知覺性評估

圖2-3　羅巴納的目標評鑑模式

資料來源：林清文（2007，頁115）。

三、施密特的模式

施密特（Schmidt, 2008）將方案的目標細分成「與學習有關的目標」（learning-related goals）及「與服務有關的目標」（service-related goals）。與學習有關的目標在測量受服務對象的學習結果，例如：對於參與生涯覺察活動的學生，輔導人員可以編製測驗來評量參與方案之前與之後的學習知識。透過學生學習成果的評量，可以了解輔導方案實施之後對於目標的達成程度。除了前後測的比較之外，亦可透過調查、行為檢核表、評定量表等工具，檢視學生的態度、知識及行為的改變。這些量化分析皆可稱之為實徵性評估。與服務有關的目標有三種方式來評估，第一種是報告提供服務的次數，第二種是計算參與特定服務的人數，第三種是顧客滿意度的測量。前兩項屬於「歷程評鑑」，計算輔導人員花了多少時間，以及顯示所提供服務的數量和所服務過的人數。消費者滿意度則屬於知覺的測量，輔導人員使用不同的方法，從學生、家長及教師那裡蒐集資料，評估其對方案服務的整體滿意度。

貳 評鑑的內容

輔導評鑑的目的在提升諮商輔導服務的品質，為協助輔導人員了解如何推動輔導工作、如何強化學生輔導單位的運作與績效，有必要擬訂評鑑指標與項目，作為各級學校輔導單位定期自我評鑑與工作檢討之參考。陳志賢和徐西森（2016）依據「學生輔導法」內涵建構學校輔導工作評鑑的內容，共計有四類指標、二十五項目，每項目分為四等量尺，得分為4、3、2、1，評鑑總分為100分，績效評量結果分優等、通過、待觀察與不通過四等級。以下為評鑑的四類指標及項目之內容：

一、輔導行政與組織

指標一的評鑑項目包含六項，分別是：(1)學生輔導工作委員會（已設立、定期開會、資料齊全）；(2)輔導單位的行政層級（一級單位、獨立設置）；(3)輔導工作計畫（含執行期程及落實情形、行事曆）；(4)輔導單位主管的聘任（專任、諮輔專業）；(5)專業輔導人員員額聘任（「學生輔導法」標準之上）；(6)行政人員的編制與表現（專任、表現良好）。括號內表示績效評量結果為優等。

二、專業服務與運作

指標二的評鑑項目包含九項，分別是：(1)轉銜及三級輔導工作的運作情形（運作佳且有具體成效）；(2)校長及全校教職員生參與協助學生輔導工作情形（全校參與、分工明確、各司其職）；(3)學生資料的蒐集與管理（系統化建置與管理資料）；(4)學生個別諮商（機制完備、服務專業、紀錄建檔）；(5)學生個別諮商之求助問題分析（每學年平均兩次以上）；(6)團體諮商（定期辦理、專業運作、評估成效佳）；(7)班級座談、輔導課程及其他相關預防推廣活動（定期辦理、參與度高、成效良好）；(8)心理測驗之實施與服務（有系統的施測、解釋，並篩檢處遇輔導個案）；(9)輔導文宣編印使用及單位網頁的設置等（已編印設置、功能良好）。

三、空間設備與經費

指標三的評鑑項目包含五項，分別是：(1)個別諮商室（專置且專用、設備良好）；(2)團體諮商室（專置且專用、設備良好）；(3)心理測驗室及資料室（已分別設置、設備良好）；(4)其他空間，例如：辦公室、接待室、公布欄、會議室、閱讀或休憩空間等（四項以上且空間符合輔導工作所需）；(5)輔導單位年度經費預算編列（依規定編列經費充裕、專款專用、執行良好）。

四、訓練發展與特色

指標四的評鑑項目包含五項，分別是：(1)輔導單位內部工作會議，含簽到、紀錄等資料（每學期召開四次以上）；(2)相關機制及運作，含辦法、表件及檔案資料（機制完備、運作順暢）；(3)輔導單位專任人員參加校內外的專業研習或繼續教育（每學年平均五次以上）；(4)輔導單位與校外相關機構的資源運用（每學年與五個以上機構簽約進行合作、專業交流或資源運用）；(5)其他特色（五項以上特色）。

 ## 參 評鑑的限制

評鑑的功能已被眾人推崇，但徹底實行者卻不多，即是輔導的評鑑乃有其困難存在（吳武典等，1995）。輔導工作的難處在於無法立竿見影，無法用績效量化數據呈現所謂的成效。輔導工作的推動亦容易因輔導人員謹守專業倫理與保密義務的分際，致使在學校輔導工作的推動上，因為彼此立場角色的不同、溝通不佳、認知不同、期待不同等種種因素，而對學校輔導工作產生質疑（劉仲成，2016）。此外，輔導評鑑的困難尚有：適宜的評鑑標準不易訂定，例如：學校大小、地理位置不同，是否適用同樣標準；評鑑易偏向外在條件的評定，例如：設備、經費、輔導人員素質等（吳武典等，1995）。未來教育行政部門在評鑑學校輔導工作成效，如何跳脫量化績效思維，去理解學校輔導工作的效能，實有其必要性（劉仲成，2016）。

自我評量

一、選擇題

(　) 1. 關於輔導組織的敘述，下列何者為是？(A)分權式的輔導組織是由輔導專業人員或專設輔導單位來實施　(B)集權式的輔導組織的優點是減少輔導人員經費　(C)綜合式輔導組織的優點是讓輔導人員提供專業的輔導服務　(D)小型學校適用集權式輔導組織

(　) 2. 有關學校輔導組織的基本概念，以下何者錯誤？(A)危機處理是三級預防　(B)輔導本身不能直接達到教育的目的，而是提供學生、教師以及行政人員適當的協助　(C)輔導工作應由學校主管承擔領導的責任　(D)輔導以全體學生為服務對象，故組織應為全體學生而設，且需使全體學生明瞭組織的目的

(　) 3. 學校輔導工作的推行，強調以專人負責策訂輔導計畫及實施專業服務，而推行時亦強調由全體教師及行政人員共同負擔。這樣的組織型態是屬於：(A)集權式的輔導組織　(B)分權式的輔導組織　(C)綜合式的輔導組織　(D)合議式的輔導組織

(　) 4. 我國中、小學校的學生輔導組織，採何種型態？(A)集中式　(B)分權式　(C)綜合式　(D)放任式

(　) 5. 下列何者是國民中小學輔導組織的法源？(A)特殊教育法　(B)教育基本法　(C)學生輔導法　(D)國民教育法

(　) 6. 依據「學生輔導法」，縣市政府中辦理各項學生輔導工作之規劃及執行的單位，是指下列何者？(A)學生輔導科　(B)學生輔導諮詢會　(C)學生輔導諮商中心　(D)學生輔導工作委員會

(　) 7. 高中以下學校應設「學生輔導工作委員會」，其中有關委員的組成，下列敘述何者正確？(A)必須有學生及家長代表，國中小學得免聘學生代表　(B)必須有家長代表，國中小學免聘學生代表　(C)必須有家長代表，國小免聘學生代表　(D)必須有學生及家長代表，國中得免聘學生代表

(　) 8. 「國民教育法施行細則」所規範國民中小學的輔導室業務不包含：(A)學生資料蒐集與分析　(B)辦理特殊教育　(C)辦理親職教育

(D)辦理生活教育

( ) 9. 關於學校諮商空間的設置,下列何者不符合教育部的設置基準? (A)具有不斷電備援裝置 (B)在諮商室入口明顯處設有警鈴,且設有緊急照明 (C)諮商室空間應具隱密性與隔音效果 (D)為求空間充足,總樓地板面積不得小於15平方公尺

( ) 10. 下列何者不是輔導評鑑的特徵? (A)重視能力的評估 (B)連續的歷程 (C)客觀方法蒐集廣泛資料 (D)宣揚輔導成效和提供意見

( ) 11. 以下對於學校輔導方案的說明,何者不正確? (A)學校輔導應關照學生的整體發展 (B)學校輔導應依據每一個學校的獨特性需求定期修正 (C)教師對於學校輔導工作的支持,是學校輔導方案成功的關鍵 (D)為發揮輔導專業性,學校輔導方案應以矯正性為主

( ) 12. 下列關於學校輔導相關的敘述,何者為非? (A)學校輔導服務基本上是預防性的 (B)教師在學校輔導方案中亦是需要專業訓練的重要人員之一 (C)是一項學校教育中附加的活動 (D)常有賴校內各處室的協調和整合

( ) 13. 關於學校輔導方案的意義與發展,下列何者為真? (A)選擇解決優先順序的評判標準是迫切的、實際的、豐富的 (B)方案的目標通常分為發展性目標、危機性目標、補救性目標 (C)評估方案是否具有成效取決於學生的觀感 (D)輔導教師提供學生學習輔導屬於三級預防

( ) 14. 在進行學校輔導方案的規劃時,方案目標是否達成的評鑑標準應以何者為依歸? (A)是否符合教育行政單位的要求 (B)是否獲得校長的支持 (C)教師是否熱衷參與 (D)學生的需求是否獲得滿足

( ) 15. 「輔導處的設施宜讓學生容易取得」,此觀點是考慮何種因素? (A)適當性 (B)可接近性 (C)個體化 (D)充足空間

( ) 16. 下列何者是輔導工作計畫的三個基本要素? (A)目標、對象、方法 (B)目標、方法、場所 (C)目標、對象、場所 (D)目標、場所、方法

( ) 17. 擬訂學校輔導工作計畫時,應以下列何者為開端? (A)依據 (B)原則 (C)組織 (D)職掌

( ) 18. 學校輔導工作計畫內涵除了依據、目的和附則之外,其他要素還包

括：(A)人力分配、時間、工作項目　(B)資源需求、作業展布、預期成果評鑑　(C)人員組織分工、場地設備、工作項目　(D)場地、工作項目、進度甘梯圖

(　) 19. 有關輔導評鑑的敘述，何者為非？(A)輔導工作評鑑的唯一用途是作為輔導人員獎懲之依據　(B)輔導工作評鑑應有長期的計畫　(C)輔導評鑑的標準應配合學校特殊的需要　(D)評鑑工作應使用多種鑑別方式同時進行

(　) 20. 學校輔導工作規劃程序為：(A)需求評估－規劃－溝通協調－績效評鑑　(B)溝通協調－需求評估－規劃－績效評鑑　(C)需求評估－溝通協調－規劃－績效評鑑　(D)規劃－需求評估－績效評鑑－溝通協調

(　) 21. 就輔導的功能來說，擬訂輔導方案時應注意哪些層面？(A)個人、團體、社會　(B)生活、教育、職業　(C)預防、發展、診斷　(D)目標、策略、結果

(　) 22. 目的在協助教師或家長，以對有問題傾向的學生提供適切的預防措施，故多採諮詢或測驗方式分析。此工作計畫屬於下列何種輔導工作模式？(A)改善教育環境計畫　(B)早期鑑定與預防計畫　(C)診斷與治療計畫　(D)學校心理衛生計畫

(　) 23. 下列何者不是學校執行及推動學生輔導工作的法定作為？(A)應設置執行學生輔導工作所需之場地及設備　(B)學校為推動學生輔導工作，應優先編列所需經費　(C)應有個別諮商室、團體輔導（諮商）室，並得視需要增設輔導諮商相關媒材及空間　(D)學校校長、教職員工及專業輔導人員，均負學生輔導之責任

(　) 24. 以全體學生為對象，計畫以團體輔導、測驗、資料提供等方式對學生進行輔導的工作計畫模式，屬於下列何種輔導工作模式？(A)改善教育環境計畫　(B)早期鑑定與預防計畫　(C)學校心理衛生計畫　(D)診斷與治療計畫

(　) 25. 下列輔導評鑑的原則，哪一項不適當？(A)評鑑應由上級機關實施　(B)評鑑後要有具體的結果　(C)評鑑應要深入　(D)評鑑要有適當的標準

参考答案

1.(C)　2.(A)　3.(C)　4.(C)　5.(D)　6.(C)　7.(A)　8.(D)　9.(D)　10.(A)

11.(D)　12.(C)　13.(B)　14.(D)　15.(B)　16.(A)　17.(A)　18.(B)　19.(A)　20.(A)

21.(C)　22.(B)　23.(D)　24.(C)　25.(A)

二、問答題

1. 學校輔導組織可以分為哪些類型？

2. 試比較我國高中、國中的輔導組織編制有何差異？

3. 請說明學校輔導組織在運作上應遵守的原則為何？

4. 何謂輔導行政？輔導行政包含哪些內容？

5. 何謂輔導方案？在設計輔導方案時需要考量哪些重點？

6. 輔導評鑑有兩種基本模式：PPBS績效評鑑模式及目標評鑑模式，試略述兩種模式之要點。

7. 輔導評鑑為檢驗輔導工作績效的機制，請問要實施輔導評鑑應擬訂哪些指標？

8. 學校輔導工作場所除基本設施以外，你認為尚應包含哪些設施？為什麼？

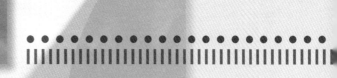

第3章

學校輔導人員
的角色與任務

　　我國學校輔導工作從1968年實施至今，規劃落實學生之生活輔導、學習輔導與職業輔導等三大要項，隨著歷史的演進，而有不同的輔導工作樣貌，其中有許多關鍵事件衝擊學校輔導教師的角色和定位。吳芝儀（2005）歸納「輔導工作六年計畫」的推動、「建立學生輔導新體制」實驗方案的實施、「學校社會工作試辦方案」的推出、九年一貫課程「綜合活動學習領域」的設置、「心理師法」的立法、「國民中小學組織再造及人力規劃試辦方案」的提出，以及「國民教育法」第10條修正草案的爭議等數項重要議題，影響著學校輔導工作的發展，同時以此作為著手研擬「學生輔導法草案」的背景知識。2014年在社會各界努力下通過「學生輔導法」，令人期待正式施行之後能為我國學校輔導工作開創新局。自2017年起，各級學校開始增聘專任輔導教師或專業輔導人員，作為從事學生輔導專責人員，辦理各項學生輔導工作之規劃與執行。現行學校輔導教師或專業輔導人員的角色定位，以及所應具備之專業知能內涵，亟需建立起穩固的基礎，並能有效強化其專業性，以確保未來學校輔導工作的效能與品質，達成維護學生之身心健康和全人發展之目標。惟學校輔導教師究竟應偏重教育人員之定位？或是諮商人員之認同？或者應於教育和諮商兩專業領域之間建立一符合學生身心發展、教育與心理服務需求的平衡點（林淑華、吳芝儀，2017）？本章即在探討學校輔導人員的角色任務、編制、任用資格及專業訓練等主題，以了解輔導人員如何在學校推展輔導工作。

第一節　學校輔導團隊

　　輔導是團隊工作，由最前線的教師、導師、輔導人員到社會工作師、臨床心理師，甚至精神科醫師，組成分階合作的團隊，才是完整的輔導體系。因為學生的各項困擾不只來自學生本身，家庭、學校、社區都是引發困擾的源頭，因此必須建構一個結合學生、家長、學校、社區的良好學習體系，才能引導學生朝正向發展。有了良好的輔導團隊，才能提供學生完善的服務，也扮演學校、家長與社區的橋梁（林萬億、黃韻如，2007）。

因我國的輔導體系是學自美國，所以本節先敘述美國的輔導體系，再敘述我國的學校輔導體系。

壹　學校輔導團隊工作的特性

　　團隊工作（team work）指的是各自擁有特殊專長的一群人工作在一起，為了共同的目標，透過溝通、合作與知識的分享，每個人有責任進行各自的決策，據此進行計畫、決定行動，進而影響未來的決策。學校輔導工作已非單一專業能勝任愉快，因為學生的需求與問題是多面向的，問題的成因是多因素的，因此需要多機構、跨專業的協助。學校輔導工作是一個團隊工作，稱之為學校輔導團隊，這個團隊具有以下三項特性（林萬億、黃韻如，2007；劉焜輝主編，2014；游以安、姜兆眉，2017）：

一、擁有共同的目標

　　學校輔導團隊的共同目標一定是經過考量學生權益、法律規範、教育哲學、社會期待、輔導理論等，經明確界定、相互了解後綜合而成。輔導的工作團隊因追求共同的工作目標，使得成員得以有意願結合成為一個單位來一同工作，團隊中每一個成員能夠在工作中相互地配合、遞補與銜接。

二、團隊是不同專業的個人組成

　　輔導團隊由教師、社工師、心理師等專業人員所組成，不同的專業帶來不同的價值、知識、經驗、技術，從多個面向來探討學生的問題，尋求解決的策略。團隊成員會依據學生及情境的需要，適時彈性調整，將團隊工作效能發揮到極致，例如：醫師、法官、校外機構均可加入輔導團隊。

三、團隊成員相互溝通、合作與分享知識

　　輔導團隊的工作是學校整體教育計畫的一個重要部分，所以需要配合學校的特色與需求而調整團隊的組成與工作導向。然而，跨專業領域的團隊在運作時，常會面臨三個困境：對傳統權威的挑戰、地盤之爭、工作職

責的限制。為了解決紛爭，在執行工作時透過不斷地對話、交換意見、凝聚共識、整合知識、交換經驗，實有其必要。透過輔導團隊的溝通，將不同的知識納入，整合成一種較合乎人性、教育的輔導做法。例如：諮商心理師與社工師皆屬「輔導工作團隊」之一員，工作團隊內針對當事人交換的訊息，都以當事人福祉為中心及最優先考量，也就是「對當事人有益」前提下的相互溝通、合作與分享相關訊息。

貳　美國學校輔導團隊

　　輔導是學生事務的一環，是全校性的服務，就廣義的輔導人員來說，是指包含學校裡所有的教育工作者，要能對學生發揮支持與提供資訊服務的功能；狹義的輔導人員則是指曾接受以輔導為核心的專業訓練的教育工作者，例如：輔導教師、心理師與社工師，其工作內容偏向較為專業化的輔導工作，例如：個別或團體諮商服務或輔導工作、心理評量等（鄔佩麗、陳麗英，2011）。美國學校輔導團隊包含學校諮商師（school counselor）、學校心理師（school psychologist）、學校社工師（school social worker）、學校護理師（school nurses）、資源教師（resource teachers）、學校助理（school secretaries）、半專業人員和志工等，但其編制會因州或學區之不同而有差異。近年來有越來越多的州投資更多經費在建構堅實的學校諮商師支援團隊網絡（corps of school counselors），例如：明尼蘇達州最近宣布一項投資一千兩百萬美元經費，新增更多學校諮商師、社工師、護理師、心理師等人員到該州的七十七個學校之計畫（張佳琳，2016）。以下略述這些成員的角色任務（王以仁等譯，2004；張佳琳，2016；劉焜輝主編，2014；Erford, 2003）：

一、學校諮商師

　　學校諮商師的角色功能可分為三大項：諮商、諮詢、協調，其專業能力使其成為團隊工作的核心，也常是輔導團隊的實際領導員。學校諮商師在當今美國的學校中，已經成為校園裡不可或缺的一員，他們協助學生在

學業、個人與社會關係、職涯發展等各方面健全成長，其亦師亦友的角色在學生成長過程中往往產生極為關鍵的影響，這種重要性隨著近來美國重視對學生的大學升學及職涯輔導，以及校園治安與師生關係問題益趨複雜而更顯得受到關注。

二、學校心理師

傳統職責為針對在教育或個人適應上有困難的學生，運用測驗工具進行個別診斷與研究，以評估學生在學校學習成就上的困難，進而設計合宜的教育策略或治療，並對此策略與治療進行評鑑。隨著時代變遷，學校心理師的角色更加入一些新的工作向度，例如：心理健康諮詢、家長與社區的諮詢等。

三、學校社工師

或稱為訪問教師（visiting teacher），其工作重點是關心學生福利，協助家庭取得社會、財務及醫療上的服務，企圖減低阻礙學生接受教育的社會情緒的影響因素，以協助學生順利適應。在團隊中，學校社工師特別能透過個案研討的方式，提供學生有關個人與環境互動和適應的分析，並說明學生的學校、家庭、社區之間重要連結的資訊。

四、學校護理師

學校護理師主要提供生理與健康教育的知識，診斷學生生理機能，減低會傷害學生的疾病因素，提供學校諮商師、教師有關學生身體發展方面的知識。

五、資源教師

資源教師的形式包含閱讀專家、說話和語言專家，但主要是指特殊教育教師。學校諮商師通常對學校內的特殊教育學生不夠了解，不清楚他們的特殊需求，需要透過特教師與他們接觸，以確定這類學生能受到學校輔導方案的協助。

六、學校助理

學校常會接收到或生產大量的文書工作，例如：向學生家庭和其他機構送通知、報告文件的歸檔，以及為因應學校的文書作業流程而處理的文書作業等。學校需要足夠的祕書或文書助理，來協助諮商師和教師及時完成具有時效性的任務。

七、半專業人員和志工

半專業人員具備人群服務部分相關的專業訓練，可以協助諮商師處理學習上的建議、生涯資訊的提供和初步的關係建立等。輔導志工可以協助多項學校的服務工作，例如：提供資訊服務、檔案管理或文書處理，學生家長、退休教師或其他人員都可以擔任輔導志工。

 參 我國學校輔導團隊

我國學校輔導工作在過去十餘年當中，曾陸續嘗試以學校輔導室為基地，引入社區心理健康專業人員，辦理多種校園心理健康專業服務方案（如諮商心理師、臨床心理師、精神科醫師、社工師等），以解決我國學童和青少年的心理適應問題（王麗斐、杜淑芬，2009）。根據趙曉美、王麗斐、楊國如（2006）的評估研究指出，結合體制內的輔導人員和體制外的諮商心理師的互補分工合作模式，比諮商心理師或學校輔導人員單方面進行諮商輔導的成效更好。隨著2011年通過的「國民教育法」第10條修正案，國中小學開始設置專任輔導教師，以及地方教育局設置專任專業輔導人員，我國學校輔導團隊共包含以下輔導人員：輔導室（處）主任、輔導組長、資料組長、特教組長、專兼任輔導教師、專任專業輔導人員、認輔教師。以下敘述輔導團隊的角色任務（馮觀富，1991；劉焜輝，1988；鄔佩麗等，2017）：

一、輔導主任

輔導主任的角色任務包括以下六項：(1)策劃推展全校輔導活動；(2)綜理輔導室工作事宜；(3)協助輔導室各組長及有關人員擬訂輔導工作計畫及調配工作；(4)與各處室及全體教師做良好的分工、溝通及協調；(5)聯繫社區機構及社會資源人士爭取輔導支援；(6)評鑑（檢討）輔導工作績效。

二、輔導組長

輔導組長的職責主要在推動學校輔導工作，其角色任務包括：(1)實施學生輔導與諮商、學生個案研究與輔導；(2)專任、兼任輔導教師輔導工作規劃執行策劃、規劃認輔工作；(3)提供學校行政人員、教師及家長輔導專業諮詢服務；(4)推動性別平等教育、生命教育、家庭暴力防制及性侵害、性騷擾防制、兒少保護之教學與輔導活動。

三、資料組長

資料組長的職責類似美國的學校心理師，其主要角色任務如下：(1)學生輔導資料之蒐集、整理、分析、保管及轉移；(2)實施學生智力、性向、人格等測驗及有關調查；(3)出版輔導刊物及管理輔導室圖書。

四、特教組長

學校設有特教班可以設置特教組，特教組長的角色任務如下：(1)規劃與執行特教班年度工作計畫等相關事宜；(2)身心障礙學生之鑑定安置；(3)實施特教班學生之教學、輔導及督導個別化教學方案的實施；(4)協助普通班教師從事身心障礙學生之教育與輔導。

五、專兼任輔導教師

專任輔導教師為學校編制內教師，具輔導專業知能背景，原則上不排課或比照教師兼主任之授課節數排課，以專責從事輔導工作。兼任輔導教師亦為學校編制內教師，具輔導專業知能背景者，需教授課程，但每週

減授鐘點，部分時間從事輔導工作。主要任務是實施個別輔導、小團體輔導，撰寫並建立個案紀錄及相關資料。

六、專任專業輔導人員

專業輔導人員需具臨床心理師、諮商心理師或社會工作師證書，其服務內容如下：(1)學生學習權益之維護及學習適應之促進；(2)學生與其家庭、社會環境之評估及協助；(3)學生心理評估、輔導諮商及資源轉介服務；(4)教育人員、父母等人的專業諮詢及協助；(5)其他與學生輔導或兒童少年保護相關之工作。

七、認輔教師

認輔教師主要是遴選具有輔導熱忱的專任教師來擔任。認輔教師為無給職，其主要工作為晤談認輔學生、記錄認輔學生輔導資料、參與輔導知能研習與個案研討會。

第二節　學校輔導人員編制與資格條件

為解決臺灣國中小長期因輔導人力及輔導專業化的不足、輔導教師角色定位不明等原因，而影響輔導專業工作推展之問題，「國民教育法」先明訂國中小設置專任輔導教師，後續於2014年再度通過「學生輔導法」，此法為學校輔導工作之內涵、架構、任務及人力編制等提供明確之法源基礎，從中亦擴增了國高中小之專任輔導教師員額編制，突顯教育當局對於學校輔導工作之重視（宋宥賢，2016）。以下針對學校輔導人員的編制及其資格條件加以探討。

壹　學校輔導人員編制

學校輔導團隊之中，推展輔導及諮商工作的主要人力為專兼任輔導教師，專任專業輔導人員主要服務於大型學校及學生諮商中心，並無法普遍

服務於每所學校。本小節主要在敘述專兼任輔導教師在學校內的角色職責及員額編制。

一、專任輔導教師角色職責

傳統學校輔導組織內的成員扮演著支持性、顧問及諮詢、轉介、服務等角色（馮觀富，1991）。專任輔導教師簡稱為「專輔教師」，是近幾年來新增設的輔導人力，為使其角色職責更加明確，各縣市教育局都會訂定職責規定，例如：高雄市訂定「高雄市國民中小學輔導教師工作規定」（2012）。美國ASCA認為學校輔導教師應具備的四項角色功能為：(1)領導角色，即致力於系統範圍的改變，以縮短各多元背景學生在學業成就的差距；(2)倡導角色，即積極移除學校系統的障礙，確保每一位學生有權利與機會獲得更寬廣的發展；(3)合作角色，即與學校全體員工、家長、學生與社區合作，共同提升學生表現；(4)系統改變，即為消除阻礙學生成功的因素，而致力於改變學校政策或程序（ASCA, 2005）。綜合學者論述，專輔教師的角色職責共有以下七種（王麗斐等，2013）：

㈠支援者

支持全校性與班級性正向環境營造時所需的輔導知能協助，例如：提供宣導活動或班級輔導、諮詢。

㈡宣導者

宣導輔導工作，建立學生、家長及校內同仁之輔導概念與常識，宣導專任輔導教師自我角色定位及職責，以及能提供之協助，引領校內同仁運用輔導理念，提升工作效能，期能達成發展性輔導工作預防功效。

㈢公共關係者

關心公共議題，建立團隊系統合作及提升校內外相關資源對輔導專業之參與程度，重視資源生態性與建立輔導資源網絡。

㈣領導者

建置校內個案的輔導流程與機制，協助教師辨識學生問題徵兆、轉介

時機與流程，領導個案評估與個別輔導計畫之擬訂，領導校園輔導工作規劃與推動。

(五)直接服務提供者

提供心理評量與心理測驗，提供個別諮商與輔導、小團體輔導的規劃與執行、與行政及教師和家長的合作與諮詢、輔導系統與特教系統的合作、輔導紀錄之撰寫、校內個案會議之擬訂主持與辦理，提供追蹤輔導、予以結案或轉介。

(六)評估者

評估學生或班級需求，實施個案輔導及團體輔導，並針對校園內輔導工作成效持續檢討、評估與修正。

(七)資源整合與協調者

統籌校內外相關輔導資源，建立輔導資源網絡，並予以運用及分配，且進行資源管理及聯繫，以確實協助個案及其相關系統。

二、專任輔導教師編制

我國國民中學推行學生輔導工作，成效一直不易發揮的主要癥結，在於國民中學之輔導教師係屬課程教師，其主要工作在於擔任「輔導活動科」教學。在原本教學與行政工作的負擔已十分沉重之下，很難再兼顧行為偏差與適應不良學生的輔導工作。由於國民中學並無學校心理師與學校社會工作師的設置，輔導教師無形中更要兼辦學校心理衛生與學校社會工作的業務，這也是當前國民中學推行學生輔導工作的困境（林家興、洪雅琴，2001）。我國各級學校輔導工作都有明顯人力不足的問題，而國中小問題尤其嚴重，只有高中職較能落實諮商專業，但是在體制上仍存在一些問題（張麗鳳，2010），而「學生輔導法」的制定即在改善輔導人力不足的問題。以下依據相關法令，分別說明高中職及國中小專輔教師的編制（張麗鳳，2010；黃政昌等，2015）：

㈠高級中學

　　依據「高級中等教育法」（2021）第20條規定：「高級中等學校設輔導處（室），置專任輔導教師，由校長遴聘具有輔導專業知能之教師擔任之。……輔導處（室）置主任一人，由校長於專任輔導教師中遴聘一人兼任之。」教育部於2014年公布「國立高級中等學校組織規程準則」，其中第5條規定：「輔導處（室）……如因業務設組，其組長由校長就具輔導知能之專任教師聘兼之。」「學生輔導法」第10條規定高級中等學校專任輔導教師員額編制如下：「學校十二班以下者，置一人，十三班以上者，每十二班增置一人。」較以往每十五班配置一名專任輔導教師有顯著的提升，然與美國相較（美國約為1：338），每位專任輔導教師服務的學生仍然偏多（吳芝儀，2005）。

㈡國民中小學

　　國中小為改善輔導人員無餘力從事適應困難學生的個別諮商工作的問題，早在2011年修正的「國民教育法」第10條之中，就規定要設置專任輔導教師，現則依據「學生輔導法」第10條規定：「國民小學二十四班以下者，置一人，二十五班以上者，每二十四班增置一人。國民中學十五班以下者，置一人，十六班以上者，每十五班增置一人。」國民中小學的專任輔導教師員額編制，因學生之需求漸被重視，所以輔導室的人員編制也有所提升。至於專任輔導教師授課的基本節數，則依據2016年修正發布的「國民中小學教師授課節數訂定基準」第5條規定：「輔導教師負責執行發展性及介入性輔導措施，並協助處遇性輔導措施，以學生輔導工作為主要職責；其授課時數，規定如下：（一）專任輔導教師不得排課。但因課務需要教授輔導相關課程者，以不超過教師兼主任之授課節數排課。（二）兼任輔導教師之減授節數，國民中學教師以十節為原則，國民小學教師以二節至四節為原則。」

三、兼任輔導教師

　　依據2017年修正公布的「國民小學與國民中學班級編制及教職員員額編制準則」，第3條和第4條規定國小及國中兼任輔導教師依班級數多寡配

置一至四人。以2018年為例，國小六班以下無專輔教師，可設置一名兼任輔導教師；七至十八班無專輔教師，可設兩名兼任輔導教師；十九班以上有專輔教師一人，亦可增加兼任輔導教師一至四人。國中十五班以下有專輔教師一名及兼任輔導教師一名，依班級數多寡設置一至四名兼任輔導教師。國中小增設專輔教師之後，兼任輔導教師的員額則逐年調降。

四、專任專業輔導人員

「學生輔導法」第11條：「高級中等以下學校得視實際需要置專任專業輔導人員及義務輔導人員若干人，其班級數達五十五班以上者，應至少置專任專業輔導人員一人。高級中等以下學校主管機關應置專任專業輔導人員，其所轄高級中等以下學校數合計二十校以下者，置一人，二十一校至四十校者，置二人，四十一校以上者以此類推。依前二項規定所置專任專業輔導人員，應由高級中等以下學校主管機關視實際需要統籌調派之。」學校輔導工作因專任專業輔導人員的加入，使學校三級預防的輔導專業架構更為完善（張麗鳳，2010）。

貳 學校輔導人員的資格條件

輔導人員的素質直接關係到學校輔導的品質，為促進學校輔導人員更能發揮其專業能力，有效協助各級學生解決在發展與成長中所面臨的問題，有必要對輔導人員的遴選與資格認定做出一些較詳細的規定（葉一舵，2013）。

一、高中輔導人員

高中輔導教師資格要求輔導專業背景要符合輔導科教師本學系、相關學系及專門科目學分規定，即可由學校校長聘任為專任輔導教師。高中輔導主任稱為「主任輔導教師」，由校長從輔導教師中遴選一人擔任，所以高中輔導主任亦具輔導專業背景（葉一舵，2013）。「學生輔導法施行細則」（2015）第4條規定高級中等學校專任輔導教師，應具有中等學校輔導（活動）科教師證書或高級中等學校輔導科教師證書。

二、國中小輔導人員

　　國中小輔導主任的資格，存在「專業化」與「普及化」的爭論。1982年規定輔導主任應兼具一般主任資格及輔導的專業知能，但在1995年刪除了「輔導室主任應具備輔導專業知能的規定」，只在主任儲訓課程時予以增加輔導知能方面的培訓（葉一舵，2013）。現行「國民教育法」（2023）第21條規定：「輔導主任、組長由校長遴聘具有輔導熱忱及專業知能教師擔任之。」其中並未明確規範輔導室主任的專業背景資格，導致國中小的輔導室主任、組長未必是輔導相關科系畢業，對輔導工作的目標也難掌握。輔導學者稱此現象為輔導政策開倒車、輔導工作外行領導內行；但政策制定者認為這是在促進輔導工作的普及化，有利於輔導工作與學校教育工作的進一步整合（趙曉美、王麗斐，2007；張麗鳳，2010）。

　　至於國中小的專任輔導教師及兼任輔導教師的資格，在「學生輔導法施行細則」（2015）中已做了明確的規定。國民小學專任輔導教師資格應具加註輔導專長教師證書，兼任輔導教師應依下列專業背景之優先順序選任：(1)具備擔任專任輔導教師資格；(2)修畢輔導四十學分；(3)修畢輔導二十學分。國民中學專任輔導教師之資格應具有中等學校輔導（活動）科或國民中學綜合活動學習領域輔導活動專長教師證書，兼任輔導教師的資格與國小兼任輔導教師相同。一般來說，在國民中小學服務之輔導教師，需兼具國民中小學教師證書，以及輔導活動科或綜合活動學習領域輔導活動專長之證書（含輔導第二專長證書）（黃政昌等，2015）。

三、專任專業輔導人員

　　各縣市教育局（處）均依據「國民教育法」、「學生輔導法」，以及「國民小學國民中學及直轄市縣（市）政府置輔導人員辦法」，聘用專業輔導人員進入校園，協助學校三級輔導工作。此專任專業輔導人員係指領有臨床心理師、諮商心理師或社會工作師證書之人員（黃政昌等，2015）。

第三節　輔導人員的專業化

　　所謂「專業」是指一群人在從事一種需要專業技術之職業，專業是一種需要特殊智力來培養和完成的職業，其目的在提供專門性的服務。專業化指標包括專業知能、專業訓練、專業組織、專業倫理與專業服務、專業自主與專業成長。輔導工作要達到專業化，必須具備以下指標：(1)專業哲理；(2)專業組織；(3)專業教育；(4)專業證照；(5)專業倫理守則；(6)專業認同與專業使命；(7)專業服務對象；(8)受社會認同之專業地位及職稱（何金針、陳秉華，2007）。本節就輔導人員的專業訓練與專業知能加以探討，並探討輔導人員所需具備的人格特質。

壹　輔導人員的專業訓練

　　美國的學校諮商師是具備專業知能的輔導專業人員，在全方位學校輔導方案中扮演著核心的角色。一位有效能的學校諮商師，必須展現多樣化的專業知識、能力和個人特質。美國學校諮商員協會（ASCA）全國模式亦發展出對學校諮商師應具備知識、技能和態度三方面之專業知能標準，以使其能勝任多樣化之輔導工作任務。在專業培訓上亦有「諮商及相關教育課程認證委員會」（The Council for Accreditation of Counseling and Related Educational Programs, CACREP）對各大學院校之開課課程進行把關與審核。CACREP（2016）的諮商專業評鑑標準在「專業諮商認定」一章詳細羅列出八大核心領域諮商課程標準和內涵，透過課程教學、實習和督導等培訓歷程，有系統地培育專業人員具備充分之專業知能，以確保其提供符合專業要求之諮商實務工作（林淑華、吳芝儀，2017）。上述的八大核心領域分別為：輔導、諮商、諮詢、協調、學生衡鑑、方案管理、堅守專業規範及專業行為期待（許維素等譯，2015）。反觀臺灣，目前尚未凝聚對學校輔導教師專業知能內涵之共識，各大學開課課程之品質與成效仍無一可依循之參照準則，使得執行學校輔導工作的人員在展現可信賴性、可靠度上，迄今仍處於爭取各界認可的狀態（林淑華、吳芝儀，2017）。

一、職前專業訓練

以下引用美國學校諮商師的專業訓練方案，來說明輔導教師應具備的專業知能。美國學校諮商師職前（preparation）的教育方案包括以下專業知能（王以仁等譯，2004；Schmidt, 2008）：

㈠助人關係

輔導專業的基礎之一是要了解理論模式和臨床技巧，其中在個別、團體諮商中，用來建立、維持、評鑑助人關係的能力特別重要，所以，諮商師在助人關係方面所接受的訓練，對於其如何運用這些基本技巧和如何設計綜合性的方案，奠定了穩固的基石。這個層面的知能包含以下三種：

1. 諮商理論與方法

輔導教師要具備諮商的理論與方法，因在輔導過程中，輔導教師與學生、家長、教師所建立的助人關係，依據不同的理論觀點和學生不同的需要而使用不同的技術和策略。這些不同的理論觀點包括心理動力、行為、現實、認知、存在或其他觀點。

2. 溝通技巧

助人歷程的最佳運用，有賴對於基本溝通技巧的精熟，以建立輔導教師對學生的關注和尊重，這些溝通技巧包括傾聽、催化（facilitating）和決定。傾聽的溝通技巧在助人歷程的初期特別重要，藉由催化技巧，輔導教師能協助學生做出適當的決定，助人歷程的後期則需要使用到目標設定等決定技巧。

3. 助人歷程

諮商不是給予建議，而是在助人歷程中表現關注問題、蒐集必須資訊、試探可能性且形成行動計畫，輔導教師要了解整個助人歷程。諮商的關鍵元素是歷程（process），是為達成目標而形成的系列事件。諮商並不是僅僅與學生會談而已，而是從確認問題、執行策略到朝重要生活目標前進的歷程。

㈡人類發展

輔導教師所需具備的第二個專業領域是人類發展（human development），這個領域的課程通常包括發展和變態心理學、社會學、家庭關係及學習理論。此外，可延伸的選修領域包括藥物濫用、性議題、暴力、壓力管理及其他人類行為與發展層面。這個領域的重要知能包括以下兩項：

1. 行為科學一的知識

這類知識主要在了解人類行為，了解不同的行為發展理論，有助輔導教師應用不同的諮商方法，以建立有效的助人關係。此外，在面對家長與教師的諮詢時，也可協助他們了解學生的行為。

2. 生命的發展歷程（a lifespan approach）

輔導教師的服務對象從兒童到成人，所以必須對每個人生命的發展階段有所了解，如此助人專業工作者才能更敏銳地覺察到廣大群眾的獨特需求。

(三)團體歷程

學校只有幾位輔導教師，無法滿足許多學生的需求，所以在提供介入性、資訊性和教學性服務時，團體技巧是必要的。學校輔導教師需要具備團體諮商、團體輔導和團體諮詢的技能。

1. 團體諮商

輔導教師要具備團體諮商的知能，例如：帶領小團體，協助部分學生探討共同關心的主題，形成一個互相信任的團體，並建立行動計畫，以促進學生的成長。

2. 團體輔導

輔導教師要具備團體催化和互動的技能，以對大多數學生和家長提供教學性和資訊性的服務。輔導教師也可以和教師協同合作，在班級中實施輔導性活動，因此，輔導教師接受教學技巧和團體管理方面的訓練是必要的。

3. 團體諮詢

輔導教師會運用到團體諮詢的技能，如果輔導教師能與所有和學生有關的成人進行諮詢，可對學生提供最佳的協助。因此，輔導教師需要了解諮詢關係、角色和溝通技巧，這些技巧結合大團體互動技巧，使得輔導教師有能力為教師和其他專業人員提供有效的在職進修計畫。

㈣學生鑑衡（student appraisal）

對學生和環境的評估是輔導人員所需的技能，特別是測驗理論、發展和應用的訓練。對測驗和測量具備堅實的背景知識，可以確保適當地使用和解釋測驗工具和歷程。

1. 正式評量

應用測驗或使用其他工具來蒐集有關學生及其環境的資料，是正式評量歷程的類型。輔導教師所接受的訓練包括能選擇適當的工具、適當的使用及解釋結果，以及與測驗實施有關的倫理和專業標準。

2. 非正式評量

非正式評量方式包括觀察技巧、生活風格問卷（lifestyle question-naires），以及使用藝術、遊戲或其他活動蒐集資料，對情境做成適當的診斷。使用這些類型的評量必須謹慎小心，需與其他評量歷程所蒐集到的資料相結合。

㈤生涯發展理論和資訊

學校諮商的一項基本目的是協助學生做出教育和生涯計畫，為了選擇適當的策略以協助學生探討生涯議題，學校輔導教師需要具備有關生涯發展理論和資訊服務方面的訓練。

㈥教育研究

諮商是一項不嚴謹的科學，因此，輔導教師應該花時間去評鑑其服務成效如何。為了負起責任，需要主動地設計輔導評鑑的歷程，所以，輔導教師必須對基本的研究技術有所了解，包括統計和研究法的知識。

㈦社會和文化的基礎

學校所服務的對象非常多樣化，為了協助學生適應和教師因應此一多元趨勢，輔導教師要了解多元社會現象對家庭、社區和學校的影響，因此，諮商師教育方案應提供有關社會結構、社會學及文化變遷的資訊。

1. 變遷中的社會

近十年來，社會在家庭單位、教育期望、性道德觀和生涯型態上，均發生了劇烈的變化。科技及醫藥的進步，衝擊著人類發展和生活，輔導教

師需要熟悉社會變遷對人類行為發展的影響，以協助學生和教師處理這些事件所造成的目前結果和預測未來趨勢。

2. 多元文化人口

多樣化的文化持續影響著學校中的教育發展，能敏銳覺察到宗教和種族差異，且願意欣賞文化多樣性的輔導教師，才有能力與廣泛人群建立有益的關係，輔導教師應在自身文化之外擴展其文化視野。

㈧倫理和法律議題

輔導專業有其必須遵守的倫理標準和法律程序，輔導教師要知道專業組織所規範的專業倫理，且需對諮商實務有關的法律有清楚的了解。

㈨學校場域（school setting）

輔導教師因其服務的對象是學生、教師及家長，所以對學校行政、教育的基礎、課程發展、教育哲學等學識均應具備。修習學校諮商專業的學生也必須擁有在學校中實務演練和實習的機會，才能成為熟練的學校輔導教師。

二、職前培訓與在職進修

除了職前訓練外，持續不斷地進修亦是輔導專業化的一項指標。「學生輔導法」規定初任輔導主任或組長、輔導教師及初聘專業輔導人員需參加職前訓練40小時，這些職前基礎培訓課程包括輔導相關法規、網絡合作、兒童及少年保護、性別平等教育等共同課程，以及依各該身分修習所需之個別專業課程。「學生輔導法」第14條第3項規定，學校應定期辦理校長、教師及專業輔導人員輔導知能研習，並納入年度輔導工作計畫實施。其中一般教師每年應接受輔導知能在職進修課程至少3小時，輔導主任或組長、輔導教師及專業輔導人員，每年應接受在職進修課程至少18小時，訓練課程包括專業倫理與法規、學生輔導實務與理論及學生輔導重大議題等範疇（學生輔導法施行細則，2015）。

三、專業能力

　　一位勝任的輔導教師不僅要了解相關的專業知識，能將專業技能適當地實施，也要有專業的態度來維護專業及保障學生學習權益。因此，美國學校諮商員協會（American School Counselor Association, ASCA）推動建立「輔導教師專業能力」的指標，使輔導教師以及培育機構可以依循。美國學校輔導學界認為，為了確保輔導工作能夠順利推行，一份好的年度輔導計畫應該作為推動輔導工作的基礎，ASCA在整合了學者以及各州的輔導計畫規範後，建立了ASCA全國模式，希望能將這個模式推展到全美各州。這個模式主要分為四個部分：基礎、實施、管理與績效。換句話說，就是一份說明如何建立、實施、管理與評鑑輔導計畫的標準。以下就是該模式的介紹（鐘穎，2012；許維素等譯，2015；Gysbers & Henderson, 2012）：

㈠基礎

　　1. 信念與哲學觀：是一套指導輔導計畫發展、實施與評鑑的規範。
　　2. 任務：能描述輔導計畫的目的與目標，並能計畫、組織、實施與評鑑一個全面的、發展性的學校輔導計畫。

㈡實施

　　包括：(1)學校輔導課程；(2)個別學生計畫；(3)回應性服務（係指個別或團體諮商、諮詢、轉介、同儕支持、資訊提供）；(4)系統支持（係指專業發展、諮詢、協調、方案管理與實施）。

㈢管理

　　1. 管理協議（management agreements）：確保該計畫實施時能有效地符合學生的目標。
　　2. 顧問委員會（advisory council）：包含學生、家長、輔導教師、學校行政與社區人員的代表，此委員會負責回顧實施的成果並給出建議。
　　3. 資料的使用：輔導計畫是資料驅動（data-driven）的，此外也應藉著展示資料來顯示輔導計畫的設計符合學生需求。

4. 行動計畫。

5. 時間的分配：80%的時間應用在對學生的直接服務上。

6. 行事曆的使用：使用週誌來使學生及其他校方人員了解輔導計畫的進度。

㈣績效

1. 成果報告：包括進度、知覺到的，以及成果的資料，確保輔導計畫被實施、有效地分析及符合學生需要。

2. 輔導教師表現守則：包含輔導教師在實施輔導計畫時被期待表現出的基本操作守則，可同時作為輔導教師被評鑑及自評的工具。

3. 計畫發表：用來引領並改善未來的行動計畫。

綜合ASCA全國模式的內涵，所有學校輔導教師都應具備以下十三項專業能力：(1)輔導方案的組織；(2)學校輔導課程的教學；(3)個別學生規劃（測驗結果資訊、學習技巧、生涯資訊、個人教育發展計畫）；(4)回應式服務；(5)系統支持；(6)與學校行政主管的協議；(7)主持會議；(8)資料運用；(9)學生監督；(10)時間和行事曆的使用；(11)輔導結果的評鑑；(12)方案的督導（audit）；(13)注入性主題（infusing themes）（如領導、倡導、合作與組成團隊、系統的改變）（Gysbers & Henderson, 2012）。

 ## 貳 輔導教師的人格特質

除了多重專業能力的培養外，輔導教師對輔導工作、對輔導教師的職位有認同感，也是重要的培訓重點。多增加輔導教師對學校輔導工作的意義與價值的了解，能促進輔導教師角色的認同（許維素，2001）。認同感是由輔導教師的個人特質、態度、價值所形成，是構成專業精神的重要內涵。越來越多的證據指出，輔導教師個人的特質對於受輔者的積極成長有重要關係，其中是否建立良好的輔導關係，更是決定輔導成效的重要因素，而良好的輔導關係與輔導教師的人格特質有十分密切的關係，因此，學者對輔導教師的人格特質特別重視（賴保禎等，1993）。期盼透過輔導教師的專業訓練歷程，讓輔導教師具備熱情的、熱心的、全心投入

的人格特質。綜合學者的論述，輔導教師良好的人格特質如下（王智弘等譯，2006；馮觀富，1997；宋湘玲等，2004；王文秀等，2011；Brown & Srebalus, 1996; Srebalus & Brown, 2006）：

一、文化的敏感性

所有族群的人都具有對自己文化的認同感，文化認同感的發展需要個體對自己所屬群體的信仰、傳統、歷史、價值觀和世界觀有所認識。輔導教師要能了解、欣賞並尊重不同文化、社經地位或生活背景的學生。

二、自我覺察與自我接納

輔導教師必須能夠自我覺察與自我接納，了解自己的能力、性情、價值觀和需求。只能覺察自身的文化與心理特質仍有所不足，助人者也必須無條件地接納自我，以及接納他們希望幫助的人。

三、對人關心

從事輔導工作要不斷地接觸人，如果輔導教師對人不感興趣、不關心的話，他將無法完全投入諮商過程中。關心是不僅有興趣去了解問題，也有興趣去解決問題。

四、真誠

輔導教師需要以尊重的態度、真誠的心面對教師，與教師建立良好、互信的關係。同時也能真誠面對自己及學生，如此在協助過程中的人際互動就不會產生防衛，而中斷自然的協助情境。

五、同理心

「同理心」有別於「同情心」，同理心是能夠跳進個案的內心世界去感受其所經歷的一切，但是亦能跳出其世界，以較客觀冷靜的態度處理個案的困擾。

六、尊重他人

尊重他人包括接納他人不同的價值觀、宗教信仰、文化、種族和民族上的遺產、性傾向、生活方式、智慧能力和各種生理功能。

七、建立親密感

輔導是一種分享的工作，在分享的過程中會得到許多鼓勵。建立親密感包括能與人分享內心深處的想法與感受，最有成效的協助需要與當事人建立無性關係的親密關係。

八、精力充沛

輔導教師需要擁有高度的意志力，因為在輔導過程中面對挫折是常有的事，以強韌的態度，勇於面對問題、積極解決問題，才能讓輔導工作繼續下去。助人專業中容不下精力不足的人，助人是一種相當耗費精神與嚴苛的過程，它需要相當大的專注力和花費許多心理能量。

九、高標準的倫理守則

輔導教師必須遵守輔導的倫理規範，但是依某些道德原則發展而來的倫理規範並不是每個人都會遵守，有些操守較不正直的助人者，平日與人交往便表現出不誠實的作為，便可能會置倫理守則於不顧。

十、良好的溝通能力

諮商的情境基本上是一種雙向溝通的情境，輔導教師必須具有良好的溝通能力，不論在詞彙、語言和非語言訊息的應用方面，都應該使用當事人能夠了解的訊息進行溝通。此外，有幽默感、能自我解嘲，亦是輔導教師應有的人格特質。

就「文化的敏感性」而言，近來學者認為輔導教師應具備「多元文化諮商能力」（multicultural counseling competence），這項特質及能力在專業訓練過程中可透過以下方式習得（余挺毅，2007；Gysbers & Henderson, 2012）：

1. 對自己的文化價值與偏見的覺察：輔導教師先從覺察自己在文化裡所學得文化價值與偏見著手，例如：了解個人行為、價值觀、成見、個人限制的文化價值與偏見。也應了解自己的人生觀是如何受到文化的制約，以及如何反應在不同種族或少數族群的諮商中。

2. 對學生世界觀的覺察：輔導教師可以擁有自己的世界觀，但也可以用尊重與欣賞的態度，去了解、分享、接納當事人的世界觀。

3. 發展文化適宜的介入策略：在與不同文化的學生進行諮商時，輔導教師應發展出文化適宜的策略與技巧。如果輔導教師根據學生的經驗和文化價值觀來處理其困擾，則諮商的成效最為有效，但此階段也最為困難。

自我評量 ....

一、選擇題

( ) 1. 在從事諮商專業工作時，助人工作者要避免自己疲累枯竭，下列何者不恰當？(A)評估自己的目標及優先順序　(B)讓自己解決個案所有的困擾　(C)花點腦筋，讓自己的工作有些變化　(D)發展自己與他人互惠的友誼

( ) 2. 下列何者不是學校教育／輔導人員在處理兒童虐待案件時所必須扮演的角色？(A)通報者　(B)諮詢者　(C)協調者　(D)調查者

( ) 3. 有關諮商員對價值觀的看法，下列敘述何者較為正確？(A)尊重案主的價值觀　(B)認同案主的價值觀　(C)鼓勵案主探討社會所認同的價值觀　(D)把自己的價值觀摒除在治療歷程之外

( ) 4. 阿仁是中學教師，有自己的部落格，他喜歡在網誌上抒寫自己與學生談話的心得，有時候也會轉貼一些預防自殺的心理衛生教育訊息。下列關於阿仁做法的敘述，何者最為適當？(A)很恰當，因為中學生沒時間與老師談話，可以透過網路訊息自我輔導　(B)恰當，因為來自網路預防自殺的心理衛生訊息可以提供多元的觀點，供學生參考　(C)不恰當但可以應用，雖然會有洩露學生身分的疑慮，但可以幫助更多人　(D)不恰當，因為沒有經過確認心理衛生資訊的正確性和適切性，恐怕會誤導學生

( ) 5. 下列何者是作為一位優秀諮商人員最重要的個人特質？(A)敏銳的覺察力　(B)優異的語文能力　(C)卓越的領導才能　(D)熟練的文書處理能力

( ) 6. 下列何者不屬於「學生輔導法」中所稱的專業輔導人員？(A)臨床心理師　(B)語言治療師　(C)社會工作師　(D)諮商心理師

( ) 7. 學校輔導人員的角色依照「美國學校輔導人員學會」規範，不包括？(A)評估學生　(B)個案轉介　(C)進行地區性的輔導研究　(D)教學

( ) 8. 「國民小學國民中學及直轄市縣（市）政府置專任專業輔導人員辦法」規定，專任專業輔導人員之服務內容不包括下列何者？(A)學

生學習權之維護　(B)家長輔導專業諮詢　(C)學生與其社會環境評估　(D)輔導教師專業督導

(　　) 9. 有關「學生輔導法」中對學生輔導工作的敘述，下列何者不正確？(A)校長負有輔導學生之責任　(B)學校應設學生輔導工作委員會 (C)學校輔導人員指的是專任輔導教師　(D)一般教師主要負責執行發展性的輔導措施

(　　) 10. 依照「學生輔導法」的精神，有關專任輔導教師的排課，下列何者適切？(A)輔導相關課程或班級活動應由各該學科專任教師擔授 (B)專任輔導教師除基本鐘點外，不得排授輔導相關課程或班級活動　(C)專任輔導教師不得擔任相關課程或班級活動以外科目之授課　(D)專任輔導教師授課應依學校工作需要排相關課程或班級活動

(　　) 11. 依照「學生輔導法」的精神，有關家長參與和輔導績效，下列何者不適切？(A)各級學校應主動通知家長輔導資源或活動相關訊息 (B)學校應定期辦理輔導工作自我評鑑，落實績效責任　(C)中央主管機關應建置學生通報系統，供學校辦理通報及轉銜輔導　(D)校長應每學期對於輔導績效提出考核計畫

(　　) 12. 下列何者為學校輔導工作人員應該做的事情？(A)積極關心學生的心理適應　(B)主動將學生資料提供給導師，以利整合輔導　(C)主動為學生提供心理諮商　(D)為學生資料嚴守祕密，避免相關人員的詢問

(　　) 13. 下列有關「學生輔導法」的描述何者正確？(A)學校應設置學生輔導諮詢會　(B)學校校長、教師及專業輔導人員，均負學生輔導之責任　(C)學校教師只需負責執行發展性輔導措施　(D)遇有中途輟學、長期缺課學生，需視學生意願再提供輔導資源

(　　) 14. 依據「學生輔導法」，某國中有33班，應編制幾位專任輔導教師？(A)1位　(B)2位　(C)3位　(D)4位.

(　　) 15. 關於多元文化諮商能力的敘述，何者正確？(A)諮商員應將諮商理論應用在所有的當事人　(B)諮商員應接納自己自動化的價值觀 (C)多元文化諮商能力可以在短時間內達成　(D)諮商員應清楚外在

社會政治力量對不同族群的影響

( ) 16. 下列對於多元文化諮商能力的敘述，何者錯誤？(A)諮商歷程中能考慮當事人所處的文化脈絡　(B)諮商歷程中能考慮當事人所處的社會背景與政治系統　(C)諮商師能覺察自己的內在信念、價值觀與態度　(D)諮商歷程中能充分使用特定的技術

( ) 17. 依據「學生輔導法」，指「具有臨床心理師、諮商心理師或社會工作師證書，由主管機關或學校依法進用，從事學生輔導工作者」稱為？(A)專業人員　(B)輔導人員　(C)專業輔導人員　(D)校安人員

( ) 18. 下列何者不是輔導教師所需具備的專業能力？(A)負責及不棄不捨的態度　(B)反思的態度與修養　(C)對於沉默的當事人不斷鼓勵其開口說話，以能把握珍貴的諮商時間　(D)能認知並承認維持價值中立的困難

( ) 19. 依高雄市國民中小學輔導教師工作規定，下列敘述，何者錯誤？(A)兼任輔導教師在國民小學每週減授二節至四節，在國民中學每週減授六節至十節，並以不超鐘點為原則　(B)兼任輔導教師以負責初、二級預防工作為原則　(C)輔導教師每年輔導知能在職教育進修時數應達8小時　(D)輔導教師不得由學校主任或組長兼任

( ) 20. 輔導教師積極向學校教師、家長、學生說明與展現自己的角色及其功能，是屬於輔導教師角色功能的哪一種？(A)諮詢　(B)學校輔導方案設計　(C)安置　(D)公共關係

( ) 21. 有關目前校園輔導制度的說明，下列何者是適當的？(A)認輔制度應該由導師來認輔自己班級的學生　(B)輔導教師負責學校三級預防工作之相關連結　(C)具有輔導熱忱者，曾接受過輔導知能研習者都可擔任專任輔導教師　(D)專任輔導教師是透過「輔導計畫執行小組」建議主管教育行政機關核准後聘用之　(E)專業輔導人員皆具備教師資格

( ) 22. 依「學生輔導法」規定，專業輔導人員係指具備何種資格？(A)符合高級中等以下學校輔導教師資格，依法令任用於高級中等以下學校從事學生輔導工作者　(B)具有臨床心理師、諮商心理師或社會工作師證書，由主管機關或學校依法進用，從事學生輔導工作者

(C)受輔導知能在職進修課程至少20學分以上之專任教師　(D)受輔導知能在職進修課程至少20小時以上之專任教師

(　) 23. 關於國民中小學專任輔導教師員額編制，下列敘述，何者正確？(A)國民小學二十一班以上者，置一人　(B)國民中學每校置一人，二十一班以上者，增置一人　(C)國民小學四十八班以上者，再增置一人　(D)國民中學每二十一班再增置一人

(　) 24. 下列有關「輔導教師」的敘述，何者不正確？(A)應擔任輔導相關課程授課教師　(B)應負責執行發展性與介入性輔導措施　(C)應具備高級中等以下學校輔導教師資格　(D)應修畢至少40小時之職前基礎培訓課程

參考答案

1.(B)　2.(D)　3.(A)　4.(D)　5.(A)　6.(B)　7.(D)　8.(D)　9.(C)　10.(D)
11.(D)　12.(A)　13.(B)　14.(C)　15.(D)　16.(D)　17.(C)　18.(C)　19.(C)　20.(D)
21.(B)　22.(B)　23.(B)　24.(A)

二、問答題

1. 理想的輔導團隊包含哪些成員？

2. 專任輔導教師應扮演哪些角色職責？

3. 輔導人員的職前教育需具備哪些專業知能？

4. 請說明高中、國中、國小專任輔導教師的人力編制有何差異？

5. 一位勝任的輔導教師應具備哪些專業能力？

6. 請說明「學生輔導法」通過對於學校輔導工作的影響為何？因應此法通過，各級學校都需依法補足校內輔導專業人力，請從三級預防模式來闡述其對推展學校輔導工作的影響？

7. 成功的輔導工作與輔導人員的人格特質、正確的輔導觀念及良好的輔導態度有關。請敘述成功的輔導人員所具備的人格特質有哪些？正確的輔導觀念內涵為何？並說明良好的輔導態度所包括的內涵。

8. 如果要成為稱職的輔導教師，你覺得自己有什麼優勢？針對下列三個面向：自己的興趣代碼、專長、個人特質來說明。

▌第四章▐

輔導專業倫理

　　倫理、價值觀、道德、社會標準、法律、專業精神這些名詞很容易混淆，但彼此互有關聯。倫理指的是指導行為的道德原則，是正當行為的準則。雖然倫理守則由價值觀而來，但倫理與價值觀並不是同義的，因為價值觀是指個人認為是否有益或想不想做的問題。專業精神和倫理行為有某些程度的關聯，不過有時輔導人員可能表現得不夠專業，但卻沒有違反倫理道德，例如：與當事人晤談時遲到，這是專業精神不夠，但不一定是不符合倫理道德的（楊瑞珠譯，1997）。輔導諮商的概念來自於西方社會，而諮商專業倫理正是用來規範此一專業領域人員的標準。諮商專業倫理有別於中國傳統的倫理，也非法律的規範，而是一個專業學會及其會員自我期許的理想目標或最高行為標準（林家興，2004）。許多專業組織機構都已建立一套專業人員的專業守則與標準，例如：美國心理協會、美國國家社工協會、美國諮商協會、美國學校諮商師協會等。我國在中國輔導學會（即改名後的臺灣輔導與諮商學會）的努力下，也制定了「諮商專業倫理守則」、「學生輔導工作倫理守則」。本章從輔導專業倫理的意涵說起，再探討輔導專業倫理守則的內容，最後探討輔導教師較常遇到的諮商倫理困境與兩難。

📖 第一節　輔導專業倫理的涵義與目的

　　輔導工作被稱為一門專業，除了應具備專業的知能之外，專業倫理（ethics）更是其中的關鍵，輔導工作的目的就在提升當事人的福祉，輔導專業人員除了對專業倫理的涵義與重要性要有所了解之外，更要能知行合一，在專業行為中實踐倫理的信念，表現合乎倫理的行為（牛格正、王智弘，2008）。

壹　輔導專業倫理的意涵

　　美國諮商學者雷姆尼和赫利希（Remley & Herlihy, 2016）將諮商專業倫理界定為：由諮商師組成的團體，對於諮商師行為對或不對的判斷形成

共識，這些行為就被制定為倫理的標準，要求諮商師要在工作中遵守，因此，諮商專業倫理主要涉及的是諮商師所展現出來的專業行為以及互動關係。諮商倫理亦適用於學校輔導，輔導工作是一項助人專業，輔導關係被認為是一種特殊的專業關係，在這種關係中，輔導教師對當事人、當事人的關係人、對服務機構及對社會均負有倫理責任，輔導教師也應有適當的專業修養、專業準備及專業造詣，輔導倫理就建基在這一特殊關係之上。在有別於一般人際關係的特殊專業關係上，輔導專業倫理是輔導專業與社會大眾互動的行為規範，也是維持專業生存的重要基礎。簡而言之，輔導專業倫理即是專業輔導人員與當事人、與其他專業輔導人員，以及與社會大眾之間互動關係的規範（王智弘，2005）。

目前美國許多輔導諮商專業團體都已經訂定屬於自己的專業倫理守則（ethics code），美國學校諮商員協會（ASCA）成立於1953年，屬於美國諮商協會（ACA）的一個分會，ASCA倫理守則承襲了ACA倫理守則（ACA Code of Ethics）精神，針對在學校情境從事諮商工作訂定倫理規範。中國輔導學會於1989年訂定「中國輔導學會會員專業倫理守則」，是國內諮商專業倫理守則的濫觴，2001年新訂「中國輔導學會諮商專業倫理守則」，揭示諮商工作之核心價值及諮商實務中相關倫理責任之內涵（洪莉竹，2008）。2015年，臺灣輔導與諮商學會修訂了「學生輔導工作倫理守則」，作為學生輔導工作實務之相關倫理議題及倫理責任之依據。

貳　輔導專業倫理的目的

訂定學生輔導工作倫理守則的重要功能之一，是促使專業人士做好自我監控。林家興（2004）指出諮商專業倫理是用來提醒作為輔導教師者，在從事諮商助人工作時，要做到保護個案當事人的權益和福祉，並節制自身想要利用個案來滿足自己欲望的言行等。在中小學校園場域中，輔導教師經常要面對倫理議題，做好倫理決策與判斷，才可保障受輔學生的權利，使其免於受到輔導的傷害（洪惠嘉，2016）。因此，專業倫理具有以下的意義：對內規範助人專業人員的專業行為與維持助人專業的服務品質，對外建立社會大眾對助人專業的公共信任與維護當事人的最

佳權益（王智弘，2005）。綜合學者的論述，輔導專業倫理守則的制定所
預期達成的目的如下（王智弘，2005；王文秀等，2011；洪莉竹，2008，
2014）：

一、提升學生輔導工作的專業性

專業倫理守則的制定與實施，對輔導倫理的內涵寫下了最具體的操作
型定義，倫理守則代表一種專業價值與專業存在的形式，它被轉換成專業
成員的行為標準，提供從業人員執行工作的指引。易言之，輔導專業倫理
規範輔導教師的專業能力、資格及行為，可使整體輔導工作的專業性得到
認可及提升。

二、建立學生輔導工作的共識

以學生為主體來訂定學生輔導工作專業倫理守則，可提供輔導工作相
關人員從事實務工作時參考，使其了解自身責任，並在衝突情境中對自己
行為的取捨有所依據，以為學生提供更完善的輔導服務。

三、維護相關人員的權益

專業倫理守則的設計是為了保護大眾，並作為專業人員工作的指引，
使得專業人員盡可能提供最好的服務，維護當事人的福祉，提供當事人最
大利益。專業倫理為助人者的專業行為提供支持基礎，可以保護輔導教師
本身的權益，避免引發法律訴訟。

四、提供學生輔導人員有倫理判斷的依據

制定輔導專業倫理守則的目的在使整體專業人員敏覺其倫理行為，並
能藉此提供一個結構的引導和警告機制，以協助專業人員去面對各種倫理
問題和兩難困境，做出合理的實務判斷，以避免不合倫理行為（unethical
behavior）的發生。

五、提供社會大眾對輔導工作的信任

　　輔導專業倫理向社會保證輔導人員的工作符合並尊重社會之道德期望標準，可讓當事人信任輔導人員、社會大眾信任輔導專業，可讓輔導人員因專業服務的自主性而得到尊重。

第二節　輔導專業倫理守則的內容

　　臺灣輔導與諮商學會諮商專業倫理守則（臺灣輔導與諮商學會，2002）是針對該學會從事輔導、諮商與心理治療之專業人員，指明諮商工作之核心價值及諮商實務中相關倫理責任之內涵，並藉此告知所有會員、其所服務之當事人及社會大眾。該守則所揭示之倫理原則，學會會員均需一體遵守並落實於日常專業工作中，且作為處理有關倫理申訴案件之基礎。諮商專業倫理守則的內容包括總則、諮商關係、諮商師的責任、諮詢、測驗與評量、研究與出版、教學與督導、網路諮商等八個部分。強調不論在個別諮商、團體諮商、家庭諮商、諮詢、心理測驗與評量、網路諮商、教學督導實務中，都需要重視：諮商師必須具有足夠專業知能、保密、事先告知徵求同意、維護當事人最佳利益、避免雙重關係等議題。為所有從事諮商工作者該有的行為及不該有的行為進行規範，以維護當事人福祉及權益，提升心理學與諮商工作的專業地位（洪莉竹，2008）。「學生輔導工作倫理守則」（臺灣輔導與諮商學會，2015）則是在說明學生輔導工作實務之相關倫理議題及倫理責任，期使學生輔導人員進行學生輔導工作時，致力達成維護學生權益、促進學生福祉之目標。該守則所稱之學生輔導人員包含兩類：一類為直接輔導人員，包括專兼任輔導教師、心理師、學校社工師、輔導室組長及主任；一類則為協同輔導人員，包括校長、全體教師、學務人員、參與輔導工作之職工、醫師、社會資源人士及志工等人員。守則的內容共包括十一個重要議題：(1)學生權利與學生輔導人員之責任；(2)學生隱私權維護與限制；(3)關係與界限議題處理；(4)校園合作倫理議題；(5)學生輔導人員專業知能與成長之倫理議題；

(6)學生輔導人員督導與諮詢角色之倫理議題；(7)進行研究之倫理議題；(8)運用科技設備進行輔導之倫理議題；(9)實施測驗之倫理議題；(10)進行評鑑之倫理議題；(11)倫理維護。以下僅就一至四項詳加說明。

 ## 壹 學生權利與學生輔導人員的責任

　　輔導諮商專業倫理主要目的在維護當事人的基本權益，並促進當事人及社會的福祉。當事人權利的概念與輔導人員責任是相對的，透過輔導人員之善盡責任，方能落實當事人之權利保障（王智弘，2005）。維護學生的權利與善盡輔導人員的責任為專業倫理的核心部分，其重要內涵如下：

一、學生權利

　　當事人有五大權利：自主權、受益權、免受傷害權、公平待遇權、要求忠誠權，這五大權利是專業倫理考慮的五大基本原則，亦是諮商專業人員從事倫理辨識與倫理判斷的重要原則，其重要性貫穿於倫理之理念內涵與倫理之實踐行動中（王智弘，2005）。依據「學生輔導工作倫理守則」，學生在學校場域學習成長，應有以下權利（臺灣輔導與諮商學會，2015；王智弘，2005）：

(一)學習權

　　學生輔導人員需維護學生學習權，提供必要的學生發展之學習輔導計畫及合宜資源，以協助學生提升學習動機、方法與成效，並應用於生活適應與生涯發展。

(二)自主權（autonomy）

　　學生輔導人員需適切尊重學生及其父母或監護人之自由決定權，也就是自主權，學生具有自我決定與選擇的自由。自主權又包含下列兩項：

　　1. 知的權利

　　學生輔導人員進行學生輔導相關工作時，宜先使學生了解其目的與內涵，以及可能的獲益或限制。這就是所謂的「知情同意」（informed con-

sent）。輔導人員在提供諮商服務或招募研究對象之初，應進行知情同意
權的程序，以尊重學生的諮商同意權與自由選擇權，落實尊重學生自主權
的精神。輔導教師常會接到教師轉介來的個案，這些基本上都是「非自願
的」個案，因此向學生說明諮商相關的過程與效果是必要的，最好取得學
生的合作，輔導的效果會更佳。

　　2. 選擇權

　　教育活動外的輔導活動，宜尊重學生有選擇參與與否、退出或中止的
權利，例如：拒絕或接受諮商的權利、諮商中有權決定是否參與輔導人員
所安排的演練活動等。只有依法令規定、特殊或危急情況下，得依專業判
斷先行介入，而且在事後應使學生或父母（監護人）了解輔導介入之目的
與內涵，以及可能的獲益或限制。所謂危急情況係指自傷、傷人危機，或
有損及自己或他人學習、受教、身體自主、人格發展權益之事實。如果學
生為未成年或無能力做決定者，學生輔導人員應考量其最佳利益，並尊重
父母（監護人）之合法監護權，在進行學生輔導工作時能適時提供訊息並
徵求其意見。

(三)受益權（beneficence）

　　學生輔導人員應考量學生最佳利益，促進其身心成長與發展，獲得最
佳生活適應。

(四)免受傷害權（nonmaleficence）

　　學生輔導人員需維護學生之人格尊嚴，提供專業服務並善盡保護責
任，避免對學生造成身心的傷害。

(五)公平待遇權（justice）

　　學生輔導人員在執行學生輔導工作時，應公平對待每位學生，尊重
學生的文化背景，且不因學生個人特質、學習表現、年齡、性別、身心
障礙、家庭社經地位、宗教信仰、性取向、種族或特定文化族群等而有
歧視。

二、學生輔導人員的責任

相對於當事人的權利，助人專業人員有三大責任：專業責任、倫理責任與法律責任。專業責任指的是助人專業人員有充實自我，具備充分專業條件的責任；倫理責任指的是助人專業人員有表現適切行為與專業知能，以提供當事人合乎專業與合乎倫理服務的責任，包括提供合格專業服務、維護當事人的基本權益、應致力於增進整體專業之公共信任等三項；法律責任是助人專業人員有遵守法律相關規範，保護並避免傷害當事人或其他民眾的責任，例如：保護當事人隱私權的責任、預警或舉發以免當事人或其他人受害的責任等（牛格正、王智弘，2008）。臺灣輔導與諮商學會（2002）將諮商師的責任分成專業責任、倫理及社會責任兩部分。其中專業責任包含熟悉專業倫理守則、具備最低限度的專業知能、充實新知、覺知自己的能力限制、自我了解，以及從事不同專業領域時需具備該專業所需的知能、訓練、經驗、資格。倫理及社會責任則主要涵蓋兩個層面，一為專業倫理意識，另一則是關於維護當事人權益以及避免觸犯法律規範。然「學生輔導工作倫理守則」共規範了學生輔導人員之倫理責任及專業責任，以下分別說明之（臺灣輔導與諮商學會，2015；牛格正、王智弘，2008）：

㈠倫理責任

倫理責任規範學生輔導人員應覺知其專業責任與能力限制，覺察個人價值觀與需求，尊重學生權利，以維護學生福祉與專業表現。輔導人員的倫理責任表現在以下四項：

1. 提供合宜之學生輔導計畫

學生輔導人員應關注及提供適合學生發展階段及有益身心發展之輔導計畫。

2. 覺察個人需求

學生輔導人員進行學生輔導工作時，應避免利用學生來滿足個人需求或學校需求。

3. 覺知個人能力限制

學生輔導人員應覺知個人能力限制，必要時進行轉介或尋求合作與支援。

4. 覺知個人價值觀

學生輔導人員應覺知個人價值觀及其對輔導工作之影響，避免強制學生接受其價值觀。

(二)專業責任

「學生輔導工作倫理守則」的第五部分規範學生輔導人員專業知能與成長之倫理議題，輔導人員的專業責任表現在以下四方面：

1. 專業知能

學生輔導人員應持續接受學生輔導相關知能之繼續教育，增進個人之輔導專業知能，且於能力所及範圍內提供專業服務。

2. 專業效能維護

學生輔導人員宜依據輔導實務工作之需要，向適當之專業人員尋求諮詢，必要時定期接受專業督導或進行個案研討，以維護學生輔導工作之效能。

3. 同儕支援與合作

學生輔導人員應覺察個人能力之限制，並適時尋求輔導團隊的支援與合作。

4. 自我照護

學生輔導人員需對自我身心狀況有所覺察和關照；若覺察個人因素有可能影響學生輔導工作及學生權益時，宜向適當之專業人員尋求諮詢或督導，討論因應策略。

 ## 學生隱私權維護與限制

學生輔導人員應盡力維護學生隱私權，避免資訊不當揭露或濫用。隱私權是忠誠權（fidelity）的一部分，學生有權要求被忠實且真誠的對待，有權被尊重與被保密，故學生隱私權的維護包含保密的考量。輔導人員在

專業關係中獲得資料，要克盡保密責任，然而學生大多是未成年人，對其隱私權的行使會受到部分的限制（牛格正、王智弘，2008）。學生輔導人員應了解相關法令規定，審慎評估學生個人資料保密程度、訊息透露與訊息溝通限制，共同維護學生之隱私權。這部分包括輔導訊息之揭露、學生輔導紀錄及學生隱私權限制，以下分別說明之（臺灣輔導與諮商學會，2015；洪莉竹，2014；王智弘，1996；邱珍琬，2015）：

一、輔導訊息之揭露

學生輔導人員應以學生權益和福祉為依歸，充分考量訊息揭露之必要性後為之。也就是在尊重隱私權的精神下來發展校園輔導團隊的合作模式，有必要在充分的考量下，採取比較彈性、對學生有幫助的倫理決策來處理。

㈠隱私權維護

學生輔導人員進行學生輔導工作時，對於輔導過程獲知之訊息，需尊重學生權益，以學生立場考慮維護其隱私權。若有必須揭露訊息之情事，應審慎評估揭露之目的、時機、程度、對象與方式。經評估需揭露學生個人訊息時，仍應遵守個人資料保護法相關規範，以及最少量、必要性之揭露原則。

㈡事先說明

學生輔導人員進行學生輔導工作時，需適時向學生或家長（監護人）說明輔導過程獲知之個人訊息與資料，以及其隱私維護範圍與限制。

㈢團隊訊息揭露與保密

經考量特殊情況下需揭露學生訊息時，學生輔導工作人員仍需以團隊方式維持保密，在輔導團隊內，遵守最少量、必要性的原則進行訊息溝通。

二、學生輔導紀錄

學生輔導人員應以符合倫理規範之專業方式，處理輔導紀錄之撰寫、保存、公開與運用等事宜。這裡所指的學生輔導紀錄，包括個別輔導紀錄、團體輔導紀錄、智力或人格等心理測驗結果，以及其他以學生輔導需求所提供之專業服務和個案管理紀錄等。

㈠紀錄撰寫

學生輔導人員撰寫輔導紀錄時，需事先考量未來可能閱讀輔導紀錄者，審慎評估撰寫之內容。輔導紀錄之撰寫，應儘量保持客觀、簡要，並顧及相關人士隱私權之維護。

㈡紀錄保存

學生輔導人員保存學生輔導紀錄時應考量其安全性與保密性，維護學生之隱私權。

㈢紀錄公開與應用

學生輔導紀錄的公開與應用需尊重學生隱私權。學生輔導紀錄不得隨意公開或挪作非教育用途，即使徵得學生本人或家長（監護人）同意權提供使用，亦不應透露能辨識個人身分之相關訊息。學生本人或家長（監護人）欲查閱輔導紀錄時，均應遵守最少量、必要性的揭露原則。

㈣紀錄傳遞

學生輔導人員以紙本或電子檔案傳遞或轉移紀錄時，需注意維護學生隱私權。

三、學生隱私權限制

在學校場域中，學生輔導工作多數不是單一人員可以獨立進行，還牽動著其他相關人員與系統，如果沒有適度的訊息交流，確實可能難以透過校園合作去維護學生的最大利益。學校是教育場所，「國民教育法」顯示學生隱私權在校內還是有部分限制，並非完全可由學生自主。

㈠隱私權限制說明

　　學生輔導人員應考量學生之最佳利益，適時向學生或家長（監護人）說明隱私權維護範圍及限制，這就是「知情同意權」。當學生要求對特定對象保密，例如：導師、家長、學務工作人員等，或揭露訊息後可能對輔導關係造成潛在傷害時，學生輔導人員經評估後決定揭露學生個人訊息，宜事先與學生充分溝通，事後也能顧及學生感受、反應，給予支持與協助。

㈡資訊保密的例外情況

　　狹義的隱私權指的是資訊保密，輔導人員在保密上的法律責任有：保護當事人隱私權、維護當事人「溝通特權」（privileged communication）、預警與舉發以免當事人或其他人受害，以及避免在實務上發生處理不當或瀆職（像是治療不當或與當事人發生性關係等）。所謂溝通特權是法律名詞，指在法律訴訟程序中，為保護當事人的隱私權，法庭上不得強制諮商師洩漏諮商機密。但是保密不是絕對的，仍受到不少限制，所以在以下幾種特殊情況下，學生輔導人員必須揭露輔導諮商的相關訊息：

　　1. 與學生訂定之保密約定內容與教育目標及法令規定有所牴觸時。

　　2. 學生具有危及自身或他人權益的可能性而需預警時，包括自傷、傷人危機，有損及自己或他人之學習、受教、身體自主、人格發展權益之事實。

　　3. 未成年學生之家長或監護人要求了解相關訊息時。

　　4. 法院來函要求出庭或提供相關資料時。

　　5. 召開與學生個人在校權益相關之會議，例如：退學、輔導轉學、獎懲、召開個案研討會或進行專業督導，需提供相關訊息時。

　　6. 依據法令規定進行通報（家暴、性交易、性侵害、法定傳染病等）、轉銜輔導，需提供相關訊息時。

　　7. 為有效協助學生，需結合校內外資源共同合作時。

關係與界限議題處理

　　助人專業人員是一種單純的專業輔助關係，不容有其他的角色介入，或其他的關係存在。如果助人專業人員與當事人有諮商關係以外的其他關係，就是雙重關係或多重關係（dual or multiple relationships）（牛格正、王智弘，2008）。這類關係會提高以下問題的可能性：違反知情同意原則、專業性質受到扭曲、破壞基本信任、造成利益衝突、妨礙專業判斷等（鄔佩麗、陳麗英，2011）。然而，校園關係及角色基本上是多重的，無法完全迴避掉關係交疊所帶來的可能影響，例如：學生懼怕老師傳遞訊息給父母，而未真正投入輔導關係中，或是對輔導根本上的不信任而未尋求協助，因此如何使多重關係的狀態對學生輔導工作的傷害降到最低，達到最小傷害，是輔導工作關注的焦點（洪莉竹，2014）。「學生輔導工作倫理守則」在此一議題做了以下的規範（臺灣輔導與諮商學會，2015）：

㈠適當關係

　　學生輔導人員應考量學生最佳利益，權衡與學生之間的關係和界限，以建立具有效能的輔導關係；且不得與學生發生逾越師生倫理、有損學生身心發展之關係。

㈡避免傷害

　　學生輔導人員應避免因角色重疊、關係混淆或界限不清而對學生造成傷害。避免傷害的方式包括釐清角色任務或關係界限、主動向同儕或專業人員諮詢、接受督導等。角色任務或關係界限之釐清或維持發生困難時，應尋求同儕支援、向專業人員或督導諮詢，做適度之調整。

 校園合作倫理議題

　　「學生輔導工作倫理守則」以「校園合作」一詞代稱輔導學者習慣使用的「系統合作」，目的是要強調倫理守則是應用在學校場域，而不是只看學校系統與外面資源系統的合作，校內各次系統的合作也很重要（洪莉

竹，2014）。這個部分包括建立輔導團隊、連結校外資源、轉介、通報，以下分別說明之（臺灣輔導與諮商學會，2015）：

一、建立輔導團隊

學生輔導人員間應形成團隊合作之工作模式，並連結學生家長（監護人）及校外資源，在維護學生權益下進行適切的訊息溝通與合作。

㈠訊息傳遞與溝通

學生輔導人員、家長（監護人）之間溝通訊息時，宜權衡學生隱私權與輔導工作之需要，斟酌提供訊息揭露程度。

㈡團隊合作規範

學生輔導團隊宜透過組織系統、行政程序及個案會議討論，建立團隊合作規範，形成事件處理流程、相關人員訊息溝通程度與限制，以及責任歸屬等共識。

二、連結校外資源

學生輔導人員應適當評估學生問題與需要，結合適當的校外資源，提供學生適切的協助。校外資源包括外聘、巡迴或駐校之心理師、社工人員、特殊教育人員、醫療人員，以及社區、警務、法務系統人員等。

㈠規劃合作

學生輔導人員連結校外資源時，宜擬訂適當的合作計畫，且提供必要的資訊使學生或家長（監護人）在知情的情況之下做選擇。

㈡合作關係

學生接受校外之心理諮商或心理健康專業服務時，學生輔導人員需要和學生或家長（監護人）建立共識，並注意訊息溝通的一致性，避免造成學生與相關人員的混淆和衝突。

三、轉介

　　學生輔導人員應依據個案工作之需要，透過專業判斷和必要之諮詢進行個案轉介。

(一)專業知能限制

　　學生輔導人員需覺察個人專業知能限制，在考量學生權益與福祉的前提下，評估轉介資源的適切性，進行適當的轉介。

(二)知情同意

　　學生輔導人員宜獲得學生或家長（監護人）對轉介之同意，惟危急或特殊情況下，可依專業判斷先行介入後，再說明轉介之必要性，並於事後取得同意。

(三)轉介計畫

　　進行轉介時，學生輔導人員宜在維護學生權益原則下評估其需求，適時規劃轉介方式、資源及後續服務計畫。

(四)轉介後輔導

　　學生輔導人員於個案轉介後應本於個案管理之職責，進行追蹤或協同輔導。

(五)選擇轉介服務

　　尊重學生或家長（監護人）選擇轉介服務計畫之權利。

四、通報

　　學生輔導人員應就法令規定，循行政程序與必要之溝通，進行通報與後續處理。學生輔導人員應了解相關法規對於通報之規定，發現應通報之情事，需遵守法令規定，進行通報。若專業判斷與法令規定相衝突時，宜尋求督導或諮詢，謀求解決之道。

(一)通報說明

　　進行通報前宜考量通報對學生權益的影響，向學生或相關人員進行必

要之說明，討論如何因應通報後的發展。

(二)追蹤輔導

通報後亦需追蹤後續處理事宜，提供學生必要之協助。

📖 第三節　輔導專業倫理的困境與維護

輔導專業倫理的實踐，表現在幾個重要的層次上。所謂強制性倫理（mandatory ethics）是專業者在倫理行動的最低要求，以法律與倫理守則為基準。理想性倫理（aspirational ethics）是倫理行動的最高標準，以良心與當事人福祉為考量。輔導諮商專業人員倫理與道德教育的實施，良知良能的啟發乃為實現諮商專業理想的關鍵因素。另一種正向倫理（positive ethics）是專業人員為當事人最佳利益考量而採取的一種取向，不是為了達到倫理的最低標準以擺脫麻煩而已。輔導專業的教育訓練與輔導專業的實務運作，乃在遵從強制性倫理到實現理想性倫理的努力過程（王智弘，2004）。當輔導專業人員在進行輔導工作時，難免會去面對各種倫理問題和兩難困境，專業倫理教育的目的即在提升輔導專業人員對倫理問題的敏感度，進而對倫理問題產生思考推理能力，而做出合理的實務判斷，以避免不合倫理行為的發生。為幫助專業人員做倫理決定，可以和同事討論、了解和實務有關的法律、在專業上持續進修、反省自己的價值觀及誠實地自我檢視等方法來做好輔導專業倫理的實踐（修慧蘭等譯，2015）。本節分別從倫理守則的限制、常見問題等方面，來探討如何做好倫理決策。

📖 壹　輔導專業倫理守則的限制

輔導專業倫理守則提供了專業工作者與當事人雙方的義務與責任的基本論述，它教育輔導人員及社會大眾，這個專業有什麼責任，可以保護學生免於被不合倫理的對待，更重要的是，倫理守則可以提供反省與改進個人專業實務的基礎。對專業人員而言，自我監控是比被外在機構控管更好

的途徑。但是沒有一個倫理守則能在每個專業人員面臨特定問題狀況時，都能描繪出什麼是適當或最佳的行動（修慧蘭等譯，2015）。這也就是說，專業倫理守則往往會存在一些不完備的地方，在實務工作上仍有許多限制存在。柯瑞等（Corey, Corey, & Callanan, 2011）對專業倫理守則的限制提出以下看法：

1. 有些問題不能只單憑倫理守則來處理。
2. 一些缺乏清楚說明的守則會造成執行上的困難。
3. 只學習倫理守則與實務手冊不足以處理倫理實務問題。
4. 不同機構間的倫理守則有時會產生衝突。
5. 同時參與多個專業組織的專業人員，取得州的證照、國家證照，他可能同時要對不同組織的倫理守則負責，而這些守則內容也許並不相同。
6. 倫理守則傾向對於情境做反應，而不是主動的活動。
7. 專業人員個人的價值觀可能與明文規定之守則相衝突。
8. 倫理守則可能與機構政策及實務工作相衝突。
9. 倫理守則要從文化架構來理解，因此需要因應社會之特殊文化。
10. 倫理守則並非與州的法令或規範相符合。
11. 由於每個專業組織內都存在著不同的看法，所以並不是每個組織裡的成員都贊同組織所訂出來的倫理守則。

貳 輔導實務常見的倫理困境

倫理的基本要求是確認我們對他人及自己的責任，專業倫理守則的設計是為了保護大眾，作為專業人員工作的指引，使得專業人員盡可能提供最好的服務，維護當事人福祉，提供當事人最大利益。在諮商輔導實務上是否有了專業倫理守則，就可以避免違反倫理的行為，做出正確的判斷？事實不然。由於倫理守則的限制，使得專業人員在決定什麼是最適切的行為時，常常要面對許多挑戰（洪莉竹，2011）。陳若璋、王智弘、劉志如與陳梅菁（1997）針對臺灣地區助人專業人員的倫理困境（ethical dilemmas）進行研究發現，我國助人專業人員所遭遇到的倫理困境，包括

保密（溝通特權）、雙重關係、預警責任與舉發、專業資格、對同僚不合倫理行為之處理、角色與責任衝突、知情同意權、未成年者的權利、技術運用的恰當性、價值影響、測驗、團體、研究、教學訓練與督導、運用廣告及媒體等類別。洪莉竹（2008）的研究發現，引發專業倫理困境的議題有：保密、角色定位、雙重關係、當事人福祉、知情同意及通報。引發專業倫理困境的主要因素源自於學校工作場域的特性，包括當事人、教師角色、學校工作模式。國外對諮商師的研究也指出，在輔導諮商實務中經常遇到的倫理困境包括諮商的專業性、雙重關係、保密、對當事人的責任等（McLeod, 2003; Vyskocilova & Prasko, 2013）。學校輔導人員和諮商師一樣都會遇見保密、雙重關係、責任、專業能力的問題，但是學校輔導人員還要面對學校行政人員與家長可能提出的不合理要求，要回應那些不適切的學校政策或承擔諮商專業之外的責任，要因應知情同意權的行使問題及多重角色的問題等（洪莉竹，2008）。以下針對保密、與雙（多）重關係兩項倫理困境做深入探討（洪莉竹，2008，2011；吳秀敏、林佩芸、吳芝儀，2016；呂鳳鑾、翁聞惠、吳宗儒、黃新瑩、吳芝儀，2015；邱珍琬，2015；葉盈麗，2016）：

一、保密議題之倫理困境

保密議題一直是諮商倫理的重要議題，定義為控制資料及資料取得的途徑，保密的目的是在於保障當事人的隱私權與自主權。「學生輔導工作倫理守則」規範學生輔導人員應了解相關法令規定，審慎評估學生個人資料保密程度、訊息透露與訊息溝通限制，共同維護學生之隱私權。在諮商關係中，保密是建立信任關係的基本要素，學生必須要信任輔導人員，始能在諮商關係中進行有意義及真誠的對話。在保密議題方面的倫理困境有以下幾項：

㈠未成年當事人自主權與家長監護權的衝突

在中小學場域工作之輔導人員，所面對的案主為未成年人，就法理上而言，輔導人員雖然負有保密的責任，但父母或監護人則擁有法律上的權利，有權知曉未成年人與輔導人員之間的溝通內容；在情義上，家長其實

也需要了解孩子的問題，才能夠和學校輔導人員一同協助學生。然而，學生在諮商室所揭露的敏感性訊息，通常會取決於他們對輔導人員的信任，期待受到保密的保障，因此，一旦輔導人員全盤向家長透漏敏感性的諮商訊息，很可能會破壞諮商關係中的信任。因此，一旦學生不想透露訊息，但家長前來詢問時，學校輔導人員就需要在「尊重當事人的自主權」及「考量家長的監護權」中做取捨。

㈡對於保密例外判斷的兩難

保密也有其特殊的狀況，當這些特殊的狀況出現時，輔導人員就必須考量到破除保密的原則，這些保密的例外在讓輔導人員能夠依循實際狀況來下判斷，特別是當明確了解個案有自傷或自殺意圖，或可能損及他人生命安全時，輔導人員應該善盡預警的責任，通知當事人、家人、警方及第三者，如果沒有盡到該項責任，則可能被控訴「疏忽預警的責任」或「瀆職」的責任。另外，針對監護權的爭奪、兒童虐待或加入幫派等特殊案件時，就法院的立場可能會要求輔導人員交出諮商紀錄，若是輔導人員執意不交，可能遭到藐視法庭的刑罰。然而並非所有情境都能有清楚的判斷，實務上仍有許多模糊的地帶，如何兼顧案主的最佳利益考量與法律上的責任，是保密議題的主要倫理困境。

㈢知情同意之兩難

知情同意係指案主在接受諮商服務時，對於諮商的目的、內涵、紀錄保存、資訊揭露程度等範圍，在清楚的認知下同意接受服務。對學校輔導人員而言，要兼顧父母的知情權利及學生在諮商所擁有的自主權利，時常是衝突及困難的。如果學生不願意接受輔導，輔導人員就可以不管嗎？面對學校例行性大規模的心理測驗或班級輔導，學生若不想參與，可以嗎？此外，輔導人員所面對的案主大多是未成年人，在實務上，若每項輔導工作都必須取得未成年人學生和家長的知情同意，將導致許多輔導工作滯礙難行，更導致學校行政與專業倫理之間的衝突。

㈣強制通報與維持專業關係的兩難

目前校園事件通報之法令依據為教育部頒定之「校園安全及災害事

件通報作業要點」，教育部為了協助各學校辦理相關法律所要求的通報，訂有各級學校及幼兒園通報兒童少年保護、家庭暴力及性侵害事件注意事項及通報人身分資料保密措施。許多法律規定通報至遲不得逾24小時，並訂有罰則，因此，輔導人員對於相關法律的規定必須充分的了解。為此，「學生輔導工作倫理守則」規範學生輔導人員應就法令規定，進行通報與後續處理。若專業判斷與法令規定相衝突時，宜尋求督導或諮詢，謀求解決之道。在專業督導人力不足的情況之下，如何謀求專業諮詢解決實務疑惑？通報時，如何做到案主隱私權的維護？通報後，如何繼續與案主建立關係？這些都可能是輔導人員會面臨的困擾。

㈤面對學校相關人員詢問的兩難

在學校系統中很重視整體運作及專業團隊合作。輔導工作常常需要行政系統的支持與資源，因此，輔導人員需要顧及與學校其他人員的合作關係。學校輔導人員在實務工作上需要接觸許多相關人員，例如：班級導師、行政人員、督導等等。在學校場域裡通常是班級導師將學生轉介給輔導人員，教師除了是轉介者的角色外，同時也是輔導人員的同事；面對同事的詢問，若堅持不透露相關資訊，很可能會影響同事之間的關係，也間接影響教師對學生的看法與觀點。輔導人員必須與學校其他系統合作，共同服務學生的需求，然而，這些系統人員很多並未經過諮商專業倫理的訓練，因此在與其他行政單位、志工、教師等合作時，如何兼顧保密責任？在沒有辦法控制其他非專業人員的行徑之下，如何兼顧保密原則？成為保密議題的另一個倫理困境。

二、雙（多）重關係之角色定位問題

「界限」是指人與人之間心理上的一條線，規範的是與他人之間的關係，輔導人員除了從事學生輔導工作，還有可能同時是授課教師，或兼任行政工作，身兼多職，其角色多元化與複雜化，造成輔導人員往往扮演兩種以上的角色，這樣很容易造成混淆教師與輔導教師的角色與界限，同時與當事人的互動存在著多重關係。雙（多）重關係的發生主要有兩種：一是輔導人員認識的人，一是諮商關係以外另外發展的關係。給認識的人做

諮商，常常會因為彼此的關係而很難進行，也不會有效，最好做轉介；倘若在治療關係之外發展其他的關係，對治療來說也有許多負面影響，處理不易，很容易就因為處理失當造成傷害。

在校園裡有時候不容易維持單純的關係，不同的角色在專業責任與義務上的規範不盡相同，面對當事人時，輔導人員到底要扮演何種角色？不同角色之間如何轉換？多重關係是否會造成角色界限關係混淆、影響輔導效果？此外，輔導人員在需要配合學校政策、考量學校整體利益的情況下，實難單純站在「諮商師─當事人」的關係脈絡下來思考。有學者（Corey et al., 2011）提出「跨越」界限（角色轉換），「違反」界限的行為是不容許的，最嚴重的莫過於與當事人發生親密性關係或有戀情關係，這是違反專業倫理與法律的。然而可以允許偶爾跨越界線，像是送給學生生日卡、嘉許其努力與成就等。

 輔導專業倫理困境的決策

在解決倫理議題的部分，美國學校諮商員協會倫理守則於2014年新增倫理決策的準則，指出當諮商心理師遇到倫理困境時，可藉由倫理決策模式，了解相關規範及法律、對議題審慎思考、考量情境與福祉和專業人員諮詢等，進而解決該倫理困境。此外，為了做出最適切的倫理決策，學者建議在整個倫理決策歷程中，盡可能邀請當事人參與並適切討論（蔡美香，2015）。以下針對倫理決策模式加以探討。

一、道德原則引導倫理決策模式

基奇納（Kitchener, 1984）和米拉等（Meara, Schmidt, & Day, 1996）指出，實現最高倫理層次的助人專業必須以六項道德原則作為基礎，分別是自主性（autonomy）、免受傷害性（nonmaleficence）、獲益性（beneficence）、公平性（justice）、忠誠性（fidelity）、真實性（veracity）。專業人員在面臨倫理議題相關情境時，參照此道德原則，辨識其中可能涉及的倫理主題，以作為進一步進行倫理判斷的基礎（牛格正、王智弘，

2008）。米拉等（Meara et al., 1996）提出原則性倫理（principle ethics）及美德性倫理（virtue ethics），並建議專業助人工作者使用倫理決策模式解決倫理困境時，能儘量整合此兩種倫理，進而使倫理決策有更適切的決定。所謂原則性倫理強調採用理性、客觀、普遍性、公平的原則來分析倫理事件，即依社會上認定的標準來決定應該如何做的倫理原則；美德性倫理則著重於諮商員的特質，關心的是「我這樣做是否能讓當事人受益最多」（楊瑞珠譯，1997；Corey et al., 2011）。

二、倫理決策的多步驟模式

為避免只依靠直覺做決定，而要在做決定的過程中多方諮詢，聽取不同的意見，柯瑞等（Corey et al., 2011）提出倫理決策的行動方案，幫助輔導人員思考倫理的問題：

1. 指出問題或兩難困境：蒐集能幫助了解問題性質的資料，以幫助決定問題主要是倫理的、法律的、專業的、臨床的或是道德的。

2. 指出潛在的議題：評估所有涉及者的權利、責任與福祉。

3. 檢視相關倫理準則作為一般性的指引：考慮個人的價值觀與倫理，與相關的指引是否一致或衝突。

4. 知道可用的法律與規定：必須決定是否有任何法律與規定和此倫理困境有關。

5. 尋求其他專業者的意見：向同儕討教對此問題的不同看法，以獲得對兩難困境的各種觀點。

6. 對各種可能的行動方案進行腦力激盪：不斷與其他專業人士討論有何選擇，也將當事人納入討論選擇的過程。

7. 評估不同決定所可能造成的後果：列舉各種決定的後果，並仔細考慮各種行動方案對當事人的意涵。

8. 決定最佳的可能行動方案：一旦實施某行動方案後，需追蹤評鑑其結果，以決定是否需要進一步行動，並將行動的理由製成文件，以作為評鑑的依據。

肆　輔導專業倫理的維護

專業倫理的維護就是倫理體系的具體運作過程，主要運作方式有：倫理委員會的申訴與懲戒、執照的審核與吊銷、法律訴訟的申告與裁決、第三責任險的投保與理賠。但因臺灣仍處於學習與發展的階段，以致這些做法尚未實施。任何專業都不免有害群之馬，倫理與法律的懲戒通常也帶來教育價值與警惕作用（牛格正、王智弘，2008）。「學生輔導工作倫理守則」（臺灣輔導與諮商學會，2015）在維護專業倫理方面有以下的規範：

一、提升倫理意識

學生輔導人員需致力於提升自身與輔導團隊的倫理意識，應透過自我省思、繼續教育，以及實務倫理議題探討，提升倫理意識。學校輔導處（室）需積極向學校教師、行政人員及學生家長等倡導學校輔導工作倫理。學生輔導工作人員得依實務之經驗，針對倫理守則提出修正意見。

二、倫理違背

發現同儕執行輔導工作中有損及學生權益、妨害身心發展時，學生輔導人員需依實際情況採取合宜之行動。其做法有：

㈠提醒注意

若發現有倫理疑慮之行為，需提醒同儕及相關人員注意。

㈡請求修正

學生輔導人員透過專業討論或督導過程提供同儕適當改善意見；必要時，透過學校程序請求同儕修正不符合專業倫理之行為。

㈢提出申訴

當違反倫理情事或疑義非個人及輔導團隊可解決時，可向專業團體或直屬教育主管機關提出倫理審議。

自我評量 ....

一、選擇題

(　　) 1. 李老師想在諮商過程中錄音，在諮商倫理上，他要優先考量個案下列哪一種權利？(A)隱私權　(B)受益權　(C)免受傷害權　(D)知情同意權

(　　) 2. 12歲的小萱情緒非常低落，在諮商過程中透露她有自殺念頭，並請輔導教師幫她保守祕密，不要告訴爸媽。根據輔導專業倫理原則，輔導教師應如何處理較恰當？(A)為了對個案談話內容保密，不應告訴小萱的爸媽她有自殺念頭　(B)為了保護個案的安全，應告訴小萱將會告知爸媽她有自殺念頭　(C)為了尊重個案的權利，應由小萱決定是否告訴爸媽自己有自殺念頭　(D)為了取得個案的信任，應先徵得小萱同意再告訴爸媽她有自殺念頭

(　　) 3. 有關輔導倫理中「保密」的敘述，何者正確？(A)當事人對他人或自己構成危險時，治療者要保密　(B)治療者依法必須提供資訊時，可以不必提供　(C)治療者相信兒童可能被性侵害時，必須通知執法機關　(D)當事人要求要看自己的檔案時，不能給他或她看

(　　) 4. 輔導教師出現下列哪一項行為，可能會違反法律規定？(A)在團體開始時，與團體成員訂定保密契約，要求學生保密　(B)依照測驗結果，建議家長將小孩轉至醫院做進一步的鑑定　(C)為找出更有效的協助個案方式，以匿名方式向督導透露諮商內容　(D)承諾為現正遭受父親性侵害的學生保密，並堅守保密的行為

(　　) 5. 有關輔導實務中的倫理議題，下列敘述，何者最為正確？(A)目前學校輔導更強調教師應依照自己的個性與喜好進行諮商技巧的使用　(B)因國小學生身心發展尚未成熟，故個案不應知道自己正接受輔導專業的協助　(C)學校輔導實務中很難避免雙重關係，故主要處理原則是將對個案造成的風險最小化　(D)學校輔導實務中進行心理評估，為避免破壞輔導關係，最好不要將診斷結果告知學生

(　　) 6. 王老師得知班上小政的爸媽有計畫地買木炭，準備全家燒炭自殺，小政怕被爸媽知道，要求老師不要告訴別人。王老師應如何處理？

(A)信守承諾，保持沉默　(B)輕鬆帶過，笑看童言　(C)課堂公開，機會教育　(D)向上通報，審慎查證

(　　) 7. 輔導人員在諮商方面，重要的專業倫理守則為何？(A)得知當事人可能對自己或他人造成緊急危險時，應立即與其他專業人員商討防範措施　(B)在進入諮商關係前，知道當事人曾接受其他諮商員輔導，需獲得當事人同意才能開始進入輔導　(C)自覺當事人的問題超出自己的專業能力時，應轉介給適合的諮商員。若當事人不願轉介，輔導員有義務繼續輔導　(D)在處理任何與當事人有關的事件或終止輔導關係時，皆需獲得當事人的同意才可施行

(　　) 8. 下列哪一種輔導行為符合倫理要求？(A)告知有監護權的家長其未成年子女有意私奔　(B)告知個案輔導者本人的住所及電話，讓個案隨時可以求助　(C)將導師輔導資料提供給個案　(D)為了得到完整資料，要求個案完成所有心理測驗

(　　) 9. 在進行未成年青少年輔導時，何謂「告知後強迫同意」？(A)當輔導者評定未成年青少年有需要接受輔導時，在告知當事人後則強制其同意接受輔導　(B)未成年青少年知道必須接受輔導才能幫助自己後，強迫自己同意　(C)在父母強制下，其未成年子女必須接受輔導的協助　(D)未成年青少年知道必須接受輔導才能幫助自己後，強迫父母同意

(　　) 10. 在與未成年青少年進行諮商或實施心理測驗時，需要先徵求當事人及其家長的同意，方能進行，這是尊重青少年的哪一種權利？(A)受益權　(B)自主權　(C)要求忠誠權　(D)免受傷害權

(　　) 11. 若個案告訴你，他非常痛恨班上一位同學常常嘲笑他，讓他在其他同學面前抬不起頭來，他打算要給他一個教訓。身為輔導教師，在專業倫理守則上，你有何責任與義務？(A)和個案進行充分討論，讓他打消這個念頭　(B)和個案的父母討論，共同協助個案解決問題　(C)觀察一段時間，再決定是否告知潛在的受害者　(D)告知個案，輔導教師在必要時會通知相關機構與人士

(　　) 12. 若你擔任六年級的導師，班上有位學生告訴你，他近來情緒非常低落，而且有自殺的念頭，但是他請你不要告訴他的父母，因為他不

想讓父母擔心，而且說他不會真的去自殺。基於輔導倫理，你該怎麼做？(A)主動告知父母他的狀況　(B)父母主動詢問時，再告知父母　(C)幫他保守祕密，同時盡力關心他　(D)先行觀察，再視情況決定是否告知父母

(　　) 13. 對於接受個別諮商或團體輔導的當事人而言，他有權利知道輔導他的過程、可能的結果和參與的風險等。這項權利為下列何者？(A)保密　(B)警告責任　(C)知情同意　(D)雙重關係

(　　) 14. 在學童諮商的保密原則中，於某些情況下必須依法呈報，但不包含下列哪一項？(A)當事人需要送醫院治療　(B)當事人資料成為法院判決所需的證物　(C)當事人在被面質時所說的羅曼史　(D)當事人可能對自己或是他人造成傷害

(　　) 15. 小倫不自覺地將輔導教師視為母親，產生依賴感，希望得到無微不至的照顧。這是屬於下列哪一種現象？(A)抗拒作用　(B)認知謬誤　(C)移情作用　(D)遷移作用

(　　) 16. 邱老師是小琪的伯父。有一天小琪到輔導室找邱老師晤談，但邱老師認為找其他老師晤談較為合適。邱老師是為了避免違反下列哪一項專業倫理？(A)預警責任　(B)雙重關係　(C)價值影響　(D)謹言慎行

(　　) 17. 星光小學為了了解學生的心理適應情形，未經家長簽名許可，即對全班同學施予心理測驗。這樣的做法最可能會違反哪項輔導諮商倫理守則？(A)忠誠性　(B)公平待遇　(C)知情同意　(D)社會福祉

(　　) 18. 張老師在處理學生的偷竊事件時，會避免以小偷的名詞「標籤化」當事人。張老師此舉最符合下列哪一項輔導倫理原則？(A)忠誠性　(B)真實性　(C)獲益性　(D)無害性

(　　) 19. 下列哪一項敘述不符合輔導倫理原則？(A)輔導教師向學生解釋人格測驗的結果　(B)輔導教師向求助同學說明輔導的保密原則　(C)輔導教師與督導討論其個案之狀況與輔導過程　(D)輔導教師向學生保證絕對會保守所有的隱私祕密

(　　) 20. 就讀高二的張三，因姊姊自殺過世而陷入鬱悶，他內心深覺罪惡，認為姊姊的死與自己有關。導師發現他無心上課，且輔導室的教師

得知他在學校有割腕的情形，這時，哪一種做法才是合於倫理的？ (A)即使張三不願意，也應當立即通知家長，並與家長溝通適當的處遇　(B)尊重張三的自主權，同時也遵從忠誠保密的倫理原則，為張三保密　(C)鼓勵張三去廟裡收驚　(D)絕對不要讓教官知道，以免弄巧成拙

(　) 21. 陳老師答應小祥不會將晤談內容告訴任何人，但卻在晤談結束後打電話給小祥的父母。請問陳老師違反了下列哪一項倫理原則？ (A)公正　(B)忠誠　(C)自主性　(D)受益性

(　) 22. 擬訂輔導專業倫理守則應依據的基本精神，下列何者不適合？ (A)處理資料的警覺性　(B)對專業的真正認同與尊重　(C)具備合乎時代的意識　(D)以社會福祉為優先

(　) 23. 對於輔導專業倫理有關於告知同意的描述，何者有誤？(A)當事人在被告知的情況下做決定是維護其權利的做法　(B)告知的內容包括時間、地點及諮商目標與相關責任　(C)應讓當事人知道過程的益處與牽涉的風險　(D)為了建立關係，不宜將保密的限制告知當事人

(　) 24. 某國中輔導室計畫成立一個「單親家庭學生成長團體」。輔導室將計畫發給導師，請導師推薦學生參與團體輔導。王老師查閱學生資料之後，挑選了兩位學生，在班上公開通知他們到輔導室報到，參與「單親家庭學生成長團體」。在這個案例中，可能會觸及哪些輔導專業倫理議題？甲、自由選擇權；乙、隱私權；丙、預警責任；丁、知情同意權。(A)甲乙丁　(B)甲丙丁　(C)甲乙丙　(D)乙丙丁

(　) 25. 下列有關小瑞對輔導教師的談話內容，何者不須保密？(A)提到他有次考試作弊　(B)提到在家中，爸爸常常打他和媽媽　(C)提到他喜歡某一位女同學，曾偷偷寫信給她　(D)提到他討厭自然課，私下取老師難聽的綽號

(　) 26. 當輔導諮商人員判斷個案行為確實可能危及本身或第三者的生命安全時，應優先採取下列哪一項措施？(A)溝通勸導　(B)維護隱私　(C)知情同意　(D)預警責任

(　) 27. 在某些情境下，未經當事人同意時，諮商師得以在法庭內拒絕洩漏

諮商晤談的內容資料，這主要是哪一種保護當事人的諮商倫理？
(A)保密　(B)告知情同意　(C)溝通特權　(D)預警責任

(　　) 28. 在輔導過程中，除了保密例外事件，輔導人員必須保守輔導諮商機密，未獲當事人同意前不得洩漏輔導內容與機密，否則將負擔法律責任，此一做法係指下列何者？(A)溝通特權　(B)知情同意　(C)價值影響　(D)預警責任

(　　) 29. 學校輔導人員具有保密的義務，然而下列何種狀況最需要對監護人或者第三人進行預警？(A)個案有自殺傾向　(B)與個案有雙重關係
(C)維護個案的受教權　(D)個案導師要求閱讀資料

(　　) 30. 助人者和當事人間通常有所約定，若助人者每次總是遲到20分鐘，將打破當初對時間的承諾，這將違反哪一個倫理原則？(A)自主性
(B)受益性　(C)公正性　(D)忠誠性

參考答案

1.(D)　2.(B)　3.(C)　4.(D)　5.(C)　6.(D)　7.(A)　8.(A)　9.(C)　10.(B)

11.(D)　12.(A)　13.(C)　14.(C)　15.(C)　16.(B)　17.(C)　18.(D)　19.(D)　20.(A)

21.(B)　22.(D)　23.(D)　24.(A)　25.(B)　26.(D)　27.(C)　28.(A)　29.(A)　30.(D)

二、問答題

1. 請說明教師輔導學生時應負的保密責任，並舉出四種保密的例外情況。

2. 試從自主權、受益權、保密性及免受傷害權，分析諮商員處理自殺個案時的倫理責任。

3. 輔導人員在服務未成年青少年時，除了遵行諮商專業倫理規範之外，依法亦需遵循相關法令中「責任通報」之規範。請列舉至少六項輔導人員應依法執行「責任通報」之情境。

4. 學生具有五大權利，請陳述這五項權利之內涵並說明之。

5. 輔導人員在進行輔導工作具有三大責任，請分別說明三大責任之內涵為何？

6. 小玲在班上出現行為的異常，導師輔導兩週後決定轉介給輔導教師。請說明導師在哪些情況下應做轉介（請舉出兩項）？轉介前後各應做哪些處理？

7. 當事人是一位14歲的國二少女，小學時期行為表現良好，課業也都保持中上。上國中後，因父親外遇而導致父母離婚，因母親缺乏經濟能力，當事人

與其兄長的監護權均歸父親。父親一年前把外遇已懷孕的阿姨娶回家，當事人對父親極為不諒解，原本不錯的父女關係變得高度緊張，經常會有衝突。當事人經常會覺得不再得到父親的疼愛，因此會惡言相向。父親在衝突中開始出現嚴重毆打當事人的行為，當事人變得不愛念書，成績一落千丈，經常晚歸、蹺家。在家時經常上網與網友聊天，近期更因逃學而被通報中輟，學校教師發現當事人在校常與許多男同學有公開的親密行為，雖予勸導，但成效不大。父親無意間在當事人電子郵件中發現她與多名網友交往，因郵件充滿與性愛有關的話題，高度懷疑當事人與這些男性網友有性關係，多次質問她，但她並不承認，然而父親依然很擔心，但又無計可施，所以強制當事人接受諮商。如你是當事人的輔導教師，請回答下列問題：

(1) 請說明可能的諮商過程？（由諮商開始至結束）

(2) 諮商過程中容易遭遇哪些困難？如何處理這些困難？

(3) 諮商過程會涉及哪些法律與諮商倫理的議題？應如何處理？

8. 案例分析：請依據以下的案例討論問題（洪莉竹，2014）。

李怡慧這學期擔任國小的輔導組長，除了行政工作之外，也要輔導許多導師轉介的學生。徐培翔是三年級的學生，最近因為母親過世，情緒大受影響，也影響到課業與行為表現。導師蔡老師將培翔轉介到輔導室，請李怡慧協助輔導。

李怡慧與培翔會談之後，了解培翔目前跟爸爸同住，徐先生面對妻子過世、工作壓力，再加上管教培翔的責任，壓力大時會忍不住對培翔動手；培翔的情緒狀態也深受爸爸的影響。怡慧邀請徐先生到校會談，經過怡慧的懇談與說明，徐先生同意去接受諮商，也同意控制自己的情緒，調整與改進管教方式，並表示會與怡慧保持聯繫。

過了兩週，蔡老師來找怡慧，蔡老師發現培翔手上有傷痕，經了解是爸爸在情緒不穩定的狀況下打的，依規定校方應該要通報至相關單位。蔡老師知道怡慧曾經與培翔的父親會談，因此想跟怡慧討論適當的處理方法。在本週的談話中，徐先生表示已經約好諮商時間，培翔也說最近爸爸比較少發脾氣，他很高興。然而現在卻發現疑似家暴的狀況，是否要立即通報？李怡慧一時不知該怎麼做才好？

(1) 如何判斷徐先生的行為是一般管教行為還是家暴行為？你會如何評估？

(2) 如果你處在李怡慧老師的立場，會考量哪些因素或向度，來決定是否要採取通報行動？

(3) 如果你決定暫時不採取通報的行動，是否會有一些配套措施？你會做哪些事？

三級預防的學校輔導
工作模式

　　現今的兒童和青少年，他們需要面對的是比以往同年齡的孩子更多的生活壓力，除了面臨身心發展所帶來的課題與任務之挑戰外，同時也面對來自社會變遷、家庭情形、課業壓力等外在環境的衝擊；生活在競爭激烈、資訊爆炸的世代裡，學生形形色色的心理問題或危險行為令成年人難以預測（黃政昌等，2015）。有鑑於此，教育部於1991年開始陸續執行「輔導工作六年計畫」、「青少年輔導計畫」、「教訓輔三合一整合實驗方案」、「友善校園總體營造計畫」等，重點在於提升教師輔導知能、統整周延的校園輔導網絡及有效落實校園三級預防（陳麗玉，2007）。「國民教育法」（2011）第10條的修正和「學生輔導法」（2014）的制定，雙雙強化了我國學校輔導組織和人事，也是積極回應當今校園的學生輔導需求，希望有效解決學生輔導工作的困境，建立友善校園環境。「學生輔導法」界定兩類學校輔導工作者（輔導教師和專業輔導人員）及發展性、介入性、處遇性之三級輔導，有助於強化學校輔導組織及促進學生輔導工作的專業化（王川玉、葉一舵，2017）。「學生輔導法」落實「預防重於治療」的觀念，期盼透過發展性輔導、介入性輔導或處遇性輔導之三級預防工作，能減少學生的心理問題或危險行為。本章首先探討生態系統理論與學校輔導工作之關係，其次回顧「教訓輔三合一」時期所提出的三級預防概念，接著探討WISER三級輔導的工作模式及其具體做法。

第一節　三級預防的概念與理論

　　預防的概念源自公共衛生的疾病預防，再應用到心理衛生與輔導領域；生態系統理論認為導致學生適應欠佳、發生偏差行為的原因，受到所處社會脈絡的影響，這些脈絡由近而遠、由直接到間接。這樣的觀點與三級預防工作不謀而合，輔導工作的實施由微觀系統、中介系統再逐漸擴大範圍，納入更多社會資源的協助。

壹　三級預防的概念

　　三段式的疾病預防觀念在1940年代提出，這是將預防醫學以疾病三角觀念：宿主（host）、環境（environment）、病原（agent）為出發點，衍生出三階段的公共衛生預防流程，包含初級預防（primary prevention）、次級預防（secondary prevention）與三級預防（tertiary prevention）。初級預防階段的目標為降低某族群中某疾病之新個案的發生率，例如：戴口罩、勤洗手、施打疫苗等；次級預防強調降低目前現有的疾病個案的數量（盛行率），此階段常採取的措施包含偵測和治療症狀尚未出現前的病理徵兆，以及症狀出現後的病情控制，最初步的次級預防是健康檢查；當疾病已經發生後，三級預防著重於減少疾病所導致的殘疾情況、改善疾病所引發的併發症和功能性障礙，並設法延長壽命與提升生活品質，一般採取復健方式來達成三級預防的目標（許雅雯等，2017）。

　　三級預防的概念應用在心理衛生工作，如圖5-1的金字塔圖形，下層代表目前沒有問題徵兆的大多數學生，初級預防的目的在於增強適應能力、防止問題發生；金字塔中層代表目前發生問題的少數學生，屬於次級預防範圍，目的是在早期發現、早期處理；金字塔上層代表問題嚴重的特殊學生，屬於三級預防範圍，目的是在心理治療與重建、預防功能退化。在策略的運用上，三級預防具有以下的特色：(1)公共衛生概念的援用；

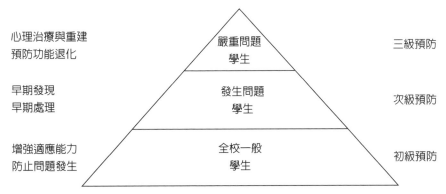

圖5-1　三級預防的金字塔

資料來源：黃政昌（2005，頁20）。

(2)心理衛生服務的趨勢；(3)預防重於治療的精神；(4)早期發現與早期介入；(5)學校的三級預防職責（黃政昌，2005）。近年來，「國際心理健康機構」（NIMH）努力提倡心理預防科學，呼籲大家同時注意危險與復原因子，此觀點也呼應了三級預防的概念。預防勝於治療的觀念，也同樣適用於心理輔導及教育的領域，成為當前極為重要的輔導模式（黃政昌等，2015）。

 ## 生態系統理論與學校輔導工作

生態系統觀認為導致學生適應欠佳、發生偏差行為的原因並非單一因素，而是家庭、同儕、學校、社區和社會系統環境之間互動的結果，該理論普遍應用在輔導工作。本節首先介紹生態系統理論，再探討理論在輔導工作上的應用。

一、生態系統理論

生態系統理論（ecological systems theory）是美國心理學家布朗芬布倫納（Bronfenbrenner, 1979）所提出，該理論解釋兒童在家庭系統中如何與廣大的世界情境產生關聯，布氏將這樣的理念稱之為「人類發展的生態情境」（ecological context of human development）。如圖5-2所示，與兒童發展有關的生態系統包含微觀系統（microsystem）、中介系統（mesosystem）、外在系統（exosystem）及宏觀系統（macrosystem），1986年還添加了第五個系統，即時間系統（chronosystem）。要研究兒童的發展必須以整體系統的運作進行，不能只探討各個系統的獨自運作。以下分別介紹各個系統的內容（Bronfenbrenner, 1979；Grant & Ray, 2010）：

(一)微觀系統

微觀系統的情境是指與兒童有直接關係的生活環境，包含家庭、朋友、同學、鄰居、教師、教會等直接接觸的人。兒童與此系統內的人有直接的社會互動，對兒童社會化的歷程有重大的影響。

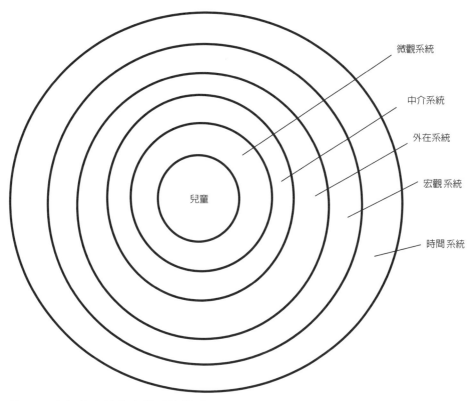

圖5-2　布朗芬布倫納生態系統模式

資料來源：Grant & Ray (2010, p.35).

㈡中介系統

　　第二層稱之為中介系統，是指兒童與家庭、學校、同儕及鄰居之間的聯繫與互動所建構成的系統。在生活中，此一系統與微觀系統有密切關聯，也就是家庭經驗會影響到學校經驗，例如：兒童的同儕關係不佳或缺乏友誼，可能會影響到家庭和學校生活；假如兒童受到家長的疏忽，可能對教師發展正向態度的機會較低，與同班同學相處可能會產生退縮的行為。如果兒童在微觀系統中有較佳的親子關係，對兒童在學校的成就與表現有較多的助益。

㈢外在系統

　　第三個影響兒童發展的層級是外在系統，這是指兒童未直接參與，但

會影響到兒童的發展與成長，包括親戚、朋友的家人、大眾傳媒、法律及社會福利等。例如：父母的工作場所要求父母加班，父母給孩子的時間減少，對孩子的生活有負面的影響。其他如政府的法令修改貧窮的標準、學區更改校車的路線等等，間接會對兒童造成影響。

㈣宏觀系統

宏觀系統是指社會文化信念和價值的影響，包含種族、族群、語言、宗教、社經地位和地理區域等。例如：兒童生活在白人、基督教、中產階級的社區，會發展出與社區和宗教相一致的態度和信念。

㈤時間系統

第五個層級是時間系統，指環境事件與生活方式隨時間的改變對兒童所產生的影響。不同歷史世代會影響到那個世代兒童的成長，例如：成長於美國1930年代大蕭條的兒童，會與成長於往後年代的兒童有不同的眼界；科技世代使用網路、手機，對兒童的影響又不同於別的世代。

生態系統理論強調每個層次的系統皆會對學生的成長有所影響，教師必須了解兒童在系統內的運作，以及不同層級的系統對學生的影響。

二、校園生態系統與三級預防

布朗芬布倫納（Bronfenbrenner, 1979）認為，個體的成長和發展來自他與所處環境的一段長時間的互動所形成，且這個互動歷程會受到生活情境以及情境所存在的社會脈絡所影響。因此在四個子系統中，學校正是影響兒童成長很重要的生態系統，與學生的互動最為頻繁的小系統，微觀系統的工作即是針對個別學生，提供包含諮商、教育、協調或個案管理等策略。輔導室、學校各處室則是中介系統，雖沒有直接與學生互動，但間接影響學生的成長與發展，並且扮演連結學生的家庭與學校間的橋梁角色，中介系統的工作通常指的是對團體的工作，例如：班級或是同儕。而家庭工作則視為介於微觀與中介系統之間的工作，學校社會工作的目標即在幫助家庭學習或補充完整的功能，以滿足成員的成長需求並面對外在系統的危機與風險。各縣市教育局（處）、社會福利機構則是外在系統，在學校之外影響學校教育與輔導工作的推動與執行，對學生仍具有相當程度的影

響。而我們所處的教育政策、社會政策、社會文化是宏觀系統，對學生的影響不言可喻。而時間系統的概念，強調個體發展過程中，在不同的時間點與其所處環境脈絡的互動關係，與學校輔導工作的關係關聯性較低，在此略而不提。由於兒童與青少年深受他們的生態系統影響，因此在校園裡推動輔導工作，必然要考慮學生的生態系統，並依據學生的需求，與影響他們相當深遠的生態系統有所合作，才能發揮最好的輔導效能（王麗斐主編，2013a；胡中宜，2012）。

　　圖5-3是以學生為本，由近至遠來理解學生生態系統的重要輔導人力資源。輔導教師如能理解其先後次序，在適當時機善加利用這些校內或校外的豐厚人力資源，有助於讓有輔導需求的學生獲得最適切的協助。輔導教師使用的實務策略是多元的，必須針對微觀個體、家庭、中介群體或是

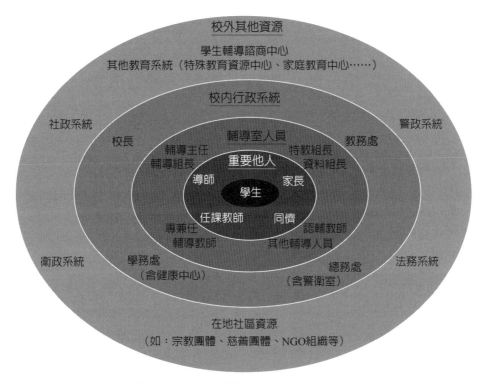

圖5-3　以學生為本的輔導人力資源生態圖

資料來源：王麗斐主編（2013a，頁15）。

宏觀的組織政策進行工作，有時是單一層次，有時則是不同層次同時進行處遇。當學生遭遇到發展性輔導議題時，他們可能先求助的對象是與他們互動頻繁且關係密切的導師、任課教師、家長，以及同學，這些重要他人也是最能掌握時機協助他們的初級輔導人力。當學生的問題持續發生，而他們的家長、導師、同學的輔導知能無法有效協助他們時，此時，學校輔導室教師（主任、組長、專兼輔教師、認輔教師）便應及時介入，以發揮及早介入處理的功效。學校的校內系統（校長、學務、教務、總務等處）不僅是學校教師的支持系統，也是輔導室的協力系統，在處理學生問題行為上，與輔導室進行分工與合作。若問題的難度更高，超出校園內輔導資源所能因應，則由輔導教師與最外圈的校外輔導資源聯繫，例如：學生輔導諮商中心、其他教育資源、社政資源、衛政資源、司法警政資源等，透過跨專業合作，達成協助學生解決問題之目標（王麗斐、杜淑芬，2009；王麗斐主編，2013a）。

第二節　學校三級預防輔導機制

　　隨著學校對學生輔導需求的提升，走向生態系統合作的輔導工作模式，已是未來學校輔導工作發展的重要趨勢，例如：善用兒童生態系統中的輔導人力資源，當學生遭遇到問題時，在使用輔導資源之前，可以先與學生周遭的重要他人，例如：導師、任課教師、家長，以及同學討論，學習如何因應，進而成長（王麗斐、李旻陽、羅明華，2013）。本節主要在探討學校三級預防輔導機制，先敘述三級預防的發展情形，其次介紹WISER三級輔導的工作模式，最後探討此一模式在我國的實施情形。

壹　教訓輔三合一輔導模式

　　「建立學生輔導新體制——教學、訓導、輔導三合一整合實驗方案」自1998年頒布實施，為教育改革十二行動方案之一，簡稱「教訓輔三合一方案」。因採逐步推廣策略，先行小規模（28校）試辦，經評估檢討後，

再進而中型規模（含區域）試辦，再檢討評估，確認可行之後，再予逐步擴大試辦學校，是以方案名稱中直接標示為「整合實驗」方案。本方案之實施旨趣在透過三種「人」——教學人員（教師）、訓導人員、輔導人員之「交互作用、整合發展」，並結合社區資源，共同將學校輔導工作做得更臻理想，實現「帶好每位學生」之教改願景。「教訓輔三合一方案」扮演「整合者」之角色最為明顯，可細分為「組織結構」的整合、「助人管道」的整合、「系統職責」的整合三部分加以說明（教育部，1998；鄭崇趁，2005）：

一、組織結構的整合

　　以中小學為例，以「訓輔整合」為前階基礎之學校「組織結構調整」整合做法為：(1)「訓導處」調整改名為輔導室，兼負輔導初級預防功能。(2)原來的「輔導室」調整改名為諮商中心，設專任輔導教師及專業輔導人員，負責學生輔導二級及三級預防功能。(3)新設之輔導處增設生涯發展組、導師服務組、安全應變組，以有效執行初級預防及危機處理。諮商中心設資源網路組及諮商輔導組，以結合專業人員落實二級、三級預防工作。

二、助人管道的整合

　　「教訓輔三合一方案」為教育人員明確提示助人服務的三條管道——教學、輔導、訓導，並整合輔導三級預防之觀念與社區輔導資源之引進，化約成圖5-4。學生輔導工作在校內必須整合一般教師（教學人員）、訓導人員及輔導人員力量，在社區與校際間則必須結合整體社區輔導資源共同投入，始能達成初級預防、二級預防、三級預防之各項專業服務工作。

三、系統職責的整合

　　「教訓輔三合一方案」在實驗試辦的過程中，依據方案的精神內涵，結合試辦學校經驗，逐次為中小學教師整合規劃了系統職責，包括六項：

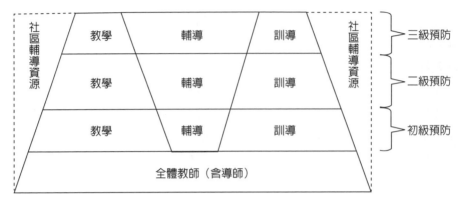

圖5-4　學校輔導工作的三級預防架構

資料來源：教育部（1998，頁12）。

(1)有效教學；(2)教學中的輔導；(3)做好導師；(4)參與認輔教師；(5)了解
網絡；(6)危機處理。此六項工作本係為所有教師應盡之本分，三合一方
案的實施特別強調教師系統職責整合之後，必須善盡「有效教學」及「輔
導學生」兩大天職。教師、訓輔人員在此一體制中，主要職責如表5-1。

表5-1　教師、訓輔人員之輔導與三級預防職責表

教　師	訓輔人員
初級預防 ・有效教學：輔導理念融入教學 ・教學中的輔導：辨識學生行為問題 ・導師職責：班級經營、團體動力	初級預防 ・教師輔導工作諮詢 ・策訂教育輔導工作計畫 ・心理衛生方案 ・生涯輔導
次級預防 ・認輔學生	次級預防 ・諮商輔導（個別輔導、小團體輔導、成長團體） ・建構學校輔導網絡 ・成立危機處理小組
三級預防 ・了解輔導網絡：掌握及運用資源 ・危機處理：了解應變運作程序	三級預防 ・網絡與危機處理小組的實際運作：引進社會資源， 　協助輔導專業臨床工作

資料來源：教育部（1998，頁13）。

WISER三級輔導工作模式

　　「教訓輔三合一方案」引進輔導工作初級預防、二級預防、三級預防觀念，本著發展重於預防、預防重於治療的教育理念，激勵一般教師全面參與輔導學生工作，這樣的構想固然是美好的，但如何將願景落實於行動，則存在許多有待解決的問題，例如：認輔制度，一般教師輔導的專業化程度不夠，以致口頭認輔的多，真正實施的少（葉一舵，2013）。因而教育部依據缺失發展出「WISER三級輔導工作模式」（簡稱WISER模式）的架構（王麗斐主編，2013a）。WISER學校三級輔導工作架構圖，如圖5-5所示，其中W是指初級發展性輔導工作，以全校性（W = Whole school）、做得來與雙方得利（W = Workable and mutual benefit），以及智慧性（W = Wisdom）為原則，由校長領航，全體教職員工參與，共同推動全校性的輔導工作。二級介入性輔導工作則以ISE代表，強調要把握個別化介入（I = Individualized intervention）、系統合作（S = System collaboration）和歷程評估（E = on-going Evaluation）等三個原則，主要執行單位是輔導室（處）。至於R則是指三級處遇性輔導工作，其核心概念在於資源的引入與整合（R = Resource integration），主要執行單位在校內是輔導室（處），校外則是縣市層級的學生輔導諮商中心、醫療院所、心衛中心等。初級發展性輔導，可融入平常教學與常規學習，達到觀念宣導與問題預防；二級介入性輔導，需要即時注意、及早處理；三級處遇性輔導，針對較嚴重問題，需採取緊急與密集處理。雖然在概念上，為突顯三個不同輔導層級的獨特性，把WISER區隔為三個層級，但就實務執行層面而言，每一個層級均需同時把握WISER五個原則，也就是能從全校性（W）、個別化（I）、系統合作（S）、歷程評估（E），以及資源整合（R）等要素，才能讓學校輔導工作順利推展（王麗斐、杜淑芬、羅明華等，2013）。

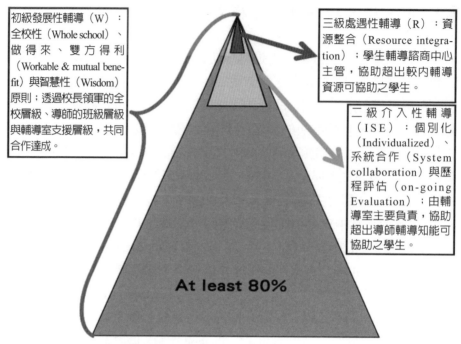

圖5-5　WISER學校三級輔導工作架構

資料來源：王麗斐、杜淑芬、羅明華、楊國如、卓瑛、謝曜任（2013，頁6）。

　　成功的輔導經驗多以學生為中心，並且透過系統合作，依據學生輔導需求的不同程度，採用不同的輔導人力資源，讓學生獲得最佳輔導服務。例如：當學生遭遇到初級發展性輔導議題時，他們可以先與周遭重要他人，例如：導師、任課教師、家長，以及同學討論，學習如何因應、解決問題，進而成長；如果超出初級發展性輔導議題，在導師協助後仍未能滿足其輔導需求時，可透過導師轉介，尋求輔導室（處）輔導教師的協助，並與校內各處室共同合作，發揮及早介入、及早處理之功效。若問題的複雜度更高，超出校園內輔導資源所能協助，此時，便可由輔導室（處）輔導教師與校外輔導資源聯繫。透過彼此的分工合作，達成協助學生解決問題之目標。而要落實「系統合作」，必須各個角色能熟悉自己的工作業務，了解與尊重他人的職掌與工作方式，並且於需要時形成合作團隊，提供學生最好的輔導品質（王麗斐、杜淑芬、羅明華等，2013）。推動學校

輔導工作時，必須能同時兼顧初級與二級輔導工作的推動，並且成功整合校內外輔導資源。學校每位教師不再只是埋頭苦幹、單打獨鬥，而是能運用策略、掌握全局，做一個既專業又有智慧（wiser）的學校輔導工作者，這也就是WISER模式想倡議的精神（王麗斐主編，2013b）。

 ## 我國三級預防輔導工作的實施

　　「教訓輔三合一方案」的實施、「九年一貫課程」綜合學習領域的設置，以及2002年教育部推行「國民中小學組織再造及人力規劃試辦方案」，意圖裁撤輔導室人力或在學務處下改立諮商組，這些議題讓學校輔導工作面臨一系列的問題，例如：學校輔導究竟應該強調全體教師參與，還是以實施專業性的學生個案諮商工作為主？應設專責單位置專任專業人員，或是實施「教訓輔三合一」的體制？輔導教師究竟是負責綜合領域教學的教師，還是專任輔導工作的專業諮商師？還是要同時承擔初級預防的輔導課程教學和初級預防的學校諮商師角色？有適應問題的學生應交由專業諮商人員輔導，或由一般教師認輔（葉一舵，2013）？中國輔導學會（現為臺灣輔導與諮商學會）提出「建立專責、專業與專職的輔導體制與人員」與「重建學校輔導的專業形象」兩項主要訴求，於2004年開始推動學生輔導的立法工作，經過十年的努力，於2014年「學生輔導法」三讀通過（張祐瑄，2016）。其中第7條規定學校校長、教師及專業輔導人員，均負學生輔導之責任。學校各行政單位應共同推動及執行三級輔導相關措施，協助輔導人員落實其輔導職責，並安排輔導相關課程或活動之實施。其中第6條則規範學校輔導的三級架構，規定學校應視學生身心狀況及需求，提供發展性輔導、介入性輔導或處遇性輔導之三級輔導。三級輔導之內容如下（學生輔導法，2014）：

一、發展性輔導

　　為促進學生心理健康、社會適應及適性發展，針對全校學生，訂定學校輔導工作計畫，實施生活輔導、學習輔導及生涯輔導相關措施。

二、介入性輔導

針對經發展性輔導仍無法有效滿足其需求,或適應欠佳、重複發生問題行為,或遭受重大創傷經驗等學生,依其個別化需求訂定輔導方案或計畫,提供諮詢、個別諮商及小團體輔導等措施,並提供評估轉介機制,進行個案管理及輔導。

三、處遇性輔導

針對經介入性輔導仍無法有效協助,或嚴重適應困難、行為偏差,或重大違規行為等學生,配合其特殊需求,結合心理治療、社會工作、家庭輔導、職能治療、法律服務、精神醫療等各類專業服務。

 三級輔導體制下的職責分工

教育部依此三級輔導工作架構制定「學校三級輔導體制中,教師、輔導教師及專業輔導人員之職掌功能表」,如表5-2所示,對校園內教師、輔導教師、專業輔導人員在輔導工作上所應擔任的職責詳加規範;各級學校輔導室擬訂學生自我傷害、藥物濫用、反霸凌等實施計畫,以落實系統合作此一概念。

表5-2　學校三級輔導體制中,教師、輔導教師及專業輔導人員之職掌功能表

輔導體制	目標	教師之職掌	輔導教師之職掌	專業輔導人員之職掌
初級預防	提升學生正向思考、情緒與壓力管理、行為調控、人際互動,以及生涯發展知能,以促進全體學生心理健康與社會適應。	1. 蒐集並建立學生基本資料,充分了解學生。 2. 掌握學生出席狀況,學生缺席應詳實記錄並立即通報。 3. 了解學生的生活狀況、學習情形及行為表現,並	1. 規劃全校心理衛生活動。 2. 規劃輔導活動相關課程。 3. 提供學生學習及生涯輔導之相關活動與課程。 4. 規劃教師輔導知能訓練及心理衛生課程。	1. 提供教師與家長輔導專業諮詢及協助。 2. 協助宣導教師心理健康、壓力調適、情緒管理、性侵、家暴、精神疾患等議題相關知能。

輔導體制	目標	教師之職掌	輔導教師之職掌	專業輔導人員之職掌
		觀察辨識學生行為。 4. 積極進行班級經營，建立班級常規，並協同各處室管理班級事務。 5. 處理班級學生一般的困難問題、偶發事件及違規問題。 6. 與學生家長聯繫，進行家庭訪問及家長座談。 7. 配合輔導教師處理班級個案及個別諮商。 8. 參與個案輔導會議。 9. 認輔學生。	5. 規劃親職教育活動。 6. 協助導師辦理團體心理測驗之施測與解釋。 7. 輔導資料之建立、整理與運用。 8. 協助學生適應環境，增進自我認識及生活適應的能力。 9. 參與學生輔導工作的執行與評鑑。 10. 提供家長及教師輔導與管教相關知能及諮詢服務。	
二級預防	早期發現高關懷群，早期介入輔導。	1. 熟悉校內轉介與通報流程。 2. 輔導及管教違規事件，嚴重問題及適應不良學生轉介輔導室予以輔導。	1. 實施個別諮商與輔導。 2. 特定族群學生之團體輔導。 3. 個別心理測驗的施測與解釋。 4. 學校心理危機事件的介入與輔導。 5. 重大事件發生後之心理復健與團體輔導。 6. 校內輔導團隊的聯繫與整合。 7. 協助建構輔導資源網絡。 8. 協助中輟學生之輔導。	1. 協助學校輔導室進行個案諮商與團體諮商。 2. 協助學校評估高風險學生。 3. 協助個案管理。 4. 參與個案輔導會議。

輔導體制	目標	教師之職掌	輔導教師之職掌	專業輔導人員之職掌
			9.個案之家庭訪視及約談。 10.特殊家庭的訪問協調與輔導。 11.提供親師輔導資訊與輔導策略。 12.適應不良、行為偏差學生之個案建立與輔導。 13.個案管理。	
三級預防	1.針對偏差行為及嚴重適應困難學生，整合專業輔導人力、醫療及社政資源，進行專業之輔導、諮商及治療。 2.在學生問題發生後，進行危機處理與善後處理，並預防問題再發生。	1.違法行為之送警法辦。 2.校園緊急事件之危機處理。	1.支援重大事件發生後之心理復健與團體輔導。 2.學生嚴重行為問題之轉介，以及依個案學生狀況，適時與專業輔導人員進行合作之輔導與追蹤。 3.精神疾病及心理疾病學生之轉介，以及依個案學生狀況，適時與專業輔導人員進行合作之輔導與追蹤。	1.學生與其家庭、社會環境之評估及協助。 2.個案諮商與心理治療。 3.團體諮商與心理治療。 4.提供教師與家長輔導專業諮詢及協助。 5.提供學校輔導諮詢服務。 6.學習診斷與輔導。 7.進行特殊個案學生之安置。 8.個案資源運用與整合。

資料來源：教育部（2017a）。

第三節　初級發展性輔導工作的做法

　　學校在規劃和辦理初級發展性輔導工作時，應考量全校性、人人能做到與雙方獲益和智慧策略三原則，來推動全校性的輔導工作。執行初級發展性輔導工作是全體教師的義務與責任。由校長扮演領航者角色，整合與運用學校現有的教育與行政資源，帶領全體教師落實執行校本取向之發展性輔導工作。所推動的發展性輔導活動，必須能使全校80%以上的學生與教師有參與及執行意願，並且因而受益（王麗斐主編，2013b；王麗斐、杜淑芬、羅明華等，2013）。以下先就三級預防的實施流程做一說明，其次就發展性輔導的具體做法說明之，二級介入性輔導及三級處遇性輔導的做法將於其他章節說明。

壹　三級預防輔導的實施流程

　　圖5-6為三級預防輔導的實施流程，由圖可知初級預防的輔導工作是由全校教師將輔導理念融入教學，導師於班級經營中進行班級輔導、親師合作，以達成促進學生心理健康、社會適應及適性發展的目的。二級介入性輔導工作是針對經發展性輔導仍無法有效滿足其需求，或遭遇特定議題之學生，提供個別諮商、小團體輔導、班級輔導，以及諮詢服務等介入措施。當導師面對學生持續出現適應困難問題，且問題超出一般教師和導師的輔導專業知能範圍時，將有輔導需求的學生轉介至輔導室，由輔導室依據學生輔導需求，分派適當的輔導人員提供輔導，發揮及早解決問題之功效。在三級預防的學校輔導工作中，第三級處遇性輔導是針對發生心理疾病或發生重大適應問題之學生提供補救性介入與危機處理，以降低問題的嚴重性並預防復發。危機處理通常屬於需要緊急介入的個案，包含因急性壓力反應而失控者、精神疾病發作、強烈自傷自殺意念、自傷自殺行為、暴力事件、騷擾干擾他人、被騷擾者等七項原因（溫錦真、陳百芳、黃宜珍等，2011）。此類輔導工作一般由輔導教師或專業輔導人員接案輔導，或協助轉介醫療單位及輔導辦理休學與復學等處遇，學校輔導室會依據

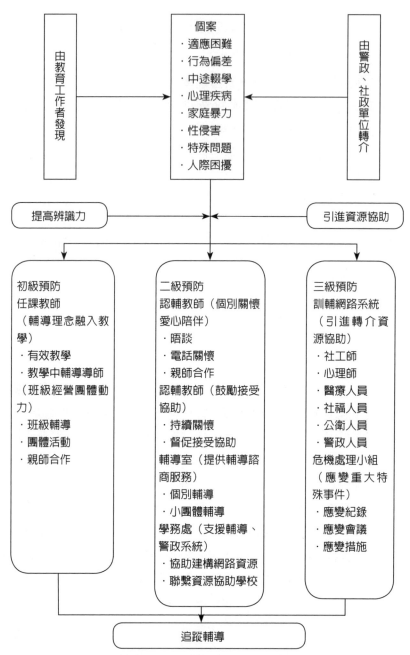

圖5-6 三級預防輔導的實施流程

資料來源：新北市各級學校教師輔導學生實施要點（2011）。

「緊急事件處理流程」進行緊急介入。

貳　發展性輔導工作的具體做法

發展性輔導屬全校性的輔導工作，以下分別從全校、班級和支援等層級，說明其具體做法：

一、全校層級

全校層級的輔導工作與美國各級學校實施的綜合性學校輔導方案（Comprehensive School Counseling Programs, CSCPs）相似，學校輔導教師透過此方案滿足學生學業、生涯、社會和情緒的需求。綜合性學校輔導方案在美國已經實施了四十年，美國學校諮商員協會擬訂一套全國實施模式供各州參考，其工作架構為依據資料行動（facilitating data-driven）、學生中心、預防性、系統和發展的學校諮商服務，對象為幼兒園到十二年級學生。依據學生的自陳量表，綜合性輔導方案的實施對學業成績、在學率和正向學校氣氛的提升有所幫助，學生覺得更有安全感，與教師的關係更佳。換言之，當專業的學校輔導教師實施全國性綜合輔導方案服務時，學生獲得相當多的助益（Goodman-Scott, Watkinson, Martin, & Biles, 2016）。校長在全校層級的發展性輔導工作中是重要的領航者，他可以整合校內外輔導資源，建立友善及正向支持的校園環境與文化，以利全校層級的發展性輔導工作推動。例如：支持學務處規劃與推動執行「教師輔導與管教學生辦法」，支持教務處規劃與發展具校本特色、有輔導意涵的課程與教學，或支援輔導室規劃輔導環境與活動等。全校層級發展性輔導的具體做法舉例如下（王麗斐主編，2013a，2013b）：

1. 校長督導輔導室擬訂輔導計畫，並分配工作經費，以利輔導工作之執行。

2. 教務處與輔導室合作，發展全校性的輔導課程，例如：預防校園霸凌、情緒管理、生涯輔導、性別教育等課程，對學生進行演講或座談、辦理體驗性活動或校外參訪活動。

3. 學務處制定及實施正向管教工作計畫，並執行教師輔導與管教學

生辦法，以建立正向支持與安全的校園氣氛。

4. 總務處提供適當的輔導場所、設備，並督導學校門禁管理及安全防護。

二、班級層級

在班級層級，全體教師是初級發展性輔導的重要執行者，特別是導師與綜合活動領域輔導教師，更是扮演關鍵的角色。導師與學生的互動最多，可以運用班級輔導營造正向支持的班級氛圍。綜合活動課程以自我發展、生活經營、社會參與及保護自我與環境為四大主題軸，是實施生活輔導、學習輔導、生涯輔導及適性輔導等初級發展性輔導的重要利器。其他教師也可以在任課時，透過師生關係、班級經營、融入教學、班級與班際活動等等，達成學生正向學習的發展性目標（王麗斐主編，2013a；謝曜任，2013）。以下就班級經營及輔導課程說明班級層級的做法：

㈠導師及任課教師的班級經營

導師工作範圍相當廣泛，其內容包括：(1)班務處理及班級經營；(2)學生生活、學習、生涯、品行及身心健康之教育與輔導；(3)特殊需求學生之關照及個案輔導；(4)親師溝通與家庭聯繫；(5)學生偶發事件及申訴事件處理；(6)其他有關班級學生之教學、訓輔、總務等事務處理。任課教師在班級授課時，也需要維持好班級常規，以利教學活動的進行，其與導師工作的差別是任課教師不必與學生家長聯繫，也不必處理班務。導師及任課教師在推展初級發展性輔導工作時，務必掌握以下關鍵行動：(1)強化親師關係與雙向溝通；(2)了解學生與經營正向班級氛圍；(3)預防及處理學生情緒與衝突問題；(4)個案輔導與適時轉介需協助之學生（王麗斐主編，2013b）。

㈡班級輔導課程

針對班級性的輔導課程實施教學，亦是初級發展性輔導工作的做法。例如：高中職的生涯發展、生命教育、國中小的綜合活動領域皆屬之。這些課程大多由輔導教師進行教導，一般教師也可以教導這類課程或單元。輔導課程並不侷限於一個或兩個學科中教導，而應該融入整體學校課程中

的多數學科，例如：生命教育、性別教育與各學科相結合。實施班級性輔導課程不必只能待在教室內，輔導室或校內外其他場地也可以（許維素等譯，2015）。

三、支援層級

為使班級層級的發展性輔導工作得以落實，輔導室需要發揮支援與支持班級層級的輔導工作的專業功能。輔導室主任與組長猶如發展性輔導工作的掌舵者，而輔導教師則扮演提供專業與支援的角色，以全校或班級為單位，彙整全校常見的適應問題，提供綜合活動領域，有計畫地規劃發展性輔導課程與活動。透過教務處與輔導室相關輔導課程與活動、心理測驗、資訊提供、技巧演練等做法，以及提供家長、教師輔導與管教相關知能之諮詢服務，達到提升學生在思考、情緒、行為及人際管理的知能，以及心理健康與社會適應的目的（王麗斐主編，2013a）。輔導室在支援層級的具體做法有以下幾項（王麗斐主編，2013b）：

1. 規劃和推動學校本位的輔導計畫（輔導方案），並辦理校內各項輔導研習活動，提升教職員工輔導知能。
2. 適時支援校內教師及家長的輔導需求。
3. 利用機會宣導和行銷輔導工作。
4. 聘用認輔教師協助行為適應問題尚未達到介入性輔導的學生。

自我評量 ....

一、選擇題

(　　) 1. 淑敏擔任國一的導師，接手新班級時，習慣先調查學生的家庭背景
資料，並特別針對單親家庭學生予以關懷性輔導。就預防的概念而
言，淑敏所做的輔導工作是屬於下列何者？(A)初級預防　(B)二級
預防　(C)三級預防　(D)潛在預防

(　　) 2. 下列有關學生輔導工作的敘述，何者正確？(A)輔導室主要的輔導
對象是有心理問題的學生　(B)學生輔導需由專業人員負責，一般
教師不宜介入　(C)諮商員遇有心理疾病個案時，應轉介給精神科
醫師　(D)輔導室的主要工作是實施心理測驗及建立學生資料

(　　) 3. 為青少年朋友提供諮商、諮詢服務，是屬於下列哪一種形式的輔導
工作？(A)初級預防　(B)次級預防　(C)診斷治療　(D)危機適應

(　　) 4. 父母與教育機構人員間的聯繫、溝通與合作情形會影響孩子表現。
此為生態系統論中的何種系統？(A)小系統　(B)中系統　(C)大系統
(D)外系統

(　　) 5. 依據Bronfenbrenner的生態系統理論觀點，親師合作是屬於什麼系
統？(A)微系統（Microsystem）　(B)中介系統（Mesosystem）
(C)巨系統（Macrosystem）　(D)外系統（Exosystem）

(　　) 6. Bronfenbrenner（1986）所提的生態系統理論，新增的系統為下列
何者？(A)外系統　(B)時間系統　(C)中介系統　(D)微系統

(　　) 7. 部分家長認為幼兒是父母的財產，故對幼兒任意體罰，這樣的
價值觀在Bronfenbrenner的生態系統理論是屬於？(A)巨觀系統
（macrosystem）　(B)外圍系統（exosystem）　(C)中間系統
（mesosystem）　(D)微觀系統（microsystem）的一環

(　　) 8. 近年來臺灣因應少子化趨勢以及幼托整合，制定許多幼兒教育新的
政策與法令，對幼兒的成長與學習環境產生不少直接間接的影響，
根據尤里‧布朗芬布倫納（U. Bronfenbrenner）的生態系統理論，
這些影響屬於以下哪一個系統的運作？(A)微系統（Micro-System）
(B)中系統（Meso-System）　(C)外系統（Exo-System）　(D)大系

統（Macro-System）

（　）9. 生態系統觀點比較聚焦於人與環境之間的何種能力？(A)相互協調及適應的調和　(B)系統改變及角色期待　(C)適者生存及社會處遇　(D)自助助人及社會互動

（　）10. 根據布朗芬布倫納（Bronfenbrenner）的生態系統觀點，兒童在家的情感關係受到父母是否喜歡其工作的影響，這是從下列何者解釋影響兒童發展的情境因素？(A)大系統　(B)外在系統　(C)中系統　(D)小系統

（　）11. 依據生態取向諮商的理論，國中生的生態系統中，所謂微觀系統是指：(A)案主個人內在世界　(B)案主的家庭系統　(C)案主所處的班級　(D)案主所處的社區

（　）12. 下列何者最適合說明Bronfenbrenner的生態系統理論中之外系統的特性？(A)社會大環境的價值觀和意識型態，影響青少年解決壓力的模式　(B)家庭與學校聯繫出現斷層，導致無法即時處理青少年問題行為　(C)父母的工作性質和居住社區的特質，影響青少年自我調整紓壓的能力　(D)家庭功能缺乏，加上學習障礙或精神疾病等因素，造成青少年自殺問題

（　）13. 在教育部發行的「國民中學學校輔導工作參考手冊」中，學者提出「WISER」學校三級輔導工作架構模式。請問下列哪一項敘述不正確？(A)校園危機處理必須涵蓋三級輔導工作　(B)處遇性輔導工作必須進行跨專業資源整合　(C)發展性輔導由輔導室領軍，至少80%學生受惠　(D)介入性輔導是指個別化介入、系統合作和效能評估

（　）14. 近期由王麗斐教授承接教育部專案所研發適於中小學三級輔導工作之WISER模式，其理念背景取向主要貼近下列何者？(A)策略整合取向　(B)生態合作取向　(C)實務建構取向　(D)多元折衷取向

（　）15. 有關WISER模式之學校三級輔導的概念，以下何者有誤？(A)期望「更有智慧」的方式推動學校輔導工作　(B)強調透過三級的分工合作，讓不同的輔導資源介入　(C)強調要把力氣用在刀口上，發揮有限資源的功效　(D)實務上將三級輔導區分成W（全面）、I

（個別）、S（系統）、E（效能評估）、R（資源整合）等五個原則分別執行

( ) 16. 教育部國民及學前教育署學生輔導諮商中心是採取下列何種模式，推動學校三級輔導工作？(A)BTS模式　(B)SAFE模式　(C)MAPS模式　(D)WISER模式

( ) 17. 在學校輔導「WISER」模式當中，初級發展性輔導工作有三個W，下列何者為非？(A)全校性原則（Whole School Principle）　(B)創造幸福感（Wellbeing Outcome）　(C)智慧策略（Wise Strategies）(D)人人能做與雙方獲益原則（Workable and Mutual Beneficial Principle）

( ) 18. 依據王麗斐等（2013）「WISER三級輔導工作模式」，關於二級介入性輔導工作的敘述，下列何者是不當的？(A)針對適應欠佳、重複發生問題行為的學生提供個別諮商、團體輔導等協助　(B)以個別化介入、系統合作和資源轉介為主要原則（資源轉介在三級預防）　(C)二級介入性輔導工作是輔導教師最能發揮功能的部分(D)有效能的二級介入性輔導工作必須建基在成功的初級發展性輔導工作之上

( ) 19. 生態合作取向之WISER三級學校輔導工作架構強調下列哪些元素？(A)全校性概念、個別化與系統介入服務、評估、跨專業資源整合(B)全校性概念、個別諮商與團體諮商、評估、跨專業資源整合(C)全校性概念、個別諮商與團體諮商、諮詢與轉介　(D)全校性概念、個別諮商與團體諮商、諮詢、轉介與合作

( ) 20. 若於學校輔導工作中運用生態諮商概念，下列何者不是中介系統工作？(A)運用校內小團體輔導資源　(B)召開個案研討會　(C)引進校外社工服務系統　(D)與個案父母工作

( ) 21. 下列有關三級預防輔導架構的描述，何者為非？(A)此架構包括初級預防、二級預防和三級預防　(B)全體教師均有輔導之責　(C)社區輔導資源在三級預防中角色會更突顯　(D)無論哪一級，教學、輔導和訓導的角色都一樣吃重

( ) 22. 學校三級預防輔導工作，針對已出現問題行為的學生，採取必要的

個別或團體輔導工作，係屬哪一級？(A)初級預防輔導　(B)次級補救輔導　(C)次級諮商輔導　(D)三級治療輔導

(　　) 23. 陳老師新學年度剛到一所中學擔任新生班導師。試問，從校園三級預防輔導機制的觀點，陳老師在學生輔導工作的主要角色為何？(A)初級預防機制人員　(B)二級預防機制人員　(C)三級預防機制人員　(D)潛在預防督導人員

(　　) 24. 當校園發生危機時，所謂的危機控制是屬於：(A)初級預防　(B)次級預防　(C)三級預防　(D)零級預防

(　　) 25. 總務處遵照學校性別平等教育委員會決議，全面改善校園照明設施，以預防性騷擾事件之發生，此種措施屬於：(A)初級預防　(B)次級預防　(C)三級預防　(D)未能減碳，嚴重浪費國家資源

(　　) 26. 在課程中融入發展性輔導的概念，下列描述，何者正確？(A)發展性輔導課程又稱輔導活動課，應由諮商心理師負責此班級輔導教學活動　(B)每位孩子都是相同的，因此均應擁有公平接受一致教學方法的權利　(C)發展性輔導課程應融入尊重學生的多樣性及社會多元文化的態度　(D)是一種以協助學生課業輔導為主的學習輔導方案

(　　) 27. 二十世紀末有學者提出「發展性輔導」，希望協助個體充分發展，以達身心健康。請依此推測下列關於發展性輔導的實施，哪一項敘述不正確？(A)輔導人員應權衡各發展階段的任務，儘早介入以掌握時機　(B)可採取座談、課程、演講等多種方式實施　(C)重點在篩檢適應困難的人，以協助其接受諮商或治療　(D)學校宜將其列為一項輔導工作重點

(　　) 28. 如對國中三年級學生作發展性輔導，宜實施的心理測驗為何？(A)人格測驗　(B)學習態度測驗　(C)職業性向測驗　(D)智力測驗

(　　) 29. 《禮記・學記》：「大學之法，禁於未發之謂豫，當其可之謂時，不陵節而施之謂孫，相觀而善之謂摩。此四者，教之所由興也。」這裡的「禁於未發」符合下列哪一項輔導原則？(A)預防性輔導　(B)發展性輔導　(C)治療性輔導　(D)生涯性輔導

(　　) 30. 下列何者不是發展性輔導興起的因素？(A)現代人對於獲得必要

協助的渴望非常殷切　(B)要求當事人付出時間與費用接受長期性的治療不符經濟效益　(C)為了分擔精神科醫師沉重的工作負荷　(D)宜教育一般人在健康出問題之前先做好保健預防措施

(　) 31. 依現行「高級中學學生輔導辦法」規定，輔導工作應視學生身心狀況，施予不同層級的輔導。其中「針對學生身心健康發展進行一般性之輔導」，係屬何種類型的輔導？(A)發展性輔導　(B)介入性輔導　(C)矯治性輔導　(D)常態性輔導

(　) 32. 依據「高級中學學生輔導辦法」之規定，學校針對生涯未定向學生進行生涯諮商，是屬於哪一類型的輔導？(A)發展性輔導　(B)矯治性輔導　(C)介入性輔導　(D)干預性輔導

(　) 33. 對於遭受重大創傷經驗之學生，依其個別化需求訂定輔導方案或計畫，提供諮詢、個別諮商及小團體輔導等措施，並提供評估轉介機制，進行個案管理及輔導，屬三級輔導之何層級？(A)危機性輔導　(B)處遇性輔導　(C)介入性輔導　(D)發展性輔導

(　) 34. 下列何種情況「最」適用「介入性輔導」？(A)校園危機事件之緊急處理　(B)對全校學生施以性別平等教育　(C)提供中輟生的生涯諮商　(D)協助瀕臨行為偏差的學生進行諮商

參考答案

1.(A)　2.(C)　3.(B)　4.(B)　5.(B)　6.(B)　7.(A)　8.(D)　9.(A)　10.(B)
11.(B)　12.(C)　13.(C)　14.(B)　15.(D)　16.(C)　17.(B)　18.(B)　19.(A)　20.(D)
21.(D)　22.(C)　23.(A)　24.(B)　25.(A)　26.(C)　27.(C)　28.(C)　29.(B)　30.(C)
31.(A)　32.(C)　33.(C)　34.(D)

二、問答題

1. 請列出布朗芬布倫納（Bronfenbrenner）的五個生態系統，並於每個系統舉出一個適當例子。

2. 請略述何謂「教訓輔三合一輔導模式」？

3. 依據教育部所頒訂之「學校三級輔導體制中，教師、輔導教師及專業輔導人員之職掌功能表」，「輔導教師」在一、二級預防有哪些工作職掌？

4. 輔導計畫的基本模式包括初級預防、次級預防與三級預防等三個層級，請說

明這三個層級的差異。

5. 規劃初級發展性輔導工作時，應掌握哪些原則？

6. 全校層級的發展性輔導工作應如何實施？

7. 班級層級的初級發展性輔導工作應掌握哪些重點？

8. 請說明國中階段「綜合活動領域輔導活動」課程與「班級輔導」，在目的、實施方式與內容、實施人員等方面之異同。

9. 依據「學生輔導法」，學校應視學生身心狀況及需求，提供三級輔導。請說明三級輔導之向度與內容。

■第六章■

生活輔導

　　「學生輔導法」（2014）第6條所規範的三級輔導，其中發展性輔導之目的在促進學生心理健康、社會適應及適性發展，其做法為針對全校學生，訂定學校輔導工作計畫，實施生活輔導、學習輔導及生涯輔導相關措施。由法規內容可知，生活輔導、學習輔導及生涯輔導是學校輔導工作的重要內涵，在定位上是屬於發展性輔導此一層級。「教訓輔三合一方案」（教育部，1998）曾規劃生活輔導以學務處為主導單位，結合導師及輔導教師，並融入各科教師教學，共同合作完成；其任務是以「學務處」為主，「輔導處」及「教務處」合作實施。「教訓輔三合一方案」將學務處主導的生活教育與生活輔導相整併，對於生活適應不佳的學生由輔導室進行二、三級預防工作。隨著該方案的中止實施，有必要將生活教育與生活輔導重新界定。所謂生活教育是有計畫地指導學生，從生活中養成良好的習慣，發展天賦才能，培養健全的品格，使成為身心平衡、手腦並用、智德兼修、文武合一的人才（教育部，1968）。學務處生活輔導組所主導的業務是生活教育，並非生活輔導。生活輔導是輔導室針對全校學生所推展的發展性輔導方案的一環，學習輔導及生涯輔導以外的輔導方案即屬生活輔導。生活輔導的重點會因應社會變遷而調整，例如：校園霸凌、網際網路的使用、藥物濫用等問題是近年生活輔導的重點。本章主要在探討學校生活輔導的實施方式，先從生活輔導的定義及目的說起，再分別敘述全校性及班級性的做法。

📖 第一節　生活輔導的基本概念

　　生活輔導是學校輔導工作的中心工作，學校教育的內容以生活教育最為重要，為協助學生適應校園生活、降低問題青少年的犯罪率，學校有必要加強學校生活教育，並且重視學生的生活輔導（王連生，1985）。由於社會的變遷導致家庭功能不彰，進一步影響到兒童的心理健康狀況，心理健康狀況不佳對學業成就、藥物濫用、偏差行為皆會產生影響，例如：美國的研究指出，涉及青少年犯罪的兒童中，有70%以上被診斷出心理障礙；而這些心理健康不佳的兒童，因為沒有接受治療，有些兒童具有自殺

的危險性（許維素等譯，2015；Gysbers & Henderson, 2012）。上述資料顯示，兒童與青少年面臨了嚴重的心理健康問題，學校必須提供充分的生活輔導計畫，幫助學生建立有效解決問題的能力，增進其在學校、家庭、社會上的生活適應（張德聰等，2004）。

 ## 生活輔導的意義

　　隨著資訊科技的突飛猛進，網路的快速發展，生活充滿了變異性與不確定感。當代的兒童、青少年在成長過程中面臨的挑戰更是前所未見，他們所面臨的挑戰有來自個體本身、家庭、學校和社會，在成長未臻成熟時，認知與判斷和現實產生落差，很容易造成行為脫序、生活適應困難，而衍生許多社會問題。學校教師、輔導人員若能及早關心他們，培養青少年的適應力，將可防患問題於未然，協助其快樂健全的成長（唐璽惠，2002）。生活適應的層面大多包含學習適應、家庭適應、常規適應、人際適應、身心適應等，經由生活輔導的實施，對兒童及青少年在心理健康及生活適應情況有很大的助益。

　　學生的生活輔導可以包含學校教育的整個內容，是以日常生活教育為中心的輔導，但不包含學習輔導與生涯輔導，是學校輔導最重要且最廣泛的部門。生活輔導與生活教育相輔相成，在協助學生從生活中養成良好的習慣，學習生活的知能與待人處事的態度，以及具有良好的適應能力（王連生，1985）。張德聰等（2004）認為，生活輔導就是協助個體運用本身及環境中的天生條件及資源，充分發展自我，與環境維持良好的互動，過充實愉悅而有意義的生活。輔導人員為預防學生在個人發展及社會發展方面出現問題，前者如情緒困擾、壓力、身體健康、物質濫用、偏差行為等，後者如家庭問題、同儕關係不佳、霸凌問題等，對全體學生所實施的發展性輔導工作，即稱之為生活輔導。當學生已經在上述兩方面發生問題，輔導人員則以個別諮商、小團體諮商或轉介的方式進行介入性或處遇性輔導。

生活輔導的目標

　　教育部於2000年實施「國民中小學九年一貫課程」，將輔導活動、童軍教育及家政教育統整成綜合活動學習領域，國中的實施方式有分科教學及合科教學兩種，若採合科教學，綜合活動就與班級輔導活動脫節，因為任教者不一定是輔導活動專長，可能是童軍教師或家政教師，輔導室也很難透過綜合活動規劃輔導工作的各項主題。「國民中小學九年一貫課程綱要綜合活動學習領域」的課程總目標為：培養學生具備生活實踐的能力，其四大主題分別為自我發展、生活經營、社會參與、保護自我與環境，可視為四項次目標，其中與生活輔導關係較密切的目標是：自我發展、生活經營、保護自我。而「十二年國民基本教育課程綱要綜合活動領域」（教育部，2018）所列的課程目標如下：(1)促進自我與生涯發展；(2)實踐生活經營與創新；(3)落實社會與環境關懷。其中的強化自我管理、建立良好的人際關係、健康的情感表達和互動、培養團體合作與服務領導的素養等項，與生活輔導有密切的關係。依據上述課程目標，生活輔導預期達成的目標有以下五項（張德聰等，2004）：

　　1. 協助學生自我了解、自我接納，進而自我發展。

　　2. 協助學生認識自身所處的環境，善用環境資源，促進自我成長與發展。

　　3. 協助學生與環境維持積極正向的互動，與他人相互尊重與關懷，有良好的群性發展。

　　4. 協助學生建立良好的生活習慣及解決問題的能力，促進身心健全發展。

　　5. 協助學生發展價值判斷的能力，建立個人的信念系統，過充實、愉悅、有意義的生活。

　　如果從生活適應的觀點來探討生活輔導的目標，良好生活適應的特徵可作為學校實施生活輔導的目標，其特徵如下（沈美秀，2005）：

　　1. 個人部分：擁有正確與正向自我概念，清楚自己的優缺點、喜歡自己、可以妥善控制情緒、遇到挫折能想辦法解決等。

2. 家庭方面：與家人相處得很好、為家人所愛，與家庭成員互動時具有自尊和安全感，覺得家裡很溫暖等。

3. 學校方面：能感覺自己受教師喜愛，與同學相處融洽、對課程有興趣等。

4. 在人際適應方面：無論是與家人、同學或朋友等，均能互動愉快。

 ## 生活輔導的內容

　　生活輔導所含的內容極為廣泛，幾乎含括生活的每個層面，舉凡日常生活、健康生活、休閒生活、社交生活、家庭生活、學校生活及人格發展，都是生活輔導的內容（劉焜輝主編，2014）。黃政昌等（2015）將生活輔導的內容分為四大方面，分別是日常生活、家庭生活、學校生活、社會生活；日常生活再細分為身體健康、心理健康、心靈健康、休閒生活、品德教育五方面。王連生（1985）認為，生活輔導的主要項目包含健康輔導、道德輔導、社交輔導、思想輔導、休閒輔導、感情輔導、人生輔導等七項。周甘逢等（2003）認為，生活輔導的內容包含校園生活適應、問題行為輔導、人際關係輔導、休閒生活輔導、品德陶冶等五項。綜合上述學者的說法，生活輔導的內容有以下八項（王連生，1985；黃政昌等，2015；劉焜輝主編，2014；張德聰等，2004）：

一、身體健康輔導

　　身體健康輔導為生活輔導內涵中，最基本也最重要的部分。依據馬斯洛（Maslow）的需求層次理論，人類成長動機與需求最基本的需求是「生理需求」，在生理與身體需求滿足後，方能順利的逐步追求心理層面的滿足。一個人在生理方面的基本物質滿足及生理安全免於受傷害，是個體身體健康的重要指標。身體健康輔導在使學生明瞭健康的重要性，進而採取有效的行為來促進身體的健康。

二、心理健康輔導

個人在身體或生理方面出現問題比較容易被發現，但心理方面是否健康卻是較難被察覺的。心理健康輔導要引導學生了解心理健康的重要性，教導他們壓力因應、情緒管理的技巧，以積極樂觀的態度面對生活，若遇有困擾，知道尋求相關人員的協助。

三、心靈健康輔導

心靈健康輔導或稱為品德輔導，品德教育屬於學校教育的重要基礎工作，結合了學生性格、思想、道德與人生觀等層面，以落實認知、情意與行動等三個品德內涵層面的全人教育。心靈健康輔導的內容包含培養價值判斷能力、實踐道德的行動能力、關懷他人、照顧弱勢、體會生命的意義及存在的價值。

四、休閒生活輔導

休閒生活是指學生在自由時間內所參與的休閒活動，可以讓學生達到放鬆、抒解情緒，以及追求自我發展等功能。休閒生活輔導可協助學生建立正確的休閒觀念，妥善安排閒暇時間，培養及參與正當的興趣與活動。

五、社交生活輔導

人是社會性的動物，個人行為的成長與發展，需在其所處的社會中與人交往，表達應有的思想、感情與行動，才能使其心理發展更為成熟健康。舉凡學生在家庭與學校環境以外的社會生活與人際交往層面，都算是社交生活的輔導工作範疇。社交生活輔導的做法首先要引導學生了解自己的特質，學習以積極的觀點看待他人的行為；其次是協助學生發展有助於人際溝通的行為模式，習得人際交往的技巧；然後是引導學生去拓展生活層面，發展良好的社交關係。

六、日常生活輔導

　　日常生活輔導是指培養良好的生活習慣及生活經營的能力，內容包括培養良好的生活習慣、增進維持個人生活所需的技能、規劃適合個人的休閒活動、建立兩性的正確態度、增進改善個人生活的分析能力與行動力。

七、家庭生活輔導

　　家庭是開啟個體學習如何與人產生良好互動的起點站，一個良好的親子互動品質與和諧的家庭互動關係，是一個人形成正向自我概念的重要基礎，學校輔導人員需要協助學生自我覺察到家庭對個人的影響力。所以，家庭生活輔導是指培養學生實踐基本生活的能力，學習與家人互動的技巧，增進家人關係，讓學生建立正確的家庭觀念，也負起家庭成員的責任。

八、學校生活輔導

　　青少年於學校生活環境中發展出符合其個人特色的生活方式，當然也面臨著不一樣的挑戰與改變，整個生活的重心會逐漸從家庭環境轉移到學校生活裡，而形成自我中心、尋找同儕支持與隸屬感的青少年特質。學校生活輔導即在引導學生認識學校，適應學校生活。具體表現在以下行為：與他人建立良好的人際關係、遵守學校紀律、認真參與學習活動。

 ## 肆　生活輔導的實施原則

　　目前各級學校所實施的生活輔導工作，洪莉竹（劉焜輝主編，2014）指出有以下的缺失：(1)對輔導對象了解不足，未能以學生的心理需求及發展特徵為基礎；(2)生活輔導的計畫不夠周延，缺乏整體性；(3)過於注重認知層面，忽略了情意和行為層面；(4)忽略環境因素；(5)忽略延續輔導，也忽略輔導的銜接功能；(6)相關人員角色功能沒有發揮。針對這些缺失在實施生活輔導時，需遵循以下的原則（黃政昌等，2015；劉焜輝主編，2014；張德聰等，2004）：

1. 以全體學生為對象：生活輔導並非只針對適應欠佳的學生，而是每一個學生都需要自我了解，進而自我控制。

2. 協助學生有效的學習：學生到學校的重要目的是學習，輔導人員要幫助學生適應學校生活，提升學習效果。

3. 需要全體教師共同合作：生活輔導並非由輔導室獨自執行，學務處及全體教師要共同合作才有成效。

4. 需要有計畫、有系統的課程：透過有組織的課程幫助學生成長和發展，例如：綜合活動學習領域、生命教育等課程。

5. 重視激勵的過程：鼓勵學生嘗試各種活動，拓展生活經驗，發揮自我潛能。

6. 重視未來發展性：不以學生目前的表現來評斷，設計各項活動促進學生成長。

7. 重視發展階段的特徵與需求：重視學生發展階段的身心特徵、發展任務及發展危機，提供適切的輔導。

8. 以專業知識做基礎：以輔導的專業知識為基礎，才能掌握輔導精神，深化輔導的成效。

9. 重視有效性及個別性：在時間有限的情況下，需要針對學生的個別需要而提供對其有效的實施項目。

10. 重視言教、身教、境教的配合：除了教師的言教之外，教師的身教對學生的影響力更甚於言教，學校環境及社區環境對學生也有潛移默化的影響。

11. 重視學校、家庭、社區之間的配合：實施生活輔導時，要充分運用家長及社區的資源，相互配合增進輔導成效。

12. 要有整體性的周延規劃：對生活適應不佳的學生早期發現、及時輔導及適當轉介，並擬訂完整的實施計畫，列入學校行事曆，按進度完成，計畫內容如表6-1所示。

表6-1　生活輔導工作項目與時程

項目	執行項目	實施內容	工作進度	主辦	協辦
生活輔導	一、始業輔導	1. 利用「新生始業輔導」介紹輔導工作，加強學生之認識及運用。	第○～○週	學務處	輔導室
		2. 高一各班利用自習課舉辦「生活適應座談」，高二學長姊協助，讓新生了解高中生活並適應新環境。	第○～○週	輔導室	
	二、辦理心理健康預防推廣活動	1. 利用輔導刊物主題式宣導心理健康觀念，本學期擬訂「性別平等教育」之主題。	每學期一期	輔導室	全體師生
		2. 各樓層設計「輔導專欄」，以生命、性別平等為主題，每月更換一篇，預計五篇。	每月一篇	輔導室	輔導室
		3. 高中各年級依需要，於寒、暑輔安排。	經常性	教務處	輔導室
		4. 開設服務性社團，以拓展學生身心、培養學生關愛社會之熱誠。	第○～○週	輔導室	學務處
	三、協助學生解決個別生活適應問題	1. 與各處室、教官、導師保持密切聯繫並主動協談，加強具特殊問題學生之輔導，並防患未然。	經常性	導　師	輔導室
		2. 運用輔導股長主動轉介需協助學生，並發揮同學愛，關懷班上同學。	經常性	輔導室	導　師
	四、強化心理衛生諮詢工作	1. 利用週會邀請精神科醫師或董氏基金會演講。	第○週	學務處	輔導室
		2. 提供教師心理衛生諮詢中心之功能及資料，必要時予以轉介。	經常性	輔導室	導　師
	五、推動生命教育，並辦理校園自我傷害防治工作	1. 成立生命教育委員會。	第一週	學務處	各處室
		2. 鼓勵各科融入式教學，研發生命教育相關教材及教案。	經常性	教務處	輔導室
		3. 教師研習及親職講座均納入此主題，並於寒暑假帶領學生「生命教育」影片研討，整理學習單，編印輔導刊物。	經常性	輔導室	全體師生
		4. 選派教師參加校園自我傷害防治之研習會。	視需要	學務處	輔導室
		5. 利用導師會議提供自我傷害防治資料，以推廣防治理念。	每學期一次	輔導室	全體教師

項目	執行項目	實施內容	工作進度	主辦	協辦
		6. 配合校園危機處理小組,了解各角色任務及分工。	經常性	學務處	輔導室
		7. 利用輔導活動課討論「生命教育」之議題,以提醒學生悅納自己、珍愛生命。	視需要	輔導室	各處室
	六、推動性別平等教育	1. 成立性別平等教育委員會。	第一週	輔導室	各處室
		2. 鼓勵各科融入式教學,研發性別平等教育相關教材及教案。	經常性	教務處	輔導室
		3. 教師研習及親職講座均納入此主題,並於寒暑假帶領學生「性別平等教育」影片研討,整理學習單,編印輔導刊物。	經常性	輔導室	全體師生
		4. 開設「性別平等教育讀書會」社團,以培養性別平等教育種子學生。	第○～○週	學務處	輔導室
		5. 利用週會辦理「性侵害防治教育」,並建立性騷擾及性侵害危機處理模式、輔導轉介流程及通報申訴制度。視個案狀況,邀請輔導顧問參與處理,並通報家庭暴力暨性侵害防治中心。	經常性	輔導室	學務處
		6. 繪製校園危險地圖,建立安全與無性別偏見之校園空間,並適時辦理校園人身安全教育研習。	經常性	總務處	各處室
		7. 利用輔導活動課討論「性別平等教育」之議題,以建立學生性別平等之意識及態度。	經常性	輔導室	各處室
		8. 邀請臺灣戲劇家、六藝劇團利用週會演出,以宣導性別平等教育理念及態度。	第○週	輔導室	總務處

資料來源:教育部(2007,頁1.3.3-1.3.5)。

伍 生活輔導的實施方法

三級預防的架構亦可應用在生活輔導。吳武典等(1995)提出生活輔導的初級預防是以全體發展中的個體為對象,設計各種適當的教育活動或

提供對成長有益的機會，增進學生因應問題的能力或改善環境品質，目的在協助學生增加自我調適的能力，增進心理健康，防患未然。次級預防著重在及早發現適應欠佳的行為徵兆，及早處置。三級預防即診斷治療，在協助適應不良的學生進行危機調適。

　　前文提到美國各級學校所實施的綜合性輔導方案有四項執行方式，即輔導課程、個別學生規劃、回應式服務及系統支持，其中輔導課程包含全校性活動和班級性活動，屬於發展性輔導工作，系統支持類似我國的輔導行政工作，尋求資源及管理輔導方案，其餘兩項執行方式依學生問題分別採用個別諮商、團體諮商、轉介或諮詢（Gysbers & Henderson, 2012）。這些執行方式均可應用至生活輔導領域。

　　至於以初級預防為主的生活輔導，除了綜合領域課程以外，可依不同年級分開實施，亦可以班級為單位實施，其實施方法有：問題討論、價值澄清、訊息提供、角色扮演、團體競賽、辯論活動、參觀活動、專題演講、主題座談、主題週活動等（張德聰等，2004）。這類的課程或活動，儘量以活潑有趣的活動吸引學生參與，並且讓學生在參與活動之後，引導學生分享經驗與表達想法。

第二節　全校性生活輔導的做法

　　在學校運作中，教師每日都與學生有直接與密切的接觸，是校園中對學生最具有影響力的角色與人物，其影響既深且遠。如果導師和任課教師能在教學的同時做好班級經營，適時協助學生學習如何面對人際衝突、發展適切的相處技巧，以及與家長保持良好溝通，就是最好的初級發展性的生活輔導工作，其工作目標即為提升學生正向思考、情緒與壓力管理、行為調控、人際互動，以促進全體學生心理健康與社會適應。此外，有關學生違規行為、校園安全通報、霸凌或疑似霸凌事件、性平事件的處理等，皆與生活輔導有密切關係，學務處的生教組因與學生接觸最頻繁，通常是第一線的處理人員，因此，輔導人員與學務處需要密切合作，結合相關的輔導資源或協助轉介，來妥善處理學生的不適應行為（王麗斐主編，

2013a）。以下僅就生活輔導的重要議題，說明各級學校如何推展初級發展性的輔導工作。

壹 正向管教

　　長久以來，高中以下的學校普遍存在著體罰，體罰造成的負面影響包括破壞師生關係、造成兒童的低自尊與不安恐懼、教會小孩不滿時就使用暴力或攻擊，以及鼓勵教育人員發洩自己的不滿等（王金國，2009）。2006年修正「教育基本法」，其中第8條第2項明定，學生之學習權、受教育權、身體自主權及人格發展權，國家應予保障，並使學生不受任何體罰，造成身心之侵害。接著教育部公布「學校訂定教師輔導與管教學生辦法注意事項」及「學校實施教師輔導與管教學生辦法需知」，擬訂「推動校園正向管教工作計畫」，希望透過行政規劃與督導，嚴禁教師實施體罰，並且推動正向管教。所謂正向管教（positive discipline），指的是以正向的態度與方法來指導學生，協助學生與別人建立健康和諧的關係，其目標是希望讓學生發現自己有解決問題的能力，可以克服障礙且表現出合宜的行為（王金國，2009）。正向管教的實施包含以下四個步驟：(1)描述適當行為；(2)清楚說明原因；(3)進行確認；(4)強化適當行為。在實施時要注意以下七項原則：(1)重視學生尊嚴；(2)發展正面的社會行為、自律能力和人格；(3)鼓勵學生主動參與；(4)重視學生的發展需求和生活品質；(5)重視學生的動機和生活觀；(6)確保公平（平等和零歧視）與正義；(7)促進團結（李美華譯，2007）。試舉一例說明正向管教的做法：教師針對不對的行為或不好的行為加以糾正，但也要具體告訴學生是「某行為不好或不對」，而不是「孩子整個人不好」（學校訂定教師輔導與管教學生辦法注意事項，2024）。

　　學務處與輔導室應透過校內教師專業成長教育，提供教師有效處理學生偏差行為的知能，並加強教師班級經營及情緒管理之能力。其實施方式除專題演講、集會宣導外，亦可透過教師成長團體及心理諮商，學習如何察覺與控制生氣或憤怒之情緒，避免教師於盛怒之下管教學生。

建立介入學生問題行為的策略

　　當教師使用正向管教策略，但是學生的不當行為仍然沒有改善，這時教師要思考是否要改變紀律計畫？是否要尋求外在的協助？學生的紀律問題有時不是個別教師所能處理的，學校的行政團隊要能夠支援教師，尤其是協助處理嚴重干擾上課秩序的學生，讓教學能順利進行。在美國有七千多所學校已採取「正向行為支持」（Positive Behavior Support, PBS）做全校主要班級經營計畫。正向行為支持模式的重點在於防止行為問題，而不是對問題做出反應。該方案花較多的時間在教導學生規則和程序，提醒學生在班級和校園裡該有何種行為表現，教導與同學互動有問題的學生利社會的技能（prosocial skills），針對有較嚴重問題行為的學生實施功能性行為分析（方德隆譯，2014）。全校性的正向行為支持方案以初級、次級和三級之三個層級的方式來對學生的行為予以支持，亦即將學生的問題行為分成「預防」、「危機化處理」和「個別化處理」三個層次。以下略述三個層級的實施重點（方德隆譯，2014；周新富，2016a）：

一、初級預防

　　初級預防著重在防止問題行為的發展及其發生頻率，包含建立正向陳述的全校性規則、教導利社會技能、進行有效教學、發展全校性的增強系統等實務。當學校能夠有效能地、確實地實施全校性的初級預防工作，近80%的學生能在初級預防中獲得改善。

二、次級預防

　　次級預防的設計是為了支持那些對初級預防的介入沒有反應，而其行為尚未達到嚴重程度的目標學生群，占全校學校人數約10%至20%，期望此類學生的不當行為能避免惡化成長期性的問題行為。二級預防可在班級中進行或透過學校介入，即教師將學生轉介給全校性的團隊，以小團體工作的方式進行介入，介入措施的目的在教導這些學生在班級和同儕關係互動中所需的利社會技能，同時教導學生自我監控的技能。

三、三級預防

　　三級預防的介入需要額外的支持，如果學生無法對次級預防做反應，或是其行為非常嚴重，例如：具高度破壞性或妨礙學習行為，則需要更立即及密集的支持，這類學生占全校5%至7%。三級預防的介入也是高度個別化的，因此必須要為個別的學生進行輔導諮商。正向行為支持即在全校、全班的教學中推動初級預防，屬於瀕臨高危險群的學生以小團體方式進行次級預防，而針對特定的學生進行個別化的介入，其策略有個別諮商、積極監督、提升良好師生互動與楷模學習等。

 ## 校園霸凌的預防

　　根據兒童福利聯盟文教基金會（2007）發布的「兒童校園霸凌者現況調查報告」，發現國中小學生有六成被霸凌過，經常霸凌欺壓同學的孩子有7%，合計約八萬餘人，而其中約兩萬人是經常對同學肢體霸凌的校園小霸王。霸凌（bullying）是指一個或一群孩子對另一個孩子重複的、無故的、有害的行為，這些行有可能是身體的，也可能是心理的。身體霸凌或稱為直接霸凌，包含了面對面對抗、公開攻擊，還有威脅或嚇人的姿勢。心理霸凌或稱間接霸凌，包含謾罵、戲弄、威脅及被團體排斥。新的霸凌形式為網路霸凌（cyberbullying），即透過網路嘲笑、威脅、羞辱及散布謠言（方德隆譯，2014）。根據教育部公布的「校園霸凌防治準則」（2012）指出，校園霸凌的定義應包括個人或集體持續以言語、文字、圖畫、符號、肢體動作或其他方式，直接或間接對他人施以貶抑、排擠、欺負、騷擾、戲弄等行為，使他人處於具有敵意或不友善的校園學習環境，或難以抗拒，產生精神上、生理上或財產上的損害，或影響正常學習活動。發生校園霸凌事件，往往影響學生身心健康與人格發展甚鉅，甚至成為嚴重的社會問題。因此，營造一個友善的校園環境，是刻不容緩的課題。「校園霸凌三級預防」的做法不外教育宣導（一級預防）、發現處置（二級預防）、介入輔導（三級預防）。以下提出防制校園霸凌的全校性策略（校園霸凌防治準則，2012；雷新俊，2008）：

一、成立防制校園霸凌因應小組

　　成立有效合作的「防制校園霸凌因應小組」團隊，是營造安全的校園環境與維護友善校園氛圍的第一步。以校長為召集人，其成員應包括導師代表、學務人員、輔導人員、家長代表、學者專家，負責處理校園霸凌事件之防制、調查確認、輔導及其他相關事項。

二、教育宣導

　　校方應藉由各種機會，例如：朝會、親師座談、聯絡簿、綜合活動及融入教學等，廣泛向學生與家長實施霸凌申訴宣導及反霸凌觀念宣導。於一般課程中，適時融入社交技巧、情緒覺察與憤怒管理的教學內容；輔導人員可因應導師需求，入班進行霸凌覺察與宣導。學校教師應具備相關知能，提升霸凌事件敏感度，能於第一時間介入處理。

三、暢通校園霸凌申訴管道

　　學校設置霸凌申訴管道，例如：設立投訴信箱或電話專線，定期向學生及家長宣導。此外，學務處亦可研擬學生校園生活問卷，定期施測，以主動篩檢發覺霸凌及受凌高危險學童群，提供預防性教育與輔導。若發現疑似霸凌案件，學校即展開調查工作，調查後確認為校園霸凌事件者，應立即啟動霸凌輔導機制，針對不同對象施以不同之輔導方案。

辦理防治教育及重要主題宣導

　　「性別平等教育法」（2023）第18條規定，國民中小學除應將性別平等教育融入課程外，每學期應實施性別平等教育相關課程或活動至少4小時。依據教育部制定的「各級學校及幼兒園通報兒童少年保護與家庭暴力及性侵害事件注意事項及處理流程」（2013）第4條規定，學校應依下列法規辦理防治教育，並提升通報意識：(1)依「家庭暴力防治法」規定，各級中小學每學年應有4小時以上之家庭暴力防治課程；(2)依「性侵害犯罪防治法」規定，各級中小學每學年應至少有該法所定4小時以上之性侵

害防治教育課程；(3)依「教育部辦理兒童及少年性交易防制教育宣導辦法」規定，各級學校應依該辦法，每年定期辦理兒童及少年性交易防制教育宣導工作，宣導之對象應包括學校教職員工、學生及學生家長。

　　輔導室除辦理上述的防治教育外，也要與學務處合作辦理重要議題的宣導活動，例如：憂鬱症與自我傷害防治、防制校園霸凌、防制藥物濫用、防制學生參加不良組織等，有關人權教育、法治教育、品德教育及生命教育等主題亦應於適當時機加強宣導。以防制藥物濫用為例，學務處負責藥物教育及宣導相關法律知識，教導學生認識各種毒品特性及吸食後果，透過適當的藥物教育，才能協助學生了解毒品的禍害。同時要在適當場合宣導「毒品危害防治條例」，讓學生知道持有、施用、製造、運輸、販賣或引誘他人使用的相關刑責。輔導室透過輔導課程教導學生使用正當、健康的情緒抒解方法，不能靠毒品來紓壓，以免沉淪於毒品之中而不能自拔（周新富，2016a）。為防治學生的自我傷害，輔導教師及導師可將生命教育、情緒教育、逆境教育、危機防治等融入教學，培養學生危機處理的知能，並教導學生利社會行為。

伍 校園危機處理

　　危機是指個人面對無法逃避之狀況，但又無法用過去慣用的方式解決問題時，所產生的一種混亂狀態；在這當下，個人會經歷一段身心不平衡的時期。校園危機所帶來的影響可能會引發嚴重傷亡，同時又因危急事件很少發生，每個狀況都相當獨特，每次要處理的方式不盡相同，因此會引起大家產生強烈的情緒、行為、認知反應（教育部，2009a）。校園危機事件的範圍很廣，包括以下五大類：學生意外事件（車禍、自我傷害、運動或遊戲傷害）、校園安全維護（火警、地震、人為破壞）、學生暴力與偏差行為（鬥毆、暴力犯罪、濫用藥品、性侵害）、管教衝突事件（師生衝突、親師衝突、學生抗爭）、兒童少年保護事件（亂倫、強迫性交易）（張民杰，2011）。危機處理（crisis intervention）是一個有時限性的介入方式，在許多方面是不同於一般諮商模式。危機處理最重要的目的在於促進個人或團體回復到危機發生前的正常功能狀態，度過危機帶來的混亂時

期，縮小負面的影響程度，例如：情緒創傷、創傷後壓力或身體傷害，並且加大成長的可能性，例如：學到新的因應技巧、新的人生觀，或是增加生活的選擇（教育部，2009a）。目前各級學校都成立了危機處理小組，也都規劃「校園危機處理標準化流程」，無論哪個突發事件發生，都可依據標準化流程進行。校園危機處理從「預防」到危機發生後的「處理」與「後續追蹤」，以下僅就危機預防工作的做法加以說明（王麗斐主編，2013a；教育部，2009a；張民杰，2011）：

一、提升危機處理知能

學校可針對常見危機議題，不定期舉辦危機處理的訓練和演練，或是透過研習、演講、工作坊等形式，幫助全校師生提升危機事件發生時的因應知能。以校園暴力為例，由於學校發生校園暴力事件所引發的影響甚廣，因此可於平時邀請專家或資深教師一起探討學生暴力行為背後的動機、如何經營正向師生關係、如何避免校園暴力事件發生、暴力事件的處理原則等，以提高教師對處理校園暴力能力的信心。

二、進行危機處理演練

重大危機多屬偶發性事件，學校人員不一定有處理經驗，因此，設定一些狀況進行危機處理演練是有必要的，例如：模擬學生因為受導師責罵，一時想不開跳樓自殺，讓教師藉由角色扮演的方式，演練危機處理流程，並事後檢討，如此有利於教師熟悉處理流程且培養團隊默契。

三、提供危機辨識與處理的相關課程設計

輔導教師可設計相關課程或活動，引導學生覺察、辨識人為或自然環境的危險情境，在評估之後能做出合宜的應變行為，並且學習運用有效的策略做好事前的預防或事後的處置，以保護自己或他人。這些課程設計可於平日的綜合活動課程中實施，也可運用於學務處或總務處辦理相關防災及災害應變專題活動中。

四、社區資源的建立與連接

危機處理的初級發展性輔導應以事前完善之準備為目的，學校能蒐集並整理可能運用的社區資源，例如：警政、社福、心衛、醫療、消防等機構，一方面整理與危機相關的社會資源，另一方面社會資源亦能提供學校專業諮詢，或者協助學校承辦相關的知能研習。當發生危機事件時，可以及時聯繫相關資源介入。

五、辨識危機的徵兆與了解轉介時機

導師是校內最了解學生的生活狀況、學習情形及行為表現的人員，也是最有機會辨識學生危機徵兆行為的關鍵人物。除此之外，導師需處理班級學生一般的困難問題、偶發事件及違規問題。當學生出現危機的徵兆時，導師應評估是否需要轉介，尋求與輔導處合作，以共同協助學生度過危機。

六、持續關懷及掌握高關懷、高危險群學生的學校適應

高危險群青少年是指青少年在發展為成熟過程中有所障礙者，亦指該類青少年因個人、家庭、學校及社會之種種因素，擁有比其他同儕更高機率的犯罪、濫用藥物、早孕、學業失敗、離家、逃學、自我傷害等等高危險行為。學校處室有責任共同尋找出校園高危險學生，並進行輔導。例如：校長可以整合校園各處資源，學務處可以協助輔導室及導師進行高危險群篩選，衛生保健組與輔導室合作共同篩選高危險群學生，並針對他們擬訂輔導方案，建檔追蹤其身心狀況。

📖 第三節　班級性生活輔導的做法

班級輔導課程是發展性輔導工作的重點，目前實施的輔導課程有國中小的綜合活動學習領域及高中的生命教育。除正式課程以外，輔導室亦可推動「主題式班級輔導活動」，輔導室依據學生心理相關層面的需求及推

動部定輔導議題，由輔導室於每學年規劃特定主題，供班級申請或排定時間實施。課程的實施採預約制，由各班心輔股長或導師於活動前兩週至輔導室填寫申請表，確定主題、時間、地點。輔導室再依各班的申請需求，安排專業輔導教師至班級進行座談（教育部，2009b）。例如：美國校園教導社交技巧、衝突處理方式、協調過程和衝突解決技能，其目的在讓學生學習自我紀律或預防校園暴力事件，兒童從8歲開始接受暴力預防課程，一直持續到高中，希望透過這類課程能將學到的暴力行為消除掉（周新富，2016a）。班級性的生活輔導、導師的班級經營及任課教師的隨機教學，均能發揮發展性的輔導成效。

 ## 正向管教融入班級經營

「正向管教」是教育部推展的重要政策，教育部積極宣導正向管教之理念以及在班級經營和個案輔導上的可行做法。正向管教不使用威脅、處罰方式處理學生的不當行為，而是著重在預防工作上，其核心理念是「訓育原理輔導化」的具體實踐，是新世紀重要人權國家之必然趨勢，也是新臺灣教育對於「管教學生」的核心思維。中小學多數為常態編班，常態編班的班級學生異質性高，約有三分之一至四分之一同學會有適應上的困擾，因此，輔助這些同學的適應成長，成為班級經營的第二個重要面向。以下論述這些輔助適應的班級經營策略（鄭崇趁，2008；周新富，2016a）：

一、和學生建立良好的關係

處理學生的問題時，必須先和學生建立融洽的師生關係，表達對學生的關心、接納、支持與了解，才能使學生有安全感及信任感。但通常有嚴重問題行為的學生是與教師關係不佳的，他們破壞上課秩序、向教師的權威挑戰，教師也是儘量避免與這類學生互動，可見要建立正向關係是相當不容易的。但教師仍然要堅持下去，多與學生溝通，找出正向特質加以鼓勵，盡可能站在學生那邊，與之一起控制問題行為。

二、同儕輔助

班級經營的主角是教師和學生，教師如果能激勵學生彼此關照輔助，以個別之優勢條件相互支持，將全班每位同學之學習與教育任務、服務性工作，均成長到目標範圍內，藉助同儕動力，交織協助，帶好每一位學生，是謂同儕輔助策略。同儕輔助策略可從下列事項著力：(1)學科分組學習；(2)分組作業討論；(3)分組執行教育任務；(4)分組共同解決問題；(5)分組擬訂成長計畫。

三、學習扶助

很多學生的適應困難，多從學習落後開始，數學或英文學習落後之後，往往帶動更多學科也落後，由於功課沒趕上同學，連帶生活適應及人際關係互動也就跟著產生困擾。因此，學習落後是諸多適應問題的源頭，班級導師應擬訂補救教學的策略，協助低成就的學生。

四、服務銷過

服務銷過策略原指學校訂定辦法，以公共服務性工作來抵銷學生違規犯過之記點，例如：勞動服務一小時抵銷一個記點、勞動服務3小時抵銷一個申誡、勞動服務10小時抵銷一個警告、勞動服務30小時抵銷一個小過等。在班級經營中，服務銷過策略的運用指兩方面，一方面鼓勵班上同學申請以服務時數來抵銷違反學校規定之記點，另一方面則指班上同學違反生活公約及學習規範時，也以班上之公共服務來抵銷記點。

五、認輔陪伴

認輔陪伴策略係指班級導師針對班上明顯適應困難及偏差行為學生，透過學校輔導室運作，安排學生喜歡的校內教師或家長志工擔任認輔教師，對於學生實施「個別關懷，愛心陪伴」之作為。也就是將認輔制度落實在班級經營上。輔導的最終目的是在協助學生解決問題，認輔教師需與學生共同探索問題，試著找到協助學生的有效方法，但在溝通時，教師要記得使用諮商的技巧，例如：積極傾聽、同理心、澄清、鼓勵、支持等。

導師可以選定班上適應困難或行為偏差學生約一至兩位進行認輔，或是督導班上同學定期找認輔教師晤談，必要時與認輔教師會面，討論協助個案學生事項。

六、尋求外在協助

如果正向管教無法改變學生的不當行為，學生持續在上課時干擾教學，甚至嚴重到恐嚇教師、傷害同學等情況，當教師以學校紀律介入處置卻未見改善時，就需要考慮尋求校內、校外的人力資源來協同輔導，例如：將學生轉介至學務處或輔導室。依據教育部制定的「學校訂定教師輔導與管教學生辦法注意事項」，以下狀況教師可以請求相關處室及家長的協助：

1. 對學生的輔導無效，教師認為應進一步輔導時，得以書面申請學校輔導室處理，必要時並應尋求社政或輔導相關機構支援或協助。

2. 管教無效或學生明顯不服管教，情況急迫明顯妨害現場教學活動時，教師得要求學務處或輔導室派員協助，將學生帶離現場。

3. 學務處認為學生違規情節重大，擬通知監護權人配合到校協助輔導，必要時學生交由監護權人帶回管教。

4. 為有效協助中輟生及高關懷學生，學務處或輔導室應視需要開設高關懷課程。

貳　社交技能教學

社交能力是指有關個人監控自己情緒及在行動之前能權衡較佳的行動方式，社交技能教學是以主動的方式協助欠缺社交能力的學生，學習人際應對、合作、衝突解決的技能。社交技能的教學似乎是加重教師的負擔，但事實上此類教學是內嵌在師生互動之中，在每一天的相處、每一天行為後的對話，就是小型的社交技能課程。同樣的，教師以有尊嚴、尊重的方式對待學生，就是在示範正向的社交技能。社交技能教學是預防紀律問題的方式，是主動教學而非因學生行為問題而被動反應（Henley, 2010）。

一、課程內容

在社會中要能有效地與人交往，不論是與同學、朋友、家人往來，都要有一定的社交技能，所以，社交技能訓練的課程內容包含語言、非語言技巧及解決衝突三部分，以下分別說明（王財印等，2017；方德隆譯，2014）：

㈠語言技巧

與人溝通最直接的方式即是語言的往來，語言技巧（verbal skills）內容包括給予正向或負向回饋（giving positive or negative feedback）、給予稱讚（giving a compliment）、問候致意（greeting）、拒絕要求（refusing a request）、做適當的請求（making an appropriate request）、接受負向回饋（accepting negative feedback）、清楚地陳述個人意見、解決問題（problem solving）、交涉、協商（negotiation）、會話（conversation）、拒絕同儕壓力（resisting peer pressure）、說服（persuading）、遵循指示（following instructions）等。

㈡非語言技巧

與人溝通時，除了語言技巧的直接表達外，非語言技巧（nonverbal skills）也不容忽視，它往往有不同的功能。其內容包含面部表情（facial expression）、注視（gaze）、視線接觸（eye contact）、表情動作（gesture）、姿勢（posture）、空間移動（spatial behavior）或距離（proximity）、身體接觸（bodies contact）、音量（voice volume）、說話的流暢性（speech fluency）、情緒語調（emotional tone）、身體外貌（physical appearance）等。非語言技巧部分的適切運用，有助於人際溝通的有效性，應避免非語言技巧的錯誤學習或不當使用，而導致人際關係的誤解或傷害。

㈢解決衝突

透過解決衝突與同儕調解消除班級問題，已經受到美國許多學校採用，教師可使用社交技巧和解決衝突的教學營造安全的教學環境，減少攻

擊和暴力事件的發生。這項課程可以融入學科或獨自授課的方式進行教學，針對一般學生可以教導解決衝突的技巧，除可增進學生的溝通技巧外，尚可避免以暴力行為解決問題。針對具攻擊性學生則教導控制衝動、解決衝突、憤怒管理、果斷與同理心等技能，以避免他們在遇到不順遂的情境時便訴諸攻擊行為。

二、教學策略

高斯登（Goldstein, 1993）所提倡的社交技能訓練的主要步驟有：示範、教導、角色扮演、演練、增強、回饋、酬賞、家庭作業。適用在班級情境的教學方式可以區分為三種：班級授課、小團體活動、個別指導，其教學策略大多採用以下兩種（Kerr & Nelson, 2006）：

㈠直接教學

研究顯示，直接教學是教導社交技能有效能的方式，教師先選擇好所要教導的社交技能，再以口語方式進行教學，教學後進行討論，然後指導學生練習新學到的技能，教師再給予回饋和增強。除全班教學外，可針對少數學生的個別需求，以小團體或個別指導的方式進行教學。

㈡角色扮演

這種教學方式需要花較多的時間，通常適用在班級授課及小團體活動。首先，教師以真人或視聽媒體呈現楷模（model），讓學生了解正確的社交技能要如何表現。第二步驟是角色扮演，鼓勵學生先討論如何在真實情境表現這項技能，然後安排學生進行表演，表演完畢後，同學及教師給予正向的支持和回饋。如果時間允許，可以請學生依據回饋的意見再表演一次。最後一個步驟是類化和維持，請學生在適當的場合表現這項技能，或是作為「家庭作業」，讓學生在回家後練習這項技能。這個步驟又稱為「自我監控」，關係到社交技能教學的成敗。

自我評量

一、選擇題

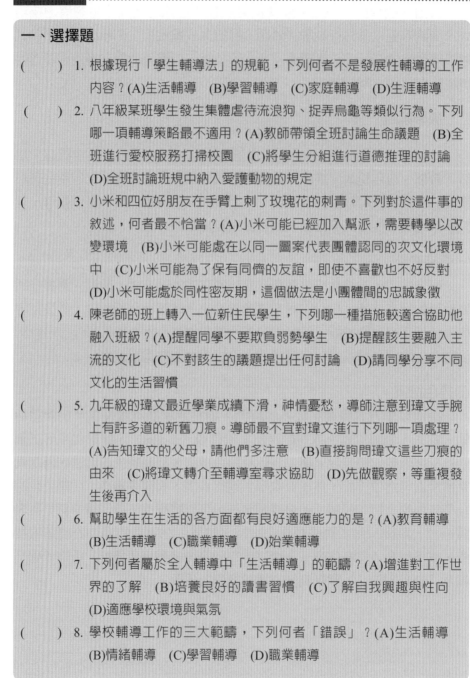

(　　) 1. 根據現行「學生輔導法」的規範，下列何者不是發展性輔導的工作內容？(A)生活輔導　(B)學習輔導　(C)家庭輔導　(D)生涯輔導

(　　) 2. 八年級某班學生發生集體虐待流浪狗、捉弄烏龜等類似行為。下列哪一項輔導策略最不適用？(A)教師帶領全班討論生命議題　(B)全班進行愛校服務打掃校園　(C)將學生分組進行道德推理的討論　(D)全班討論班規中納入愛護動物的規定

(　　) 3. 小米和四位好朋友在手臂上刺了玫瑰花的刺青。下列對於這件事的敘述，何者最不恰當？(A)小米可能已經加入幫派，需要轉學以改變環境　(B)小米可能處在以同一圖案代表團體認同的次文化環境中　(C)小米可能為了保有同儕的友誼，即使不喜歡也不好反對　(D)小米可能處於同性密友期，這個做法是小團體間的忠誠象徵

(　　) 4. 陳老師的班上轉入一位新住民學生，下列哪一種措施較適合協助他融入班級？(A)提醒同學不要欺負弱勢學生　(B)提醒該生要融入主流的文化　(C)不對該生的議題提出任何討論　(D)請同學分享不同文化的生活習慣

(　　) 5. 九年級的瑋文最近學業成績下滑，神情憂愁，導師注意到瑋文手腕上有許多道的新舊刀痕。導師最不宜對瑋文進行下列哪一項處理？(A)告知瑋文的父母，請他們多注意　(B)直接詢問瑋文這些刀痕的由來　(C)將瑋文轉介至輔導室尋求協助　(D)先做觀察，等重複發生後再介入

(　　) 6. 幫助學生在生活的各方面都有良好適應能力的是？(A)教育輔導　(B)生活輔導　(C)職業輔導　(D)始業輔導

(　　) 7. 下列何者屬於全人輔導中「生活輔導」的範疇？(A)增進對工作世界的了解　(B)培養良好的讀書習慣　(C)了解自我興趣與性向　(D)適應學校環境與氣氛

(　　) 8. 學校輔導工作的三大範疇，下列何者「錯誤」？(A)生活輔導　(B)情緒輔導　(C)學習輔導　(D)職業輔導

（　）9. 關於班級輔導活動的目標與實施，以下敘述，何者不正確？(A)班級團體輔導活動的主要功能為預防　(B)班級團體輔導的主要範圍在生活輔導，並不涉及學習輔導與生涯輔導　(C)班級團體輔導活動中亦可設計團體壓力　(D)進行班級團體輔導活動時，需考量座位安排的影響

（　）10. 有關自我傷害與危機輔導是屬於學校輔導工作中的何種性質？(A)預防　(B)發展　(C)診斷　(D)治療

（　）11. 當學校發生校園自殺事件，輔導教師進行班級輔導時，下列哪一項做法較不適當？(A)引導學生轉移注意力　(B)協助學生覺察並紓解情緒　(C)示範並增進學生因應壓力的技巧　(D)評估班上是否有需要個別輔導的學生

（　）12. 當某班有學生自殺成功時，輔導教師的介入，以下何者不正確？(A)立即啟動學校的危機處理小組　(B)將該自殺學生親近之學生且得知此事者列為高危險群　(C)注意學生群中知道此事的其他學生是否有創傷症候群或是模仿自殺的反應發生　(D)由於此事殺傷力甚大，輔導教師及導師對於不知此事的學生應採取保密原則

（　）13. 校園霸凌事件往往引發社會關注，它是個複雜的現象，它大可分為直接霸凌和間接霸凌。是否為直接霸凌，係根據下列何種標準來界定？(A)有無侵害身體　(B)有無面對面互動　(C)有沒有產生傷害後果　(D)有沒有透過他人來進行

（　）14. 擬訂校園霸凌防治計畫時，何者「不是」適當的做法？(A)辨識校園中可能的霸凌受害者，邀請加入小團體輔導　(B)辨識校園中可能的霸凌者，給予強制性的輔導　(C)協助學校教師了解正向管教的輔導態度與方法　(D)協助發展「尊重彼此差異」的班級輔導教案

（　）15. 進行校園霸凌防治與輔導工作時，下列何者不是輔導教師的工作重點？(A)協助學生覺察和辨識校園霸凌行為　(B)提供霸凌者法治教育　(C)辨識霸凌受害者，協助進行次級或三級輔導　(D)對加害者與受害者行為進行調查

（　）16. 校園霸凌事件對學生身心發展有極大影響，教育部經向各方諮詢，

定義校園霸凌之要件不包含下列哪一項？(A)學生間的暴力鬥毆行為　(B)造成生理或心理的傷害　(C)具有故意傷害的意圖　(D)雙方勢力（地位）不對等

(　) 17. 當學生面臨學校霸凌事件的嚴重威脅時，身為一位教師應先採取以下哪一項步驟？(A)問清楚原因，決定處理方向　(B)評估嚴重程度及可用資源　(C)立即給予當事人關懷與保護，並緩和其情緒(D)和相關人員合作，共同擬訂計畫

(　) 18. 八年級的小如被大部分同學排擠和孤立，輔導教師進行團體輔導。小如最像是遭受到哪一種類型的霸凌？(A)關係霸凌　(B)反擊霸凌(C)言語霸凌　(D)網路霸凌

(　) 19. 下列何者不是運用正向管教策略的良好做法？(A)利用討論、影片故事或案例討論、角色演練及經驗分享，協助學生去了解不同行為的後果　(B)用詢問句啟發學生去思考行為的後果　(C)在對負向行為給予指正前，可先對正向行為給予稱讚，以促進師生正向關係(D)針對不對的行為或不好的行為加以糾正時，不要具體告訴學生是「某行為不好或不對」，以免傷及學生自尊

(　) 20. 七年級的小偉跟林老師很熟稔，有一天他笑著跟老師說：「老師你很狗屎。」想看看老師會有什麼反應。林老師針對小偉的行為，最適合的輔導做法為下列何者？(A)向全班討論這件事情　(B)向小偉的父母說明這件事　(C)告訴小偉他的話會讓人不舒服　(D)嚴厲的指正小偉不應該說這個難聽的詞彙

(　) 21. 王老師在小團體中以正向管教的理念培養成員負責任的行為，除了正增強，也會採取正向處罰。下列哪一項不是正向處罰的策略？(A)銷過措施　(B)時時注意成員不當行為　(C)減少原本可享有的權利　(D)課餘時完成本應擔負的工作

(　) 22. 下列何者是推動校園正向管教辦法中所指的初級預防？(A)針對使用違法或不當管教方式之教育人員，提供繼續教育與輔導　(B)協助學校人員了解體罰之不當影響　(C)當教育人員違法處罰學生之後，進行通報與處置　(D)結合認輔制度輔導行為偏差學生

(　) 23. 正向管教（positive discipline）是指教導學生了解受社會認可的行

為，並對於學生的社會認可行為及時給予鼓勵，以引導學生發展正面積極行為表現的一種管教方法。下列敘述，何者不是其核心內涵？(A)教師要教導學生重要的學業技能　(B)去除學生疏離感，幫助學生產生歸屬感　(C)要考慮學生個別差異，幫助學生終身成長與發展　(D)師生之間相互尊重，教師並應時時給予學生鼓勵

(　　) 24. 下列哪一類型的議題，是屬於危機處理諮商的範圍？(A)人際關係　(B)婚姻與家族　(C)墮胎決策　(D)生涯規劃

(　　) 25. 以下有關校園危機的說明，何者較正確？(A)親師衝突不為校園危機事件的一種　(B)社會輿論壓力並非是學校行政系統於校園危機處理過程的壓力來源　(C)危機事件發生後的「危機控制」行動，是屬於二級預防　(D)危機事件是無法預防的，所以要做好危機處遇演練

(　　) 26. 九年級的阿明罹患憂鬱症已有兩年，最近一星期開始跟身邊的好友阿華吐露人生失去意義的言論，也將最喜歡的書籍送給阿華。下列何者不是阿華有效協助阿明的做法？(A)陪伴阿明尋求學校輔導教師的協助　(B)告訴阿明不要想太多，把目光放在未來　(C)傾聽阿明的憂鬱心情，並給予情緒支持　(D)告知導師阿明的近況，尋求導師的協助

(　　) 27. 有關兒童霸凌現象的論述，下列何者錯誤？(A)受霸凌者通常不願意告訴成人受到霸凌的事　(B)旁觀者可能因為擔心受牽連而不願插手干涉　(C)網路霸凌的威脅與傷害不若其他形式的霸凌嚴重　(D)兒童突然不願意參與活動可能是受到霸凌的警訊

參考答案

1.(C)　　2.(B)　　3.(A)　　4.(D)　　5.(D)　　6.(B)　　7.(D)　　8.(B)　　9.(B)　　10.(A)

11.(A)　12.(D)　13.(A)　14.(C)　15.(D)　16.(A)　17.(C)　18.(A)　19.(D)　20.(C)

21.(B)　22.(B)　23.(A)　24.(C)　25.(C)　26.(B)　27.(C)

二、問答題

1. 請說明危機處理的主要工作內涵為何？並請舉例說明之。

2. 八年級的阿志情緒處理不佳，常和同學起衝突，楊老師擬採「社會技巧訓

　練」進行輔導。請舉出楊老師可針對哪五項主題進行社會技巧訓練？

3. 導師發現班上小明受到同學的排擠與欺侮，應如何處理？請舉出三項個別輔
　導與兩項團體輔導的做法。

4. 在國一新生入學親師座談中，有家長提到孩子是「不打不成器」。
　(1) 請列舉四項家長體罰子女可能的後遺症。
　(2) 請舉出三項導師可以建議家長實施正向管教的原則。

5. 教育部推動正向管教工作計畫，請問何謂「正向管教」？你在班上要如何實
　施正向管教工作？

6. 近年來校園霸凌問題層出不窮，政令頻頻宣導師生應注意校園安全，以進行
　適當的霸凌防治措施。
　(1) 校園霸凌的種類有哪些？請分別說明其意義。
　(2) 以輔導角度來處理校園霸凌時，宜考慮哪些面向？（至少提出三項）並
　　　分別扼要說明之。

7. 請說明學校教師可從哪些徵兆辨識自殺高危險群？請舉出兩項；如果有學生
　提及自殺議題時，教師適當的因應做法為何？請舉出三項。

8. 班上部分同學長期嘲笑八年級的小娟，還聯合其他同學不和她來往。
　(1) 同學的行為可能屬於哪兩類霸凌行為？
　(2) 導師與小娟晤談後，發現她的自我概念不佳。導師協助她提升自我概念
　　　的方法有哪些？請舉出四種方法。

9. 八年級的阿志情緒處理不佳，常和同學起衝突，楊老師擬採「社會技巧訓
　練」進行輔導。請舉出楊老師可針對哪五項主題進行訓練？

▌第七章▐▐

學習輔導

學習輔導是學校輔導工作三大領域中的重要一環，也是學校教育的核心目標之一（何英奇、毛國楠、張景媛、周文欽，2005）。學生自從踏入校門後，整個活動內容及範圍，無論是靜態的或動態的、看得到的或是看不到的，均涉及學習。有些學生是樂在學習，有些學生卻認為學習是痛苦折磨的過程，甚至發展成「習得的無助感」，使學生對自己的一切狀況均抱持悲觀的看法，認為無力改變自己，因而承受的壓力越來越大，惡性循環的結果，對自己各方面均有不利的影響（王文秀等，2011）。學習輔導就是要運用心理學上的原理與方法來協助學生解決學習上的困擾，使其能有效地學習，並適應學習生活。學習輔導所含括的範圍相當廣泛，舉凡激發學習動機、培養學習興趣、發展有效學習策略、規劃學習時間、提升學業成就等，均屬學習輔導領域。學習輔導這項繁重的任務需要全體教師通力合作，始能發揮成效，輔導室著重在二、三級的預防工作上面，針對學習困擾比較嚴重的學生進行診斷、諮商與補救，以期達到預設的輔導目標。本章共分三節，第一節介紹學習輔導的基本概念，第二節敘述發展性初級預防的做法，第三節則探討介入性及處遇性的學習輔導工作做法。

第一節　學習輔導的基本概念

本節首先敘述學習輔導的意義，其次敘述重要性，重點在闡述學習輔導的內容，分為一般性及特殊性學習輔導兩類，探討學習輔導的內容。

壹　學習輔導的意義

學習輔導是指教師或輔導人員運用各種策略或技巧，以激發學生學習動機，建立正確學習態度，獲得有效的學習方法與策略，增進學習效能，達到主動學習，適應學習過程，發揮學習潛能的歷程（宋湘玲等，2004）。學生在進行各類學習活動時，常因學習材料、學習方法、過程、動機、興趣、智能或性向等變項，而會有不同的學習效果。對於效果較佳

的，應協助其獲得更高的成就；對於效果較差的，應利用各種適當的方法來解決其學習上的困難或缺陷。這些協助的措施，都可稱為學習輔導（林建平，2004）。因此，學習輔導是以全體學生為對象，包括資優學生、一般學生及具有學習問題的學生，並對於學習困難及低成就學生的輔導特別重視。學習輔導所要達成的目標有以下四項（宋湘玲等，2004；張德聰等，2004）：

1. 協助學生了解學習的原理原則與特性，以建立正確的學習態度與習慣。

2. 協助學生培養有效的學習方法，進而提升學生自學能力和主動探究問題的學習精神。

3. 協助學生了解學習狀況，發現學習上的問題，並能妥善規劃學習計畫，以改善學習成效。

4. 激發學生學習興趣，教導其有效運用時間，協助其掌握各學科的學習重點。

 學習輔導的重要性

學校教育的主要目的在於將人類最精華的知識經驗，在教師的授業下，有組織、有系統的傳承給學生，使他們在進入成人世界後，能成為擁有良好道德水準、學識能力與生活技能的人，以便能承擔成人社會的權利與義務，發展自己、貢獻人群（林建平，2004）。所以，學習活動是教育工作的核心，每個學生在學習上有良好的表現，教育的目標才能達成。因此，學習輔導在學校教育中具有以下的重要性（宋湘玲等，2004；林建平，2004；何英奇等，2005）：

一、終身學習與學習如何學習受到重視

現在是科技的資訊時代，知識瞬息萬變、汰舊快速，現代人必須不斷學習新事物，成為終身學習者，才能跟得上時代的脈動。所以，希望學生能夠使用其學過的思考方式獲取進一步的知識，以及訓練他們將來即使離

開學校以後，仍具備有主動學習求知的能力，增加對現代社會環境的適應
能力。

二、學生的身心適應狀況與學習成敗有密切關係

研究顯示，學生的學習困擾與偏差行為有顯著的相關存在，學生在
學習上的障礙或挫折，會影響學生的自尊發展、生活適應與人格發展，進
而容易導致行為偏差。低學業成就的學生，在長期受挫狀態下，毫無成就
感，失去自尊心，容易形成負向的自我概念。甚至有些低成就學生，在得
不到父母、教師和同儕的尊重與關懷下，因討厭學校而造成中輟。因此，
學校如何將學生留在學校快樂的成長、學習，加強學習輔導是刻不容緩
的事。

三、學習策略、學習困擾可以透過學習輔導加以改善

傳統的學校教育相當重視學生的升學，因而形成學生的學業壓力及學
習的適應不良。教育者期望學生好好學習，卻很少教他們如何學習與如何
解決問題。許多研究發現，學習策略與學業成就有顯著正相關，因此，學
校教師除教授學生教材內容之外，應一併教導學生學習策略，或輔導人員
可透過一系列的學習輔導活動，協助學生更主動、有效率的學習。

四、如果學生學業成就低落，會造成教育投資的浪費

我國學校教育一向採用班級教學與講述法教學，教師很難兼顧學生的
個別差異，使得部分學生無法跟上進度而導致考試失敗，日積月累之下逐
漸對學習失去興趣。到了國中階段，教師過度重視升學競爭，對低成就學
生的補救教學未投入心力，以致低成就學生的出現率偏高。學業低成就或
學習困擾的問題，不只是個人的挫折，同時也是國家社會的損失，為提高
教育投資效益，學習輔導乃是迫切的教育課題。

參　學習輔導的內容

　　學習輔導工作是依據心理學上的學習理論與方法，給予學生在學習上各方面的幫助，使其獲得有效的學習及更好的成就（馮觀富，1997）。因此，學習輔導的範圍要能涵蓋學生完整的學習領域，方能協助學生解決學習問題。林建平（2004）認為學習輔導的範圍有以下十一項：(1)新生始業輔導；(2)學習興趣的調查與培養；(3)各科成就的評量與診斷；(4)學習態度的調查及培養；(5)學習能力的評估；(6)學習習慣的調查及建立；(7)學習策略的診斷與輔導；(8)學習困擾的調查及輔導；(9)低成就學生的診斷與輔導；(10)資優學生的鑑定與輔導；(11)升學輔導。

　　何英奇等（2005）提出學習輔導的重點與內容包含以下十二項：(1)協助學生了解並應用校內外的學習資源；(2)輔導學生訂定學習計畫與時間管理；(3)指導學生使用多元的學習策略；(4)激勵學生學習動機；(5)加強各學科的學習輔導；(6)加強升學輔導；(7)適時進行學習困難的診斷與實施補救教學，以提升學生學習效果；(8)加強閱讀能力的培養；(9)加強思考與解決問題能力的培養；(10)針對學習恐懼或考試焦慮症學生提供適當的學習與輔導；(11)實施讀書治療，發揮讀書治療的發展性與治療性功能；(12)培養自我導向學習知能與建立終身學習觀念。本章限於篇幅，無法就每一主題逐項探討，僅就學習計畫、學習策略、學習動機、學習扶助等主題加以探討。

肆　學習輔導的實施方式

　　學習輔導的內容通常包括協助學生建立正確的學習態度與習慣，提供學生多元的學習資源，以培養學生主動求知的學習精神與自學能力，並對學習困擾者給予適切的輔導。為達成上述目標，有賴於學習輔導策略的實施，實施時需考慮配合學習者特質、能力狀況與學科性質來選擇適合的方法。學習輔導的實施方法不外以下幾種：(1)與學科課程相結合；(2)開設正式課程；(3)利用書本、手冊或視聽媒體；(4)電腦輔助系統；(5)提供個

別諮商；(6)進行團體諮商；(7)班級教學或輔導（宋湘玲等，2004）。從初級預防的觀點來看，對於具備有效學習的一些條件及學習情形不佳的學習者，需透過不同的學習策略協助之，因此，學習輔導的實施方式可分為一般性及特殊性的學習輔導兩類（王文秀等，2011）：

一、一般性的學習輔導

一般性的學習輔導其精神是「預防重於治療」，主要是在引導學生對學習有正確的認識。教師或輔導人員可以介紹學生各種學習要訣，激發學習動機，培養良好的學習習慣與態度，養成樂於學習、知道如何學習的心態。落實學習輔導的最好方式是運用上課時間，透過教師精心設計的活動，引導學生正確愉快的學習。在面對一般學生時，教師或輔導人員所應抱持的學習輔導原則為：

1. 適應學生的個別差異，訂定合理的期望水準並因材施教。
2. 提供多方面的學習機會，使學生有充分發展的空間。
3. 隨時隨地、適時適切配合各科教學活動實施。
4. 加強學校、家庭及社會機構的聯繫。
5. 塑造民主、自由、尊重與接納的學習氣氛。
6. 依據學生身心發展歷程，擬訂輔導計畫。
7. 依科學方法蒐集學生資料，實施鑑定與測驗。
8. 多鼓勵、少責罵，以關心來建立學生的信心。
9. 教師確實批改作業，並勤於與家長聯繫。
10. 利用家庭訪視或聯絡簿的方式，讓家長了解學生的學習狀況。

二、特殊性的學習輔導

特殊性的學習輔導是針對低成就學生、學習障礙（learning disorder）學生，進行個別化教學，其方式有學習扶助或是尋求特殊教育如資源班的協助。

第二節 一般性學習輔導的實施模式

實施學習輔導也可採用三級預防模式，分為發展性、補救性與治療性等三級。以語文課為例，第一級工作在於發展性，即幫助學生學習學科能力，有效教學是學習輔導第一級預防工作的重要條件；第二級預防的學習輔導則利用補救教學幫助學生克服學習困難，發揮應有的學習成效；第三級預防的治療性課程則多針對有特殊需求的學生，也就是「特殊教育法」保障學生的適性教學機會（鄔佩麗等，2017）。發展性學習輔導最重要的是學科任課教師的有效教學及學習技巧的教導；對於缺乏學習技巧的學生，則要透過個別諮商或團體諮商補足其所欠缺的技巧，這些學生可列為第二級介入性輔導的對象；至於學習扶助或資源班則可列為第三級的處遇性輔導。

壹 有效教學

有效教學（effective teaching）是指有用、有效率、有效益的教學，此一名詞與教師效能（teacher effectiveness）經常被視為同義字，指的是為達到教學目標所使用的策略、方式、途徑是有效的；也就是指在教學歷程中，教師所表現的一切有助於學生學習的行為（林進材，2004）。林生傳（1996）認為，有效教學是周密規劃、精密設計、講求效率、提高學生成績、精緻化教學品質的一種教學革新取向。如果教師的教學要達到良好的成效，必須掌握五項教學的關鍵行為（郝永崴等譯，2007；Borich, 2004；Burden & Byrd, 2010）：

一、清晰授課（lesson clarity）

這項關鍵行為指的是教材呈現給學生的清晰程度，有效能的教師具以下特點：(1)重點清楚，易於理解；(2)清晰解釋概念，幫助學生按邏輯順序，循序漸進理解；(3)口齒清晰，音量適中，沒有分散學生注意力的特殊習慣。

二、多樣化教學（instructional variety）

　　另一關鍵行為指的是在教授課程內容時能使用多樣化的教學方式，創造多樣化的有效方式之一便是提問題，有效教師需要知道提問題的藝術及討論的技巧，教師要能提出事實的問題、有關過程的問題、聚合性問題及擴散性問題。多樣化教學的另一面，是對學習材料、設備、展示方法，以及教室空間的運用，教室裡物品的質地與視覺效果的多樣性，都可以幫助教室多樣化。這些因素隨之而來的會影響學生隨堂考試成績、表現評量，以及學生在學習過程中的參與程度。

三、任務取向教學（task-orientation）

　　任務取向教學是顯示一位教師投入多少教學時間在其所教的學科上面，代表教師努力認真的教學態度，時間越多，學生越有學習的機會，而不是在與學科無關的主題、班級秩序的維持上占去太多時間。

四、學生學習過程的參與（engagement in the learning process）

　　學習過程中，學習者的參與及投入亦是一項關鍵行為，與學生學習某科目時願意投入的時間息息相關。為提升學生投入學習的程度，教師可實施以下的策略：(1)制定規則；(2)四處走動，監督學生課堂作業；(3)確保作業有趣、值得做，以及簡易；(4)減少費時的學習活動；(5)善加利用資源及活動；(6)迅速糾正學生行為上的偏差。

五、確保學生成功率（success rate）

　　最後一項有效教學行為，乃是確保學生成功率。學生成功率指教師教學後學生所能理解及正確完成習作的比例，有效能的教師要使學生學會80%的講授教材。這項行為也就是透過評量適時地給予學生回饋，讓學生從學習過程中獲得成就感，進而提升其學習動機。

貳　學習策略

　　導致學習失敗的因素頗多，學習策略是其中之一。學習策略是「學習如何學習」的策略與技巧，不僅有助於學習者具備學習效能，亦有助於學習者吸收新知。學習策略泛指學習者用來從事知識的獲得、保留與提取的任何行為與思考，也就是一般所說的學習方法、學習技巧等。它是「後設認知」（meta-cognition）能力的一項重要成分。大多數實證研究發現，學習策略和學習成績之間呈中度正相關，學業成績好的學生較知道有哪些有效的學習策略，也較知道如何有效使用學習策略；成績差者則相反。於是不少研究重點轉為訓練學生有效的學習策略，且大多數結果發現，學生經由訓練後，有助於提高學業成績（宋湘玲等，2004；張新仁，2006）。

一、學習策略的種類

　　學習策略的種類眾多，每位學者皆提出不同的看法，最普遍的分類是將學習策略分為一般策略和特殊策略，前者是適用於各科學習的策略，後者指適用於特定學科的學習策略。麥奇啟（McKeachie）等人將學習策略分成認知策略、後設認知策略及資源管理策略（林建平，2004）。統整學者的分類，其類型分為以下幾項（何英奇等，2004；林進材，2004；陳李綢，2005）：

㈠主要策略

　　有效的學習策略應包含認知策略、後設認知策略（meta-cognitive strategies）及動機策略，這些學習策略是整合訊息處理理論、後設認知論、歸因論與自我概念理論而成。認知策略包括注意力、記憶、理解、組織、心像、組織化、精緻化、意義化等策略；後設認知策略包含設定學習目標、選擇學習策略、自我調整策略、評估學習成效和採取補救措施等；動機策略包含促進個人動機的訓練策略、成就歸因訓練及自我效能訓練等策略。

㈡支援策略（support strategies）

　　包括提供適度的緊張、增加冒險能力的策略，減輕焦慮的肌肉鬆弛訓

練，建立良好的讀書習慣、讀書計畫，有效的時間管理，講求知識的自動化形成等。

㈢主動的閱讀策略（active study strategies）

這類策略是有助於學生學習的閱讀策略，包含畫重點、做筆記、應考技巧、SQ3R讀書法等。

㈣特殊領域策略（domain-specific strategies）

特殊領域策略包括語文（閱讀、寫作）、數學、解題能力、自然科、社會科等領域特有的學習策略。

㈤創造思考策略

以提高個人思考、推理及問題解決能力或歷程的策略，例如：認知技能的訓練、問題解決的成分訓練、創造思考訓練、特定領域的問題解決訓練。

二、學習策略知識的教學

初級發展性學習輔導的方式之一是進行學習策略的教學，是透過長期系統化的教導，使學生習得上述的知識和技能，應用於自己的學習，進而改善原有的學習成效。目前教學的方式有四種途徑（何英奇等，2005；李咏吟，1997；張新仁，2006）：

㈠直接訓練

透過有計畫的正式教導，是當今改進學習技巧的教育手段。訓練學習策略的課程可分為下列三種方式：(1)將學習策略編入教材進行教學；(2)由各科教師自行教導學生適合該科的學習策略；(3)單獨開設學習策略訓練課程。學習策略編入教材是在授課的教材或習作簿內，列出一些學習活動，要求學生使用某種學習策略，以便幫助學習課文內容，例如：國小國語習作簿上要求學童摘要課文段落大意，或是直接示範學童作文的認知歷程，以引導學童如何寫作文。融入課程由授課教師自行教導是指各科教師在教室授課的同時，隨時引導學生使用適合的學習策略。除親自示範

外，並督促鼓勵學生實際使用。例如：在教英文生字時，可教導學生如何自行查閱及整理英文字彙的詞類變化，或是教導如何記憶生字；教地理時，可訓練學生讀圖和繪製簡圖的能力；教國文時，指導學生如何監控閱讀理解。單獨開班訓練的訓練方式並不附設於各個學科，而是分開單獨訓練。在形式上分為兩類，一類是針對某一特定策略，開設短期的訓練課程，另一類是訓練特定學科的學習策略。

㈡經驗總結與分享

鼓勵學生將某一段時間內的學習活動寫成日記，總結如何有效學習某一學習材料的經驗，並安排在小組分享和討論。這一方面可訓練學生學會反省檢討學習策略的使用，增進其後設認知的能力；另一方面可提供小組成員彼此取長補短的機會。

㈢同儕教導（peer tutoring）

以某一特定學習任務為目標，採用高年級教導低年級，或是在同年級當中，以成績好的學生教導成績差的學生等方式，示範如何使用有關的學習策略。

㈣動態評量進行個別診斷與輔導

以往偏向以全班或團體為對象，逕行學習輔導或策略訓練，而較忽略針對個別學生先進行問題診斷再接續學習輔導，未來可採「動態性評量」（dynamic assessment）做深入的個別診斷與輔導，並探討其成效。

 ## 發展有效的學習方法

策略是為達成某一特定的目標所採取的一系列有計畫的方法和行動，學生在學習時會依個人的認知能力，彈性選擇有計畫的方法和行動，以達成學習目標。但有些低成就的學生，由於在控制自己認知的功能上有問題，因此要教導他們學會一些學習策略，以便引導自己能克服學習上的問題。學習策略的範圍相當廣泛，其內容又可細分很多的策略，表7-1為林建平（2004）詳細列出學習工作所需用到的策略。以下列出比較常用的方

法，供教師在從事學習輔導工作時參考。

表7-1　學習策略的分類

學習策略	策略類型	基本的學習工作	複雜的學習工作
一、認知策略	(一)複誦策略	背誦重點（reciting list）	1. 跟讀（shadowing） 2. 抄寫學習材料 3. 逐字記筆記 4. 畫重點
	(二)精緻化策略	1. 關鍵字法 2. 心像 3. 位置法	1. 改寫 2. 摘要 3. 做類比（比喻）（creating analogies） 4. 歸納筆記 5. 回答問題
	(三)組織策略	1. 串集法（clustering） 2. 記憶術	1. 選擇主要概念 2. 製作大綱 3. 畫網絡圖 4. 畫組織圖
二、後設認知策略		所有的學習工作	
	(一)計畫策略	1. 設定目標　2. 略讀　3. 提出問題	
	(二)監控策略	1. 自我測驗　2. 注意集中　3. 考試策略	
	(三)調整策略	1. 調整閱讀速度　2. 再讀　3. 複習（reviewing） 4. 考試策略	
三、資源管理策略	(一)時間管理	1. 預定進度　2. 目標設定	
	(二)研讀環境管理	1. 界定區域　2. 安靜區域　3. 組織區域	
	(三)努力管理	1. 歸因於努力　2. 心情（mood）　3. 自我對話 4. 堅持　5. 自我增強	
	(四)尋求他人支持	1. 尋求教師協助　2. 尋求同儕協助　3. 同儕／小組學習 4. 個別指導	

資料來源：林建平（2004，頁153）。

一、熟悉讀書策略

認知心理學將知識分為陳述性知識（declarative knowledge）與程序性知識（procedural knowledge）兩大類，學習者需依據不同的知識採用不同的讀書策略（何英奇等，2005；林建平，2004；陳李綢，1996）：

㈠陳述性知識的策略

舉凡數學、化學或物理等科學的概念理解，語文科的生字、生詞或單字片語，歷史及地理的理解與記憶，皆屬陳述性知識。增進記憶的策略包含複誦（rehearsal）、精緻化、組織化等策略。複誦策略即主動的重複背誦或練習，也可一邊讀一邊寫出所學習材料或其中重要部分。精緻化策略即將新、舊學習材料之間的關係串聯起來，一般常用的技巧有：使用記憶術（如：字首法、諧音法、位置法等）、筆記法、摘要法、心像法（mental imagery）等。組織化策略即主動將所學得的材料，依某種關係將其重新安排成幾個類別，形成有意義、有系統、有層次及有結構的組織，這一類的策略可分為類聚法（包括串集法、歸類法與排序法）、大綱法、結構法（包括構圖法、繪圖法、網絡法、圖示法與階層法等）。理解學習材料的策略稱為理解監督策略，包括摘要、提出問題、澄清、預測等四個策略，學習者就文章的內容進行自我對話、自我引導的學習。

㈡程序性知識的策略

陳述性知識是屬於「是什麼」的知識，而程序性知識則是一種關於「如何做」的知識，至少包括型態辨認及行動順序程序兩大類的知識技能。獲得程序性知識的策略有：(1)尋找某一行動的理由，即在數學解題時，反問自己這個題目為何要用這個解法；(2)使用例子，即學習者判斷正例及反例以提升辨別能力；(3)反省性的自我教導，指學習者比較自己的實作表現與該領域的專家有何差異；(4)部分練習，即將一項技能或作業分解成幾個小部分；(5)整體練習，學過的或精熟的技能再做練習。

二、提升學習動機

學習策略還有一項情意策略，包括引起並維持動機、專心、注意力與有效的時間管理等，可適用於任何學科的學習。動機理論中的歸因理論（attribution theory）適用在任課教師與學生考試之後的檢討。歸因理論是美國心理學家溫納（Wenier, 1972）所提出，他認為人有一種探索事件發生原因的傾向，特別是當結果很重要或出乎意料時，人們就更會嘗試尋找其中的原因（張春興，2013）。例如：一向成績優秀的學生在考試中失敗，就會問自己為什麼我會考得這麼差？教師應將提升學生的學習動機視為教學任務的一部分，因此在教學中有一些做法可供參考（鄔佩麗、陳麗英，2011）：

1. 在教學活動中培養學習動機，例如：採用能使學生感到有興趣的教材等。

2. 先求滿足學生的缺失性動機，例如：不要讓學生餓肚子上課等。

3. 讓學生確切了解學習的性質，例如：讓學生對學習的內容有所了解並有努力的目標等。

4. 使每一位學生均有機會產生成功經驗，例如：宜針對學生的能力來設計各種形式的作業等。

5. 善用教師的回饋以激發學生學習的意願，例如：對學生具體說出其表現特殊之處等。

三、訂定學習計畫與時間管理

許多學生在學習過程中總是覺得時間不夠，有了妥善的學習計畫，可以幫助學生善用時間，當學習計畫能落實於日常生活的學習中，學生的學習目標也將能逐步達成。學習計畫具體表現在「每週讀書計畫表」，以半小時或一小時為單位，把一天24小時預定要從事的活動列出來。在學期中可自由選擇性的時間只有晚上及假日，列出哪個時段要用來讀哪一學科或準備平時考；寒暑假或是重要考試前的讀書計畫與學期中的讀書計畫雖有差異，但訂定的原則相同（何英奇等，2005）。

四、有效的閱讀方法

在學習的歷程中，如何加強記憶並能持續保留學習的內容，就是教師與學生要努力的方向。近年來有效教學的研究著重在學生學習的內在歷程，也就是說，學生如何學得，如何運用所學，因此，教學目標不應只放在學生學到多少知識，更重要的是如何處理這些知識，以及利用這些知識產生新的能力或知識的方法，所以，學習策略及學習方法逐漸被列入學科教學的目標內（鄔佩麗等，2017）。以下介紹兩種常見的閱讀方法（鄔佩麗、陳麗英，2011；Santrock, 2011）：

㈠PQ4R讀書法

羅賓遜（F. P. Robinson）於1961年所設計的一套有效讀書方法，稱為SQ3R，後來這個方法又修改為PQ4R，包含預覽（preview）、發問（question）、精讀（read）、反思（reflect）、背誦（recite）、複習（review），適用在小學高年級以上，從中可以獲得有意義及有組織的資訊。以下就六步驟的方法詳加說明：

1. 預覽

所謂預覽是指先將我們要研讀的範圍迅速、概略地瀏覽一遍。迅速略讀內容，注意其章節的分法，若每章有簡介或總結，更不可忽略，如此可獲得對該文章的粗淺印象。此外，注意它的圖表與標題，從其大標題、小標題、正體字、粗體字的不同來區分它們的重要等級；同時閱讀第一段及最後一段，因為第一段通常會說明全篇的主旨，最後一段通常是全篇的摘要或總結。

2. 發問

當你預覽之後，試著自己提出問題來問自己，把篇名、章節標題及其他關鍵字轉變成基本問題。你可以用「誰」、「什麼」、「何時」、「何處」或「為何」等疑問詞來自我發問。假設文章第一個標題為「權力的本質」，你就自問「什麼是權力的本質」。

3. 精讀

在發問之後，透過主動的、批判的態度閱讀全文，試著找出它的答案。當你碰到某細節或段落裡的主要概念，有助於解答你所提出的問題，

你可以畫重點、做眉批，或用螢光筆做記號以加強印象。

4. 反思

讀書時偶爾停下來反思學習的材料，探討文章各部分之間的關聯，或對新獲得的資訊思考其應用性或加以延伸解釋，試著與自己長期記憶中的知識或生活經驗相連結，以提升有意義的學習。反思的過程可以讓讀到的內容與原有的知識加以整合，如此可以得到更多的提取線索，而加深學習的記憶。

5. 背誦

在讀完每一段落或章節後，暫時離開書本，試著把教材的重點背誦出來，這是使用自我測試（self-testing）以了解自己是否記住學習材料。背誦時可用自己的話或文字，背誦時如有困難可以回頭重讀，一直到能背誦出重點為止。背誦時不妨大聲唸出來或寫在筆記上，如此可加深印象，有助於長期記憶。

6. 複習

當完成整篇的學習之後，可以開始做總複習，複習內容包括課文眉批、重點、筆記、綱要與圖表。至於複習的步驟，首先重讀每章標題，試著回憶重點，然後參照筆記，將記憶模糊、未理解的部分，對照原書，再重讀一次。複習最好在平時定期進行，不要到考前才臨時抱佛腳。

(二)PQRST讀書法

PQRST是由美國史塔頓（T. F. Staton）於1982年所提出的五個步驟讀書方法：

1. 預覽（preview）

對所要讀的材料先大約翻過，先知道這章節大概在說些什麼內容，先在腦中有大概的印象，而不急著去記它，形成一個關於內容的大意就好。

2. 發問（question）

對剛剛形成的大意，先提出幾個問題問自己，也就是對題目及剛瀏覽過的內容先想幾個問題，在下個步驟時可以從中找到答案。

3. 閱讀（read）

開始仔細詳讀文章內容，找找看是否有剛剛自己提問的答案，以及有

沒有哪些沒有注意到的問題或內容。

4. 自述（state）

這個步驟是問自己，文章究竟在講什麼，用自己的話重述所讀的內容。也有另一種做法，自己問一些問題，讓自己作答。這個步驟可以讓讀者重新檢討自己是否切實吸收及記住所讀的內容。

5. 測驗（test）

數小時或數天後，查看文章的標題，測試自己是否能說出內容的大要。此步驟是要將所學的內容變成長期記憶的知識，其功能較自述來得廣大。

第三節　特殊性學習輔導的實施模式

特殊性學習輔導主要是指第二級和第三級預防工作，學習扶助課程及特殊教育協助是主要的實施模式。以下針對這兩項實施策略加以探討。

壹　學習扶助

有鑒於十二年國民基本教育實施後，國中學生將可免經升學考試直接進入高中職或五專就讀，因此，建構把關基本學力之檢核機制，以達成「確保學生學力品質」、「成就每一個孩子」的目標，便成為十二年國民基本教育的核心課題之一（教育部，2014b）。在教育部積極推動學習扶助之下，國民中小學的低學業成就學生得到學習上的協助。

一、學習扶助定義

學習扶助是針對學生學習弱點，提供其所需要的學習資源，其前身是補救教學（remedial instruction）政策，旨在對中低成就學生，依其個別需求，施予適當的課業輔導，提供更多的學習機會，以彌補正規教學之不足。這是一種診療教學模式（clinical teaching），重點在於了解學生的學

習困難後，精心設計課程內容與慎選教學模式，以契合學生的個別需求（李咏吟，1997）。

二、學習扶助對象

學習扶助對象多為學業低成就學生（students with low achievement）。所謂「低成就學生」（under achievers），其界定為智力正常，但實際學業表現卻明顯低於其能力水準者。具體而言，未通過國語文、數學或英語科篩選測驗之學生，依未通過科目分科參加學習扶助。身心障礙學生經學習輔導小組認定受輔可提升學業成就者，以及其他經學習輔導小組評估認定有學習需求之學生，依國語文、數學或英語科之需求科目，分科參加補救教學（教育部，2017b）。因此接受扶助的學生包含兩類，一是低成就學生，一是學習障礙學生（students with learning disabilities）。低成就學生由學校自行篩選出學業表現低下的學生，接受普通教育系統的補救教學方案。身心障礙學生經過各縣市政府「鑑輔會」鑑定通過，接受特殊教育系統的資源班教學（胡永崇，2015）。

三、學習扶助的教學策略

國內外常用的教學型態或方案如下：資源教室、學習站或學習中心、學習實驗室、套裝學習，以及電腦輔助教學等模式（何英奇等，2005）。我國的學習扶助主要採用課中補救教學模式，即於正式課程時間採抽離式教學，學校也可利用課餘時間或寒暑假實施。至於開班人數每班以十人為原則，最多不得超過十二人，最少不得低於六人（教育部，2022）。其所使用的教學策略有以下幾種（張新仁，2001；何英奇等，2005；周新富，2023）：

㈠直接教學法

這種教學策略適用於教導學生記憶事實，學習動作技能，以及簡單的讀、寫、算技能，教師主要負起組織教材和呈現教材的責任，學生主要的任務是在接受學習。其教學步驟如下：(1)複習舊有相關知識；(2)呈現新的教材；(3)學生在教師指導下做練習；(4)提供回饋和校正；(5)學生獨立

做練習；(6)每週和每月做總復習。

㈡精熟教學模式（mastery teaching）

　　這種模式的基本理念是學習者的學習能力、學習速度不同，學習成效低落的原因是學生缺乏足夠的練習機會，只要給予足夠的學習時間，學生就可以精熟大部分的學習內容。

㈢個別化教學模式（individualized instruction）

　　此教學模式考慮到學生的個別差異與需要，使學生能依其能力來決定學習的進度。教師採取小組或個別教學的方式，提供合適教材，做最有效的學習。

㈣同儕教導（peer tutoring）

　　同儕教導是由學生擔任小老師，去教導與其同齡或不同年齡的學生，以增進學習、人格或生活的適應。同儕教導的實施必須事先妥善規劃，包括小老師與導生之配對原則、小老師教學前訓練、教材選擇、教學監督與評鑑等。

㈤差異化教學（differentiate instruction）

　　差異化教學指教師能依據學生個別差異及需求，彈性調整教學內容、進度和評量方式，以提升學生學習效果和引導學生適性發展。差異化教學與個別化教學雖都重視學生個別差異和需求，但前者是在班級教學過程中，視學生實際需求彈性調整教學內容和評量；後者則由教師給予個別輔導。

四、學習扶助的課程

　　補救教學的課程在內容上，因教育的理念、教師的素養、學習的設備，以及學生本身的需要，而呈現多樣化。一般常用的課程類型或方案有補償式、適性、補充式、加強基礎性及學習策略訓練性等類型（張新仁、邱上貞、李素慧，2000；何英奇等，2005；鄔佩麗，2010；杜正治，1997）：

㈠補償式課程（compensatory program）

補償式課程的學習目標與一般課程相同，但教學方法不同，也就是以不同的教學方式達到相同的教學目標。為了達到預期的教學目標，在實施補救教學前，必須對學習者做澈底的診斷，以了解個別需求、性向，以及能力水準。補償式課程的教學法以直接教學法為主，若學生聽覺能力優於視覺能力，教師可以用有聲書取代傳統的教科書，以口試或聽力測驗取代筆試。

㈡適性課程（adaptive program）

適性課程的課程目標與教學目標均與正式課程相同，但課程內容較具彈性，教師可依學生的需求來編選合適的教材。適性課程的教法也比較彈性，可以使用錄音帶或影片來取代傳統教科書，考試時也允許以錄音、口試或表演的方式來取代傳統的筆試。

㈢補充式課程（supplemental program）

補充式課程的特點，在於提供普遍被校方忽略，但攸關學生日常生活或未來就業的重要知識或技能。例如：提供考試不及格學生通過考試所需之必要知識或作答技巧，或提供參加英文甄試的學生在聽力作答、英語寫作等方面的技巧，或對於及早進入職場的學生提供就業所需的訓練課程，如國中技藝教育也是屬於此類課程。

㈣基礎性課程（basic skills program）

該課程主要在加強學生學習所必要的基本學習技巧，包括讀、寫、算等基本能力。學習歷程是一種線性作用，除非該生已學會低年級的所有課程，否則無法接受次一階段的課程。假如一位五年級學生的寫作能力還停駐在三年級的程度，則補救教學課程即需加強其寫作技巧之訓練。基於此一觀點，教師在實施補救教學前，不僅需事先診斷學生的學習困難，還要進一步確定學生當時的知識程度與能力水準。

㈤學習策略訓練課程（learning strategies training program）

課程內容與正規班級不同，其教學重點在於教授學習策略，包括資料的蒐集、整理與組織方式，以及有效的記憶方法等。學習策略大致上可

區分為兩大類：第一類是一般性的學習策略，內容包括注意策略、認知策略、動機策略、後設認知策略等；第二類為學科特定策略，內容包括適用於各個學科的學習策略，如閱讀策略（PQ4R或PQRST讀書法）、寫作策略、社會科學策略、數學或自然學科解題策略等。

五、補救教學師資

依據教育部補救教學實施方案規定，現職教師需取得教育部規劃之8小時研習證明，而現職教師以外之教學人員則需完整取得18小時之研習證明，始得擔任補救教學師資。目前擔任補救教學的教學人員為現職教師、退休教師、儲備教師、大專生等，但其中仍以現職教師所占之比例最高，約占80%。但對於現職教師而言，教學及額外工作負擔甚重，而由一般大專生或志工擔任補救教學之師資，也易有班級經營或教學技巧不足等問題（陳金龍，2015）。

 貳　資源教室方案

臺灣地區數十年來特殊教育安置型態的發展，依障礙兒童適切安置的主要型態有：(1)特殊學校，例如：啟聰、啟明、啟智等特殊學校；(2)特殊班，即在普通學校設立自足式的班級；(3)混合就讀，即將特殊兒童安置於普通班級，輔以巡迴輔導制及資源教室協助之（林坤燦，2008）。在回歸主流（mainstreaming）與融合教育（inclusion education）的思潮下，特殊教育的安置措施，已由「二元的教育系統」，即普通學校與特殊學校二元教育體系，逐漸發展為多元安置模式，資源教室方案（resource room program）即是在此思潮下因應而生並蓬勃發展（孟瑛如，2017）。國內將此方案稱為資源班（resource class），即一般特殊教育安置措施之一的資源教室（resource room）。資源教室稱為資源班，可能是基於行政作業上，「教室」並非編制的教學單位，較難獲得政府的預算及人員編制（胡永崇，2000）。目前除國中小設有資源教室外，高中職及大專院校亦設立資源教室方案，然兩者的服務內容有極大的差異。

一、資源教室方案的意義

　　資源教室方案乃是因應近年來特教界推動回歸主流的一項措施，是一種部分時間制的特殊教育措施，其安置方式即是介於特殊班與普通班之間，學生學籍仍屬於普通班，只於特定時間到資源班接受補救教學與輔導，學生不僅能和普通班學生融合，又能接受特殊教育的服務。除特別偏遠的學校外，每班資源班通常會編制兩至三位受過訓練的合格資源教師，利用特殊的教學設備、設施和資源，提供個別化教學、評量診斷及諮詢服務，並提供普通班教師諮詢或訓練方面的支持性服務（孟瑛如，2017）。資源教室方案主要功能在提供學習失敗或有失敗之可能的學生三項教育相關的支持服務：(1)評量學生的性向、興趣、成就與情意；(2)提供補救、發展、補償（compensatory）或行為問題處理的直接服務；(3)提供普通班教師或家長諮詢服務，是學習障礙或輕度障礙學生最主要的教育安置方式（胡永崇，2000）。資源教室方案所指的「資源」應可分為兩方面，其一為教學設備、設施和教材資源，例如：電腦、擴視機、無障礙設施等；另一則為人力的資源，例如：資源教師、專業團隊、社工人員等。此外，每位資源班的學生都擁有自己的個別化教育計畫（IEP），此份個別化教育計畫結合了學校行政人員、普通班教師、專業團隊、家長、資源班教師共同為其擬訂（孟瑛如，2017）。

二、資源教室方案的課程規劃

　　資源教室的教學方式可採用三至六人的小組教學，或採用單一學習者的個別教學。如果人數較多，亦可採用直接教學，教學方法可視學生的程度予以彈性處理。以下就排課方式及課程型態加以說明：

㈠排課方式

　　資源班的排課方式是依據學生實際上的特殊需求，有各種不同的彈性安排。依照上課時數多寡之不同，可以分為三種（金慶瑞、林惠芬，2003）：

1. 抽離式（pull-out program）

指抽離原班的國文、英文、數學，而在同時段改到資源班上課。此種方式適合障礙程度較嚴重或學業無法跟上原班進度的學生。學生每週到資源教室上課，原則上以原科目一週時數加減二分之一為準。

2. 外加式（add-on program）

指利用早自習、午休、週會、團體活動、第八節等課餘時間到資源班上課，平時則完全在普通班上課。此種方式適合障礙程度較輕、適應功能較佳的身心障礙學生，或學業尚能跟上原班學科教學者。

3. 混合式

指依照學生的需要，併用外加式與抽離式，可彈性調整排課。一般而言，障礙程度較輕或學業落後不大的學生採用外加式即可；障礙程度較重或學業嚴重落後原年級的學生，方採抽離式或混合式學習。

(二)課程型態

資源班的課程可以歸納為補救性課程與功能性課程兩種型態（孟瑛如，2017；金慶瑞、林惠芬，2003）：

1. 補救性課程

通常這類的學生屬低成就或障礙程度較為輕微之特殊學生，課程的重點在學科的補救教學。可依學生的程度簡化教材的內容，或為學生做課業的複習與補救，或是教導各種學習策略。

2. 功能性課程

學生若為嚴重的低成就學生或輕度智能不足學生，則重點在提供實用的、符合學生發展程度的學習內容。且學習的內容需與日常生活所需具備的技能相結合，即以生活領域結合學科內涵作為規劃課程的主軸，生活領域可分為居家生活、社區生活、職業生活、休閒生活，閱讀課可教導閱讀說明書或交通標誌等符號，數學課可教導計算機的使用。

自我評量

一、選擇題

(　　) 1. 七年級的小廷很想要學業迅速進步，考試贏得高分。他平時並不讀書，而是在月考前熬夜苦讀，但通常到校考試時卻頭昏眼花，成績反而不理想。下列何種方式最能協助他改善學習與記憶？(A)分散學習時間，多次複習　(B)集中學習時間，多次複習　(C)分散學習時間，單次複習　(D)集中學習時間，單次複習

(　　) 2. 小澄今年剛升上國中，和弟弟小齊比較起來，他較能夠評估該使用何種方法來學習繁重的功課。根據訊息處理取向，這是小澄在哪一種能力上較占優勢？(A)認知策略　(B)認知資源　(C)批判思考　(D)選擇性注意

(　　) 3. 下列何者最能夠在學習過程中持續監控目標進展的過程、查核結果及重新調整，以導引未來努力的方向？(A)認知自我調節　(B)認知社會建構　(C)後天習得知識　(D)先備經驗知能

(　　) 4. 黃老師欲在班級中進行學習方法的輔導，下列何種做法不適當？(A)可以分享教師自身的學習經驗和方法，讓學生了解學習方法的重要性　(B)應協助學生了解自己的學習方法，訂定改善計畫，提供回饋　(C)可以直接教導學生有效的學習方法，然後請學生進行實作　(D)應避免使用同儕分享學習方法的方式，以免相互仿效

(　　) 5. 某校擬針對學習低成就學生進行學習輔導，輔導教師以下何種作為最不切合介入性輔導目標？(A)為低成就學生施測學習與讀書策略量表　(B)入班觀察低成就學生課堂學習狀況　(C)新生訓練時邀請校友學長姐對國一新生分享學習經驗　(D)進行作業分析了解低成就學生學習表現

(　　) 6. 在增進學習的策略中，下列何者不屬於後設認知性策略？(A)設定學習目標　(B)做筆記　(C)補救教學　(D)檢討學習成效

(　　) 7. 曉華今年5月參加學校學習扶助篩選測驗，符合參加學習扶助方案之條件。他是屬於哪一種性質之學生？(A)具特殊才能的學習者　(B)需要充實教育的學習者　(C)具所指定科目（領域）學習低成就

者 (D)具有平均程度以上但學習動機低落者

( ) 8. 王媽媽發現小強不愛做功課，回到家總是先看電視，到該睡覺的時候才發現功課沒有完成。陳老師建議王媽媽用小強愛看的電視節目，來強化他寫功課的行為。當小強做完功課，就可以去看一段電視節目。這是下列哪一種原理的應用？(A)興趣原則 (B)普雷馬克原則 (C)實用原則 (D)自我參照效應

( ) 9. 有關學習輔導的目的，下列何者不正確？(A)建立學生終身學習的觀念 (B)運用重複練習，提升學生學業成績 (C)調適學生學習時的身心適應狀況 (D)運用輔導策略改善學生學習困擾

( ) 10. 有一些學生在得知數學考試成績不佳後，聚在一起討論原因。下列哪一種說法屬於外在歸因？(A)我對數學感覺厭煩 (B)我的數學基礎不好 (C)我的數學考試運氣不好 (D)我是笨蛋，所以才會考那麼爛

( ) 11. 下列何者屬於全人輔導中「學習輔導」的範疇？(A)引導正確的價值觀念 (B)了解未來經濟發展方向 (C)養成良好生活習慣 (D)覺察成敗歸因與自我鼓勵

( ) 12. 依據國民中學學生學習扶助相關規定，下列何者的敘述是錯的？(A)針對國文、英語、數學、社會四科目學習低成就學生，及早即時施以學習扶助 (B)學習扶助可以提升學生學習效能，確保學生基本學力 (C)學習扶助可以落實教育機會均等理想，實現社會公平正義 (D)對於需要進行學習扶助的學生，學校校長須召集相關處室成立「學習輔導小組」

( ) 13. 下列有關資源班的敘述，何者正確？(A)資源班是全時制的特殊班 (B)安置在普通班的特殊學生都必須到資源班接受服務 (C)資源班教師負責學科補救教學，不包括情緒行為輔導 (D)資源班包括身心障礙資源班及資優資源班兩種類型

( ) 14. 依據蓋聶（R. Gagne）的學習條件論，如果要教導學生獲致某種態度，教學者應採用何種「學習輔導」策略？(A)提供多樣化的正反例證 (B)教學內容意義化 (C)提供楷模 (D)詳細說明採用的策略

( ) 15. 方老師請學生養成PQRST讀書法，其中P（preview）代表預習，

Q（question）代表提問題，R（read）代表閱讀，T（test）代表測驗，S代表下列哪一項？(A)自我比較　(B)自我統整　(C)自我複述　(D)自我分析

（　）16. 精緻化策略（elaboration strategy）比較適用於下列哪一種作業的學習？(A)自由回憶　(B)聯對學習　(C)序列回憶　(D)自由聯想

（　）17. 玉珊在背誦英文單字時，總是利用心像法來幫助她的記憶。請問她是運用何種學習策略？(A)編碼策略　(B)後設認知策略　(C)組織化策略　(D)精緻化策略

（　）18. 在閱讀理解策略中，常用的PQ4R與PQRST兩者比較，下列敘述何者為非？(A)均重視提問、閱讀　(B)均有自我測驗　(C)均將組織策略、精緻策略與提取練習綜合運用　(D)過程中有複誦或背誦

（　）19. 李老師採用PQ4R法來幫助學生理解和記憶其所閱讀的內容，以下何者不是4R的方法？(A)閱讀（read）　(B)複習（review）　(C)記誦（recite）　(D)探索（research）

（　）20. 課程設計的焦點，著重障礙學生讀寫算等基本學科技能，此一課程應屬於何種課程？(A)功能性課程　(B)平行替代課程　(C)補救性課程　(D)特殊性課程

（　）21. 身心障礙教育課程主要是教導學生實際生活中重要而必備的知識和技能，進而能夠參與社會活動，這是屬於何種課程？(A)補償性課程　(B)功能性課程　(C)發展性課程　(D)補救性課程

（　）22. 下列何者並非國中的學習輔導工作？(A)實施興趣測驗　(B)學習輔導診斷　(C)國一生始業輔導　(D)弱勢家庭學生課後輔導

（　）23. 有關學業成績低落個案的輔導，主要有三大步驟，其正確的順序為下列何者？(A)分析問題原因→了解問題性質→進行輔導矯治　(B)了解問題性質→進行輔導矯治→分析問題原因　(C)了解問題性質→分析問題原因→進行輔導矯治　(D)分析問題原因→進行輔導矯治→了解問題性質

（　）24. 下列何者是教導「概念性教材」時，最佳的學習輔導策略？(A)多方練習並提供回饋　(B)提供多樣化的正例和反例　(C)由楷模示範行為表現　(D)使用心像和記憶術

(　　) 25. 若輔導教師想在小明長久的學習挫敗經驗之後，提出較佳的學習輔導策略，下列哪一個極可能是注定失敗的策略？(A)運用過度學習策略鼓勵小明充分學習　(B)輔導教師所提供的酬賞要能針對小明的努力過程，而非結果　(C)鼓勵小明之自發性學習，而不是為迎合外在期望而產生的成就動機　(D)加強小明對學業成就的內在歸因

參考答案

1.(A)　2.(A)　3.(A)　4.(D)　5.(C)　6.(C)　7.(C)　8.(B)　9.(B)　10.(C)
11.(D)　12.(A)　13.(D)　14.(C)　15.(C)　16.(B)　17.(D)　18.(B)　19.(D)　20.(C)
21.(B)　22.(A)　23.(C)　24.(B)　25.(D)

二、問答題

1. 請說明學習輔導的意義、內容及重要性。

2. 教導學習策略可增進學習成效，請問學習策略包括哪些類型？有關學習策略的知識要如何實施教學？

3. 學習方法可引導學生克服學習上的問題，輔導人員應如何教導學生學會學習方法？

4. 臺灣近年致力於弱勢學生的學習協助，從早期推動的攜手計畫，到後來的學習扶助計畫。請針對學習狀況已嚴重落後同齡同學的學生，從學習輔導的角度，提出三項提升其學習動機的輔導重點，以及兩項教學做法。

5. 請分別說明初級發展性、二級介入性的學習輔導應如何實施？

6. 處遇性學習輔導或稱為特殊性學習輔導，請問此類學習輔導要如何實施？

7. 請針對以下案例，回答相關問題：

   國七新生小明上課態度還算認真，每當課堂有測驗時，測驗成績往往不符合小明對自己的期待，導師發現小明在學習上的速度較同儕落後，學習成效相對不佳，小明也因此出現挫敗的情緒，導師於是聯絡家長，家長表示小明在家中曾因為學習不如預期而產生負向情緒（對家人口氣不佳、情緒不耐……等），小明也因此對學習感到充滿壓力……。

   (1) 個別化教育計畫需提供身心障礙學生所需的特殊教育與相關服務，試以小明為例，說明可提供的特殊教育與相關服務有哪些？

(2) 如果你是專輔教師，請問你如何協助普通班導師改善小明的狀況？你又
    會安排哪些輔導策略協助改善小明的行為問題，以適應未來國中三年的
    學校生活？

8. 小君很重視學業成績，但每到考試都會很緊張，常有肚子痛或害怕上學等焦
   慮情形。

   (1) 列出二項引發小君焦慮反應的可能原因。

   (2) 陳老師想要改善小君的焦慮反應，他可以採取哪些輔導策略，並扼要說
       明之。（列出二項）

第八章

生涯輔導

人生是一個動態發展與選擇適應的歷程,生涯發展的結果不僅影響個體的幸福快樂與成就表現,也反應出國家人力資源發展的實質指標。所以,全球各國紛紛投入心力,不遺餘力地探究生涯發展的相關因素,並且根據此一研究結果,作為生涯輔導、生涯諮商,乃至生涯教育政策的擬訂。因此,探討個體的生涯興趣、生涯選擇與生涯發展的重要性不言而喻(林蔚芳、賴協志、林秀勤,2012)。對臺灣地區的國、高中學生而言,生涯決定是其生涯發展過程中的一大課題,學生面臨的重要決定情境,例如:國中生面臨就讀高中或高職的抉擇,高中生需面對文組或理組的選擇,以及進入大學之前的科系選擇。學校生涯輔導實務工作中,除了針對個人的自我探索以及外在工作世界的認識之外,個人在決定過程中的心理歷程,則是較容易受到忽視的一環(田秀蘭,2003),有需要藉由生涯輔導理論引導學生認識自己的興趣與價值觀。

第一節　生涯輔導的基本概念

「生涯」一詞的英文是career,有人生經歷、生活道路和職業、專業、事業的涵義。這個詞也有廣、狹兩個涵義,人的一生有衣食住行這些生活基本要素,有工作和休閒娛樂的不同方式,有愛情、婚姻、家庭的經歷,這些都發生在人生之中,所以,廣義的生涯是指人一生中整體生活與生命意義的追尋。但其核心內容則是職業問題,所以,狹義的生涯內涵指的是個人職業或工作的探索(劉玉玲,2007)。因此,生涯不能僅侷限於工作或職業,生涯是一個有關生活風格的概念,包含一個人在其一生中所從事的一系列與個人工作生涯有關的所有活動(吳芝儀,2000)。

壹　生涯輔導的意義

生涯輔導(career guidance)的概念源自職業輔導,意在協助個人做職業的選擇,偏重人與事的配合。隨著時代的發展,狹義的職業輔導已不

足以適應個人的整體生活與現代社會要求，「生涯輔導」一詞乃應時而興。生涯輔導的涵義比職業輔導寬廣，並適合個人生長發展與社會潮流（馮觀富，1997）。生涯輔導係指由輔導人員結合其專業知識提供一套有系統的計畫，用來促進個人生涯發展。在這套計畫中，結合了不同心理學的方法與技術，幫助個人了解自己，了解教育環境、休閒環境與工作環境。經由生涯決定的能力，選擇適切的生活方式，增進個人的幸福，進而謀求社會的福祉。生涯輔導的積極做法也是在於防患未然，也就是協助學生在進行生涯規劃時，將有關因素列入研判，並且注意未來社會趨勢的資訊，例如：職業展望、人力推估等，以未來的眼光決定現在的方向。其次，消極的做法是培養學生應變的能力，例如：中文系畢業的學生因為中等學校減班而出路不佳時，能有的應變對策（金樹人，1998）。

　　生涯介入（career intervention）的概念與生涯輔導頗為近似，生涯介入的目標在促進個人的生涯發展及影響生涯決定過程，生涯介入的形式相當多元，包含生涯輔導、生涯發展、生涯教育、生涯諮商、生涯資訊和生涯教練（career coaching）。生涯教育與生涯輔導這兩個名詞很容易使人混淆，生涯教育這個名詞開始出現在1970年代，是透過不同的教育策略，試圖有系統地影響學生和成人的生涯發展，這些策略包含提供職業資訊、將生涯相關概念融入學術性課程、到工商企業參訪、邀請不同職業的從業人員至校演講、開設生涯相關的課程等。生涯教育方案與生涯發展方案可視為同義字，有時與生涯輔導方案是相同的。生涯諮商（career counseling）也是與生涯輔導很類近的一個名詞，這是對正在尋求生涯抉擇和生涯調適協助的個人或團體提供服務，其過程包括建立關係（rapport）、評估問題、目標設定、介入（intervention）、終止（Brown, 2012）。

貳　生涯輔導的內容

　　生涯輔導的對象是成長中的個體，一個人在變動的社會中，從生涯認知、生涯探索、生涯準備，到生涯選擇，以至於投身至工作世界，完成一生的事業，環繞著個人的生涯發展。生涯輔導所提供的服務係包括以下的內容（馮觀富，1997；金樹人，1998；吳芝儀，2000）：

一、生涯規劃和生涯決策能力的發展

人在一生當中會遭逢到不同的生涯抉擇，例如：國中畢業即面臨第一個生涯抉擇，是選擇就讀高中、高職、五專或就業？高中畢業又面臨升大學、選系、就業等抉擇，進入大學後，又有轉系、就業、轉業等等一連串的抉擇。因此，生涯輔導的首要工作是協助個體學習如何規劃人生，在面對各種抉擇情境時，能夠明確界定問題，蒐集並運用資料，以提高生涯的規劃和決策能力。

二、了解自我狀況和澄清個人價值觀的輔導

自我概念是對「自我」的「概念」，係指個人對自己多方面知覺的總合，其中包括個人對自己性格、能力、興趣、欲望的了解，個人與別人和環境的關係，個人對處理事務的經驗，以及對生活目標的認識與評價等。生涯輔導要協助個體了解自我，不僅要了解個體的能力、能力傾向、興趣、個性等情況，還要辨析和澄清個人的職業價值、個人生涯發展的狀況；不僅要知道職業的事實狀況、有關的訊息，還應該結合個人的期望和價值傾向。

三、重視生活方式、價值及休閒的整合

生涯的選擇就是一種生活方式的選擇，是一種揉合了工作、學習與休閒的特殊生活方式的選擇。教育、休閒與職業，交織影響而形成個人特有的生活方式，每一個人的生活方式又和其價值觀念的清晰程度與內涵有關。傳統職業輔導的做法，並不太重視休閒生活的輔導，生涯輔導係將休閒視為生涯中與教育、職業不可分割的部分。因此，生涯輔導所關懷的是一種全方位生活方式的選擇，更深層的看，是關懷一個人生命意義的選擇。

四、強調自由選擇與責任承擔

青少年最普遍的問題就是生涯選擇的問題，在生涯輔導的過程中，輔導人員儘量提供不同的選擇方案，力求配合個人的特質與抱負，同時斟酌

社會環境的需要，由學生擇一而行，其背後的精神，是對學生自由選擇權的尊重。生涯輔導同時強調責任承擔，輔導人員協助學生增進對自我的了解，以及對環境的了解，一方面增加自我強度（ego strength），另方面可以增加對環境的操控性與適應性；輔導人員提供學生的選擇方案，是詳細評估其可能的後果及利弊得失，再由學生自由選擇。所以，生涯輔導能同時兼顧「自由選擇與責任承擔」的精神。

五、重視個別差異

一個自由而開放的社會，基本上承認每個組成分子的天賦都有個別差異存在，同時也能提供機會，使這些天賦得到確認、培育與發揮。一般而言，個別差異有兩類：一為個別間差異（inter individual difference），一為個別內差異（intra individual difference）。個別間差異指不同個體之間的差異，個別內差異指單一個體內在各項特質之間的差異。個別差異的了解與鑑別，一向為生涯輔導所重視，因此在實施方法上，需藉由各種評量工具，讓學生能以其獨特方法來發展和表現其特有的天賦潛能。

六、培養因應變遷的彈性和能力

現代化的社會變遷迅速，職業的內涵、職業在社會上的品評也不斷更替，各項職業供需之間的落差難以預料。雖說世事難料，但人必須有應對的方法，也就是具備應變的能力。生涯輔導必須協助個人思考持續性的生涯規劃、達成目標的多種途徑和目標的彈性，並發展出能因應社會及職業條件快速變遷的方法。

 生涯輔導的實務工作

生涯輔導的理念如要有效落實，則需有適當的實務工作相對應。本小節先由史旺的生涯金三角談起，其次探討實施生涯輔導的實務工作內容。

一、生涯金三角

美國學者史旺（Swain, 1984）的生涯規劃模式，將複雜的生涯理論，以簡單明瞭的圖形呈現出來（如圖8-1所示）。這個模式告訴我們在做生涯決定時，要考量「自我」、「教育與職業資料」及「環境」三個面向，一般稱之為「生涯金三角」。目標的決定是三角形的核心，要考慮的因素首先是自己，因為決定的對錯、成敗，最終都要由自己來承擔，所以應先考量自己的能力、性向、興趣、需求與價值觀。第二個小三角形是指「個人與環境的關係」，包括家庭與師長、社會與經濟，以及其所形成的助力或阻力等因素。第三個小三角形是「教育與職業資料」，這部分包括對各種生涯選項的了解與資訊蒐集，例如：與人的接觸、閱讀印刷品、視聽媒體、參觀訪問和演講講座等。自己的決定如果能得到客觀環境的支持，以及完整的資料、訊息做後盾，生涯目標的完成會更加順利。史旺的理論對學校實施生涯輔導有以下的啟示：學校教育引導學生透過自我覺察及生涯覺察，可以協助學生做好生涯規劃。自我覺察、生涯覺察與生涯規劃是九

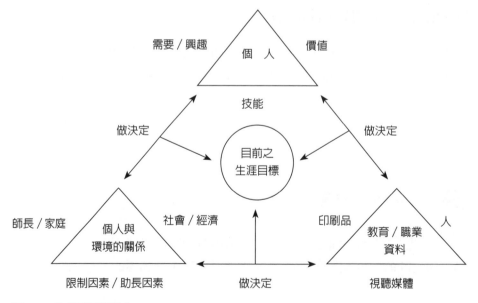

圖8-1　生涯規劃模式

資料來源：金樹人（1998，頁50）。

年一貫課程生涯發展重大議題的三個主要內涵，亦可作為學校規劃生涯輔導實務工作的理念依據（方崇雄、周麗玉，2003）。林幸台（1991）亦提出知己、知彼與抉擇等生涯規劃三要素，知己是對自我的了解和認識，知彼是對外在環境的了解和認識，抉擇是透過資料的蒐集、分析、比較而找出最合適的發展途徑。這三項要素亦可作為規劃生涯輔導實務工作之參考。

二、生涯輔導的實務工作內容

生涯輔導的實務工作內容因不同教育階段而有不同的做法，但其共同點均針對輔導對象所面臨的問題予以適切協助。常見的生涯發展實務工作包括生涯探索、認識職業世界、生涯決定技巧、生涯進路規劃等項目，以下分別介紹之（田秀蘭，1991；金樹人、王淑敏、方紫薇、林蔚芳，1992；吳芝儀，2000；教育部，2011）：

㈠生涯探索

生涯探索也可視為職業方向的探索。有部分學生的生涯問題在於不知如何選擇職業，甚或不知哪類職業較適合自己，此類問題可歸之為職業認同（vocational identity）的問題。對於這類的學生協助其探索自我、了解自我，重於對工作世界的探索。對自我的探索包括：(1)評估自己的能力、性向、性格、興趣、價值觀等特質；(2)探索自己對各項特質的態度與接納程度；(3)了解影響自己未來發展的「助力與阻力」；(4)了解家庭、社會與經濟等外在因素對未來生涯發展可能的影響。

㈡認識職業世界

認識職業世界包括各種升學、就業資訊的提供，協助學生了解職場的需求、所需的能力、職業的特性、就業管道、工作內容及發展前景等，進而能主動蒐集、評估與運用生涯資訊，而為升學進路與未來就業途徑做好準備。職業世界的認識除了讓學生了解客觀的職業資料外，個人對職業資料的主觀感受也非常重要，主觀感受是個人職業決定的基本要素之一。針對職業世界進行探索時，要掌握兩項重點：(1)如何取得並使用職業資料；(2)這些職業資料如何形成個人的生涯知識。前者為客觀的職業資料

探索，後者為個人對職業資料的認知及處理。

(三)生涯決定技巧

　　生涯規劃的五大要素包括知己、知彼、抉擇、目標、行動，教導學生為自己的生涯發展做決定的技巧是重要的實務工作內容。生涯決定包含抉擇技巧、抉擇風格，以及抉擇可能面臨的衝突、阻力、助力等，根據生涯決定擬訂生涯計畫並能適時有效調整內容。在做生涯決策的過程中，可以採用三個步驟來協助學生做決定：(1)考慮個人的主觀價值因素，去除不感興趣的職業群；(2)在所剩下的職業群中排出可以接受的選擇；(3)列出重要的考慮因素，並根據這些因素對所剩的選擇做加權分析。有時學生因職業認同尚未明確因而產生焦慮，因焦慮而難以做決定，這時，輔導的方向除技巧的學習之外，需要回到職業認同的問題上，並應協助學生了解其個人特質。

(四)生涯進路規劃

　　國中畢業後的進路選擇，是人生中首次面臨升學與職涯發展的重要抉擇，協助學生做出適性的教育進路選擇是生涯輔導工作的重要內容。輔導室要辦理升學與就業的諮詢服務，協助學生思考生涯發展進路。升學方面的輔導包含升學制度、學校科系的介紹，以及推甄面試準備工作等；求職方面的輔導則包括個人就業的準備度、晤談面試技巧的練習，以及個人履歷自傳的撰寫等。

肆　生涯輔導的目標

　　教育部（2014b）公布的「十二年國民基本教育課程綱要總綱」中，也將「促進生涯發展」列入課程總目標，而綜合活動領域具體的課程目標第一項為「促進自我與生涯發展」，其內涵為發展自我潛能與自我價值，探索自我觀、人性觀與生命意義，增進自主學習與強化自我管理，規劃個人生涯與促進適性發展，進而尊重並珍惜生命，追求幸福人生。高中部分的綜合活動領域包含生命教育、生涯規劃、家政三科，實施分科教學。生涯規劃的新課綱內涵有別於過去強調自我探索（成長歷程與生涯發展、自

我覺察與整合）、環境探索（教育發展與職業選擇、職業生活與社會需求）、生涯決定（生涯評估與抉擇）與生涯行動（生涯行動與實踐）等四個面向，新增了「自我調節與態度培養」及「生活挑戰與調適」兩者，彰顯出對於培養學生具備正向積極生涯態度的重視。透過生涯規劃學科引導學生「了解生涯發展危機與危機管理的概念」，覺察在自主行動歷程中可能遭遇到的非預期事件、挫敗失落或困難險阻等危機情況，積極學習因應技能和危機管理策略，培養正當和健康的休閒生活習慣，以使其有效「具備生涯管理概念，能夠多元化開展自我」（吳芝儀，2018）。生涯教育與生活輔導共同的目標都在協助學生對自己未來的發展做初步的探索，以採取有效的行動，因此生涯規劃教育所列的課程目標，可以視為生涯輔導工作的目標，其目標為協助學生：(1)了解個人特質、能力及興趣等，培養積極、樂觀的態度及良好的品德、價值觀；(2)認識工作環境，並學習如何增進生涯發展基本能力；(3)養成生涯規劃知能，培養獨立思考及自我反省，以擴展生涯發展信心；(4)了解教育、社會及工作間的關係，學習各種開展生涯的方法與途徑。(5)發展洞察趨勢的敏感度與應變的行動力，以適應社會環境的變遷（鄭慶民等，2023）。

第二節　生涯輔導工作的理論基礎

　　1950年以前，生涯輔導的理論發展主要為特質因素論的擅場時代，1960年代以後，以發展觀點及人格理論為基礎的研究不斷出現並逐漸形成理論，生涯決策模式在此時期漸受重視。自從克朗柏茲（Krumboltz, 1994）由「信念」（beliefs）的角度來看個人所遭遇的生涯困境後，認知取向觀點在生涯決定歷程中的地位便逐漸受到重視（田秀蘭，2003）。特質、發展、社會學習及社會認知等取向的生涯理論，形成生涯輔導的重要理論基礎，雖然後現代主義等新興的生涯理論試圖挑戰傳統生涯理論，但這些理論仍然在生涯輔導工作上發揮其影響力。

特質取向的生涯理論

特質取向的生涯理論盛行於二十世紀早期，本小節主要在探討帕森斯（Frank Parsons）的特質因素論（trait-and-factor theory）、何倫（Holland）的類型論（typology theory），以及羅伊（Ann Roe）的生涯選擇人格論。

一、特質因素論

特質因素論的代表人物為帕森斯，1908年創辦了波士頓職業指導局。1909年出版《選擇職業》（*Choosing a Vacation*）一書，第一次運用「職業輔導」這個專業術語。他主張了解自我、了解工作世界，並合理推論此兩因素的相關（人事配合，matching man and job），認為這是職業輔導工作的主要內容。1940年代初期，威廉森（Williamson）出版如何諮商學生，提出六個漸進的諮商步驟：分析、綜合、診斷、預測、諮商及追蹤等指導性諮商方式，對特質因素取向的職業輔導影響深遠。然而1960年代以後，此一理論逐漸受到攻擊，批評此一主張並不具理論性質，且無法考慮個人生涯發展過程之所有內涵（吳芝儀，2000）。特質因素論有五項基本假設（林幸台等，2010）：

1. 每個人都有自己獨特的能力模式和人格特性（即特質），這些特性都可以客觀測量。

2. 特質可以習得，透過終身學習可以適應變化。

3. 每種能力模式及人格模式都與特定的職業相關，每種人格模式的人都有其適應的職業。

4. 人人都有選擇職業的機會，職業選擇是獨立事件。

5. 個人特質與個人職業的需求特質越接近，個人獲得成功的機會越大。

二、人格心理學的類型論

何倫（Holland, 1985）的類型論是源自於人格心理學的概念，並視職業選擇為個人人格的延伸，而企圖以職業生活的範疇說明個人行為型態

的實際表現。他認為，雙親的人格類型以及對待子女態度所構成的生活環境，將會影響青少年興趣發展的方向與範圍，隨著年齡的增長，這樣的興趣會逐漸定型，且由於受其本身與同儕團體交往經驗的影響，使得青少年的興趣漸漸發展出特定方向的能力和專長。如此，在遺傳的影響與環境的經驗下，使得個人逐漸形成其獨特的人格特質，這些人格特質便是左右其教育與職業方向的重要因素（田秀蘭，1991）。

㈠**理論的核心假說**

　　何倫以對人格類型的分類，建構了其理論的核心假說，其主要內容有以下四點（田秀蘭，1991；Holland, 1985）：

　　1. 在我們的文化中，大部分的人可以區分成六種類型，即實際型（realistic）、探究型（investigative）、藝術型（artistic）、社會型（social）、企業型（enterprising）、事務型（conventional），顯示出個人的人格特質是不同的，而且是可以比較的。

　　2. 環境也可以區分為上述六種類型，每一種環境都有一種相對應的人格特質，因此，個人將以自己的人格特質作為選擇職業的依據，去選擇一個能與自己人格類型相配合的工作環境，這六種類型之間的關係可用六角形的模式來解釋。

　　3. 人們尋找適合個人人格類型的環境，以鍛鍊他們的技巧與能力，來表現他們的態度與價值觀，並面對同樣的問題及扮演一致的角色。

　　4. 個人的行為決定其人格與環境特質之間的交互作用。

㈡**理論的缺失**

　　何倫根據六個類型在二度空間上的關係提出計算法則（calculus），我們可區分出人格特質或職業環境的一致性程度，同時也可以計算出個人人格特質與職業環境之間的適配性程度，適配性較高者，較容易在工作中得到滿足，比較不會更改自己的工作環境，人境符應理論（person-environment-correspondence theory）即取得實證研究上的支持。何倫的理論，其主要特質為描述性質，而非解釋生涯發展過程，其輔導應用價值高，容易為一般人接受，但也相對地受到「過於簡單」、「不具深度」等批評（田秀蘭，1991；林幸台等，2010；Zunker, 2012）。

三、生涯選擇人格論

　　羅伊（Ann Roe）的生涯選擇人格論約在二十世紀60年代提出，她綜合精神分析論與馬斯洛的需求層次理論，特別強調兒童早期經驗所發展的適應模式（防衛機轉）對於日後職業選擇與行為的影響。羅伊認為，個人的需求層次是生涯決定的驅力，因此，個體做某種職業選擇是受內在獨特需求所驅使，而這些驅力因素可能是意識的，也可能是潛意識的。羅伊特別強調個體童年的經驗，特別是與父母的關係，她認為，個人早期的家庭氣氛，尤其是父母對待子女的態度，對於子女成年後於職業的選擇上具有密切的關係（王文秀等，2011）。

　　羅伊將父母對待子女的方式分為關注（emotional concentration）、逃避（avoidance）與接納（acceptance）三種類型；而在對待子女的態度方面，也可分為冷淡與溫暖兩種類型，以這兩個向度來區分父母對待子女的方式，共可以分成過度保護、過度要求、拒絕、忽略、關愛與不明確的接納等情況。不同的對待子女方式，使個人發展出不同的人格特質，羅伊將之區分為人際傾向及非人際傾向兩大類，前者傾向選擇與人接觸較多的職業，例如：服務業、藝術與娛樂、一般文化；後者傾向選擇非人際傾向的職業，例如：科學、戶外工作、技術等。父母對待子女的方式與態度，對子女往後的職業選擇影響如下（曾耀霖，2011）：

　　1. 生長於關愛、過度保護及過度要求的家庭者，將發展出傾向他人的個性，而選擇與他人有關的職業。

　　2. 生長於拒絕、忽略或是不明確接納的家庭者，將發展出傾向與他人無關的性格，而選擇與他人無關的職業。

　　3. 生長於過度保護或過度要求的家庭，則可能產生強烈的防衛與侵略性格，形成非人際的傾向。

　　4. 來自拒絕型家庭的人，為尋求補償，也可能發展出人際傾向的性格。

　　5. 關愛與不明確接納的家庭，可能提供充足的人際關係，因此，其他的因素則會比個人需要的因素更影響其對人的反應傾向。

　　由以上的敘述可知，羅伊在職業發展的探討上對於早期家庭環境重視

的程度，認為個體需求的強度和統整在學前階段便已經決定了。這樣的理論對於中小學階段的生涯輔導有所啟示，那就是提供一個可以滿足個體這些需求的生涯教育計畫是有其必要的，且可透過親職教育，讓為人父母者了解其管教態度與子女日後選擇職業的關聯性（曾耀霖，2011）。

 ## 發展取向的生涯輔導理論

　　發展取向的生涯輔導理論，主要以人生各個不同發展階段的發展特徵及發展任務來描述生涯發展情形，主要理論包含金茲伯等人（Ginzberg et al., 1951）的生涯發展階段論、舒伯（Super, 1953）的階段論及葛佛森（Gottfredson, 1981）的職業發展階段理論（吳芝儀，2000；金樹人，1998；林幸台等，2010；王文秀等，2011；劉玉玲，2007）：

一、金茲伯等人的生涯發展階段論

　　金茲伯是第一位以發展性的觀點探討職業選擇（occupational choice）的心理學家，其所提出生涯發展理論認為，個體的成長是一個持續不斷的歷程，隨時都需要做不同的抉擇，外在的社會環境、個人的身心發展、人格特質、價值觀念、教育機會，以及工作成就等，均會影響到職業選擇的歷程。所以，金茲伯等人認為，所謂的生涯發展，應包含四個要素：(1)職業選擇是一種發展過程，大約每十年為一個階段期；(2)發展過程是不可避免的；(3)職業選擇的過程在於個人的興趣、能力、價值與社會各方面的調和；(4)職業選擇可分為幻想、試驗、實現等三個不同時期。

　　金茲伯等人依照不同的年齡特性，將整個生涯發展的歷程劃分為三個階段：幻想階段（fantasy period），約在11歲以前；試驗階段（tentative period），約為11至17歲；以及實現階段（realistic period），17歲至成年，分別說明如表8-1。由表可知，處於試驗階段的青少年，對於自身興趣、能力及價值觀等人格特質有強烈探索的意願，開始對職業世界產生好奇，並嘗試各種與職業有關的活動。在這樣的過程中，個體會衡量並表現自己的能力，以了解職業與個人特質之間的適配性。

表8-1 生涯發展階段論各發展階段及其特性

階段	年齡	特性
幻想階段	兒童時期 （11歲以前）	初期為純粹遊戲，進而由遊戲中逐漸發展成工作的觀念。
試驗階段	青少年前期 （11-17歲）	逐漸了解工作對個人的要求，也漸漸發展出對個人興趣、能力及價值觀念等的認識。
實現階段	青少年後期 （17歲至成人）	能力及興趣的統整，並進一步發展個人價值觀念，職業選擇方面亦逐漸有特定的方向。

資料來源：林幸台等（2010，頁50）。

二、舒伯的生涯發展階段論

舒伯（Super, 1953）的生涯發展理論提出生涯發展階段、生涯成熟、角色突顯及自我概念等觀念，不但能有效解釋個人的職業行為，且刺激更多的實徵研究。舒伯採用哈維斯特（Havighurst）的發展任務觀點，將個人的生涯發展分為成長、探索、建立、維持及衰退五個階段。以下分別敘述其理論之要點。

(一)生涯自我概念

就個體的生涯發展而言，舒伯認為，自我概念乃其中重要的基礎，意即個人的生涯選擇是其自我概念的實現，個人的自我概念越具體清晰者，在生涯的發展過程中亦越趨成熟，故知生涯自我概念與生涯發展實為生涯研究的重要課題。舒伯認為，自我概念在童年晚期和青少年早期時，會慢慢地展現出來。個體經由對周遭環境的發現以及對人、事、物的探索，逐漸學會了一些知識，使其了解自己與別人之間的異同在哪裡。同時也藉著觀察生活中的重要人物，學會了職業角色以及其他的角色。探索的行為會讓他們對重要他人的相關資訊和經歷感到興趣，這些資訊會幫助他們發展出對某些活動的興趣，也會讓他們知道自己對哪些活動不感興趣，漸漸地，會對自己不同於別人的興趣和經驗有明顯的概念，終而形成個人特殊的生涯自我概念。

㈡生涯彩虹圖（life-career rainbow）

舒伯由「生活廣度」及「生活空間」的角度來看個人的生涯發展。由生活廣度來看，個人的生涯發展包括成長、探索、建立、維持及衰退五個階段。由生活空間的角度來看，舒伯認為，個人在人生的四個劇場中扮演了九個主要的角色，此四個劇場主要是家庭、學校、社會及工作環境，而九個角色則為子女、學生、公民、父母、家長、配偶、工作者、休閒者及退休人員。由縱向來看，個人由幻想未來，逐漸發展與職業相關之興趣、能力，參與有興趣的課外活動，從各種生活活動中不斷探索自我並計畫未來職業之方向，個人在職業發展過程的發展程度即稱為「生涯成熟」。由橫向來看，個人在生活劇場扮演之角色與其所投注之情感及時間有關，某一角色也許相對地較其他角色要來得重要，此概念即為「角色突顯」。生涯彩虹圖描繪了個人在人生不同階段中，各個生活角色的重要性，也說明個人在人生發展的每一特定階段，皆有其主要的階段任務。生涯輔導工作即是協助個人達成每一階段之生涯發展任務，並為下一個階段做好預先的規劃與準備。

㈢生涯發展階段

舒伯的職業生涯發展理論認為，人生可分為五個發展階段，各有其任務：

1. 成長期

從出生至14歲左右，著重於生理的成長與自我概念的發展。此時期的主要任務為個人能力、態度、興趣、需求的發展。

2. 探索期

年齡範圍約在15至24歲，涵蓋青少年時期和成年初期。此時期的主要任務為透過知識與生活經驗的學習，進行自我檢討，嘗試發掘自己的職業興趣，並做出暫時性的職業選擇。

3. 建立期

年齡範圍約在25至44歲之間，會傾向安定於某一類的職業。在職業領域中建立起穩固與專精的地位。此時期的主要任務為在工作上力求升遷和晉級。

4. 維持期

由成年邁入中老年的階段，年齡範圍約在45至64歲之間。個人已逐漸在職場上取得相當的地位，此時期的主要任務為維持既有的地位與成就。

5. 衰退期

年齡在65歲以上，身心狀況已逐漸衰退，此時期的主要任務為發展工作之外的新角色，維持生命的活力，開拓新的生活。

舒伯的生涯發展理論要點還有拱門模型（archway model）及生涯組型的研究，限於篇幅無法詳加探究。舒伯的生涯發展理論在眾多的生涯理論中是相當完備的一套理論，他所討論的概念也相當廣泛，能解釋人類現象的情形也頗為充分，所引發出的研究也相當多。

三、葛佛森的職業發展階段理論

葛佛森（Gottfredson, 1981）同意舒伯對自我概念的看法，然而自我概念在職業輔導理論中的重要地位仍需進一步闡釋，因而發展出設限（circumscription）及妥協（compromise）的概念，以這兩個概念來說明個人職業目標的選定。設限是指個人根據自我概念的發展而將職業興趣逐漸窄化，妥協則是指個人做決定時周旋於各考慮因素之間，得想清楚必須堅持哪些因素或可以放棄哪些因素。葛佛森根據自我認識與個人對工作世界的認知，個人可以衡量哪些工作適合自己，並考慮可以做多少努力，以進入自己期望進入的職業。個人對自己及工作世界的認識，大致上有以下四個發展階段，各階段的特性如表8-2所示。

表8-2　葛佛森的職業發展階段及各階段的特性

階段	年齡	特性
權力傾向期	3-5歲	思考過程相當具體，並發現大人有相當的權力。
性別角色傾向期	6-8歲	自我觀念的發展顯然受到性別的影響。
社會價值傾向期	9-13歲	體會出自己是生活在社會情境之中，對工作的偏好亦容易受社會價值的影響。
自我傾向期	14歲以後	能發展出較多對自己的認識，並根據自我觀念、性別角色及職業聲望，發展出對職業選擇的期望。

資料來源：林幸台等（2010，頁60）。

　　葛佛森認為，個人選定某個職業領域之後，妥協的步驟仍不可避免地進行著。妥協的過程裡，興趣最早被犧牲，職業聲望其次，而性別角色刻板印象是最後被放棄的，顯示一般人仍舊希望從事符合自己的性別角色的職業。葛佛森的觀點在生涯理論中屬較新的看法，所提出的設限與妥協模式仍需進一步的驗證。

參 社會學習與社會認知取向的生涯決定理論

　　社會學習與社會認知理論均建立在認知行為論學者班度拉（Bandura, 1986）的理論上，在解釋為何個人選擇進入某一教育或職業環境，為何個人決定改變教育或職業環境，以及為何在過程中的某一時期，個人會表現出不同的職業偏好，也就是在解釋個人做決定的歷程。本小節將討論生涯決定論、社會認知生涯理論及葛雷特的職業決策模式。

一、社會學習取向的生涯決定論（social learning theory of career decision making）

　　克朗柏茲（Krumboltz, 1994）的社會學習取向的生涯決定論，背後的基礎是來自班度拉的社會學習論與增強理論，認為個人的人格與行為特性受其獨特的學習經驗所影響，這些經驗包含對環境中積極或消極增強事件的行為接觸與認知分析。克朗柏茲將此一理論應用在生涯輔導的領域裡，探討影響個人做決定的一些因素，並進而設計出一些輔導方案，以增進個人的決策能力。

㈠影響生涯決定的因素

　　生涯決定理論主要目的是在說明影響一個人決定進入某一個職業領域的因素，克朗柏茲認為，影響生涯決定的因素共有四類（王文秀等，2011；林幸台等，2010）：

　　1. 遺傳天賦

　　生物性因素包括種族（省籍）、性別、外貌、智力、肌肉協調、特殊才能等，為個人遺傳自家族的一些特質，在某些程度上限制了個人對職業

或學校教育的選擇可能性。

2. 環境情況與特殊事件

社會學習論認為，影響教育和職業的選擇因素中，有許多是發生於外在環境，而非個人所能控制。例如：就學與訓練機會、社會政策、社會變遷、自然災害、社區背景、家庭等，不是個人所能控制的因素。

3. 學習經驗（learning experiences）

可分為工具性學習經驗（instrumental learning experiences）和連結式的學習經驗（associative learning experiences），前者包括前因、行為、後果三個重要的成因，例如：當事人在某個科目上屢得高分，可能就願意在這個科目上努力研讀或是選修更多有關這類科目的課程；後者包含觀察學習（observation）和古典制約（classical conditioning）兩個類型，例如：職業的刻板印象的獲得。

4. 工作取向技巧（task approach skills）

以上所提到的各種因素交織而成，鍛鍊出專屬於個人獨有的工作取向技能，包括解決問題能力、工作習慣、工作的標準與價值、情緒反應、知覺與認知歷程等。目前尚未找出因素間如何交互作用的原因，不過這些技能本身亦會互相影響、不斷演進。

(二)認知行為技巧

上述四類因素交互作用後會形成個人的信念，進而建構出一套自己的現實觀。這些信念影響個人對自己及對工作世界的看法，再影響個人的學習經驗、期望與行動。上述四類因素交互作用後所形成的認知行為技巧，計有以下三項（王文秀等，2011；林幸台等，2010）：

1. 自我觀察推論

自我觀察推論是指個人對自己的看法及評估，包括興趣、能力及價值觀念等，這些了解也是學習經驗的結果。

2. 世界觀之推論

世界觀之推論也是學習經驗的結果，是指個人對所處環境之觀察及對未來可能進入之職業世界的預測，與自我觀察推論均屬相當主觀的，至於推論是否正確，則與經驗的多寡和經驗的代表性有關。

3. 任務取向技能與生涯決定

任務取向技能是指個人所學的認知及表現能力，與個人的生涯決定歷程有關，包括工作習慣、情緒反應、思考歷程，以及問題解決能力等。隨著時間的演進，個人的學習經驗會越複雜，而個人自我觀察類推與任務取向技巧亦隨之變化，這些技能是一連串生涯相關行動之基礎，可協助個人有效地預測自己的未來。

二、社會認知生涯理論（social cognitive career theory）

社會認知生涯理論將班度拉的社會認知理論應用於生涯諮商中，該理論提出人們的生涯抉擇是自我概念和環境學習經驗所交互作用的成果，而思考和認知能力則是生涯決定與發展的一部分。他們強調生涯發展與抉擇過程中有三大重要的概念，即自我效能（self-efficacy）、結果預期（outcome expectations）與目標的選擇（goals）。自我效能是指個人對自己是否有能力成功地完成一項任務的信念，較偏重的是能力問題。結果預期是指個人表現某一特定行為後，認為可能會有什麼結果的個人看法，較著重個人的心像，正面的結果預期可促進個人在某方面的行動，這方面與個人的價值觀念有關。目標的選擇則引導個人更多的日後活動（林蔚芳、賴協志、林秀勤，2012）。

社會認知生涯理論植基於整合三個生涯模式，分別為興趣模式、選擇模式與表現模式，如圖8-2所示。此模型包含個人特質、外在環境因素與外顯行為等變項的互相影響，主要探討的特色變項包括自我效能、結果預期、興趣、個人目標及表現與成就，藉此引導個人的生涯發展。同時也討論自我效能、結果預期與個人目標等變項與個人變項及環境變項的關聯（Lent, Brown, & Hackett, 1996）。以下分別敘述三個生涯模式（田秀蘭，2003；林蔚芳等，2012；Lent, Brown, & Hackett, 1996）：

㈠興趣發展模式（model of interest development）

興趣是此一模式中的重點概念，興趣發展模式包含自我效能、結果預期與興趣等變項，係指個體受到自覺能勝任與能成功的活動所吸引，興趣會直接影響個體選擇職業目標，進而與其所選擇的行動以及表現成就有所

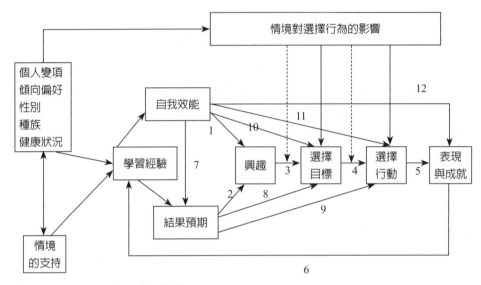

圖8-2　社會認知生涯理論模式

資料來源：Lent, Brown, & Hackett (1996, p. 387).

關聯。

(二)生涯選擇模式（model of career choice）

　　生涯選擇模式包含自我效能、結果預期、興趣與選擇等變項，係指個體確立目標、採取行動以達成目標、決定未來生涯行為方向以獲得表現水準。在生涯選擇模式中，自我效能與結果預期皆被視為是共同促進生涯相關興趣的因素，興趣可以促進選擇目標的協調。此外，生涯選擇除了受到興趣的影響之外，也可能直接受到自我效能與結果預期的影響。

(三)表現模式（model of performance）

　　表現模式包含自我效能、結果預期、興趣、選擇目標、選擇行動及表現與成就等變項。表現模式假設「表現」主要是受到能力、自我效能、結果預期與表現目標的影響，表現目標主要是指在某個領域胸懷大志以達到成就的程度，只要個體擁有在某一個領域內所要求的最基本程度的技能，正面的自我效能信念就能培養他在特定表現領域的成就，表現經驗是持續的，它提供充足的機會讓個體去修正自我效能與結果預期，並且依序對

個體的興趣與目標也提供了修正的機會。另外，在表現與成就與後續的行為之間有回饋循環，在此動態循環中，優勢熟練的經驗可以提升能力的發展，依序提升了自我效能與結果預期。

三、葛雷特的職業決策模式

葛雷特（Gelatt）於1962年提出職業決策過程模式，認為決策是一連串的決定，任何一個決定將會影響其後來的決定，亦會受先前決定的影響，因此，決策是一個發展的歷程而非單一的事件。這也說明生涯決策不是一次選擇，或一個結果，而是持續不斷地做決定及修正的終生歷程。決策的基準在於選擇有利因素最多、不利因素最少的方案。這個模式特別強調資料的重要性，葛雷特將個人處理資料的策略分成三個系統（林幸台等，2010；謝守成、郎東鵬，2009）：

㈠預測系統

預測不同的選擇可能會造成的結果，以及估算出每個行動可能造成該結果的機率，以作為該採取哪個行動方案之參考。

㈡價值系統

個人對於各種可能的行動之喜好程度。

㈢決策系統

葛雷特提出職業決定五步驟模式，第一個步驟為面臨決策情境下，需要建立自己的目標；第二個步驟為蒐集個人與環境資料，以了解可能的行動方向；第三個步驟為分析所蒐集的資料，也就是根據所得到的資料，預測各種可能行動的成功機率及其結果；第四個步驟為強調價值系統在決定歷程中的重要性，個人根據價值系統，估算自己對每個行動方案的喜好程度；第五個步驟為評估各種可能方案，選擇其中的一個方案來執行。而評估各種行動方案的標準，其選擇取向分為：

1. 期望取向：就是選擇可能達成自己最想要的結果之方案，亦即與自己的職業觀相一致，與自己的興趣、特長最相符的方案。但該方案也許是成功機率很小的方案，所以存在著較大的風險。

2. 安全取向：選擇最安全、最保險的方案。這方案適合追求穩定的人，但該方案也許與你的職業興趣是不一致的。

3. 逃避取向：避免選擇可能造成最不好結果的方案。這也是適合追求穩妥、不愛挑戰的人，選擇的結果也許會與你的期望有一定的差距。

4. 綜合取向：就是考慮自己對於行動結果的需求程度、成功機率及避免最不好的結果。衡量這三個方面，然後選擇一個行動方案。

肆　後現代生涯理論

生涯理論除上述三大取向外，近幾年受到後現代主義（post-modernism）影響，新興的生涯理論不斷出現，例如：凱立（Kelly）的生涯建構論、生涯混沌理論（chaos theory of careers）及沙維卡斯（Savickas）的敘事取向生涯諮商。後現代主義傾向微觀（micro-perspectives）論述，偏好多元性、多樣性、片斷性、地方性、不確定性、異質性、去中心化（decentered）（黃素菲，2016）。生涯建構論指出那些我們用以解釋並預測事件的認知結構，稱為「個人建構」（personal construct），每個人所使用的個人建構皆不同，且組織其建構的方式也不一樣。個人建構在生涯諮商中的應用是最近的趨勢，所強調的是透過對個人建構的了解以及對外在世界的建構形容，以覺察個人所欲營造的生涯世界（蕭景容、徐巧玲，2011）。沙維卡斯繼承舒伯自我概念的想法，提出自我建構（self-construction）與適應的生涯觀點，發展出敘事取向的生涯諮商觀念與技術，「生涯就是故事」成為生涯發展中的主要隱喻。沙維卡斯認為，生命主題是個人的敘說以及主觀的生涯，生命主題把生命故事串起來（黃素菲，2016）。

第三節　各級學校生涯輔導工作的實施方式

協助個人找到適合自己的生涯目標，是學校生涯輔導工作的重心所在，因此需要透過多種實施策略來達成目標。本節首先敘述較常運用在生

涯輔導的實施策略，其次分別就高中職、國中、國小三階段的生涯輔導實
施方式加以探討。

 ## 生涯輔導實施策略

美國就業與訓練行政局詳列學校中提供生涯輔導的重要策略有以下十
項，可供各級學校辦理生涯輔導工作之參考（吳芝儀，2000）：

一、班級教學

提供統整性的、有計畫且有系統的班級課程活動，討論生涯相關議
題，例如：目前高中職實施的生涯規劃課程。

二、生涯諮商

透過個別諮商或團體諮商方式，協助學生探索個人與生涯相關的特定
議題，並學習應用資訊和技巧於個人生涯規劃中。

三、自我評量

提供學生對其興趣、能力、成就、技巧、抱負、需求、價值觀等，有
比較清楚的了解，例如：興趣測驗、職業性向測驗等。

四、生涯資訊

提供學生現有、可取得的、無偏見的相關生涯資訊，以作為生涯決定
之參考架構。

五、探索活動

設計一些探索性、經驗性生涯活動，例如：實地參觀、訪談等，以拓
展學生之視野、檢驗其興趣、激發其進行生涯規劃。

六、工作經驗

提供實際工作經驗，促使學生有機會檢驗其暫時性的生涯決定，並發展有效的工作能力和行為，例如：工讀、實習。

七、生涯規劃活動

協助學生學習做決定所需的技巧，並深入了解其生涯選擇對未來生涯生活的影響，例如：班級輔導活動、演講活動。

八、安置服務

協助學生進行生涯轉換，以銜接學校教育、訓練機構和工作等，例如：實習、職訓。

九、轉介

轉介有特定需求學生，以接受生涯輔導方案以外的其他專業服務，例如：身心障礙學生的生涯輔導。

十、追蹤活動

維持和學生的接觸，並追蹤記錄其進步情形。

 ## 貳 高中生的生涯輔導實施方式

高中生的生涯輔導除了學生將面臨的選組、選系、選群類考科的升學課題外，對於建立生涯規劃的概念、探索生涯發展的方向和了解環境等，均應是生涯輔導的重點。學校生涯教育工作者除了應以更負責任的態度，提供學生大量、有品質的生涯相關資訊，並有計畫地提升學生對生涯的自信、培養學生生涯決策的能力之外，亦應配合學生生涯發展上的需求及行為，規劃最為適切的生涯輔導工作內涵，以提高學生對生涯輔導工作的滿意度（韓楷檉、蘇惠慈，2008）。高中生較常辦理的生涯輔導工作有以下幾項（楊靜芳，2011）：

一、提供書面資料

生涯資訊的蒐集與提供，可協助學生對教育與職業世界有基本的了解與認識，其做法包含：(1)蒐集各大學校系簡章，成立專區，供學生查詢；(2)蒐集大學多元入學方案參考書籍、歷屆校友參加指定項目甄試考題，以及自傳、讀書計畫，依學群分類，供學生參考；(3)針對報章雜誌所報導的升學及生涯專題，定期製作成海報，利用「輔導園地」及「時知錄」看板，讓學生能在校園裡隨時獲得最新資訊；(4)編印「生涯輔導手冊」，作為高一學生生涯規劃課程的補充教材。

二、運用網路資源

網路的普及，讓現代人在資訊的取得上比以往更為便利，利用學校輔導室網頁，提供各大學營隊及相關生涯輔導活動資訊，並連結至各生涯主題相關網站，方便學生上網查詢。

三、心理測驗的施測

對自我充分的了解是做出正確生涯抉擇的第一步，心理測驗的施測正是幫助學生以客觀的方法了解自己的方式，於高一時施測「高一性向測驗」、「大考中心興趣量表」，高二時施測「人格測驗」，高三時施測「大學學系探索量表」，對於有特別需要的同學，再個別施測「職業興趣組合卡」。職業興趣組合卡適用於國中生及高中生，目前最常見的組合卡是金樹人（2001）所設計，由六十張卡片組成，每張卡片的正面有職業名稱，反面有該職業的敘述資料。使用者不僅根據自己對這些職業偏好將職業卡分成喜歡、不喜歡、不知道三堆，還進一步敘說喜歡與不喜歡職業的理由，藉以澄清與界定自己在衡量職業時的內在建構，以及探究使用者在生涯探索過程中可能出現的阻礙與矛盾。

四、實施生涯規劃課程

對高中生來說，要做的第一個生涯抉擇便是「選組」。為輔導學生做適性的選擇，輔導室利用每週一堂課時間實施生涯規劃課程。課程中協

助學生探索自我內在世界、介紹大學學群及職業世界、教導同學抉擇的技巧，期能在自然組與社會組之間順利的做選擇。

五、舉辦相關活動

輔導室辦理演講等活動，進行生涯探索與規劃活動，例如：學術生涯試探活動，活動內容包括職業座談、面試講習及模擬面試；職業生涯探索座談請家長或校友現身說法，為學生介紹某些專業領域的工作內容。其他活動包括大學校系宣導、大學參訪、大學甄選入學輔導、選填志願輔導。

六、提供個別生涯諮商

因應學生個別需要，輔導教師提供生涯諮商服務，希望透過個別晤談的方式，使同學能更充分地自我認識，對困擾的生涯問題能更有洞察力，以期做出良好的生涯抉擇。

 ## 參　國中小生涯輔導的實施方式

教育部實施十二年國民基本教育後，多數國中畢業生以免試入學方式升讀高中、職校及五專，學生可參考個人的能力、性向、興趣及人格特質等因素，選擇最適合自己的學校類別。因此，透過適性輔導，可引導學生了解自我的性向與興趣，以及社會職場和就業結構的基本型態（唐思涵，2016）。以下分別介紹國中及國小的生涯輔導實施方式：

一、國中生的生涯輔導實施方式

在國中階段所推動的適性輔導，其主要任務包含三項服務系統：(1)適性輔導行政與配套系統，提供生涯活動的探索；(2)生涯發展教育課程教學系統，進行生涯能力的教學；(3)生涯輔導諮商系統，解決生涯困擾學生的問題，進行小團體輔導或個別諮商（教育部，2014b）。以下僅就輔導行政及課程教學的做法說明之（唐思涵，2016；教育部，2014b；鄭慶民等，2023）：

㈠學校輔導行政層面

　　學校輔導室為推展生涯輔導工作，辦理不少講座、宣導、職群體驗活動，期許學生在生涯進路的規劃上，能落實自我探索，找到興趣所在。資料組每學期皆會進行重要測驗的實施，像賴氏人格測驗、國中新編多元性向測驗、興趣測驗、生涯決定平衡單等，幫助學生了解與探索自我，認識自己的潛能與興趣。八年級時，學校會安排職業萬花筒的活動，邀請各行各業的學生家長入班進行職業介紹與分享，以及與高中職協辦職業試探課程，進行技職課程的體驗與參觀環境設備。九年級則會辦理技藝教育班，讓較早具有技職傾向的學生，可參與技藝教育課程；同時加強技職教育宣導活動，吸引具有職業傾向的國中生選讀技職教育體系。在家長方面，學校辦理親職講座，向家長宣導建立生涯輔導之基本觀念，協助其子女選擇適合之生涯方向；也在親職教育日讓家長預約與輔導教師進行生涯諮詢，提供家長深入了解新的升學制度和升學進路。

㈡生涯發展課程

　　自實施「國民中小學九年一貫課程綱要」以來，「生涯發展教育」列為重大議題之一，以融入領域課程學習及藉由各項活動之體驗，協助學生了解自己的興趣、性向及能力，並同時擴展學生認識職業世界之管道；「108課綱」則以生涯規劃教育議題融入各領域教學。在綜合活動領域有關輔導活動科的課程中，有關生涯發展的部分包括七年級的自我覺察與探索規劃、八年級的生涯覺察與試探、九年級的生涯探索與進路選擇，藉由課程活動設計，提供學生體驗、省思、實踐的歷程。

㈢生涯輔導紀錄手冊

　　為落實國中生的生涯輔導機制，教育部設計「生涯輔導紀錄手冊」，內容含括學生的成長軌跡、各項心理測驗結果、學習成果及特殊表現、生涯輔導紀錄等，並透過生涯發展規劃書，幫助學生在進行進路規劃時有更清晰、明確的步驟和方式。該手冊結合生涯檔案資料，透過課程的設計及教學的安排，協助學生探索自我，認識升學進路及工作世界。

二、國小生涯輔導實施方式

對國小兒童而言，生涯輔導工作不是職業輔導或就業安置，而是認識自我、認識工作世界，並了解個人與工作世界之間的關係。適用於國小階段的生涯輔導策略，可以從課程教學、團體輔導及配合社區活動等三方面來說明。由於國小的生涯輔導活動重點在認識自我及探索工作世界，這些活動可以與平常課程相融合，例如：提供偉人傳記作為課外書籍、作文課的題目可以出我的志願或我的希望、社會科介紹各行各業的特質等。在團體輔導活動方面，國小階段較適合用班級輔導活動的方式進行生涯輔導，例如：請學生畫出自己的生命線，可以儘量幻想未來可能從事的職業，而且不只一個。兒童可以發揮想像力，畫出生涯發展的變化情形。在社區活動的結合方面，可以進行學校附近企業機構或政府單位的參觀訪問，或是邀請社區中從業人員到校進行座談，這些活動是讓兒童認識工作世界的最佳管道（王文秀等，2011）。

自我評量 ....

一、選擇題

（　　）1. 史旺（R. Swain）的生涯發展黃金三角形，提出了解生涯發展有哪三個向度？(A)自我、支持系統、資訊　(B)自我、環境、資訊　(C)自我、環境、支持系統　(D)自我、職業、資源

（　　）2. 十二年國教推動適性輔導，根據舒伯（D. Super）生涯發展理論，下列哪一項活動較不符合國中學生的需求？(A)技藝教育學程　(B)多元才藝活動　(C)校園徵才博覽會　(D)高中職體驗課程

（　　）3. 根據金茲伯（E. Ginzberg）之生涯發展理論，11歲至18歲的青少年會進入生涯選擇的試驗階段，此階段可再分成四個時期，下列何者正確？(A)能力、價值觀、興趣、決定　(B)興趣、能力、價值觀、轉換　(C)興趣、探索、驗證、轉換　(D)價值觀、興趣、能力、評估

（　　）4. 高一的小剛喜歡收養流浪狗、幫助班上弱勢的同學，並利用假日到家庭扶助中心當義工。根據何倫（J. Holland）生涯類型論，小剛較屬於下列哪一種類型？(A)研究型　(B)實際型　(C)社會型　(D)傳統型

（　　）5. 教師請國中學生訪問自己的父母，以了解父母所從事的職業。這是協助學生進行哪一個面向的生涯探索？(A)工作世界　(B)個別差異　(C)社會環境　(D)自我覺察

（　　）6. 某高中導師發現一些學生對數理學科信心不足，可能因而限制了職業選擇的範圍。根據社會認知生涯理論，此現象與下列何者最有關聯？(A)工作人格　(B)職業興趣　(C)自我效能　(D)生涯成熟

（　　）7. 生涯決定平衡單常用來協助學生就兩種以上選擇進行評估，其評估向度包括哪兩項？(A)家庭及個人／物質及精神　(B)心理及環境／物質及精神　(C)社會及個人／雇主及家庭　(D)家庭及個人／現在及未來

（　　）8. 下列何者最符合後現代取向生涯輔導的觀點？(A)生涯輔導主要倚賴各種測驗的結果　(B)生涯輔導強調當事人與環境的適配性

(C)生涯輔導看重當事人的主觀經驗與意義　(D)視生涯輔導工作者為最了解生涯探索的專家

(　　) 9. 十二年國教適性生涯輔導的主要內涵，以下何者並不包括？(A)加強學生對自我的了解　(B)協助學生認識不同職業的重要性　(C)協助學生發展出生涯規劃的能力　(D)協助所有學生選擇未來的職業發展方向

(　　) 10. 14歲的伯翰評估自己在數理上的能力很強，但運動能力很不好。根據金茲伯（E. Ginzberg）在「發展性生涯選擇理論」（developmental career choice theory）上的看法，伯翰是在哪一個生涯選擇階段？(A)實現期　(B)探索期　(C)幻想期　(D)理想期

(　　) 11. 根據舒伯（D. Super）的生涯發展理論，青少年階段最重要的發展重點為何？(A)讓自己的能力、興趣和自我概念能充分的發展　(B)多了解自己的興趣和能力，以及工作世界的面貌　(C)從一些工作的經驗中考慮職業和自我興趣的配合　(D)爭取不同的工作經驗，建立正向自我概念與信心

(　　) 12. 舒伯（D. Super）提出生涯彩虹發展階段，把人的生涯分為五個階段，試問下列何者正確？(A)探索、成長、維持、建立、退離　(B)探索、成長、建立、維持、退離　(C)成長、建立、探索、維持、退離　(D)成長、探索、建立、維持、退離

(　　) 13. 對青少年生涯輔導採個人中心論的描述，下列何者正確？(A)受現象學和存在主義影響　(B)此中心理論屬規範性取向研究　(C)最適合當事人受困於選擇太多　(D)認為做決定是調整再調整的歷程

(　　) 14. 後現代取向的生涯輔導較少使用職涯測驗是基於下列何種概念？(A)強調融入主流文化　(B)相信生涯專家指引　(C)重視生涯故事敘說　(D)藉由測驗找尋適性分配

(　　) 15. 高二的家誠對於化學很感興趣，經常每天獨自在實驗室花上十幾個小時做化學實驗。根據何倫（J. Holland）的人格類型理論，他屬於下列哪一種類型的人？(A)社會型　(B)實用型　(C)研究型　(D)傳統型

(　　) 16. 青少年打工或兼差的工作型態，根據舒伯（D. Super）對生涯發展

階段的看法，屬於下列哪一個階段？(A)成長　(B)探索　(C)建立
(D)維持

(　) 17. 下列哪一個描述符合特質論（trait-factor approach）的生涯發展觀
點？(A)只要我想要當個好老師，不論我原先是個怎樣的人，動機
會決定一切　(B)中學老師有很多種可能，不論哪一種人，只要夠
努力都會是個好老師　(C)要當好中學老師一定要有某些特質，我
相信自己的性向可以讓我當個好老師　(D)好老師有很多種，不論
我的特質是否適合，工作磨練會讓我成為一個好老師

(　) 18. 根據克朗柏茲（J. Krumboltz）的說法，試問：「如果我不能找
到一份最喜歡的工作，寧可等待機會」是屬於下列哪一類信念？
(A)世界觀的類推　(B)自我觀察的類推　(C)決定方法與結果的類推
(D)生涯滿意所需條件的類推

(　) 19. 以社會建構主義為基礎的生涯諮商所採取的諮商方法，屬於下列何
者？(A)生涯決定　(B)故事敘說　(C)個人建構　(D)認知訊息處理

(　) 20. 某中學輔導室邀請校友返校和學弟妹分享職場上該遵守的行為，例
如：保密、準時、認真等。此生涯輔導活動旨在協助學生建立哪一
個發展重點？(A)生涯覺知　(B)求職知能　(C)工作適應　(D)職業
倫理

(　) 21. 根據舒伯（D. Super）的觀點，就青少年階段的生涯發展，下列哪
一項較不重要？(A)選擇特定職業　(B)嘗試某些工作　(C)運用資訊
自我探索　(D)擴大對職業的視野

(　) 22. 高三的大宣面臨生涯的選擇，經過一番思考後，他決定要念輔導
學系，以後要當輔導教師。根據舒伯（D. Super）有關職業目標
的概念，他現在正處於哪一階段？(A)穩定　(B)明確　(C)鞏固
(D)執行

(　) 23. 少斌從小就立志當醫師，他對此志向有足夠的自信，同時也預期從
醫之後能為父母家人帶來較優渥的生活。以下哪一個學派最適合解
釋此一案例？(A)生涯類型論　(B)生涯發展論　(C)社會認知生涯理
論　(D)生涯調適理論

(　) 24. 十年級的小志，在大考中心興趣量表中，事務型的得分最高。下列

關於此類型的敘述，何者最適切？(A)有自信、喜歡計畫性活動，且擅長溝通協調　(B)偏好秩序井然的工作情境，不喜歡模糊不明的要求　(C)喜歡與人交往，主動關懷他人，善於使用人際技巧　(D)善於運用象徵符號處理事物，喜歡閱讀和創造性活動

( ) 25. 王老師在輔導學生就業時，強調學生能力、興趣必須和職場所要求的條件相適配。請問王老師的做法屬於哪一種理論取向？(A)特質因素論　(B)自我發展理論　(C)生涯選擇的社會生態模式　(D)職業選擇及人格論

( ) 26. 羅伊（Ann Roe）的生涯選擇人格論，強調家庭經驗對日後職業選擇行為具有重要影響力。所謂家庭經驗，係指個體在下列哪一個時期的經驗？(A)童年早期經驗　(B)少年時期經驗　(C)青年時期經驗　(D)壯年時期經驗

( ) 27. 金茲伯（E. Ginzberg）的生涯發展階段論中，青少年期（11-17歲）是屬於哪一個階段？(A)幻想階段　(B)試驗階段　(C)實現階段　(D)統整階段

( ) 28. 輔導教師與小伶談話過後，發現小伶深受家人性別刻板印象的影響而限制了她對職業的選擇。請問以下何種生涯理論較適用理解小伶的生涯困境？(A)設限與妥協理論　(B)特質因素論　(C)生涯發展階段論　(D)何倫的類型論

( ) 29. 社會認知生涯理論中，最重要的概念是以下哪一個？(A)職業性向　(B)生涯信念　(C)生涯自我效能　(D)生涯適應

( ) 30. 葛雷特（Gelatt）的職業決策模式，在實際應用時包含五個主要步驟。其內容有：A.經驗做決定的必要性，同時為自己建立目標；B.蒐集資料；C.分析所蒐集的資料；D.評量並做成決定；E.了解價值系統在決定歷程中的重要性。若依這五個步驟的先後順序排列，下列敘述，何者正確？(A)A-B-C-E-D　(B)A-B-C-D-E　(C)B-C-E-A-D　(D)B-C-A-E-D

( ) 31. 下列哪一個介入方式主要在幫助學生自行分析每一個生涯選擇方案的利弊得失，並從省思中獲得進一步的覺察和發現？(A)生涯彩虹圖　(B)職業組合卡　(C)工作價值觀量表　(D)生涯決定平衡單

(　　) 32. 下列哪一項屬於生涯輔導中的環境探索？(A)佑新和導師探討較適合自己的科系與學校　(B)導師協助阿泰評估不同生涯方案的可行性　(C)曉茗與輔導教師探討自我概念、興趣與人格　(D)輔導教師和婉君一起分析社會經濟的未來發展狀況

(　　) 33. 下列關於故事敘說取向生涯諮商的敘述，何者錯誤？(A)當事人所遭遇到的生涯困境需優先於生命主題的探討　(B)當事人仍需要演練生涯決定所必須具備的行為技能　(C)生涯猶豫被視為有目的的休止符　(D)生涯困境與生命主題間需相互連結

參考答案

1.(B)　2.(C)　3.(B)　4.(C)　5.(A)　6.(C)　7.(A)　8.(C)　9.(D)　10.(B)

11.(B)　12.(D)　13.(A)　14.(C)　15.(C)　16.(B)　17.(C)　18.(D)　19.(B)　20.(D)

21.(A)　22.(B)　23.(C)　24.(B)　25.(A)　26.(A)　27.(B)　28.(A)　29.(C)　30.(A)

31.(D)　32.(D)　33.(A)

二、問答題

1. 請說明生涯輔導的意義與內容。面對多元複雜的社會與許多不確定因素，生涯規劃是否仍有實施之價值，試申述之。

2. 何謂生涯諮商？試說明生涯諮商的歷程及經常使用之技術。

3. 請略述舒伯（Super）生涯發展理論的要點，並依該理論說明你目前正處的階段所關切的重點為何？

4. 國三的湘玲面對畢業，不確定要念高中或是高職。有哪些生涯輔導的方法可協助她完成目前的生涯發展任務？請列舉並簡略說明三項生涯輔導的方法。

5. 面對中學生升學或就業選擇的迷惘時，就生涯規劃與探索的觀點，教師可提供哪些協助？

6. 十二年級的建明想要擬定一份生涯發展計畫，他應考慮哪些因素？請舉出五項。

7. 面對中學生升學或就業選擇的迷惘時，就生涯規劃與探索的觀點，教師可提供哪些協助？

■第九章■

心理測驗在輔導的應用

　　心理衡鑑（psychological assessment）是輔導人員所需具備的一項專業能力，國內學者黃政昌（2008a）主張將心理衡鑑翻譯為「心理評估」，如此比較適合目前諮商界的需要。他認為，心理衡鑑是醫療院所心理師用來衡量鑑別個案到底有沒有心理疾病或是哪一種心理疾病，甚至有多嚴重的一門專業技術。透過心理測驗、臨床晤談、個案史研究、生理測量等各種資料蒐集方式，描繪與解釋個案之心理狀態與行為的一種臨床工作。心理評估有狹義及廣義的定義，狹義是指評估個案心理狀態的一門學問；廣義則是透過蒐集與整合各種資料，對個案心理狀態獲得暫時性的結論，以回答轉介問題，進而提出處遇計畫或治療建議的過程。黃政昌（2015）認為，不論是臨床心理師或是諮商心理師，都強調對個案問題進行有系統的資料蒐集、分析與推論，進而提出相關治療計畫的過程。然而，諮商中大部分是評估個案的智力、學習、人格、生涯興趣等特色是什麼，或困擾是如何發展形成的（what、how），而非如臨床心理衡鑑中，主要目的是衡量鑑別個案到底有沒有心理疾病或是哪一種心理疾病（whether、which one），病因為何，有多嚴重。心理衡鑑與諮商心理評估的不同之處包括：使用領域、使用對象、評估等級、使用目的及使用的測驗性質等，例如：諮商中的心理評估，強調學習適應評估、情緒適應評估、人格特質評估、生涯興趣評估等；臨床心理衡鑑主要強調：智力障礙衡鑑、神經心理功能障礙衡鑑、發展遲緩或障礙衡鑑、精神病衡鑑、人格障礙衡鑑等。心理衡鑑與心理評估的共同點是不僅只有使用心理測驗作為蒐集資料一種方式，還需要兼採晤談、行為觀察、個案史等方式，如此才能對個案的心理與行為特性做出適當的結論與判斷，進一步擬訂妥善的處遇計畫或治療建議（孫頌賢，2016；陳鈞屏，2010）。在此脈絡之下，本書用兩章來探討心理評估的技術，本章先探討心理測驗在輔導方面的應用，下一章則探討晤談、觀察等非標準化測驗的方法。

第一節　心理測驗的基本概念

在教育心理學上，測量、測驗與評量是三個彼此關係密切但意涵各不相同的概念。測驗（test）或稱心理測驗（psychological test），是包括多個問題所構成的用來鑑別能力或性格個別差異的工具，因使用目的不同，測驗有多種形式，教育上應用最多者是性向測驗與成就測驗。測量（measurement）係指根據某種標準，將實施測驗結果化為分數，用以表達受試者對所測問題了解多少的一種工作歷程。「evaluation」在教學方面大多譯作「評量」，期能經由測量而獲致量化（quantitative）的資料，再根據這些資料進行精細而深入的分析與研判，並據以做成教學決定。「assessment」也譯為評量，其意為measurement（測量）加上evaluation（評鑑）（王財印等，2017）。在教學方面所重視的是學習評量，在輔導方面所重視的是心理測驗。學習評量又稱為成就測驗，是心理測驗中的一類，評量和測驗有許多相同的理論基礎，本節則著重在探討心理測驗的基本概念。

壹　心理測驗的意義

人類心理特質看不到也摸不著，但是心理學上假定它是存在的，所以，心理特質是一種心理學上的建構，因為假定它是存在的，才有測量的可能。所謂測驗是對行為樣本所做的一種客觀的和標準化的測量；心理測驗是採用一套標準的刺激，例如：讓受試者回答的試題，對個人的特質（personal traits）做客觀測量的有系統程序。個人的特質包括認知能力和情感特質兩方面，而所謂有系統程序即指測驗的標準化過程（郭生玉，2000）。心理測驗是了解人類心理特質的工具，心理或測驗專家根據理論建構，界定心理特質的內容，據以編製成量表或工具，透過施測、計分與解釋，了解人類某項心理特質的程度（黃政昌，2008b）。陳英豪和吳裕益（1996）認為，心理測驗是利用一套事先經過標準化的試題或圖形來測量受試者某種心理特質，從而對受試者做出一定的心理評估的方法。學校透過實施測驗結果，可以獲致學生學習潛能、性向、人格、興趣等方面的

資料。

　　「心理測驗學知識」（knowledge of psychological testing）是專業輔導人員提供衡鑑服務時，必須具備的專業知識。若再細分，「具備基礎心理測驗背景」、「具有心理衡鑑基礎知識」、「具有可評估人們在認知、情感、行為與人格等面向心理特質的心理基礎知識與評估技巧」的能力，更是提供良好的衡鑑服務不可缺少的專業知能（藍玉玲、張玉萱、陳晼蘭，2015）。

心理測驗的功能

　　心理測驗目前運用的範圍越來越廣，舉凡企業界人才的選拔、教育界學生的輔導、醫學界行為診斷、司法機構的矯治等。心理測驗的一般功能包括：評估（assessment）、預測（prediction），以及診斷（diagnosis）等三項，在學校教育單位及諮商治療機構對心理測驗的運用特別重視。以下僅就測驗在教育領域的功能說明如下（王財印等，2017；郭生玉，2000；Airasian, 2000）：

一、教學上的功能

　　在教學方面，測驗可用來評估學生的學習能力及成果，幫助學生了解自己的學習狀況及激勵學習動機；亦可以提供回饋作用給教師，作為規劃或調整教學活動之參考。

二、輔導上的功能

　　根據測驗的結果，可以評估學生當前的興趣、人格特質或人格適應、學習困難等因素，亦可預測學生未來發展之可能性與限度，可以作為學生生涯輔導選擇之參考，或為日後的諮商服務鋪路，以協助學生了解自己、增加生活適應與做最佳的生涯抉擇。

三、行政上的功能

在學校行政層面，測驗可用來評估教師的教學能力及效能，作為提高教學績效的參考；同時，測驗也是安排學生至適當的班級、組別或特別的課程計畫的重要依據。

 ## 心理測驗的類型

根據不同測量途徑和旨趣，心理測驗至今已發展出各種不同測驗類型。舉例而言，智力測驗、生涯規劃輔導所使用的職業興趣量表，或是民間企業錄用人力所使用的人格測驗。按測驗目的和取向區分，可分為智力測驗、性向測驗、成就測驗、創造力測驗、人格測驗、興趣測驗、行為觀察和神經心理測驗（陳皎眉、黃富源、孫旻暐、李睿杰，2011）。心理測驗的類型相當多，依據不同標準所做的分類，其名稱、功能即有所差異。一般而言，心理測驗可以區分為以下幾種類型（王財印等，2017；余民寧，2005；郭生玉，2000；張德聰等，2004）：

一、依據測驗的目的來分

心理測驗根據不同的目的類型來分，可以分成認知測驗、情意測驗及動作技能測驗三大類。認知測驗大多與國文、英文等學科學習有關，這類測驗也稱為成就測驗（achievement test），智力測驗、神經心理測驗亦屬認知測驗。所謂神經心理測驗是用來測量與診斷是否具有知動協調障礙或腦傷行為發生。情意測驗是指有關個人的態度、興趣、動機、情緒等性質的測驗，一般用在輔導活動上的心理測驗，或是學科教學後興趣及習慣的養成，例如：人格測驗、興趣測驗等。動作技能測驗即有關人的手、腳及腦等協調反應的測驗，此類測驗以實作評量（performance test）較多，輔以觀察、檢核表或評定量表等方式來進行。

二、依據測驗的材料來分

依測驗的材料可以區分為語文測驗和非語文測驗。語文測驗是指以語言和文字為測驗的主要材料，全以文字為刺激和作答的測驗稱為「紙筆測驗」（paper and pencil test）。非語文測驗或稱作業測驗（performance test），是指以圖形、物體、方塊、迷津、拼圖與儀器等材料為主，再配合動作或表達方式來進行的測驗。針對年幼兒童、智能不足、文盲或外國人而編製的智力測驗與神經心理學測驗多屬此類，較具有「文化公平性」。

三、依據編製的過程來分

根據測驗編製的過程來分，可將測驗分成標準化測驗（standardized test）及非標準化測驗（non-standardized test）兩種。標準化測驗是指由測驗專家根據編製程序而編成的一種測驗，通常標準化測驗都具有一定的編製程序，包括試題適當取樣、明確的施測指導語和施測程序、計分標準、解釋分數的常模，以及信度和效度等指標資料，例如：國小五年級國語科成就測驗、性向測驗、人格測驗等屬之。非標準化測驗是教師或輔導人員根據需要而自編的測驗，例如：教師依據認知過程層級所編寫的試題，稱為教師自編測驗（teacher-made test），學校內的平時考、段考均屬之。這類測驗沒有指導手冊、常模、信效度等資料。

四、依據分數的解釋來分

依據分數的解釋，可以分為常模參照測驗（norm-referenced test）和標準參照測驗（criterion-referenced test）兩種。常模參照測驗是指以參考團體分數之平均數（即常模）來解釋個別測驗分數在團體中所處的相對位置的一種測驗，其目的在區別學生間的不同成就水準，並給予學生的學習成就評定等第。由於常模參照測驗是藉由與他人的分數比較，而決定其在團體分數分配中的相對位置，因此，名次、等第、優劣、高低、標準分數、百分等級等的意義，需經由團體成員彼此比較之後，始能賦予意義。例如：張三是全班第五名，是經過全班比較之後才得到；李四得到甲等，表

示他贏了所有乙等以下的人；王五的百分等級是75，表示全班有75%的人成績不如他。

　　標準參照測驗是指參考教師在教學前所訂定的標準，來解釋個別測驗分數是否達成這項既定標準的一種測驗，其目的旨在了解學生已學會的是什麼，是否達到教師所期望的成就水準，而不是在與他人的成就做比較。教育上的能力本位教學、行為目標評鑑、精熟學習，以及技能檢定，經常廣泛地應用標準參照評鑑，以維持一定的教學品質或技能表現水準。例如：30分鐘內完成為及格、錯誤率5%以下為及格、70分以下為不及格、間隙0.05公釐以上為淘汰品等，均是標準參照評鑑。

五、依據施測的人數來分

　　依一次施測人數的多寡來分，測驗可分為個別測驗和團體測驗。個別測驗是一次只能對一位學生施測，像魏氏兒童智力測驗（WISC）、學業成就診斷測驗、口試等就屬此類，其優點為施測者可建立親善的施測關係，且可詳細觀察及記錄，缺點則是比較費時。團體測驗即是兩人以上的團體可以同時實施測驗，其優點是短時間內可以獲得大量資料，經濟效益較高，缺點則是無法建立親善的施測關係，例如：全班同時施測，這種施測需要仰賴紙筆測驗。

六、依據測驗的反應型態來分

　　依測驗的反應型態來分，測驗可分為最佳表現測驗（maximum performance assessment）和典型表現測驗（typical performance assessment）。前者指測驗的意圖是在測量學生能力的最佳表現或最大成就的程度，凡是以能力的高低作為測量基礎均屬之，例如：智力測驗、成就測驗、性向測驗就屬此類。典型表現測驗指測驗的目的是測量學生是否具備某種典型行為，也就是在正常的情境下，個人通常表現的行為如何。這類測驗關心的是個人將會做什麼，而不是他們能做什麼，測量興趣、態度和人格特質等情意領域的測驗均屬之。

七、依據測驗的時間限制來分

依據測驗的時間限制，測驗可分為速度測驗（speed test）及難度測驗（power test）。速度測驗主要在測量反應速度的快慢，此種測驗的題目難度低，但時間限制嚴格，沒有人有足夠的時間做完所有的試題，例如：中文知覺速度測驗。在教育與心理測驗中，速度測驗使用並不普遍，多數教學目標均先重視精熟學習，然後才加強速度快慢。難度測驗是在測量問題解決能力，大多數成就測驗都屬於難度測驗，其目的在評量學生獲得知識與技能的程度，而非反應快慢。

 心理測驗與輔導的關係

選擇心理測驗的主要目的，是希望測驗工具能夠協助輔導人員有效蒐集學生的資料，以進行諮商輔導活動。所以，心理測驗需與學校三級預防工作相結合，依據學生不同的需求，實施心理測驗及進行心理評估。以下僅就各級心理評估的使用時機與所需測驗工具的性質加以說明（黃政昌，2008a；黃政昌等，2015）：

一、初級評估（primary assessment）

初級評估又稱發展性評估，其目的乃在貫徹初級預防的目的，即預防問題發生，增進個體生活適應的能力。雖然大部分的學生或個人適應良好，沒有發現任何心理問題或偏差行為，但此結果並不保證他們會永遠適應良好。因此，初級預防的精神在於繼續強化個體的自我了解、心理功能與生活適應能力。初級心理評估可以作為增進個人自我探索與了解的重要途徑。例如：「生涯興趣量表」的目的，就是在幫助一般學生探索自己的興趣，以作為日後生涯規劃的參考，如果學生能夠生涯定向，生活與學習有目標、有意義，心理健康狀態自然也就跟著提升；而「大學生學習與讀書策略量表」可以幫助學生了解自己在學習態度與讀書策略方面，是否有不足之處或需要諮詢改進的地方，如果學生的學習策略正確，學習過程能有效果、有成就，學習與生活自然適應良好，心理健康指數便又增加了。

二、次級評估（secondary assessment）

　　次級評估又稱為篩選性評估，著重在早期發現、早期處理，以防止問題惡化，可以說是次級預防的精神所在。亦即將有問題徵兆，例如：輕度行為偏差或心理困擾的學生加以篩選，實施相關輔導措施。因此，次級心理評估的目的，就是篩選高關懷對象，以作為學校或機構輔導單位進一步諮商輔導與介入處遇的參考。例如：輔導室針對學生進行篩選性測驗，常用的測驗包括臺灣人憂鬱量表、賴氏人格量表、行為困擾量表、身心適應量表等，通常先將測驗結果進行統計分析，再將各班級學生中心理困擾指標如憂鬱、焦慮、自傷等分數的百分等級超過90%或95%的學生，轉知各班導師優先關懷、追蹤輔導，因為這些透過心理健康檢測工具所篩選出來有輕度心理困擾或適應困難的學生，最需要導師與輔導室一起來優先關懷與進行介入處理。常用策略如邀請這些學生前來輔導室討論測驗結果，主動關懷學生了解目前的適應狀況，作為進一步邀請進入個別諮商系統的媒介。

三、三級評估（tertiary assessment）

　　三級評估又稱為診斷性評估，乃針對有嚴重行為偏差、心理疾病或自傷傷人的危機個案，透過各種介入、治療及復健措施，能夠防止個案症狀惡化、功能障礙或發生危機。因此，三級心理評估的目的，就是診斷出個案是否罹患心理疾病或是具有自傷傷人的危機程度，以進一步轉介精神醫療單位進行藥物等相關治療，或通知相關人員採取危機介入的措施。例如：實施「貝克憂鬱量表」及「貝克自殺意念量表」，以進一步確認學生憂鬱絕望的程度以及自殺危機的強度；實施「國小學生活動量評量表」、「行為困擾量表」，以了解學生是否具有過動傾向和學習困擾的情形。在教育環境中，實施診斷性評估，通常是由校內外的專業心理師來進行，同時配合評估會談、行為觀察，以及檔案資料等非測驗資料的結合，甚至轉介至精神科醫師的會診，才能進一步確立其可能的心理疾病或危機程度。

伍 輔導上常用的測驗

　　心理測驗可分為認知測驗及情意測驗兩類。認知測驗旨在測量心智能力，所以又可稱為能力測驗，此類測驗包括智力測驗、性向測驗、成就測驗及創造思考測驗等；情意測驗則在測量個人心智能力以外的各類心理特質，又可稱為非能力測驗，凡是以人格、動機、興趣、態度、焦慮、氣質及自我觀念等為名的測驗，都屬於情意測驗的範疇（徐昊杲等，2012）。從這兩大類可以將心理測驗再細分為智力、性向、成就、人格、興趣等五類，以下分別說明之（王文秀等，2011；郭生玉，2000；張本聖、洪志美譯，2012；危芷芬譯，2004）：

一、智力測驗

　　在心理學的發展過程中，每位學者對智力的見解都不一樣，所編的智力測驗內容因而有所差異。有關智力的定義可以歸納為四類：(1)智力是抽象思考和推理的能力；(2)智力是學習的能力；(3)智力是環境適應的能力；(4)智力是問題解決的能力。近年來逐漸以心理能力測驗、普通能力測驗、學術性向測驗和學業性向測驗取代之。一般而言，智力測驗所測量的內容包含語文記憶、語文推理、數系推理、算術運算等四類，屬於最大表現測驗，而兼具難度測驗和速度測驗的特性，容易引起學生作答的焦慮，導致低估智力的可能性。

　　智力測驗常用來作為診斷的工具，尤其是用來鑑定資優兒童與智能不足兒童。對診斷的目的而言，個別智力測驗比團體智力測驗更為適用，在使用的個別智力測驗中，以比西智力量表（Binet-Simon Intelligence Scale）、魏氏兒童智力量表（WISC-IV）及中華兒童智力量表最為普遍。在學校情境中，團體智力測驗的使用比個別智力測驗更為普遍，其主要原因為實施方便和合乎經濟原則。使用較為普遍的團體智力測驗如下：普通分類測驗、中學智慧測驗、國民中學智力測驗、羅桑二氏語文智力測驗等；在非文字智力測驗方面，瑞文氏彩色非文字推理測驗（Coloured Progressive Matrices Test）及瑞文氏非文字推理測驗（Standard Progressive

Matrices Test）在國小的應用較為普遍。

二、性向測驗

　　所謂性向（aptitude）是指個人天賦的潛在能力，亦即個人學習知識與技能的能力，包括普通能力與特殊能力。普通能力如語文理解、數學推理、空間關係的認知、聯想與記憶等，稱之為普通性向；特殊能力是個人的心智活動中，表現於各種不同領域的專業傾向或特殊才能，例如：美術性向、音樂性向、科學性向、機械性向等，稱為特殊性向。其次，性向和興趣是不同的，性向是指個人天賦的潛在能力，興趣則是指個人對某些事物或活動有所喜好，而主動接觸、參與的積極心理傾向，是一種動機。輔導人員在協助學生選組、選系或就業選擇時，除了使用性向測驗外，亦可同時搭配興趣測驗，以獲得更充分的測驗資訊。性向測驗可區分為三大類：多元性向測驗、特殊性向測驗和創造思考測驗。多元性向測驗如青年性向測驗（修訂自美國區分性向測驗）和通用性向測驗，可測量多種不同的性向，以多項分數或側面圖代表個人不同的能力。特殊性向測驗則如綜合美術性向測驗、音樂性向測驗，只測量一種性向。創造思考測驗是測量擴散性思考能力，例如：托浪思創造思考測驗（Torrance Test of Creative Thinking）、科技創造力測驗、威廉斯創造力測驗等。

三、成就測驗

　　成就測驗是在測量學生於學習活動結束後，對學習內容的精熟程度或成就水準，亦即教學目標的達成情形。成就測驗可分為標準化成就測驗和教師自編成就測驗。標準化成就測驗大致分為三大類：綜合成就測驗、單科成就測驗、診斷測驗。在測驗實施計畫中，首先要實施綜合成就測驗，以測量學生各學科的一般成就水準；其次是實施單科成就測驗，以了解學生在某一科的學習優點和缺點；最後實施診斷測驗，以分析學生學習的困難所在或原因。診斷測驗如國語文能力測驗、數學能力診斷測驗。至於教師自編成就測驗，依教學過程的不同階段可區分成：(1)準備性評量（pre-testing），即在單元開始之前，測試學生應具備的有關知識和技能，以便

編製適當的教學計畫；(2)形成性評量（formative assessment），即在教學進行中實施，以了解學生的學習情況，並予以特殊的協助；(3)總結性評量（summative assessment），即在教學的一段期間後施測，教師需要了解學生的學習結果如何，也要評定出學生的成績等第。

四、人格測驗

學生的人格和其學習能力、興趣與態度有直接的關係，人格適應有問題，個人的潛在能力就會受到抑制，無法得到充分發揮。由於人格測驗（personality test）的實施與應用比認知測驗更需要專業的知識，誤用對學生的不良影響也遠超過認知測驗。人格測驗依照編製的理論依據與適用時機之不同，區分為自陳測驗與投射測驗。自陳測驗又稱自陳量表（self-report inventory），指提供一些問題或刺激，由受試者依自己的感受、思考、意見或行為加以反應，此種測驗的基本假定是：個人願意且能夠正確的報告自己的想法或感受。國內目前較常用的自陳測驗有孟氏行為困擾調查表、少年人格測驗、賴氏人格測驗、田納西自我概念量表、學習診斷測驗、工作氣質測驗等。有關於職業興趣等生涯相關的測驗，則另外歸為興趣測驗一類。

投射測驗（projective test）是提供一些意義模糊不清的刺激，讓受試者自由反應。在此種情況下，受試者常不知不覺地將其內部的情感、態度、需要、價值、情緒、動機與人格特質等，投射到反應之中。投射測驗的優點是受試者無法猜出施測的真正目的，也無法了解其反應所表現出來的到底是什麼，因此它不會受社會期許的影響，受試者也不容易作假，而且可以測出其隱藏在內心深處潛意識方面的問題。投射測驗主要的限制是：(1)投射結果的評分缺乏客觀標準，且測驗結果不易解釋推論；(2)測驗原理過於複雜艱深，非受專門訓練者無法使用，因此，測驗效度不易建立。一般常用的投射技術有聯想技術、完成技術、編造技術和表現技術。羅夏克墨漬測驗（Rorschach Inkblot Test）和文字聯想測驗屬於聯想技術，語句完成測驗屬於完成技術應用，應用較普遍的編造技術有主題統覺測驗（Thematic Apperception Test）和羅氏逆境圖畫測驗（Rosenzweig Picture-

Frustration Study），表現技術和編造技術極為相似，主要方式有指畫、畫人測驗、玩洋娃娃、玩玩具、塑造黏土等。

五、興趣測驗

　　興趣是人格的一部分，一般均將之歸為人格測驗，本章單獨歸為一類。對學生興趣的了解，有助於學生在教育與職業計畫方面做適當的選擇。目前十二年國民基本教育特別重視適性輔導，希望能加強學生對自己的性向與興趣的了解及提供學生職業試探的機會，針對生涯發展教育的實施主題銜接學生未來的進路發展。由於職業與生涯發展息息相關，要讓國高中學生了解未來想從事的職業及自己的興趣，除需落實國高中階段的生涯試探課程外，輔導工作需規劃完善的興趣測驗，使學生能充分了解自己的能力需求、學習興趣、職業興趣、工作價值觀、生涯信念、生涯態度等，透過這些向度的了解、覺察與行動改變，增進其順利選擇自己有興趣的學習領域、職業類別，以及生涯發展方向。在中學階段比較常用的興趣測驗有以下幾項：我喜歡做的事、國中學生興趣測驗、國民中學職業興趣量表、國中生涯興趣量表、愛德華斯個人興趣量表、青年職業興趣測驗、大考中心興趣量表、大學學系探索量表、學習與讀書策略量表、生涯興趣組合卡等。

第二節　心理測驗應具備的要件

　　良好的心理測驗一定要具備較高的信度和效度，當我們在選用心理測驗時，通常會將此項指標列為重要參考依據。信度指的是測驗結果必須具有穩定性，要使同樣的測驗在相同條件下反覆施測，可以得到相同或相近的測量結果；效度是測驗能夠測得所要測量的事物的程度，心理測驗必須能夠透過測量結果反映並區辨出所要測量的特質，才有使用價值（郭生玉，2000）。除信度、效度外，在編製成就測驗試題時，尚需考慮到試題的難度及鑑別度，本節針對四項指數加以探討（王財印等，2017；周新富，2016b；涂金堂，2009；周文欽、賴保禎、歐滄和，2003）：

信度

信度（reliability）是指所測量的屬性或特性前後的一致性或穩定性，即多次測量的結果是否一致。一個人在多次進行某種量表時，如果得到相當接近的分數，即可認定該量表穩定可靠，我們可以稱這項量表具有良好的信度。測量的結果也應該具有一致性（consistency）和穩定度（stability），否則測量的結果便不可信賴，亦即缺乏信度。

一、信度的種類

估計測驗信度有幾個方法，其中常用的基本方法有再測法（test-retest）、複本法（alternative forms、equivalent forms或parallel forms）、內部一致法（internal consistency）和評分者信度（scorer reliability），以下分別說明之。

(一)再測信度

所謂再測法是指以相同一份測驗，於不同時間對相同學生前後重複測量兩次，再根據兩次分數求得的相關係數，稱作再測信度（test-retest reliability，或稱重測信度）。例如：有一個數學測驗在星期一及下個星期一連續對六名學生施測，這兩組分數間的相關是.96，因此可以說這個測驗是相當可靠的。再測信度的主要問題是第二次施測時有記憶或經驗的介入。一般而言，相隔時間越長，穩定係數越低，最適當的相隔時間少則兩週，多則半年。

(二)複本信度

用複本法所測得的信度稱為複本信度（parallel-forms reliability）。複本法是指編製兩份測驗，而這兩份測驗在試題格式、題數、難度、指導說明語、施測時限等方面都相當，都是用來測量相同特質，但試題內容卻不相同，拿給同一批學生施測，再求得兩者相關係數，即稱為複本信度。這個方法減少了再測法中的記憶與練習問題，如果一個學生在複本的得分差距太大，則可指出這個測驗不可信。從測驗原理與實驗研究應用的觀點而

言，這是考驗信度最好的一種方法，但這種信度的缺點是複本測驗編製不易。

(三)內部一致性信度

上述兩種信度的估計方法有一個共同點，那就是必須進行兩次施測或使用兩份測驗，這不僅增加測驗編製的負擔，更容易造成學生合作意願低落而影響施測的結果。為簡化這種施測方式且又能兼顧正確估計信度，於是有學者只根據一次測驗結果就來估計信度，這種方式即稱為內部一致性信度（internal consistency reliability）。最常用的內部一致性信度有折半方法（split-half method）、庫李方法（Kuder-Richardson method）和α係數（coefficient alpha）三種。

1. 折半信度

所謂折半方法，即是利用單獨一次測驗結果，以隨機方式分成兩半，再求兩半測驗結果間的相關係數，得到的相關稱為折半信度（split-half reliability）。折半信度越高，表示兩半測驗的內容越一致或越相等，這種方法的好處是只要施測一次，因此，記憶或練習的影響可以減少。但是此一相關係數只是半個測驗信度而已，故必須使用「斯布校正公式」（Spearman-Brown prophesy formula）加以校正，藉以估計整個測驗的信度。例如：以奇數偶數折半方式，估算出測驗的折半信度為0.71，再透過斯布校正公式的計算，則校正後的信度將會高於0.71。

2. 庫李信度（K-R信度）

另一個估計測驗內部一致性的方法是庫李方法，這個方法適用於間斷或二分計分法的試題，例如：是非題即適合使用庫李公式算出庫李信度。

3. α係數

對於不是對錯的二分計分法無法適用庫李信度，而要使用克朗巴哈（Cronbach）的α係數，例如：態度或人格測驗所採用的「李克特氏五點評定量表」即可使用α係數。教育與心理方面所編製的測驗，大多使用這種考驗方式來評估量表內部一致性。

㈣評分者信度

上述的信度估計方法都是適用在客觀測驗的評分方式，它不會受到評分者主觀判斷的影響，當教師自編成就測驗是屬於主觀測驗時，例如：論文式成就測驗，或採用觀察法、口試等方式進行教學評量，以及實施投射測驗、創造思考測驗，評分結果難免會受到評分者的主觀判斷與意見的影響，而導致評分者的誤差存在，這時要採用「評分者信度」（scorer reliability）來估計數位評分者評分結果的一致性，以供測驗使用者參考。其方法為單獨由兩位評分者（或若干位）對試卷每一題加以評分，根據所評分數求相關係數。當評分者為兩人時，可以使用Spearman等級相關（Spearman rank correlation）求得評分者信度；當評分者超過兩名以上時，可以採用Kendall和諧係數（Kendall coefficient of concordance）來求評分者信度。

二、信度的解釋

通常信度的高低受到以下因素的影響：團體變異、測驗題目多寡、試題難易及計分方式。異質團體比同質團體有較高的信度，題目越多，信度越高，試題太簡單或太難，則信度偏低，計分方式越客觀，信度越高。一份測驗的信度係數到底要多大才表示分數是可靠的？一般而言，標準化的成就測驗要達.85以上，課堂用的選擇題測驗要達.75以上，測量某構念的心理測驗，如果信度係數為.80即可接受。.90以上為高度信度，.80為中高信度，低於.60為不可接受的信度水準。智力測驗通常大約有.85或以上，人格測驗和興趣量表的信度約在.70和.80左右。

 效度

效度（validity）是指一項測驗要能正確測量出所要測量的屬性或目的的程度，也就是指測驗分數的正確性。假如教師要測量學生在歷史的學習情形，那麼測驗項目中就不能包含其他主題，例如：化學史，否則這個測驗就算沒有效度。效度是科學測量工具最重要的必備條件，一項測驗如果

沒有效度，無論其具有其他任何優點，都無法發揮出真正的功能，所以在選用某種測驗或自行編製測驗或評量時，必須先評定其效度。

一、效度的類型

測驗的效度具有多種類型，一項測驗可以依據其需要而採用一項或多項的效度。茲將效度的類型簡述如下：

(一)內容效度

內容效度（content validity）或稱與內容關聯的效度，是指抽樣的測驗試題樣本內容是否具有教學目標與教材代表性或適當性程度的一種指標。例如：教師給學生作一份國語文成就測驗，若該測驗的試題涵蓋國語文教學所要達成的各項教學目標及教材的重要內容，則該測驗便具有國語文的內容效度。學校內所用的學業成就測驗特別注重內容效度，其主要目的在測量學生在某一學科中學習的結果，因此，試題必須切合教材內容，並依據教學目標來編製。教師若根據雙向細目表（two-way specification table）來命題，而且試題具有代表性，如此，該測驗即會具有良好的效度。相反地，性向測驗與人格測驗就不宜使用內容效度。

(二)效標關聯效度

效標關聯效度（criterion-related validity）是指以實證分析方法研究測驗分數與外在效標間關聯性的指標。所謂外在效標即是指測驗所要預測的某些行為或表現標準，例如：學業成就、評定成績、現存可用測驗等。如果測驗分數與外在效標的相關越高，即表示效標關聯效度越高。效標關聯效度可分為同時效度（concurrent validity）及預測效度（predictive validity）兩類：

1. 同時效度

同時效度指測驗分數與外在效標的取得約在同一時間內連續完成，例如：「三年級數學成就測驗」已使用多時，但施測時間費時60分鐘，某教師發展一份只需施測20分鐘的「精簡版三年級數學成就測驗」，教師對同一群學生施測兩種版本的測驗，並且計算出兩個測驗分數間的相關，如果

有高相關，則此精簡版測驗具有良好的同時效度。

2. 預測效度

預測效度是指測驗能預測學生未來某行為的程度，通常測驗分數與外在效標的取得是相隔一段時間，測驗分數的取得在先，外在效標在後，然後計算兩項資料的相關係數，即代表該測驗的預測效度。例如：學術性向測驗（SAT）常被用來決定一個人是否應該進入大學就讀，如果它能有效預測一個人在大學就讀的成功，則它是一個好的測驗。

(三)建構效度

建構效度（construct validity）或稱構念效度，指測驗能夠測量到心理學或社會學理論上的建構或特質的程度，亦即根據心理學或社會學的理論建構，對測驗分數意義所做的分析和解釋，即為建構效度。理論是一個邏輯上合理化的解釋，能說明一組變項間的互動關係，依據不同種類的理論來編製測驗，即可決定該測驗的建構效度。例如：某智力測驗測得的結果如果與該測驗所依據的智力理論相符合，那麼這個智力測驗就具有建構效度。心理測驗大多採用這種效度，其方法為使用電腦統計軟體中的因素分析（factor analysis），來了解量表所涵蓋的因素是否與編製工具理論的概念相符合，若相符合的程度越高，則該工具的建構效度也越高。

(四)表面效度

有一種效度稱為「表面效度」（face validity），是效度的基本形式，其意為當受試者略讀測驗的題目，這些題目看起來像所要考的測驗，可能測驗內容並未配合教學目標，但我們主觀認定這個測驗是適當的。所以，表面效度顧名思義，即是從測驗的表面來看是有效的。測驗必須看起來是要能測量準確的變數，如此才可提高填答者的動機。假如教師給學生看一幅墨跡圖，說要測量智力，學生必定不會相信墨跡可以測智力，而且不會認真回答問題，故用墨跡測量智力是不具表面效度的。但如果教師用數學問題、字彙應用及物體在空間的排列問題來測量智力，學生就會相信這項測驗在測量智力，而且會認真作答。

㈤專家效度

專家效度（expert validity）是將測量工具交給相關的專家、學者，請其評估題目的適宜性。其評估的重點有二：題目是否與變項名稱相符合、題目的用字遣詞是否恰當。一般是邀請六至十位學者專家來評估一份研究工具，請其勾選問卷題目是否適當，若認為題目適合人數的百分比達80%以上，則可以認定該量表具有專家效度。但因這種方法缺乏客觀的標準，受到的接受度不高，所以在進行效度考驗時，不能只用專家效度一項，還要結合其他的效度，例如：建構效度，則所呈現的效度會更具說服力。

二、信度與效度的關係

信度是對測量一致性程度的估計，而效度是對測量準確程度的估計，一個測驗要具有效度之前必須先有信度，因為當測得的分數本身都不可靠時，更不用談它的正確性。但是有信度的量表卻未必有效度，然而，有效度的測驗可以保證某種程度的信度。效度與信度間的關係可以合理推論為：信度低，效度一定低，但信度高，效度不一定高；效度高，信度一定高，但效度低，信度不一定低。也就是說，信度是效度的必要條件而非充分條件，而效度是信度的充分條件；因為可信的量表並不一定是有效的量表，而有效的量表通常可信度一定很高。

 ## 參　難度

在編製成就測驗時，為確保每道試題的品質都是優良的，必須透過試題分析來確保試題的品質，其中難度（difficulty）和鑑別度（discrimination）這兩項數值指標，最常用來判斷試題的優劣（涂金堂，2009）。難度指的是題目的難易程度，難度適當的試題是構成優良測驗的必要條件。試題的難易程度通常以全體受試者答對或通過試題的百分比表示之，其公式為：

$$P = \frac{R}{N} = \frac{15}{30} = 0.5$$

P代表試題難度，N為全體受試者人數，R為答對試題人數。假設共有30位學生作答，有15位學生答對，則P值為0.5。P值介於0至1之間，P值越大，難度越低，P值越小，難度越高。例如：在某一測驗，第一題、第二題、第三題的通過人數百分比（P）依次為20%、30%、40%，則第一題的難度最高，第二題次之，第三題最低。

題目的難度是相對而不是絕對的，難度的大小除了和內容或技能本身的難易有關外，還與題目的編製技術和受試者的經驗有關。一個本來很容易的問題，可能因敘述不清楚，或者受試者由於某種原因沒有學過而變難；一個很難的內容也可能因為答案過於明顯，或由於受試者已經學會而變得很容易。題目難度要多高才合適？這取決於測驗的目的、題目的形式及測驗的性質。如果測驗是用來對學生能力做區分，教師可選二分之一中等程度（難度在0.5至0.7之間）的題目，四分之一難題，四分之一簡單題，這樣對好、中、差各種學生具有較好的區分能力。

肆　鑑別度

鑑別度是指測驗題目是否具有區別學生能力高低的作用，如果某一試題鑑別度很高，則表示它能夠明確區別答對與答錯學生的功能很強；反之，鑑別度很低的試題則無法區別出答對與答錯的學生。例如：試題太難或太容易，其鑑別度一定很低。試題鑑別度的用意在讓有能力、會答的學生答對，而沒有能力、不會答的學生答錯。一個良好的測驗試題一定要有較高的鑑別度。

鑑別度的估計可分為內部一致性與外在效度兩種，茲以內部一致性的計算方式做說明。教師先依測驗總分將最高的27%受試者列為高分組，最低的27%受試者列為低分組，然後分別求出這兩組受試者在個別試題上通過人數百分比，再以高分組的百分比減去低分組的百分比所得的差數作為鑑別度指數（index of discrimination），其值介於–1至+1之間。其計算公式如下：

$$D = P_H - P_L$$

　　D代表鑑別指數，P_H為高分組通過人數百分比，P_L為低分組通過人數百分比。例如：高分組通過某試題的百分比為.63，低分組通過該試題的百分比為.21，其鑑別指數為.63 – .21 = .42。當試題太容易時，全部高分組和低分組學生都答對，此時兩組的答對百分比值都是1，其間的差值等於零；反之，試題太難，高低分組學生都答錯，其差值等於零，極端容易和困難的試題皆不具有鑑別度。負的鑑別度指數代表該試題具有反向的鑑別作用，這類試題應予淘汰；其餘情況鑑別度指數越高，表示試題的鑑別度越大，指數越低，鑑別度越小。試題的難度與鑑別度密切相關，測驗的試題具有適當的難度才能發揮鑑別作用，如果試題太難或太容易，則失去鑑別不同程度的作用。一般而言，試題的難度越接近.50，則其所能發揮的區別作用越大。

第三節　心理測驗的編製與實施

　　學校輔導室所使用的心理測驗大多數是購買自測驗出版社，例如：國內的心理出版社，但基於測驗保密原則，購買測驗應由學校出具公函。有時候輔導人員需要修訂他人的測驗或自行編製測驗，這時就要依據標準化測驗編製的流程來進行。對測驗編製過程有所了解之後，在使用測驗時即能駕輕就熟，同時施測人員也需了解及遵守測驗的倫理規範。

標準化測驗的編製

　　測驗的種類相當多，例如：智力測驗、人格測驗、學業成就測驗及教師自編測驗，其中，智力測驗、人格測驗適用在諮商與輔導方面，與教學有密切關係的測驗是學業成就測驗。心理測驗大部分是經過標準化的流程編製而成，而且發展出常模供作參照，測驗的信度和效度都相當高。編製一份標準化測驗需要投入相當多的人力和財力，非一個人所能獨自完成。標準化測驗具有以下的特徵：(1)有高品質的試題；(2)有實施與計分的指導說明，在施測上有嚴格的要求；(3)有解釋分數的常模，測得的結

果可以用來比較；(4)有測驗編製手冊；(5)具有較高的效度和信度（郭生玉，2000）。以下簡述心理測驗的編製流程（周文欽、賴保禎、歐滄和，2003；周新富，2016b；危芷芬譯，2004）：

一、確定測量的主題

在編製之前需釐清測量的目的及所要測量的概念或主題，根據測量的目的確定測驗的施測對象為何。通常測驗的編製需有理論的依據，因此先要進行相關文獻的探討，藉由蒐集測驗的相關資料，以便建立測量主題的架構。

二、擬訂測驗架構

通常測驗的編製都是根據學者所提的理論來決定其編製的架構。假設人格理論將個體行為分為五個面向，測驗編製者可依照這五個面向編成一份有五個分量表的人格測驗。

三、決定測驗的形式

通常測驗的類型可分為李克特（Likert）量表或語意區分（semantic differential）量表。語意區分量表是要求受試者填寫置於兩邊的極端值尺度上的對比形容詞，來測量受試者對某一概念或事件的反應。假設我們要研究對政府施政滿意度，在每一字組中間有六條測量線段，例如：非常有效率＿＿＿＿＿＿非常沒有效率，越往左端的線段意味著政府公務員越有效率，越往右端的線段意味著政府公務員越沒有效率。一般常用的類型是李克特量表，使用五至七點式的李克特量表效果最好，五點式量表通常標示為：完全符合、大部分符合、普通、少部分符合、完全不符合。同時，其他量表所使用的測量形式最好儘量一致，如此可以減少受試者在回答問題上的不便。

四、編擬問卷初稿

在問卷的形式決定之後，接著就根據所要測量的概念或變項實際撰寫試題，在編製測驗初稿時，題數要越多越好，因為初期所編寫的題目要經

過審題及量化分析的過程，刪去許多不適當的題目後，才成為最後的問卷題目。

五、邀請專家學者檢視及修訂測驗

測驗初稿完成後，可邀請與主題相關之學者、專家給予意見，以發揮集思廣益的功能。編製者依據專家們的意見適度地修改測驗初稿，讓這份問卷更臻完善。

六、測驗初稿的預試

預試（pretest）的目的在發現測驗之內容結構、邏輯、用語等各方面是否有需要修正的地方。預試是採用小量的調查樣本（約100至150人）來填寫問卷，填寫對象需配合母群體結構，不可針對某一特殊族群做預試。進行預試時，編製者需將受試者的所有疑問詳加記錄，亦可和受試者討論題目，看看是否有遺漏的選項或不易了解的地方，然後再修改測驗初稿。

七、進行項目分析

項目分析（item analysis）或稱為試題分析，其主要目的是針對預試的題目加以分析，以作為正式選題的參考。進行項目分析時，通常有兩種方法可以使用，第一種方法是用t考驗法，第二種是用相關分析法。以t考驗而言，在進行項目分析時，是以該量表總得分的高分組（前27%的受試者）和低分組（後27%的受試者）在每一題得分的平均數進行差異比較，所得的值稱為決斷值（critical ratio，簡稱CR）。CR值至少應達3以上且達顯著水準，才表示這個題目是個好題目；反之，低於3的題目應予以刪除。在進行相關分析時，首先將每個受試者量表的總得分算出來，然後以題為單位，計算每一題與量表總得分的相關。一般而言，相關係數至少應達0.3以上且達顯著水準，才表示這是個好題目。成就測驗則是以難度及鑑別度進行試題分析，挑選出品質較佳的試題。

八、進行因素分析

接著要以因素分析算出量表的建構效度（construct validity），但這種效度不是一個數字，而是要驗證量表與理論的適配性。因為一個理論通常都會包含幾個面向，亦即所編的測驗相對地也會包含這幾個分量表，為了驗證此項量表所包含的分量表是否和所用的理論一致，驗證性因素分析就可用來考驗這種建構效度。

九、算出測驗信度及效度係數

項目分析、因素分析之後，接著要實施信度分析，對於保留下來的題目進行信度的計算。最常使用的信度是內部一致性係數（Cronbach α係數），所得的Cronbach α係數越高，則代表其測驗的內容越趨於一致，信度越好。除信度係數外，亦可計算出效標關聯效度。

十、編成正式測驗及後續工作

經過以上步驟之後，測驗試題已確定，即可著手編輯及印製正式的測驗題本。後續工作則有建立常模、建立標準化施測與評分程序，將這些內容編寫成測驗指導手冊。編製者也可接洽國內外測驗出版機構，將此心理測驗發行及推廣。

 貳 心理測驗的實施

在實施心理測驗之前先要擬訂測驗計畫，計畫內容包括：(1)決定測驗的目的與時機；(2)遴選實施測驗人員；(3)安排施測的時間與場地；(4)測驗結果解釋與應用等（黃政昌等，2015）。輔導室為實施心理測驗都會訂定「學校測驗計畫」，其目的在協助學生了解個人潛能、興趣、人格特質，以利學生生涯選擇與適性發展。同時根據測驗結果作為實施諮商與輔導的依據，以改善學生學習適應及減少學生行為困擾。「學校測驗計畫」至少必須包括智力測驗、成就測驗和人格測驗，如果人力、經費與時間許可，再實施興趣測驗、性向測驗或其他情意測驗（簡茂發，2011）。

以下分施測前、中、後三階段來說明（黃政昌，2008b）：

一、施測前

　　輔導室於施測前一週，依各班人數，備妥測驗題本、答案紙之份數，並備妥測驗說明會之相關資料。施測前通知執行人員，召開測驗說明與訓練會議，使施測人員能熟讀指導手冊，了解測驗內容與實施程序等事項。每一種測驗的指導手冊都會詳細說明施測程序，亦即所謂「標準化程序」的施測過程，包括場地選擇、座位安排、測驗指導語及記錄方式等。施測前也要通知施測班級學生施測時間及需預備事項，以消除緊張、提高動機。

二、施測執行

　　施測人員依照指導手冊中的標準化流程來執行，包括題本及答案紙的分發順序、指導語的說明及作答時間的限制等。提醒學生未開始作答前勿翻閱題本，待講解測驗指導語完畢後，學生即開始作答，教師則開始計時。

三、施測後

　　測驗施測完畢後，先收答案卡，再收回題本，清點無誤後送回輔導室。因故未參加測驗者，教師填寫未測學生紀錄表，輔導室另行通知補測時間、地點，進行補測。輔導人員就收回之題本與答案卡，進行整理及計分工作。各項測驗分數應登錄於學生的輔導資料，以提供導師、輔導人員及行政人員參考使用。

 測驗結果的解釋

　　施測後的測驗結果應利用適當時間對學生、家長或教師進行解釋，對於學生可利用生涯規劃、綜合活動等課程來解釋測驗結果，或是個別諮商時與個案討論測驗的結果。大多數的標準化成就測驗、智力測驗、性向測驗等，均採用常模參照的方式來解釋測驗結果，所以，教師有必要

對常模參照的重要概念有所認識。以下針對解釋測驗結果的重要概念加以說明（郭生玉，2000；鄒慧英譯，2003；王財印等，2017；黃政昌等，2015）：

一、常模（norm）

常模是解釋測驗分數的依據，是指特定參照團體在測驗上所獲得的平均分數。測驗所得的原始分數本身沒有多大意義，為了解釋其意義，測驗編製者都會提供各種常模表，以確定個人的測驗分數在團體中的相對地位。例如：某位學生在一個英文成就測驗上得到100分，如將這分數參照常模加以解釋，便可知道這位學生的分數落在參照團體平均數之上或之下。常模類型可分為四大類，即全國性常模、地區性常模、特殊團體常模、學校平均數常模。全國性常模是依據全國性的代表樣本所建立的常模；地區性常模是參照地區性團體所建立的常模；特殊團體常模的建立可依據身心障礙的類別、特殊職業團體、修讀某一學程的學生等；學校平均數常模是一所學校想要比較自己學校五年級的學生，在測驗上的平均數是否和其他學校同年級學生一樣或不同，就可以使用學校平均數常模。

建立常模的方法通常是將原始分數轉換成相對分數或衍生分數（derived score）。衍生分數可採用兩種方式表示：(1)發展性常模，即依據個人所獲得的發展水準所表示的分數，包括年齡常模及年級常模；(2)團體內常模，即依據個人在特殊團體中的相對位置所表示的分數，常用的統計方式為百分等級和標準分數。

㈠年齡常模

年齡常模適用在心理認知能力的測量，是指同一年齡階層上原始分數的平均水準。早期的比西量表是以心理年齡（mental age）表示智力測驗的結果，其公式為：智力商數IQ（Intelligence Quotient）＝心智年齡／實足年齡×100。例如：某一版本史比智力測驗字彙的年齡常模，一個6歲的一般兒童，其平均數是18；8歲的一般兒童，其平均數是22；10歲的一般兒童，其平均數是25。

㈡年級常模

年級常模的建立是分別計算每一年級的平均原始分數，依據各個不同年級的標準化樣本，在測驗上所得的平均數而建立，將學生的學科知識發展程度與各個年級學生的發展程度相互比較，以判斷學生的發展程度是屬於哪一個年級。例如：四年級的標準化樣本在算術測驗上得到平均分數是32分，這個分數就是四年級的年級常模。

㈢百分等級（percentile rank, PR）

描述測驗表現最被廣泛使用，也是最容易了解的方式，即是百分等級。百分等級與百分位數（percentile）雖在定義上有所不同，但經常互用。百分位數表示學生所得的分數，百分等級是在百分位數點之下的人數百分比，代表所占的等第。百分等級指的是落後於某個特殊原始分數的學生人數百分比。例如：某生的測驗分數是22分，百分等級為88，表示他的分數勝過88%的人。此分數可知道個人分數在團體的相對地位，可用來與他人比較，但無法了解個人學習的精熟程度。百分等級是次序量尺，不可做加減乘除的運算。

㈣標準分數（standard score）

標準分數是另一種個別分數在團體所占位置的表示方式，是依據標準差為單位來表示個人分數落在平均數之上或之下的距離。標準分數的類型可分直線轉換和非直線轉換兩種，較常見的類型有：(1)Z分數，平均數為0，標準差為1；(2)T分數，平均數50，標準差10，其公式為：$T = 10Z + 50$；(3)離差智商，平均數為100，標準差為15或16的標準分數，不同於比例智商，是目前智力測驗中最常用的指數；(4)標準九，將原始分數分成九個等分，從一到九等，每個等分所占的分配比例是固定的。標準分數的使用常需要配合常態分配的概念，其優點在於提供等長單位從事數學運算，但未受過統計訓練的人很難理解這種分數。

二、側面圖（profiles）

當測驗結果獲得多項原始分數時，可以用側面圖表示各項分數的得分情形，並可直接比較各項分數的差異性及特殊性，以確認其長處和短處。

使用時要注意分數轉換的指數或衍生分數必須相同，且各分數的常模團體也要相同，各項分數才能加以比較及分析。側面圖適用於一個測驗中包含多項分測驗的測驗類型，例如：綜合性向測驗、人格測驗、興趣測驗。以「區分性向測驗」（differential aptitude tests）為例，其分測驗包括文字推理、數字能力、抽象推理、文書速度和正確性、機械推理、空間關係、拼字和語文使用。

在繪製側面圖時，只要根據受試對象在各分測驗的原始分數，找出該原始分數在側面圖的各項分測驗之相對位置，再以「線」將各測驗中的原始分數點連結呈現。在解釋分析時，由於以原始分數方式所形成的側面圖，忽略測驗誤差的存在，所以可能會產生錯誤的解釋分析之結果。可以使用信賴帶（confidence bonds）的方式來表示，也就是以個體原始分數上下一個標準誤為一信賴帶，個體的真正分數會有68.26%的機會落在此一信賴帶中。

三、測驗結果解釋的注意事項

教師要對上述測驗的重要概念有所了解，才能正確無誤地解釋標準化測驗。在對學生及家長做解釋時，要掌握四要點：描述測驗性質及內容、說明測驗分數的意義、澄清測驗分數的正確性、討論測驗結果如何應用到教學或輔導之中。此外，解釋測驗時尚需注意以下事項：

1. 解釋人員應先檢視本身的工作資格與能力。
2. 詳讀測驗的指導手冊，參照其說明的方式解釋測驗結果。
3. 解釋時避免使用深奧的專門術語，使對方能充分了解測驗結果的意義。
4. 解釋結果應參考他種測驗的結果，綜合各種資料所做的判斷較能反映事實，正確說明測驗結果的意義。
5. 解釋結果提出的建議，應避免批判性的評斷。
6. 讓受試者有機會表達其對測驗的整體感受，有助於提高測驗結果解釋的正確性。

肆　實施測驗的倫理議題

為維護測驗使用的專業倫理道德，以防範測驗被誤用與濫用，故訂定倫理規範，所有測驗使用者都必須遵守以下的倫理規範原則（學生輔導工作倫理守則，2015；Payne, 2003）：

一、專業的原則

使用測驗前，必須對該測驗的功能、目的、限制、使用方法、適用對象、計分方式與解釋等規定有澈底了解。對教育與心理測量問題與技術、測驗信度與效度分析、測驗誤差來源的了解與解釋、標準化施測過程等，要有專業訓練的知識、豐富的使用經驗，以及公正客觀的運用心態。在成就測驗編製方面，要遵照編擬試題的雙向細目表，審慎進行編擬試題，不得任意對外公開所編擬的試題。學校輔導人員使用測驗前均需經過專業訓練，對該測驗內涵及該測驗施測、計分、解釋、應用等程序有適當的專業知能。

二、道德的原則

非獲得當事人的同意（未成年由家長同意），不得將個人資料於著作、演講或討論會中公開或陳述。若學術研究上需要，則要避免當事人被認出來。受試者有權要求個人資料應被保密和保障，以維護個人身心的安全和基本人權與隱私權。

三、倫理的原則

測驗使用者應以維護受試者的福祉為重，行有餘力再兼顧測驗本身的安全性。測驗使用者向受試者解釋測驗分數時，應注意下列原則：(1)考慮受試者當時身心狀況及家庭背景因素；(2)避免只給分數，應補充數字背後的意義並輔以相關資料；(3)應針對解釋事項做建議，切勿替受試者做決定。解釋測驗結果應力求客觀、正確及完整，審慎配合其他測驗結果及測驗以外的資料相互驗證。

四、社會的原則

施測者需考慮心理評估技術是否能被社會所接受。因為教室內包含不同類別的學生，例如：種族、階級、性別、年齡、宗教、能力，教師需關心學生個別差異的存在，因此對少數民族表現的解釋要小心謹慎，因其不是標準化工具常模團體的代表。

自我評量

一、選擇題

(　) 1. 以下有關「標準化心理測驗」的描述，何者正確？(A)藉標準化心理測驗可充分且完全了解兒童　(B)標準化心理測驗有常模參照，所以結果精準正確　(C)標準化心理測驗有常模參照，能避免文化差異而有的偏誤　(D)標準化心理測驗的結果，需輔以非正式評量所得資料，才能有適切的解釋

(　) 2. 從心理測驗的用途或功能而言，可分為篩選性（screening）和診斷性（diagnosis）的是何種性質的心理測驗？(A)成就測驗　(B)智力測驗　(C)人格測驗　(D)興趣測驗

(　) 3. 如對國中三年級學生做發展性輔導，宜實施的心理測驗為何？(A)人格測驗　(B)學習態度測驗　(C)職業性向測驗　(D)智力測驗

(　) 4. 任教十年級的柯老師邀請大學教授和資深英語教師等專家幫忙審查英文段考試題，這種做法主要是為了檢驗下列哪一種效度？(A)輻合效度　(B)內容效度　(C)同時效度　(D)表面效度

(　) 5. 黃老師想了解丞丞在某方面是否具有最大的發展潛能，黃老師應選擇下列何種測驗？(A)智力測驗　(B)性向測驗　(C)人格測驗　(D)成就測驗

(　) 6. 人格測驗中的「效度量尺」（validity scale）通常是用來檢驗下列何者？(A)效標關聯效度　(B)內部一致性係數　(C)受測者在常模中的位置　(D)受測者刻意表現好或壞的心向

(　) 7. 下列關於受測者權益的敘述，何者正確？(A)施測者應以專業用語向受測者解釋測驗結果　(B)受測者填寫知情同意書後，便有義務完成測驗　(C)受測者或法定監護人，有權利要求取得測驗結果報告　(D)為保護受測者，施測者可不告知對其不利的測驗結果

(　) 8. 有關心理測驗的敘述，下列何者錯誤？(A)有良好效度的心理測驗，較能做出正確的推論　(B)憂鬱量表若有良好的信度，表示該量表能夠涵蓋重要的憂鬱症狀　(C)若測驗常模距今超過十年，解釋測驗結果時可能會錯估受試者的表現　(D)「我會為了交朋友而

參加團體」的敘述句優於「若不是為了交朋友，我不會參加團體」

( ) 9. 龍山國小決定使用一份音樂性向測驗作為篩選音樂班學生的工具，請問該測驗最需要強調下列何種效度？(A)建構效度 (B)表面效度 (C)內容效度 (D)效標關聯效度

( ) 10. 林老師發現小威有學習困難，就把小威轉介給心理師，心理師利用智力測驗評估他的認知能力。下列何者是這位心理師的評估方式？(A)因素分析 (B)精神分析 (C)心理計量 (D)結構分析

( ) 11. 高三的阿正到輔導室進行與生涯相關的心理測驗，希望藉此了解自己。以測驗的主要功能而言，下列何者較不適合？(A)興趣量表能幫助阿正了解自己的職業偏好 (B)成就測驗可以幫助阿正了解自己的空間能力 (C)人格測驗有助於阿正探索自己的特質、動機、需求等 (D)大學學系探索量表可以提供阿正適合就讀學系的資訊

( ) 12. 下列何者是投射測驗的優點？(A)較客觀 (B)計分方便 (C)不易作假 (D)較有結構性

( ) 13. 人格測驗的效度通常較認知測驗為低，下列何者非屬其原因？(A)人格特質難以做明確的界定 (B)作答反應易受社會讚許影響 (C)效標行為或效標樣本不易建立 (D)實施和計分程序都不夠客觀

( ) 14. 下列何者與「如何賦予測驗分數意義」較為相關？(A)題目的內部一致性 (B)測驗編製的程序問題 (C)題目的難易度 (D)常模參照或效標參照的決定

( ) 15. 關於人格量表的敘述，下列何者不正確？(A)是採用投射技術所編製的 (B)作答易受到社會讚許的影響 (C)其結果可以量化 (D)受試者可能隱藏自己的真正想法

( ) 16. 關於心理測驗的敘述，下列何者較為正確？(A)標準化的心理測驗即代表已去除文化差異 (B)心理測驗大多屬於最佳表現測驗 (C)心理測驗結果屬於個人隱私的一部分 (D)一份測驗的常模可維持十數年，不需重新建立

( ) 17. 某教育會考將學生依成績分成「精熟」、「基礎」及「待加強」三個等級，此做法最屬於下列哪一種解釋方式？(A)診斷測驗 (B)安置測驗 (C)效標參照 (D)常模參照

（　）18. 選用心理測驗時，效度與信度是必須要考慮的標準之一。以下對於效度與信度的關係，何者有誤？(A)信度是效度的必要條件，但非充分條件　(B)測驗要具有效度之前，必須先具有信度　(C)信度高的測驗，其效度一定高　(D)效度可以保證某種程度的信度

（　）19. 解釋心理測驗分數時，有關百分等級（PR）常模的敘述，下列何者是錯誤的？(A)百分等級是使用最廣也最容易理解的常模　(B)百分等級的量尺單位相等，適合進行統計分析　(C)百分等級70，可解釋為其表現優於70%的人　(D)百分等級除非來自相同或類似的常模團體，否則無法比較

（　）20. 性向與成就測驗的比較，何者最正確？(A)成就測驗比性向測驗更常用來預測未來表現　(B)性向測驗比成就測驗較具「特定性」　(C)性向測驗比成就測驗的測驗範圍通常較大　(D)性向測驗可用來了解學生在校學習狀況

（　）21. 側面圖分析（profile analysis）常用於測驗結果的呈現，其用途主要是作為下列何種比較之用？(A)個體內的比較　(B)與常模的比較　(C)個體間的比較　(D)與預設標準的比較

（　）22. 陳老師在編製「國小學生學習策略量表」時，他以該量表的得分與樣本班級的學業成績間的相關，來建立該量表的效度。陳老師是使用哪種效度？(A)內容效度　(B)聚斂效度　(C)表面效度　(D)效標關聯效度

（　）23. 陳老師在施測「國小學生學習策略量表」完畢，間隔一週之後，又進行相同內容的重新測驗，其所求得的信度稱為下列何者？(A)折半信度　(B)複本信度　(C)再測信度　(D)內部一致性信度

（　）24. 李老師想了解期末考數學考題是否適切，於是他做了試題分析。請判斷下列哪一個試題分析結果最為理想？(A)P = 0.10，D = 0.15　(B)P = 0.46，D = –0.15　(C)P = 0.51，D = 0.75　(D)P = 0.85，D = 0.30

（　）25. 有關測驗效度的說法，下列哪一項是對的？(A)效度高，信度一定高　(B)效度是可靠性，信度是正確性　(C)信度低的測驗，效度可能高，也可能低　(D)效度是信度的必要條件，但非充分條件

（　）26. 就現行教師資格檢定考試的品質檢核而言，下列何者最為重要而

且務實可行？(A)複本信度　(B)重測信度　(C)預測效度　(D)內容
效度

(　) 27. 編製閱讀理解測驗進行試題分析時，發現第3題出現負的鑑別度。
下列哪一個說明最為適切？(A)試題難度過於艱難　(B)試題難度過
於簡單　(C)選該題正確選項的學生人數太少　(D)選該題正確選項
者多為低分組學生

(　) 28. 一個測驗能測出所欲量度的行為特性之程度，應屬下列何者？
(A)信度　(B)效度　(C)常模　(D)效標

(　) 29. 十二年級的小英剛考完學科能力測驗，最近在準備申請入學的資
料。他不確定要申請什麼樣的學校與學系，於是到輔導室請輔
導教師幫忙。輔導教師聽了小英的問題後，先請他填寫何倫（J.
Holland）的職業興趣量表。關於該量表的敘述，下列何者較適
當？(A)是一種認知測驗　(B)幫助小英了解自己的性向　(C)反映個
人對未來職業的憧憬　(D)區分為六種完全獨立的興趣類型

(　) 30. 就大學、研究所入學甄試的口試而言，採用下列哪一種信度最適
當？(A)複本信度　(B)重測信度　(C)折半信度　(D)評分者信度

(　) 31. 下列哪一項測驗較屬於文化公平測驗（culture-fair test）？(A)魏氏
成人智力測驗　(B)瑞文氏圖形推理測驗　(C)畢保德圖畫詞彙測驗
(D)美國的學業性向測驗

(　) 32. 下列有關心理評估在諮商中的使用時機，何者敘述較不適當？
(A)初步晤談（intake）後可應用評量工具協助確認案主問題所在
(B)諮商後期諮商關係已穩定，不需要心理評估　(C)諮商進行中透
過心理評估協助案主選擇行動策略　(D)可以透過心理評估驗證諮
商的有效性

(　) 33. 張老師想了解班上八年級學生的國文閱讀理解表現，他最適合用下
列哪一類的測驗來評量？(A)情意測驗　(B)非文字測驗　(C)最大表
現測驗　(D)典型表現測驗

(　) 34. 有一學生在班上數學成績的標準化T分數為60，則其代表意義為
何？(A)表示該學生的分數高過班平均2個標準差　(B)表示該學生
的分數高過班平均1個標準差　(C)表示該學生的分數贏過班上約

60%的同學　(D)表示該學生的分數贏過班上約40%的同學

(　　) 35. 在我國，下列何種測驗的合格主試人員，需經由該測驗的訓練課程並具備實習經驗？(A)學科診斷測驗　(B)魏氏智力測驗　(C)賴氏人格性向測驗　(D)區分性向測驗

(　　) 36. 信度的分析類型中，下列何者適用於標準（效標）參照測驗？(A)穩定係數　(B)等值係數　(C)Kappa係數　(D)內部一致性係數

(　　) 37. 關於某能力測驗百分等級80的解釋，下列敘述何者正確？(A)表示某學生的分數是80分　(B)表示某學生贏過80%參與測驗學生　(C)表示某學生在50題的測驗中答對40題　(D)與百分等級70之間的能力差異等於與百分等級90之間的能力差異

(　　) 38. 李同學在測驗A（平均數＝56，標準差＝4）的得分為50，轉換為z分數和T分數的結果為下列何者？(A)z＝−2.0；T=30　(B)z＝−1.5；T＝35　(C)z＝+1.5；T＝35　(D)z＝+2.0；T＝30

(　　) 39. 檢驗試題的品質，通常會以難度（P）與鑑別度（D）來分析。下列敘述，何者最為適當？(A)P值介於±1之間　(B)D值越高，P值也越高　(C)D值若為負數，表示該題P值過高　(D)P值在0.50左右，D值在0.40以上者為優良的試題

(　　) 40. 十一年級的偉華對科學活動很有興趣，平時喜歡動手操作機械，但較缺乏領導和人際互動技巧。根據何倫（J. Holland）的類型論，偉華的職業興趣最有可能屬於下列哪些類型？(A)實際型、研究型　(B)研究型、社會型　(C)社會型、企業型　(D)企業型、藝術型

(　　) 41. 下列哪一種效度最能反映出測量工具之題目取樣適切性與待測特質的範疇？(A)構念效度　(B)表面效度　(C)內容效度　(D)效標關聯效度

(　　) 42. 小平數學測驗的原始分數是35分，百分等級是80，下列的表示法，何者正確？(A)PR＝35　(B)PR＝65　(C)P35＝80　(D)P80＝35

(　　) 43. 有關魏氏智力量表（Wechsler Intelligence Scales）的智商量尺，下列哪一項正確？(A)屬於等比量尺　(B)採用標準參照的概念　(C)平均數為100，標準差為15　(D)採用比率智商（ratio IQ）的概念

(　　) 44. 下列何者是解釋兒童心理測驗結果最適切的方式？(A)將測驗結果

向兒童講述並公告周知　(B)應特別對兒童強調測驗結果的有效性
(C)參照指導手冊並一併呈現其他相關的訊息　(D)直接以原始分數
告知導師該兒童的測驗結果

(　　) 45. 某教授為了驗證其「自編憂鬱量表」之效度，採用已經廣泛使用的
「貝克憂鬱量表」總分與「自編憂鬱量表」得分之皮爾森積差相關
係數來驗證，此做法稱為下列何者？(A)區辨效度　(B)聚斂效度
(C)內容效度　(D)效標關聯效度

參考答案

1.(D)　2.(A)　3.(C)　4.(C)　5.(B)　6.(D)　7.(C)　8.(B)　9.(D)　10.(C)

11.(B)　12.(C)　13.(D)　14.(D)　15.(A)　16.(C)　17.(C)　18.(C)　19.(B)　20.(C)

21.(A)　22.(D)　23.(C)　24.(C)　25.(A)　26.(C)　27.(C)　28.(C)　29.(C)　30.(D)

31.(B)　32.(B)　33.(C)　34.(B)　35.(B)　36.(C)　37.(B)　38.(B)　39.(D)　40.(A)

41.(C)　42.(D)　43.(C)　44.(C)　45.(D)

二、問答題

1. 心理衡鑑（psychological assessment）在諮商的歷程中，是一個不可或缺的
過程，但其信度、效度常被質疑。為提高其信、效度，在心理衡鑑的過程
中，應儘量避免哪些錯誤或偏誤？

2. 請簡要說明心理評估（psychological assessment）的意義，並說明心理評估
在諮商中的使用功能。

3. 效度是評定測驗優劣的重要指標。請你針對內容效度、效標關聯效度，以及
構念效度，分別說明各種效度的內涵、適用的情境，並請說明評估該類效度
的方法。

4. 何謂標準化測驗？請說明標準化測驗的編製歷程。

5. 何謂項目分析（試題分析）？請說明項目分析的主要方法。

6. 小美是高一學生，即將進行課程選組。小美的父母希望她往文教事業方向發
展，但她自己則同時屬意生物醫學和教職。若你是她的輔導教師，請從認知
和情意兩個面向各選一個測驗，提供給小美作為了解自己與抉擇的參考？需
說明這兩份測驗的內涵，以及你選用該測驗的理由。

7. 請你說明投射技術的基本原理、適用時機，以及可能的優缺點。

8. 陳老師懷疑班上的小強智力遲緩，因此趁著中午休息時間把小強找來辦公室做智力測驗。測完後，因為急著回教室上課，就把測驗結果放在辦公桌上。之後，科任教師對陳老師說：「小強似乎學習有困難。」陳老師就說：「他智力遲緩，學不來也是正常的。」試列舉四項陳老師違反實施心理測驗之倫理原則，並簡要說明。

第十章

學生資料的
蒐集與運用

　　蒐集學生資料主要是為實施心理衡鑑（評估），進而擬訂個案的輔導策略。心理衡鑑常被視作一連串的心理測驗結果，但心理測驗只是心理衡鑑蒐集資料的方式之一，測驗分數不是最終的產物，而只是產生假設的方法，因此，心理衡鑑將資料置於更寬廣的觀點下，主要強調的是問題解決和做決定。衡鑑主要的三種策略是晤談、行為觀察和心理測驗。衡鑑初期可能必須先進行晤談，而此晤談對於解釋測驗分數和了解行為觀察是很重要的（張本聖、洪志美譯，2005）。測驗法被認為是比較客觀、科學的方法，但不能視為唯一的方法，學生資料尚需透過觀察、晤談、自陳量表等途徑來蒐集，從各個角度了解學生。部分學生在生活適應上出現問題，教師及輔導人員會密集與之晤談，因而需要建立輔導紀錄，以了解整個輔導的歷程與成效。由此可見，蒐集、保管及應用學生資料乃是學校輔導工作的重要業務之一。本章主要在說明學生資料的內容與價值、學生資料的蒐集方法及學生資料如何保管和應用，本章是第九章的延續，主要在探討測驗法以外的資料蒐集方法及資料的管理與應用兩項重點。

第一節　學生資料的內容、價值與建立原則

　　學生資料包含的範圍相當廣泛，教務處有學籍及教學有關的資料，學務處有出缺席、獎懲紀錄、健康紀錄等資料要蒐集及建立，輔導室蒐集的資料包括學生身心、家庭、社交、學習等狀況，其中心理測驗的施測結果對學生的生涯發展、學習歷程、生活適應的了解與認識有極大的助益。本節針對學生資料的內容、價值及建立原則加以探討。

壹　學生資料的內容

　　建立學生資料的目的之一是為使教師能增進對學生的了解，這些資料包含以下項目（張德聰等，2004；劉焜輝主編，2014）：

一、一般資料

一般資料或稱綜合資料，目前國小、國中、高中職、大學暨研究所的入學新生，均需建立學生輔導資料紀錄A、B表（卡），A表為學生基本資料，由學生本人填表，B表為導師生活輔導紀錄，由導師填表。有些學校的學生輔導基本資料已電子化，導師每學期上網更新，生活輔導紀錄則直接在網路上繕寫。茲以國中輔導資料紀錄表為例，說明一般資料的主要內容。

㈠學生輔導資料紀錄A表

內容包括八個項目：

1. 本人概況：包括身分證統一編號、出生日期、血型、家庭住址、學歷及入學日期、身心狀況、特殊疾病等七項。

2. 家庭狀況：包括家長基本資料、父母教育程度、家庭類型、兄弟姐妹（排行）、父母關係、家庭氣氛、父母管教方式、經濟狀況、每週零用錢等九項。

3. 學習狀況：包括最喜歡科目、最感困難科目、特殊才能、休閒興趣、擔任校內或班內職務等五項。

4. 自傳：包括在家中最了解我的人是、常指導我做功課的人是、我在家中最怕的人是、我覺得我家的優點是、我覺得我家的缺點是、我最好的朋友是（他是怎樣的人）、我最喜歡的國小老師是（他是怎樣的人）、小學老師或同學說我是、小學時我曾在班上擔任過的職務有、我在小學得過的獎有、我覺得自己的過去最滿意的是、我覺得自己的過去最失敗的是、我最喜歡做的事是、我最不喜歡做的事是、我排遣休閒時間的方法是、我最難忘的一件事是等十六項。

5. 自我認識：包括我的個性（如溫和、急躁）、我的優點、我需要改進的地方等三項。

6. 我的心聲：包括我目前遇到最大的困難是、我目前最需要的協助是等兩項。

7. 畢業後計畫：包括升學意願、就業意願等兩項。

8. 備註：供A表各欄資料之補充或修正之用。

㈡學生輔導資料紀錄B表

學生輔導資料B表在於協助導師隨時記錄與掌握學生的學校生活、親師溝通狀況等紀錄，B表不僅是師生互動的書面資料，也可協助導師整理與回憶學生在學校生活的適應情形。B表內容請參見表10-1。

表10-1 國民中學學生輔導資料紀錄表（B）

學號：　　　　　　　姓名：　　　　　　　　性別：□男　　□女					
初填日期：　　年　　月　　日					
班級	座號	導師姓名	班級	座號	導師姓名
一上　班			一下　班		
二上　班			二下　班		
三上　班			三下　班		
出生日期	年　月　日		獨生子女	□是	□否
家庭住址	1.				
	2.				
聯絡電話	（家）	（公）父：　　母：		（手機）父：　　母：	
輔導重點	1. 了解學生生活環境、作息、交友狀況及其與家人相處情形。 2. 了解家人對學生之期望與管教督導情形。 3. 學生在生活及學業適應情形。 4. 學生優良表現、特殊身心狀況。 5. 特殊事件之處理（如：缺曠課、衝突、獎懲等輔導或處理情形）。				

年級	時間 年月日	對象	個別談話及輔導內容摘要	導師簽章

資料來源：臺南市大橋國中輔導室（2013）。

二、參考資料

除上述的學生輔導紀錄表之外，還有其他資料可以增進輔導者對學生的了解，這些資料包括：(1)學生的日記、週記、作文、課堂上的表現、藝能課的作品；(2)教師對學生在校期間的觀察紀錄，例如：軼事紀錄、

同儕間的互評或回饋紀錄等。

三、特殊資料

為協助有適應困難的學生，學校會針對其需要實施心理測驗、個別諮商、團體諮商等，這些紀錄都是有助於了解學生的特殊資料。

學生資料的價值

學校蒐集學生的各項資料，主要價值在於提供了解學生各方面特質及需求，可供教師、輔導人員及行政人員在教育及輔導上的應用。學生資料可以在下列四方面發揮其作用（宋湘玲等，2004；劉焜輝主編，2014；劉焜輝，1988）：

一、在教師方面

教師蒐集學生的能力、性向、興趣等資料，可以深入了解學生的個別差異，作為因材施教的依據。教師從學生資料之中，可以設計適合學生需求的材料與學習活動，以提升教學效果。

二、在輔導人員方面

輔導人員在進行個案輔導時，需廣泛蒐集學生的各項資料，進行個案問題行為的分析、研判，以確定問題行為的原因，進而提出輔導策略。對於全校學生在了解有關學生身心發展的具體事實之後，可以設計相關的生活、學習、升學與職業等輔導方案，協助學生完成每個發展階段的任務。

三、在學校行政方面

學校行政人員從全體學生資料所顯示的學生能力特徵、身心發展特徵、問題行為特徵等訊息，訂定學校的學務、教務、課程、輔導及特教計畫。例如：依據學生的性向、興趣及學業成績等資料，擬訂編班或課程計畫。

四、在學生方面

完整的學生資料有助於學生對自我的了解，根據此種自我了解，學生在目標的擬訂方面將更能切合實際，並充分發揮其潛能，以達到生活上的良好適應。

 ## 學生資料的建立原則

教師及輔導人員在建立學生資料時，若能依循以下原則，將可正確而有效地建立學生資料（林建平，2010）：

一、簡化統整

在建立資料的過程中，可以一次作業完成的，就不要反覆地麻煩教師。例如：國小新生輔導資料A表的填寫，可在開學第一天家長到校的狀況下，請家長完成這部分資料。學校各單位在建立學生資料時，應力求協調，避免各自為政，重複的資料不要一直要教師填寫。

二、符合實用

有些學校只為評鑑目的而蒐集學生資料，反而忽略了實際把學生的資料應用在輔導的過程中。蒐集資料是為了協助教師了解學生，進而輔導學生，不能只為建立資料而忽略學生的輔導。

三、多樣累積

學校在橫的方面，宜多方面蒐集學生的各種資料；在縱的方面，要持續地累積學生各時期的不同資料，以獲得完整的學生資料。尤其對適應不良學生的個案資料，需多方且持續地蒐集，以利日後輔導工作的進行。

四、汰舊換新

隨著學生年級的升高，在不同時空所累積的資料也越多且複雜，有關人員要隨時對持續累積的資料加以補充並汰舊換新，以常保資料的更新。

第二節　學生資料的蒐集方法

前章提到心理衡鑑（評估）過程需要蒐集學生多方面的資料，心理測驗只是其中之一，其他非標準化測驗方式的資料蒐集也相當重要，例如：觀察法、晤談法、提名技術、生活史等，皆可協助輔導人員蒐集到完整的資料。

壹　觀察法

觀察法是指在自然情境中或是預先設置、控制的情境中，對個體的行為進行直接觀察、記錄，然後加以分析解釋（宋湘玲等，2004）。在自然情境中直接觀察自發性行為是最常採用的技術，受觀察者的年齡越小，其行為就越不容易受到觀察者的干擾，而且其行為越不可能有所偽裝，這些觀察技術在教室中經常受到使用。觀察法的最大優點在於實施方便，可在任何時間、地點進行。對於一些害羞、膽怯、不擅言詞或防衛心重的學生，利用觀察法可以蒐集到不少的資料。但其缺點是觀察與記錄工作很難同時進行，有時學生意識到被觀察，會影響其行為表現（劉焜輝主編，2014）。

觀察所得必須予以記錄，形成資料才有價值。進行觀察記錄的方法有二（劉焜輝主編，2014；宋湘玲等，2004）：

一、軼事紀錄法

軼事紀錄（anecdotal records）是觀察行為的有效方法，教師對學生在生活中表現的一些有意義行為，做具體而扼要的速寫，僅是對事實的描述，而非對行為的評量。軼事紀錄的格式可以不拘形式，通常分三個部分：基本資料、軼事資料、解釋或評論。輔導人員在進行諮商時，針對個案的非語言行為加以觀察記錄，例如：臉部表情與身體動作、外表的穿著、生理特徵與變化、空間行為及口腔發聲情況等。

二、評定量表法

　　評定量表法（rating scales）是對所觀察的行為或特質給予一個等級，用來表示該行為或特質出現的頻率。它的目的不在記錄行為或特質是否出現，而在評定所觀察的行為或特質的品質。評定量表通常由三個部分所構成：一是基本資料；二是所要觀察評定的行為或特質；三是表示行為或特質程度的量表。其記錄方式請參見圖10-1所示：

學生行為評定量表				
學生姓名： 　　班級：		日期：		評量者：
1 = 從未如此				
2 = 很少如此				
3 = 有時如此				
4 = 經常如此				
5 = 總是如此				
1. 上課發問	1	2	3	4　　　5
2. 上課專心	1	2	3	4　　　5
3.（略）	1	2	3	4　　　5

圖10-1　數字評定量表

資料來源：劉焜輝主編（2014，頁201）。

 貳　晤談法

　　晤談法是以一種面對面的談話方式，這種談話是有目的性的，主要用來發現事實。透過晤談不僅可以蒐集學生的相關資料，以作為學生現有資料的佐證或彌補現有資料的不足，同時可以有計畫地觀察學生的態度、表情等，以驗證學生行為的真相。晤談法是在蒐集學生資料上應用最廣的方法（劉焜輝主編，2014）。例如：教師對學生的個別談話、對認輔個案的談話、諮商輔導上的初次晤談等皆屬之。除直接與學生晤談外，亦可由家長、朋友、同學等相關人物的晤談，了解學生的家庭狀況或行為發展的背

景，並逐步建立個案的家族史、生活史。進行晤談時有一些基本原則要注意，這些原則有：(1)晤談前最好先有準備；(2)要建立良好的晤談氣氛；(3)應用諮商的技術；(4)掌握晤談的主題。至於晤談資料的記錄與整理，談話當時是否應及時記錄，則視被晤談者的意願而定。當場可記錄要點，等晤談結束後，再將晤談內容詳加記錄與整理，並視為保密資料之一（張德聰等，2004；宋湘玲等，2004）。

問卷法

　　問卷法是根據想要蒐集的資料內容，設計一組題目讓學生填寫，以了解填答者的客觀資料或主觀意見（馮觀富，1997）。例如：將「學生輔導資料紀錄A表」交由學生自行填寫，我們大概可以了解學生的基本資料、家庭狀況、學習情況等。通常語句完成測驗（sentence completion tests）及社會計量測驗（sociometric test）較常被使用。

一、語句完成測驗

　　語句完成測驗是人格測驗的一種，目的是希望藉著這些陳述，讓教師能更加了解學生。作答時告訴學生只要看見語句的意思，就把聯想到的內容寫出來，不需要考慮。例如：(1)我喜歡……；(2)我最快樂的時候……；(3)我想知道……；(4)在家裡……；(5)最好……；(6)使我生氣的是……；(7)人們……；(8)一個母親……；(9)我覺得……；(10)我最大的恐懼是……（馮觀富，1997）。

二、社會計量測驗

　　社會計量測驗又稱為社會計量法或提名技術（nominating technique），主要在探討學生的社會關係，這項技術原先在計量社會學中用來研究團體結構，可以有效評定同儕之間的關係。提名技術適用於一個團體成員，彼此之間都很熟悉，請每個人選出團體中的一個人或一些人，這個人或這些人是他喜歡與其接近或在一起讀書、工作、吃午餐、遊戲或執

行任何指定功能。提名技術可以找出團體中潛在的領導者，或發現團體中的疏離者。此外，一個人被提名的次數，可以視為其同儕對他的評量，由團體中每一個成員被提名的結果，就可以知道這個人在團體中的人際關係（危芷芬譯，2004）。

「猜是誰技術」（guess who technique）與社會計量測驗相類似，也可以了解同儕之間的人群關係。實施測驗時，先給受測者一些簡短的描述語句，然後要受測者在班級學生中，找出誰最符合這些敘述句的內容（葉重新，2010）。

同儕之間的相互評量，例如：各級學校各班學生之間相互評量，通常具有良好的同時效度和預測效度，其主要理由有：(1)評量者眾多，涵蓋全體成員；(2)評量者與被評量者彼此朝夕相處，占有觀察個人典型行為最有利位置，可以做更正確的判斷；(3)團體成員的意見影響他們的行為，對個人以後與團體的互動情形有深遠的影響。因此，社會計量評定具有和工作樣本相同的內容效度（葉重新，2010）。

肆　自述法

學生的自我描述亦是一項甚具價值的學生資料。前述的觀察法、晤談法及問卷法，是由學生之外的人來蒐集資料，其所獲得的資料較偏重於蒐集者的意圖，因此較難呈現學生的內心世界，自述法則可彌補方法的不足。學生日常生活與學習生活中的日記、週記、作文及自傳等多項資料，都是自述法中蒐集資料的重要來源（賴保禎等，1993）。

此外，晤談資料表亦是自述法的一種應用。有些諮商中心在學生正式進諮商服務之前，都會準備一份簡單的資料表讓學生填寫，資料表內容基本上包括姓名、性別、年齡、住址、電話、訴求問題、緊急聯絡人等，訴求問題部分也會列出一般人可能會遭遇的困擾讓學生勾選，項目大概有家庭、親密關係、人際關係、生命意義、壓力、生涯選擇、課業問題、親子問題等，然後會有一些空位讓學生填寫問題的大概情況。主要目的是可以讓輔導人員在初次見到學生之前，可對其問題有所了解，可以先做準備。當然，這種方式只適用於自願前來求助者（邱珍琬，2007）。

第三節　學生資料的處理與應用

學生資料建立之後需要持續地更新，在資料的管理方面，基於保密原則，只允許相關人員取閱，學校輔導室需訂定學生資料管理辦法，在確保學生隱私權前提下靈活運用學生資料。有關學生資料保管、運用、轉移及相關法律規定等主題，將於本節做深入探討。

壹　學生資料的評鑑

透過各種方法所蒐集的學生資料，在實際運用之前，必須就其內容加以評鑑，期使建立的資料更具有使用的價值。學生資料的評鑑可根據下列三項標準（宋湘玲等，2004；張德聰等，2004）：

一、完整性

學生的行為是相當複雜的，欲對學生行為有全面而正確的了解，必須根據完整的資料。資料的完整性從縱的方面來說，宜注意時間的向度，包括學生過去的成長經驗、目前的狀況及對未來的規劃；從橫的方面來說，需要包括學生個人的身心特質、想法、情感，以及在家庭、學校、社會情境中的成就表現。

二、可靠性

所蒐集的資料必須客觀而正確，因此所蒐集的資料必須根據事實，避免個人的偏見。資料蒐集者需了解每一種資料蒐集方法和限制，運用多種方法蒐集資料，並將所蒐集到的各種資料相互驗證、比較，保留可靠性較高資料，對那些不具客觀性和不能確定為可靠者，寧可捨棄不用，以免產生不良的影響。

三、有效性

所建立學生資料的目的是為協助學生成長，因此所蒐集的資料必須能夠達到協助當事人的目的。無用的資料即使合乎完整與可靠兩項條件，亦不值得採用。資料是否有效常因情況而定，所以，判斷資料的有效程度需靠資料蒐集者的專業訓練及實務經驗，同時還要加上對當事人的了解，以決定資料是否有效。

貳　輔導紀錄的撰寫

學生資料自新生入學時開始建立基本資料，以後每學期進行更新和新增動態資料，主要負責記載人員為導師。當學生進入輔導系統接受介入性輔導活動，輔導紀錄撰寫和個案管理則是專兼任輔導教師的重要工作。一般教師如果擔任認輔教師，則需定時與受輔學生晤談，並撰寫輔導紀錄。無論是面對面會談、電話訪談、家庭訪視或提供相關服務過程，則需要以文字記載談話的要點，並且將這些紀錄保存在受輔學生資料檔案中（王麗斐主編，2013a）。

一、輔導紀錄的功能

輔導紀錄的撰寫，可以反映個案輔導的歷程，協助輔導人員提示及掌握晤談的脈絡，並藉以訂定、釐清及修正輔導策略和進行延續輔導。個案輔導紀錄不只是記錄個案服務的概況而已，同時包括以下十項功能：(1)提供服務的證明；(2)持續服務或轉介工作；(3)掌握服務品質；(4)思考如何組織工作；(5)方便督導查閱；(6)專業之間的溝通橋梁；(7)提供服務的適切性；(8)涉及法律問題時的自我保護工具；(9)作為專業教學之教材；(10)服務成效評估之依據（潘淑滿，2004）。

二、撰寫輔導紀錄的原則

在撰寫輔導紀錄時，可依據各縣市或學校已設計的格式撰寫。一般而言，撰寫個案輔導紀錄有以下的原則供作參考（林家興、王麗文，2003；

陳龍安，1992）：

1. 採用第三人稱撰寫，以避免主觀成見之描述，且較符合客觀陳述的觀點。

2. 內容要簡潔扼要，避免過於細節的描述，以免暴露輔導人員及其機構的弱點。但也不可太過簡化，每次紀錄內容以不超過A4紙張半頁為限。

3. 採用事實或症狀取向的撰寫方式，以符合客觀事實報導的原則。

4. 避免將個案十分隱私的事情或把重要他人的私人資料寫進去。

5. 適當的註明資料來源，例如：個案資料是來自某位醫師的診斷。

6. 每次晤談完畢後，立即就記憶所及撰寫要點。

7. 晤談日期及時間必須呈現在紀錄上，有助於了解個案的進展狀況。

三、撰寫個案輔導紀錄的格式

SOAP格式是由威德（Weed）於1964年所發展，其為問題導向之醫學紀錄取向，通常運用於生理及其他健康照護專業。其格式之內容簡述如下（高雅惠，2004）：

㈠主觀資料

第一個S（subjective）稱為主觀資料（主述），是案主對自己問題的主觀看法，例如：問題為何、哪些因素造成此問題、案主對問題的主觀界定、對問題的目標與想法、問題對生活中之影響、自認為迫切的問題等。

㈡客觀資料

O（objective）代表客觀資料，是經由觀察而得到的，客觀資料包括兩部分，一是輔導人員對案主觀察到的客觀事實資料，例如：外觀觀察（外表、非語言）、情感表達、生心理狀態、人際問題等；二是外在記錄之資料，例如：心理測驗結果、醫療紀錄等。

㈢評估

A（assessment）代表評估，即輔導人員對案主問題本質的探討，以及分析其行為原因與真正問題所在，最好能以理論為基礎對案主進行問題分析。

㈣處遇計畫

P（plan）代表處遇計畫，輔導人員根據評估來擬訂解決案主問題的方法與步驟。

 ## 學生資料的應用

學生資料可藉由觀察、晤談、測驗、調查及自述等方法來蒐集，輔導人員所蒐集的資料越完整，將越有助於對問題的了解及評估，以研擬適切的輔導策略。舉凡輔導人員所做的輔導紀錄、心理測驗結果，以及來自各處室的資料，例如：出席紀錄、健康狀況、學業表現等，皆是個案輔導相當重要的參考依據（黃政昌等，2015）。學生資料經蒐集並評鑑為有價值之後，尚需經過整理與解釋，才能發揮功效，所以，資料蒐集、處理及解釋具有連貫的作用。學生資料要加以妥善的運用始有價值，否則建立學生資料就毫無意義可言。運用學生資料的主要人員有：校長、教務人員、學務人員、導師、專兼任輔導人員及其他如家長、法院等相關人員。在運用資料時，其主要職責即在對現有資料加以解釋，以找出最適合學生需求的輔導或教育方式（賴保禎等，1993）。此外，臨床心理師或諮商心理師等輔導人員，在進行個案輔導時，有時候要依據學生資料撰寫心理衡鑑報告，在此亦針對報告格式做簡要敘述。

一、資料的解釋類型

戈德門（Goldman）根據所期待解答的問題性質，將資料的解釋分成四種類型（宋湘玲等，2004）：

㈠描述型（descriptive）

根據資料描述個體身心的特性與現況，譬如：學生的人格特質如何？其認知的能力如何？其語文的能力與數理能力比較起來如何？他的興趣為何？

㈡追溯型（genetic）

主要目的在追溯兒童發展現狀的形成原因，以及其演變過程。譬如：該名學生的學習困擾是因為情緒困擾？或是基本技巧不夠？或是缺乏興趣？或是來自父母過渡期待的壓力？或是過去的失敗經驗？

㈢預測型（predictive）

根據過去和現有的資料，預測或推斷個體未來可能的發展。譬如：學生選擇文書工作較之選擇推銷工作，何者滿意度較高？學生進入大學的表現將如何？此生進入職業學校後，其學業成就將如何？

㈣評鑑型（evaluative）

根據既定的標準，對學生的表現做價值判斷，並就其抉擇提供建議。譬如：學生在大學四類組應選擇何組？學生應選擇推銷工作或機械性工作？

上述四種解釋方式，從描述型到評鑑型，其層次越來越深，描述型僅是說明學生的現狀，追溯型與預測型則以現狀為基礎，分別深入學生的過去及探索未來，最後，評鑑型的解釋則提供價值判斷和決策建議（宋湘玲等，2004）。

二、撰寫心理衡鑑報告

透過上述蒐集資料的過程，將有助於我們以較有組織且整體的方式了解個案。臨床心理師還要透過精要易讀的衡鑑報告，將對個案的了解與後續處遇的建議，有效地提供給案主的家人或其他專業人員。心理衡鑑報告是衡鑑的最終成果，代表著輔導人員將衡鑑資料整合成一個功能性的整體的努力（陳鈞屏，2010）。心理衡鑑報告的格式常包括以下項目（陳鈞屏，2010；張本聖、洪志美譯，2005）：(1)基本資料；(2)轉介問題（衡鑑原因）；(3)衡鑑程序；(4)行為觀察；(5)背景資料（相關過去史）；(6)測驗結果；(7)臆斷與解釋（討論）；(8)總結與建議。

肆 學生資料的管理

　　學生資料若能有效地應用，當能有利於學生的輔導工作。除資料的有效應用外，資料的管理亦為一項重要的工作，宜顧及下列原則：(1)資料保管及取用的便捷；(2)資料管理需兼顧保密性及安全性；(3)資料管理需兼顧整齊及清潔（馮觀富，1997）。以下分別就資料的保管及轉移說明之。

一、學生資料的保管

　　學生資料的保管方式，大致分三種類型（馮觀富，1997）：

㈠集中式保管

　　指學校設有專人管理學生的資料，此種管理方式由學校輔導室提供地點，設置資料專櫃，每一班級使用一個抽屜，依學生姓名設立索引。這種方式的優點有：易於保密、資料完整、便於查閱；缺點則是延續性或累積性的資料不易補充。

㈡分散式保管

　　分散式管理是指不設專人管理，亦不提供特定地點存放資料，而是將學生資料交由班級導師自行管理。這種方式的優點是：補充記載方便、應用方便；缺點則有：資料容易散失、保密困難、對教師形成一種負擔。

㈢分類式保管

　　這種方式是將一般資料或不常用的資料由學校派專人管理，如輔導室資料組長，另將比較特殊或經常需要應用的資料交由負責輔導這些學生的導師保管。此種方式兼具前兩者之長，使教師可視實際需要隨時應用資料或補充資料，同時又可與專任管理資料人員合作管理資料。

　　在學生資料的保管方面，需注意以下的原則：(1)注意保密，避免無關人員隨便查閱；(2)讓有關人員取閱方便；(3)顧及保管場所的安全；(4)宜採集中式專人管理；(5)要有明確的管制措施，例如：新填、更新、補填或資料檢驗等；(6)學生資料的借閱、更新與轉移都要經過一定的程

序，且留下紀錄以供考查和追蹤（劉焜輝主編，2014）。例如：有學校採用這樣的做法：A表按班級分別裝成冊保存於輔導室，教師需參閱時向輔導室借閱，借閱時應登記。B表於學期開始，交由導師保管及登錄，學期結束時交回輔導室保管及檢閱。

二、學生資料的轉移

　　當學生轉學、升學及就業時，要進行學生資料的轉移，轉移的方式由輔導室資料組於轉入學生到校後一個月內主動向原校函索，轉出學生資料則由該校來函索取，於一星期內寄出。轉學者一律以正本移轉，包括A、B表，原校應留副本或影印本。畢業後升學或就業之資料轉移，由該生升讀之學校來函索取後一週內將A、B兩表以影本寄出，原校則保留正本。就業者資料則視就業機構的需要而轉移。

　　教育部近來推動學生轉銜輔導，訂定「學生轉銜輔導及服務辦法」（教育部，2015），規範學校應將曾接受介入性輔導或處遇性輔導之學生，列入高關懷學生名冊，並追蹤輔導。原就讀學校應就前項名冊中之高關懷學生，於其畢業一個月前，召開評估會議，評估應否列為轉銜學生。如果評估結果為列為轉銜學生的話，原就讀學校應將學生之基本資料，上傳至學生轉銜輔導及服務通報系統進行通報。現就讀學校經評估有必要者，應通知原就讀學校進行資料轉銜；原就讀學校應將轉銜學生之必要輔導資料及個案輔導資料轉銜表，以密件轉銜至現就讀學校。但輔導資料之轉銜，應取得學生本人或法定代理人之同意書。但基於保護學生生命、身體或健康之必要，則不在此限。

三、學生資料的相關法律

　　法務部為規範個人資料之蒐集、處理及利用，以避免人格權受侵害，並促進個人資料之合理利用，於1995年制定「個人資料保護法」（2023）。教育及輔導人員應知悉蒐集、處理及利用學生輔導資料的法律規定，才不至於觸法而受處分。其他如「學生輔導法」等法令，亦對學生輔導資料的保存使用有所規範。以下分別敘述之：

(一)資料蒐集、處理及利用

「個人資料保護法」第6條第1項規定有關病歷、醫療、基因、性生活、健康檢查及犯罪前科之個人資料，不得蒐集、處理或利用。第15條規定：公務機關對個人資料之蒐集或處理，除第6條第1項所規定資料外，應有特定目的，並符合下列情形之一者：(1)執行法定職務必要範圍內；(2)經當事人書面同意；(3)對當事人權益無侵害。

「學生輔導法施行細則」第9條第1項規定學生資料蒐集、處理及利用，應尊重當事人之權益，依誠實及信用方法為之，不得逾越特定目的之必要範圍，並應與蒐集之目的具有正當合理之關聯。

(二)保存與銷毀

「學生輔導法施行細則」第10條：本法第9條第2項所定學生輔導資料，學校得以書面或電子儲存媒體資料保存之，並應自學生畢業或離校後保存十年。已逾保存年限之學生輔導資料，學校應定期銷毀，並以每年一次為原則。

(三)保密與通報

「學生輔導法」第17條規定學生輔導工作相關人員，對於因業務而知悉或持有他人之祕密，負保密義務，不得洩漏。但法律另有規定或為避免緊急危難之處置，不在此限。前項人員並應謹守專業倫理，維護學生接受輔導專業服務之權益。所謂「法律另有規定」即「性侵害犯罪防治法」、「兒童及少年福利與權益保障法」、「身心障礙者權益保障法」及其他相關法律規定不得超過24小時之通報義務。

(四)資料提供

「兒童及少年福利與權益保障法」第70條規定：……直轄市、縣（市）主管機關、受其委託之機構、團體或專業人員進行訪視、調查及處遇時，兒童及少年之父母、……師長……應予配合並提供相關資料。

(五)修正或刪除

「行政程序法」第46條規定當事人或利害關係人得向行政機關申請閱覽、抄寫、複印或攝影有關資料或卷宗。但以主張或維護其法律上利益

有必要者為限。行政機關對前項之申請，除有下列情形之一者外，不得拒絕……。前項第2款及第3款無保密必要之部分，仍應准許閱覽。當事人就第1項資料或卷宗內容關於自身之記載有錯誤者，得檢具事實證明，請求相關機關更正。「個人資料保護法」第11條規定公務機關或非公務機關應維護個人資料之正確，並應主動或依當事人之請求更正或補充之。

　　針對上述法律規定，教育部函釋有關學生輔導資料（含輔導紀錄），提供家長調閱、複印、修正或刪除等相關問題：若當事人（學生）不具完全行為能力，學生家長代為意思表示，自得代為行使當事人權力申請閱覽卷宗或請求更正學生輔導資料。學生（當事人）已具完全行為能力，學生家長倘認有主張或維護法律上利益之必要時，依「行政程序法」第46條規定，亦得以利害關係人身分申請閱覽卷宗，但應無請求更正或補充他人資料之權利，因學生已畢業或其他原因離校，以往在校所載錄之學生輔導資料已然確定，亦即行政程序終止。

自我評量

一、選擇題

( ) 1. 當有家長要求看學生的智力測驗成績時，下列何種做法較恰當？(A)基於資料保密原則，不同意此要求　(B)告知需徵得學生同意才能查看此成績　(C)同意此要求，讓家長自行查看　(D)輔導教師陪同說明測驗內容與結果

( ) 2. 有關輔導紀錄的敘述，下列何者做法最適當？(A)輔導紀錄應詳實記載輔導人員與當事人的完整對話過程　(B)家長向學校申請閱覽輔導資料時，均應以保密為由予以拒絕　(C)輔導紀錄為輔導過程之摘要，應中性客觀，並包含輔導人員的評估與後續輔導策略　(D)輔導紀錄僅記錄輔導人員與當事人間的諮商紀錄

( ) 3. 下列有關小勛的個案觀察紀錄，哪一項描述較為客觀？(A)小勛很調皮，喜歡在教室裡跑來跑去　(B)小勛喜歡攻擊班上同學，且喜歡破壞同學的物品　(C)小勛用彩色筆畫泰華的衣服　(D)小勛個性活潑外向，常常坐不住

( ) 4. 洪老師進行諮商與輔導時，要求當事學生寫情緒日記，以記錄引發情緒的先行事件與當下的想法，這是屬於下列何種方法？(A)社會計量法　(B)自我監控技術　(C)情緒調解法　(D)生理回饋法

( ) 5. 自傳法是輔導中的衡鑑方法之一，下列敘述，何者不正確？(A)自傳是個人生活史的陳述　(B)結構式自傳較能獲得豐富深入內容　(C)主題式自傳（如家庭關係）應用於特殊用途　(D)自傳分析需留意可能遺漏的重要事件與重要他人

( ) 6. 王老師剛接任國中導師，他想要蒐集班上同學有沒有形成小團體的資料，應使用下列何者較適當？(A)投射測驗　(B)社會計量技術　(C)自由聯想技術　(D)請學生撰寫自傳

( ) 7. 採「社會計量法」了解兒童在同儕心目中被喜歡的程度時，下列哪一類的兒童將得到很多的「不喜歡」提名以及很少的「喜歡」提名？(A)受歡迎　(B)受爭議　(C)被拒絕　(D)被忽視

( ) 8. 小奇是個高攻擊性的學生，教師利用「軼事紀錄」來描述小奇欺負

同學的行為，其記錄內容不會涵蓋下列哪個部分？(A)記錄者的姓名　(B)攻擊事件的描述　(C)小奇的家長職業　(D)攻擊發生情境的描述

(　　) 9. 張老師編製一份評量工具，以提供輔導人員或教師對學生社會互動行為的表現，進行不同等級的評估。張老師所編製的工具最符合下列何者？(A)檢核表　(B)評定量表　(C)自陳式量表　(D)軼事紀錄表

(　　) 10. 學生資料的解釋有數種類型，如果是依據既定的標準，對學生的表現做價值判斷，並就其抉擇提供建議，則屬下列何種類型？(A)描述型　(B)追溯型　(C)預測型　(D)評量型

(　　) 11. 下列關於蒐集學生資料的說明，何者正確？(A)應由受輔學生目前最迫切需要的資料開始蒐集　(B)應由受輔導學生最不易得手的資料開始蒐集　(C)資料蒐集應在學期初、期中、期末各做一次　(D)對學生資料蒐集應完整多樣，越多越好

(　　) 12. 有關校園中個別輔導紀錄的描述，下列何者錯誤？(A)學生輔導紀錄的保存自學生畢業或離校後保存十年　(B)學生輔導紀錄的保存可採以電子化或書面紙本方式保存　(C)已逾保存年限之學生輔導資料，學校應定期銷毀，並以每二年一次為原則　(D)針對升（轉、入、復）學之學生，提供適合之輔導服務，於必要時，並得參考前一就讀學校之輔導資料

(　　) 13. 依規定，國民中小學輔導室（輔導人員）之職掌，下列敘述，何者不正確？(A)掌理學生資料蒐集與分析　(B)實施學生智力、性向、人格測驗　(C)調查學生學習興趣成就與志願　(D)實施輔導與諮商，管理學生升學與就業事項

(　　) 14. 評分項目包括一個對所要評定特質的描述及一個代表此一特質的多寡程度的數字或文字，此種評量方法是：(A)軼事記錄法　(B)檢核表法　(C)評定量表法　(D)作品量表

(　　) 15. 教師運用軼事記錄法以評量學生情意目標的達成情形，下列做法，何者較為正確？(A)仔細觀察記錄學生的學業成就表現　(B)只記錄學生行為表現，不需描述情境　(C)只記錄學生表現不好的行為

(D)每次只記單一學生行為的單一記錄

( ) 16. 為了進行情意特質的評量，可以呈現給受測者一系列的簡短行為描述語句，並請他／她寫出最適合每一項描述句的友伴名字。上述的方法稱為：(A)項目檢核表　(B)社會計量技術　(C)自陳量表法　(D)猜是誰技術

( ) 17. 下列何者不屬於「同儕評量」？(A)猜是誰技術　(B)社會計量法　(C)社會關係矩陣　(D)李克特式量表

( ) 18. 「猜是誰技術」（guess who technique）屬於哪一種評量法？(A)評定法　(B)自陳法　(C)情境法　(D)投射法

( ) 19. 語句完成測驗（sentence completion tests）可用於輔導兒童，此屬於下列哪一種測驗？(A)人格測驗　(B)能力測驗　(C)成就測驗　(D)興趣測驗

( ) 20. 在學校情境中要了解學生的最直接方法，係下列何者？(A)觀察法　(B)晤談法　(C)自述法　(D)社會計量法

( ) 21. 語句完成測驗或稱句子完成測驗，是一種：(A)半結構式的投射技術測驗　(B)非結構式的投射技術測驗　(C)自陳量表　(D)語文能力測驗

( ) 22. 個案紀錄中所使用的SOAP紀錄格式，所謂O的紀錄內容，下列何者最為適切？(A)案主以前在工廠當送貨員，工作非常勤奮　(B)案主非常挫折，心裡常想一死了之　(C)案主遲到20分鐘才奔進會談室，一面擦汗，一面抱怨太太天天睡得晚，不能幫他分擔工作　(D)案主脾氣非常暴躁，對改變呈現抗拒的表情

( ) 23. 「王老師根據甲生的測驗資料而解釋說：甲生的語言能力似乎比數理能力來得好。」請問這是哪一類型的測驗解釋方式？(A)追溯型　(B)描述型　(C)預測型　(D)評鑑型

( ) 24. 有關心理測驗與心理衡鑑之主要差異，下列何者錯誤？(A)前者以測驗工具為基礎；後者以心理學知識為基礎　(B)前者是資料導向；後者是問題導向　(C)前者均以原始分數解釋個案所面臨的問題；後者不重視分數，將焦點集中在個案特殊問題進行解決　(D)前者是一種蒐集資料的方法，以期獲得有關個案之特質；後者

評量個體之問題情境，並由所獲資料界定問題

( ) 25. 家長想要了解就讀國中的孩子在學校的個別輔導狀況，導師如何做較為適當？(A)了解家長的目的後，自行判斷　(B)在學生不知情的情況下，提供家長輔導紀錄　(C)向家長說明輔導的保密原則，無法提供輔導紀錄給家長　(D)向學生說明家長有權利知道他的狀況，討論如何與家長溝通

( ) 26. 教育部為使各教育階段學生輔導需求得以銜接，訂定「學生轉銜輔導及服務辦法」，下列何者描述有誤？(A)本辦法是依據「學生輔導法」第19條第一項規定之　(B)高關懷學生應於畢業一個月前，召開評估會議，評估是否將其資料作為轉銜　(C)高度自殺風險評估，且有數度持刀攻擊他人無法控制者，可不經當事人或法定代理人同意，將其列為轉銜學生，通知原學校進行資料轉銜　(D)現就讀學校應評估有其召開個案會議之必要，但資料保密原則，原就讀學校得拒絕派人參與

( ) 27. 依據「學生轉銜輔導及服務辦法」應於何時召開轉銜評估會議，下列何者正確？甲、當屆畢業生於畢業前一個月；乙、當屆畢業生於畢業前十天；丙、未按時註冊開學後二個月；丁、未畢業，因故提前離校於離校前十天；戊、未畢業，因故提前離校，於離校後一個月內。(A)甲、丙　(B)甲、丙、丁　(C)乙、丙、丁　(D)甲、戊

( ) 28. 輔導教師應妥善保管諮商機密資料，包括諮商紀錄、其他相關的書面資料、電腦處理的資料、個別或團體錄音或錄影帶及測驗資料等。導師、任課教師、行政人員等要求查看當事人的諮商資料時，輔導教師應：　(A)以諮商機密資料為由，委婉拒絕　(B)配合導師、行政人員要求，給予查看　(C)視具體情況及實際需要，為當事人的最佳利益著想，並需徵得當事人的同意後，審慎處理　(D)經行政主管同意即可查看

( ) 29. 依據諮商資料保管原則，當他人要求學校輔導教師提供晤談紀錄等諮商資料時，以下何者反應較不適宜？(A)當事人有權查看自己的諮商紀錄和測驗資料，輔導教師應予提供　(B)當事人的監護人要求查看諮商資料時，輔導教師應立即提供　(C)導師若欲查看當事

人的諮商資料，輔導教師應徵求當事人的同意　(D)輔導教師應先考慮當事人的最佳利益，再決定是否透漏諮商資料

(　　) 30. 小如是一位14歲的國二女生，她的母親知道她在學校輔導室接受諮商，特地來學校查看她的諮商資料。輔導教師的做法，何者較適切？(A)告訴小如的母親，依諮商專業倫理守則，無法提供資料　(B)由輔導主任決定是否要提供資料　(C)由學校校長決定是否要提供資料　(D)先了解小如母親的動機，藉以評估情況

參考答案

1.(D)　2.(C)　3.(C)　4.(B)　5.(B)　6.(B)　7.(C)　8.(C)　9.(B)　10.(D)
11.(A)　12.(C)　13.(D)　14.(C)　15.(D)　16.(D)　17.(D)　18.(A)　19.(A)　20.(B)
21.(A)　22.(C)　23.(B)　24.(C)　25.(D)　26.(D)　27.(D)　28.(C)　29.(B)　30.(D)

二、問答題

1. 個案資料的記錄與保管，應注意哪些原則，試說明之。

2. 輔導或諮商過程中，「個案資料蒐集」以及「個別差異的了解」，對輔導或諮商工作而言有何意義，試詳細說明之。

3. 心理衡鑑過程需要蒐集學生多方面的資料，除心理測驗之外，尚有哪些方式可以蒐集到學生的資料？

4. 「未完成語句測驗」（incomplete sentence blank）之編製原理與技術為何？其內涵、實施方式與評分方法為何？其結果如何使用在諮商中？

5. 張老師擔任七年級的導師，他聽說社會計量法（sociometric techniques）可以用來了解兒童的社會適應情況。試分別簡述張老師可在班級中實施社會計量的方式，以及三個應用社會計量的輔導方法。

6. 諮商實務工作裡，個案紀錄的重要性為何？完整性應包括哪些內容？對於目前許多電子化個案紀錄（登錄）格式，如何權量個案保密原則、資料詳盡與單位機構法規要求？

7. 某教師轉介一位學生到社區諮商中心。案主背景資料如下：「單親家庭，母親勤於工作疏於照顧。案主年約14歲，女生，主述問題是食不下嚥，有睡眠障礙，缺乏動力，會莫名的哭泣，脾氣暴躁，有暴力傾向，逃學逃家。案主自陳很煩，會有心悸現象，有時還會暈眩、站不穩。」若你負責該案主的心

理衡鑑工作，請問你會如何開始？尚待蒐集的資料為何？心理衡鑑的程序及重點為何？你會實施的測驗有哪些？可能的診斷為何？

8. 學生資料的蒐集、處理及利用，要遵守哪些相關法律規定？

9. 根據「學生轉銜輔導及服務辦法」，請問輔導教師對學生資料的蒐集使用與轉銜輔導程序應有哪些專業認知？

第十一章

個別諮商理論（一）

諮商與輔導目的在提供個人最適宜的發展與福利，由於諮商的對象是人，因此對人性與人類本質的了解極為重要。同時，諮商基本上假定個案因為面臨適應、成長或發展的問題而求助於人，因此，諮商理論的建立即在對人類本質加以分析，並對個案的問題形成與解決之道做適當的處置，以便協助其克服問題（魏麗敏、黃德祥，2006）。諮商理論就是一種架構模式，用以發展出適當的行動計畫，可以協助諮商師對某一行為可能發生的原因做出一些假設，透過諮商策略與技術的應用，以達成諮商的目標（邱珍琬，2017）。目前諮商的理論繁多，柯瑞（Corey, 2013）將諮商理論分為五大類：分析取向（analytic approaches）、經驗與關係取向的治療（experiential and relationship-oriented therapies）、行動治療（action therapy）、系統觀點（systems perspective）、後現代取向（postmodern approaches），每一大類皆包含數種諮商學派。各類學派因為對人的本質與行為問題起因及消除的觀點不一，而呈現理論與技術取向的諸多差異，此類差異只是人類問題複雜與多樣性的一種反映，而非某一理論有缺陷，或某一理論優、某一理論劣（魏麗敏、黃德祥，2006）。本書依柯瑞的架構，選擇十一種諮商理論模式加以分析與討論，分別就其理論重點及諮商技術加以敘述。由於各學派的理論及技術博大精深，本書分為兩章說明各學派之重要理論概念及治療技術。

📖 第一節　心理動力取向治療

心理動力取向治療的主要理論來自佛洛伊德（Sigmund Freud, 1856-1939）的精神分析論，第一個精神分析學會於維也納誕生，往後迅速發展，在文學、哲學及心理學上產生重大影響，其後演變成心理動力學，許多新的理論或學說興起，例如：阿德勒的個體心理學、容格（Jung）的分析理論、客體關係、自我心理學等。心理動力取向主要是以精神分析治療為主要模式，其餘治療是精神分析的延伸，或是概念及程序的修正（牛格正，1996；Corey, 2013）。以下分別針對精神分析治療和阿德勒治療，說明其重要理論及諮商技術。

壹　精神分析治療

　　精神分析治療（psychoanalytic therapy）代表人物是佛洛伊德，他認為，人格結構中有本我（id）、自我（ego）和超我（superego）三個層面，新生兒只有本我，本我主要由潛意識的性本能（libido）和攻擊本能（thanatos）所組成，按照快樂原則行事，其核心是即時的個人滿足。在生命的頭兩年，本我中逐漸分離出自我，自我努力滿足本我的需要，但它與本我不同的是，它行事時會把環境的現實狀況納入考慮，按現實原則來行事。超我由良心和自我理想兩部分組成，它抑制本我的衝動，使超我遵守道德標準。超我大約發生在5歲時，超我合併了社會的價值觀念與標準，這些標準通常由父母傳達給兒童，而形成「良心」，約束了個人行為。人的一切行為都是三個層面之間的矛盾衝突的結果（周新富，2006a）。

一、人格發展

　　佛洛伊德將人格發展分為口腔期（oral stage）、肛門期（anal stage）、性器期（phallic stage）、潛伏期（latency phase）、生殖期（genital phase）等五個階段，其人格發展歷程可視為個體社會化的過程。以下分別敘述各時期的發展重點（周新富，2006a；Sommers-Flanagan & Sommers-Flanagan, 2004）：

(一)口腔期

　　口腔期發生在嬰幼兒一歲半之前，性慾的滿足來自嘴巴，因此，嬰幼兒與母親形成很強的情感依附，因為母親是食物、溫暖和吸吮的來源。這個時期的嬰幼兒是自我陶醉的（narcissistic），其自我滿足（self-gratification）來自於口腔，也就是嘴巴，嘴巴的功能包括吃、咬、含、吐、緊閉，這些功能可用來適應痛苦或不安的情境，為往後的生活而服務。

(二)肛門期

　　肛門期的發展約在幼兒一歲半到3歲，有時會與口腔期相重疊，幼兒

由排泄大小便獲得愉快的感覺，這個時期，衛生與如廁訓練是重要的事情，母親仍是幼兒生活中的重要人物，她的訓練方法和態度對幼兒有很大的影響。極端的實例是母親對幼兒的排便給予稱讚，到了青少年或成年時，會具有表現出取悅他人或自己的行為動機；如果母親採用嚴格或處罰的方式，幼兒可能會故意弄髒自己，到了青少年或成人時，可能會是一位髒亂、不負責任、不守秩序、浪費、揮霍的人。

(三)性器期

第三個階段是性器期，大約在3至6歲時，幼兒靠性器官的部位來獲得滿足，此時，幼兒喜歡觸摸自己的性器官來得到快感。在此之前，男女孩第一個喜愛的人物是母親，但在這個時期，性的衝動增強，男孩會因更加喜愛他的母親而嫉妒父親，視之為情敵，於是男童以父親為競爭對手，在其潛意識裡產生弒父方能娶母的錯綜情結，稱之為戀母情結（Oedipus complex）。同時，男孩恐懼父親會將其生殖器割下，因而發展成閹割恐懼（castration anxiety），當看到女性，這種焦慮就會增加，在其潛意識中好像已被閹割了。相同的過程也發生在女孩身上，她形成對父親的依附，於是以母親為競爭對手，產生眾人皆知的戀父情結（Electra complex）；但是她的情感卻是複雜的，因為她沒有男生所擁有的生殖器官，結果產生陰莖的羨慕（penis envy）。在傳統的佛洛伊德心理分析，陰莖的羨慕是女性心理學的重點，這種現象是男性支配和女性順從、男性優越和女性自卑的根源。後來男女生各自以父母親為學習的楷模，男女生的性心理才能夠健全發展。

(四)潛伏期

以上三期稱之為生殖前期（pregenital period），大約在5至6歲，這幾年是相當重要的，因為基本的人格模式已經建立和固定，6、7歲到青春期會進入潛伏期，這個時期，兒童正在學校求學，接觸的對象由家人擴展到學校的師生，其快樂來源不侷限在自己的身上或父母，而轉向生活中周圍的事物，這時，兒童性慾的需求是被壓抑的，男女生各自對相同的性別依附。

㈤生殖期

　　最後到了青春期（大約11歲以後）進入生殖期（或稱為兩性期），男女兩性的性器官逐漸成熟，身心特質差異日趨明顯，這個時期的重點是參與團體活動、交異性朋友、談戀愛、婚前準備、發展職業責任和成人興趣。

二、自我防衛機制

　　所謂「自我防衛機制」（ego-defense mechanisms）是指「自我」的心理防衛作用，以用來應付挫折與不安的適應機制。這種動力觀點重視個體對環境如何反應，反應即心理防衛的模式，不健康的人格就會採用不必要的防衛或過度防衛。佛洛伊德提出數種防衛機制，這些現象都是由潛意識的心理所運作的，可以防衛個體免於覺察到傷害性的情感。防衛的機制有以下幾項（修慧蘭等譯，2015；劉焜輝主編，2003；Corey, 2005）：

㈠壓（潛）抑作用（repression）

　　防衛內心衝突的最原始方法，便是壓抑作用。簡單來說，就是把對個人威脅太大的記憶或衝動，從意識知覺裡面排除掉，使我們真的不知道它的存在。

㈡否定作用（denial）

　　以拒絕面對不愉快的現實方式來保護自己，稱為否定作用。有時適度地否定事實可能會增加面對未來的勇氣，例如：一位生命垂危的病人以為自己很快就會好起來。但是過度的否定，有可能達到妄想的程度而完全脫離現實了。

㈢投射作用（projection）

　　我們會以自己的想法去推測別人的想法，覺得我們這麼想，所以別人大約也這樣想，這種機制稱為投射作用。例如：不承認自己吝嗇而指責別人的吝嗇。

㈣退化作用（regression）

　　當人們遇到挫折的時候，會放棄已經學得的技巧，例如：溝通等，而

恢復使用比較幼稚的方式,例如:耍賴等,以滿足自己的慾望,這種現象稱為退化作用。

(五)轉移（替代）作用（displacement）

我們會因某種原因而不能將情緒施於某個對象身上,因而轉移到另一個可以接受此情緒的對象身上,以減輕自己的精神負擔。例如:憎恨父親的兒童轉為對教師的憎恨,喜歡物理教師的學生轉為喜歡物理科。

(六)反向作用（reaction formation）

反向包括兩個步驟:一是先壓抑住一個自己和他人都無法接受的想法或慾望;二是潛意識裡,為了怕別人察覺自己有這種想法,反而表現出一種完全與內心想法背道而馳的行為,例如:越是自卑的人越會顯威風。

(七)合理化作用（rationalization）

當個人的行為無法符合社會規範,或是遭遇挫折而不能獲得個人所追求的目標時,為了想維護自尊,減低焦慮感,便給自己的行為和想法一個合理的解釋。例如:教師體罰學生,不敢承認自己是出於恨意,而說是愛之深責之切。

(八)補償作用（compensation）

補償作用是個體發展正向的特質來掩飾弱點或缺陷,或在另一領域得到滿足來補足這領域的挫折感,例如:容貌平庸的女孩努力讀書,爭取好成績。

(九)昇華作用（sublimation）

將原始的、不為社會接受的潛在慾望或本能改變,以較符合社會規範的方式表現出來,例如:情感受創的人不再自憐自艾,而將自己的故事寫成暢銷小說。

(十)認同作用（identification）

認同作用是指個體將對方的想法、感覺、行為等,納入自己的心中,要求自己的想法、感覺與行為與對方齊一步調。認同作用可以提高自我價

值感及保護自己不致產生失敗感。

(十一)幻想作用（絕緣作用，emotional insulation）

　　當個體遇到挫折無法解決時，利用想像力將自己與現實脫離，依存於幻想中而得到內心平靜。例如：失戀的人沉迷於「王子與公主的故事」。

三、諮商技術

　　佛洛伊德認為，兒童早期痛苦的情緒經驗是個人不適應行為的根源，因而諮商介入的重點在當事人過去的童年經驗，其處理焦點放在「過去成因」的探討。人格結構中三個我之間的衝突，長期壓抑在潛意識中，形成問題，諮商的目標之一，即在將潛意識的衝突帶到意識層面，讓個案理解自己的行為是反應潛意識的衝突，是慾望、害怕及防衛不愉快情緒的綜合表現，以便解除心理的衝突。另一個目標是強化自我功能，使個人的行為更能依據現實，而少受本能衝動或非理性罪惡感所驅動（修慧蘭等譯，2015）。精神分析治療法所使用的技術如下（修慧蘭等譯，2015；劉焜輝主編，2003；Corey, 2005）：

(一)自由聯想（free association）

　　自由聯想通常被視為精神分析的基本規則，自由聯想就是一種催化被壓抑情緒與早年生活記憶的分析技術。其方式為個案躺在長沙發上，不加監控地說出任何心中想到的事情，不必顧慮是否荒謬、不理性、邪惡等。藉由自由聯想，使個案潛意識的衝突表露為意識層面的衝突。

(二)解析（interpretation）

　　解析是與自由聯想相伴隨的重要技術，治療者的主要任務亦在於解析個案潛意識歷程。解析有一定的次序，首先要從人格分析著手，當個案接納後，才能進行內容分析。

(三)夢的解析（dream analysis）

　　夢的解析是精神分析理論的重要工具，佛洛伊德將夢視為通往潛意識的大道，個人在睡夢中，防衛作用會減弱，潛意識的願望、需求和恐懼等

會在夢中表現出來。夢可分為兩種，顯性夢境是個案在意識狀態下所說的夢，潛性夢境是個案在潛意識狀態下所做的夢。由潛性夢境轉化為顯性夢境的過程，稱為夢程。被壓抑的慾望、恐懼與衝突，在睡眠時會以象徵性的形式浮現。治療者的任務就在探究夢的顯義內容中的象徵，來揭露出那些偽裝過的隱義。

㈣移情分析（analysis of transference）

移情作用分析是精神分析與心理分析取向治療的核心技術之一，在治療的過程中，當碰觸到個案與早期重要他人的關係時，以一種對當下治療者的扭曲態度的形式顯現出來。經由移情作用，個案有機會重新體驗過去人生事件的經驗而獲得新的感受。治療者在移情關係形成之後，解析移情的作用，幫助個案去解決潛意識中的老舊衝突，以對自己的人生有新的洞察。佛洛伊德亦提出反移情（counter transference）這個概念，認為反移情是指治療者因為自己個人潛意識需求及神經性衝突所引起對個案的反應，這種反應被認為是不適當的以及對治療有潛在的傷害。治療者本身也要對反移情做分析，例如：了解自我過去的不愉快經驗或個案可能與其過去重要他人相似，因而形成的情感轉向或吸引力，以避免干擾個案移情關係的形成。

㈤抗拒分析（analysis of resistance）

隨著治療時間的持續，個案在探索潛意識的過程中，可能啟動潛意識的防衛機制而產生抗拒的現象，個案不願讓壓抑著的潛意識素材浮現到可知覺的意識表層，因此讓自由聯想產生中斷或阻礙。抗拒在整個治療過程中都可能發生，他們一直想更改會談時間、抱怨、故意遺忘、不訴說夢的狀況等，這些都是抗拒的表徵。治療者有必要加以適當地處理，除尊重個案的抗拒外，並要協助他們建設性地減除不必要的自我防衛。

 ## 阿德勒治療

阿德勒治療（Adlerian therapy）或稱阿德勒學派治療，是以奧地利心理學家阿德勒（Alfred Adler, 1870-1937）建構的個體心理學（individual

psychology）為基礎，所發展而成的治療理論模式。阿德勒曾與佛洛伊德
合作過十年，後因對佛洛伊德的泛性論不能苟同而分道揚鑣，繼續發展出
自己的人格理論（Corey, 2005）。

一、重要理論概念

　　佛洛伊德、阿德勒及容格是心理動力取向治療法的重要貢獻者。阿
德勒的理論稱為個體心理學，其基本理念包括目的論、社會興趣、整體
觀，該理論被廣泛地應用在教育、個別與團體心理治療及家庭諮商，且
成效卓越。在了解阿德勒的諮商之前，有必要先對其理論的重要概念加
以闡述（李茂興譯，1996；金樹人等，2000；修慧蘭等譯，2015；Corey,
2005）：

㈠人具有主動性

　　阿德勒拋棄佛洛伊德的基本理論，因為他認為，佛洛伊德過於狹隘地
強調生物本能的決定論。雖然兩人均認為6歲以前的經驗影響著成人後的
發展，但阿德勒並不重視探索過去，他重視人們對於過去事件會留下何種
印象，以及這些印象會如何持續地影響其日後的生活。在其他的許多理論
立場上，阿德勒與佛洛伊德是對立的，例如：阿德勒認為，人類行為是受
到社會驅力的激勵，而非性驅力，行為是有目標在引導著，以及人格的核
心是意識而非潛意識。阿德勒特別強調人的行為是目標導向的，是有目的
的，他重視抉擇、責任、生命的意義，以及追求成功與完美，這些理念均
不同於佛洛伊德。

㈡真實的主觀知覺

　　阿德勒學派從當事人的主觀參考架構去看現實世界，這被形容為現象
學導向，亦即重視個體知覺外在真實世界的方式，而此等「主觀的真實」
包括個體的知覺、信念，以及心中所下的結論。從這種認知觀點可以了解
人們的行為，因為人們對真實情形的解釋與認定，要比真實情形的真面目
來得重要。這種主觀現實（subjective reality）的論點影響到存在主義、個
人中心、完形、認知行為及現實等治療法。

(三)目的論的人生取向

　　阿德勒學派又稱為個體心理學，個體心理學假設行為都具有目的，人們為自己訂目標，有了這些目標之後，其行為變得統一，使自己能朝向選定的人生目標邁進，阿德勒以這種解釋來取代古典精神分析論的決定論（determinism）。阿德勒以「虛構目的論」（fictional finalism）一詞來形容人的行為是受到想像的目標牽引，虛構的目標代表個體對安全感的自我設定，並成為他在任何情境下努力的方向。

(四)自卑與超越

　　阿德勒的理論中強調自卑感（inferiority feeling），認為自卑感是所有人都具有的一種正常的感覺狀態，也是所有人之所以努力奮鬥的源頭。自卑感非但不是弱點或異常，反而是創造的泉源，會促使人們追求精熟、優越，以及完美，特別是在幼年時期。在自卑感的驅動之下，人們的發展才能夠持續地往更高層次邁進。每個人都有不同程度的自卑感，而優越感即是自卑感的補償，一個健康、正常的人，當他的努力在某方面受到阻撓時，他就能在另一方面找到新出路，爭取優越感。

(五)生活方式

　　生活方式（lifestyle）一詞指個體在生活或人格上的基本導向，此乃突顯出個體的存在。其同義詞包括生活風格、生活計畫、生活動向、生活策略，以及生活的藍圖等，透過生活方式，即朝向我們的生活目標。阿德勒認為，我們是生活中的主角、創造者及藝術家，藉著追求對我們有意義性的目標，我們於是形成一個獨特的生活方式。生活方式在理論上是假設受到6歲以前經驗的影響，但是幼年的經驗本身並不重要，重要的是我們現在對那些事件的理解與解釋。如果想要改變一個人的生活方式，必須從減少他的自卑感著手，實際上，我們也不願意完全根除自卑感，因為它是建構某些事物的基礎，所以，我們要做的是改變他的目標。

(六)社會興趣

　　社會興趣（social interest）可能是阿德勒理論中最有意義的一個概念，這是指個體關心、關懷其他人的一種心理狀況。大凡對別人發生興

趣，喜歡與人交往，而且願意貢獻社會的人，通常身心都比較健康，也較能應付日常生活的壓力與難題。人們由共同參與活動與互相尊重而表達出社會興趣，隨著社會興趣的培養，自卑與疏離感會漸漸消失，此時，他們是往生命的光明面發展。而未具社會興趣的人會變得沮喪，生活在黑暗面，了無生氣。

㈦出生順序與手足關係

　　阿德勒觀察到，許多人質疑為什麼在同一個家庭長大的小孩，在未來發展上會產生很大的差異，因而提出家庭星座（family constellation）對人格發展的影響，特別是手足關係與出生順序。他曾界定五種心理位置：老大、老二、中間、老么、獨生子女，但需注意的是實際出生順序並不比個體主觀的認定重要。一個人的出生順序及認為自己在家中處於何種地位，這些對於成長後與別人互動來往會有許多影響。在家庭中所形成的信任感、自信心、隸屬感、愛、對別人的興趣等，會伴隨著一個人的成長，影響到適應環境的特殊生活方式。阿德勒的說法幫助我們了解幼年時期的手足敵對關係所形成的性格傾向，對於日後與人相處確實有相當程度的影響。

二、諮商技術

　　阿德勒的理論認為，人所遭遇到的主要困境，是來自於錯誤的生活方式，因此，諮商的目標在於以教育的方式讓個案建立起一個新的生活目的或方向，讓新而有效的生活方式豐富人生。在治療中所要達成的諮商目標有以下六項：(1)培養社會興趣；(2)協助克服挫折感、自卑感；(3)修改錯誤動機與對生命的假設；(4)改善生活方式；(5)協助當事人感受自己與別人是平等的；(6)協助當事人成為社會上有貢獻的人（李茂興譯，1996）。阿德勒所使用的諮商技術可分為一般及特殊兩大類，以下分別敘述之（李茂興譯，1996；金樹人等，2000；Gladding, 1996）：

㈠一般技術

　　阿德勒的諮商過程可以分為四個階段：建立諮商關係、探索生活方式的結構與動力、頓悟與解釋、重新定位。以下分別就不同階段所需運用的

諮商技術加以說明：

1. 建立諮商關係

阿德勒學派認為，治療者與個案之間的合作關係是一種必要的條件，因此在開始的階段裡，治療者會藉著傾聽、支持、同理、尊重、友善、平等關係等方式，建立起信任與合作的互動關係。阿德勒所用的技術有：(1)以「優點鼓勵」代替「缺點處理」，鼓勵當事人察覺自己的優缺點；(2)以專注、傾聽與同理等技術，進入個案的內心世界；(3)以具體簡單的問答取代自由聯想，例如：「什麼事讓你到我這兒來找我？」「對於我們一起來思考這個問題，你有哪些期待？」(4)全方位、全面性地了解當事人，例如：表情、用辭、思考或感覺。

2. 探索生活方式的結構與動力

關係建立之後，諮商的第二階段是聚焦在分析個案的生活方式上，協助個案了解生活方式背後的結構與動力，所採用的技術是評估與分析。生活方式的評估包括檢視家庭星座、夢、幼年回憶及偏好選擇（priority）等，將所有的資訊加以整合歸納並做出解釋，其目的在於找出個案錯誤的想法與解釋，使其能察覺這些負面的想法及所造成的影響。

3. 頓悟與解釋

諮商的第三階段在鼓勵個案運用頓悟（洞察，insight），察覺出錯誤的目標與自我挫敗行為，並將對自我的了解轉為建設性的行為改變。阿德勒學派最大特色的諮商技術是鼓勵，鼓勵個案檢查錯誤的知覺，向自己提出挑戰；面質技術在此階段也用來協助個案發展頓悟，使用一些開放性的問句引導個案探索未注意到的生活方式，例如：你要不要從這方面去看？情形會不會是這樣？解釋亦是促進頓悟的技術，解釋的重點在於行為的目的，而非行為的原因，解釋要扣緊現有的生活方式，讓個案對自己的生活方式、生活目標、內在語言中的私人邏輯，以及目前行為等產生一種新的察覺。解釋時與開放性的問句相結合，可讓個案不致產生自我防衛。

4. 重新定位

諮商的第四階段是透過之前的引導與再教育，使頓悟能化為行動。此階段的焦點是協助當事人看見新而光明的選擇，鼓勵他們鼓起勇氣去冒險，在生活中嘗試新的改變。所以，這階段的工作重點是與個案共同找出

可行的方案，以及做最後的決定。但新的決定意味著新的生活方式的挑戰，以及要承擔可能的風險，因此，建立承諾與意願是這個階段特別要加強的。

(二)特殊技術

以上所敘述的是阿德勒治療法所使用的基本技巧，為達成行為的改變，阿德勒亦提出特殊的諮商技術通常在頓悟與解釋、重新定位這兩個階段用得較多（魏麗敏、黃德祥，2006；金樹人等，2000；李茂興譯，1996；Gladding, 1996）：

1. 彷彿法（acting as if）

治療者可以製造角色扮演的情境，使當事人去想像並表現出他們想要的樣子。當個案說「如果我能夠……就好了」時，就可以鼓勵他去演出所希望的角色，使個案行為能有改變。

2. 把持自己（catching oneself）

把持自己或稱為自制，有時候個案希望戒除掉不好的習慣，每每在錯誤的行為再度出現後會後悔不已。此一技術是幫助個案學習在事情尚未發生之前，即時警覺到必須採取新的行為反應方式。治療者可以用「停聽看」的方式教導個案去自我練習，當舊的反應方式出現時就叫停，以時間的凍結來爭取自制的反應空間。例如：有位父親在向子女訴苦前至少會停頓幾分鐘，並可能會開始想到以其他的方式去回應子女。

3. 按鈕技術（push button technique）

按鈕技術是協助個案控制自我情緒的一種方法，治療者可以引導個案想像愉快與不愉快的經驗，並要求個案選擇按鈕，以便呈現他們所想要的圖像，進而能控制情緒。

4. 湯中吐口水法（spitting in the soup）

例如：一位父親會一直跟子女說他是如何辛苦工作，使他們能過舒服的生活，此時，治療者可以面質他的犧牲者角色，並指出他是如何在尋求子女的感激。治療者的角色不在於說服他去改變對子女的態度，而是向他說明他的行事風格所付出的代價。個案可以選擇繼續表現原先的行為，但原先的行為動機很可能已遭破壞，因為他不再能夠欺騙自己。

5. 避開陷阱（avoiding traps）

個案在日常生活中的自我挫敗行為，也會帶到諮商來，例如：依賴、糾纏、不負責任等，治療要小心落入陷阱，要避免強化其舊有的行為型態，並應鼓勵他去表現出那些心理成熟的行為。

6. 設定任務與承諾（task setting and commitment）

在採取具體步驟以解決個案的問題時，必須設定任務並由他承諾完成，完成了一些特定任務而有信心之後，可以再擬訂新的行動計畫。這些任務必須實際、可完成，而如果未能成功完成，則應加以討論並修改。

7. 矛盾意向法（paradoxical intention）

當我們不期待某種行為發生，而它偏偏又會出現時，往往越是阻止就會越嚴重。矛盾意向法就是有意的去擴大、加強，當個案感到困窘的行為發生時，不但不刻意阻止，還在心裡用另一種聲音催促。例如：上臺報告時手會抖，心裡就說再抖啊，用力抖啊，這樣一來，害怕的行為也就會自然消失了。

第二節　經驗與關係取向治療

經驗與關係取向治療（experiential and relationship oriented therapies）不強調諮商技術，而是強調諮商關係，認為只要提供溫暖的環境，即可引導個案改變。此取向的代表學派包括存在取向治療、個人中心治療、完形治療。

壹　存在取向治療

存在主義（Existentialism）是西方社會劇烈變動下的時代產物，也是二十世紀最盛行的一大思潮，它是一種描寫苦悶與失望的思想，可說是一種危機哲學。然而，每一次危機解決後又有新的危機產生，於是個人的一切努力皆歸落空，故存在主義被視為一種虛無主義哲學。存在主義

發展於歐陸，此派哲學家有齊克果（S. Kierkegaard, 1813-1855）、雅士培（Karl Jaspers, 1883-1969）、海德格（Martin Heidegger, 1889-1976）、馬色爾（Gabriel Marcel, 1889-1973）、沙特（Jean P. Sartre, 1905-1980）等人，他們無論是在宗教、政治或哲學上皆見解紛歧，但是他們也有一些相同的主張和論題，像是反對理性主義與經驗主義的教條、從生命的體驗做出發點去思考、強調個人獨立存在、推動個人存在自覺等（周新富，2017）。存在主義取向的諮商（existential therapy）是一群存在主義哲學家共同摸索發展出來的心理諮商法，創始於歐陸，發揚於美國，歐洲的代表人物為弗蘭克（Viktor E. Frankl, 1905-1997），他早期受心理分析訓練，也深受歐洲存在主義影響，更是虔誠的天主教徒。二次大戰後，被關在集中營，受盡折磨與痛苦，戰後，他創立獨樹一格的意義治療法（logotherapy）（金樹人等，2000）。美國方面的代表人物為梅耶（Rollo May, 1909-1994）、柏根塔爾（James Bugental, 1915-2008）、亞隆（Irvin D. Yalom, 1931-），他們從存在主義哲學和人本主義心理學，發展出存在主義的心理治療觀點（賴保禎等，1996）。存在主義諮商的特色是沒有一致的理論及助人的理念，但在某些信念具有共同性，例如：重視人類生活中的焦慮、價值、自由和責任的重要性，並且特別強調意義的發現（Gladding, 1996）。

一、重要理論概念

存在主義發現了許多人類困境，像是孤獨、疏離、無意義等生活及心靈的困境，這些發現提供了心理分析及其他心理治療方法有力的哲學基礎。存在主義治療強烈反對將心理治療認定是一種技術，這主要源自存在主義的人性觀，由此衍生出存在治療的主要命題與概念，例如：他們會提出「我是誰？」、「我過去是誰？」以及「我該何去何從？」等問題，將治療實務基礎放在對於「身為人類的意義」之探討（修慧蘭等譯，2015）。存在主義治療哲學首重「此時此刻」，並強調全心體驗當下即是「存有」（being），存在主義治療也特別重視個人意義的追尋（蘇盈儀、姜兆眉，2015）。但其治療不像其他的諮商理論有一整套的技術和方法，因為它牽涉到治療的目標、心性的本質等不確定、不一致的考慮因素，很難界定一套治療理論運用在實際輔導上（呂勝瑛，2008）。以下

僅就存在主義治療重要的理論加以說明（呂勝瑛，2008；馬長齡等譯，
2009；修慧蘭等譯，2015；劉淑敏，2013；Cox, Bachkirova, & Clutterbuck,
2014; Sharf, 1996）：

㈠人與世界之間的關聯

　　存在取向治療的內涵首先要突顯人與世界之間的關聯性（related-
ness）或是相互關係，因而提出四種存在世上（being-in-the-world）的方
式，說明個人具有經由思考事件並賦予意義的能力，分別是生物世界或環
境、人類相互關係、個人與自己的關係、個人與靈性或是宗教價值的關
係，強調這四種方式是相互關聯的，在每一個當下，個人存在於環境中、
人際關係、靈性價值及自我覺察裡。原先只有提及三種存在世上的方式，
第四種方式是新增加進去的，強調人類對於信念的重要性，這些信念本質
上是與宗教或靈性有關的。這說明了當我們活著的任何一個時刻，都抱
持著知識、價值、假設、信念，去面對自我、他人與世界，並且產生關
聯性。

㈡存在的不確定感與焦慮

　　人對存在的不確定感（existential uncertainty）會形成焦慮，焦慮是人
類的基本處境，因為人的存在總是不斷地面對不確定性與虛無的挑戰。然
而，存在的不確定感是指什麼？是內在的困惑或是價值的混亂？個人必須
面對周遭的世界，處理無法被預先知道的力量，然後發展出他們世界裡
的安身立命之道。梅耶（May）在《焦慮的意義》一書中，將焦慮分成正
常焦慮及神經質焦慮，正常焦慮中的一個重要部分是存在焦慮（existential
anxiety），這類焦慮衍生自存在本質，是正常的，也是人生的一部分，源
自於世間固有的事物、源自於我們意識到生命的短暫，治療的目標不是要
消除這類的焦慮。神經質焦慮就不一樣，它常未被覺察，卻會使人產生無
力感，要試著減少生活中的神經質焦慮。亞隆（Yalom）提出生命中有四
大終極議題（four ultimate concerns），是恐懼和空虛等存在焦慮的來源，
因此，許多和這四點緊密相連的人生轉折就容易讓人產生迷失，覺得生命
沒有意義或沒有希望。我們要學習傾聽焦慮，讓我們更能勇敢踏出扭轉生
命方向的腳步。這四大終極議題如下：

1. 無可避免的死亡（inevitable death）：不管一個人有多特別，死亡是每個人的終點，這也意味著我們終將失去所愛的人。

2. 孤獨（isolation）：即使被朋友、家人、同事圍繞著，也沒有人能比我們還了解自己的感受和想法，也沒有人能幫助我們面對生命中的死亡及失去。

3. 無意義（meaninglessness）：生命是個充滿未知的過程，這些未知容易讓人感到迷失，因此懷疑生命的目的及價值是什麼。

4. 自由與責任（freedom & responsibility）：我們都有選擇的自由，但正因有這樣的自由，我們也必須為自己的選擇和生活負責任。

㈢自由、責任及選擇

人想要活出生命的自由，亦需要對自己的人生負責任。在追尋自由的過程中，個人必須對自己的世界、人生計畫，以及個人選擇負責，自由、責任及選擇是環環相扣的，我們有自由選擇要以何種方式為自己的生命負責，並且要顧及這樣的選擇對我們有什麼重要的價值。責任代表擁有自己的選擇及真誠（authenticity）地面對自由，也就是我們真實地用自己的價值來生活，真誠提供了我們成為自己的勇氣。梅耶使用願意（willing）這個概念指稱責任被轉化為行動的過程。願意有兩個層面：發願（wishing）及決定（deciding），當人們表達出希望或心願時，他們必須選擇。存在主義治療者的任務之一，是在激勵個人的情感，以便他們可以發願，然後實踐他們的選擇。這個過程可能導致個案的恐慌或希望他人幫忙做決定的想法，因為做抉擇而需負責任，可能造成個人極大的焦慮。

㈣意義的追尋

弗蘭克在集中營中面臨極大的壓力下，領悟到人類雖然失去外在的一切，但是尚能保持精神上的自由與獨立，也就是說，追求生活的意義是人類的基本原動力，不是精神分析論所說的尋求快樂的意志。弗蘭克的意義治療更是環繞著這個議題的關注，對於意義的追尋應該要主動去尋找和發現。梅耶和亞隆也指出，人類需要追尋對於他們生命的意義感，因為意義感使人能夠理解發生在個人或世界上的事件，它也提供人們發展如何生

活及希望怎麼生活的價值觀。生活中的無意義感將導致空虛和虛無感，如同弗蘭克所說的「存在的虛無」，這種狀態通常發生在一些不願讓自己忙碌於工作的人身上。存在主義治療的意義是要叫人思考「你為什麼要這樣做？」以及「你的所作所為已經根植在你心中，是你的自由意志叫你這樣做的，而不是被外在價值觀所影響」。

㈤自我覺察與自我超越

自由、選擇與責任的認知，構成了自我覺察（self-awareness），自我覺察的能力越強，我們自由的可能性越高。治療的目標之一是要增進自我覺察能力，包括增加對所有選擇的覺察、對動機的覺察、對影響個人因素的覺察，以及對個人目標的覺察。自我覺察能力的提升能夠協助我們發現自我的價值和意義，以採取進一步行動來改變生活。此外，自我超越亦是存在主義治療所重視的存在本質。所謂自我超越是指人類能夠超越眼前的處境以及自我利益，以便追尋那些超越自身的事物。藉著使用想像力和創造力，個人超越自身需求得以察覺他人需求，並且展開合宜的舉止。弗蘭克也認為，為了自我實現，個人首先有必要自我超越，人們超越生物及心理層面的自我，而發展出實現生命意義的價值感。

二、治療技術

由上述的理論可以得知，存在取向治療其實提供了一種觀點和思考架構來協助我們去了解一個人的本質為何，是一種動力取向的治療。人一生中是由許多大大小小的終極關懷或存在焦慮所組合而成，每一個關懷既是獨立，亦是環環相扣，而存在主義治療即認為人會對這些議題感到適應不良或焦慮，所以，我們藉由對死亡、自由、孤獨與無意義的關注，將有助於提高人對於自己存在責任之覺察，進而達到自我統合、圓滿的境界（李明峰，2014）。因此，存在主義治療的目標在於幫助案主從生命經驗中找到生命的意義，進而減低焦慮和沮喪感，並提高對於生命的期望。當案主找到了自己的生命意義時，也能夠用這樣的信念去面對各種人生經驗（蘇盈儀、姜兆眉，2015）。

(一)治療關係

存在主義治療者十分重視治療關係，他們認為，治療過程中「人與人」接觸的品質，能刺激個案做出積極正向的改變。治療可以視為治療者和個案共同進入自我探索的一段旅程，治療者要努力與個案建立關懷和親密的關係。理想的治療關係有以下的特徵：(1)互相信任；(2)真誠的關懷；(3)尊重彼此的選擇和自由；(4)坦誠的自我表白（呂勝瑛，2008；修慧蘭等譯，2015）。

(二)治療方法

存在主義治療法並不像其他學派擁有一套定義完整的治療技術，因此，他們有時會引用其他學派的技術。而由弗蘭克創立的意義治療學派發展出了兩種治療技術：矛盾意向法（paradox intention）和減反省法（de-reflection）。矛盾意向法如前文所述，至於減反省法又稱非反省法，適用來解決個案的過分注意和過分反省的問題。在預期性焦慮中，個案對某些事件的擔憂與恐懼，反而會加劇這些事件的可怕性，這種難以抑制的衝動稱為過分反省。減反省法是用來抵制這種強迫傾向，讓個案忽視自己的某些問題，就能學會透過矛盾意向法解決焦慮的問題（劉翔平，2001）。其他如反思性傾聽（reflective listening）、面質（confrontation）等，也是存在主義治療經常使用的技術（Gladding, 1996）。

 貳　個人中心治療

個人中心治療的理論主要源於1940年代羅傑斯（C. R. Rogers, 1902-1987）所提出的人本主義心理學，羅傑斯在芝加哥大學從事教學活動多年，曾擔任過美國心理學協會主席。在剛開始的階段，個人中心治療被稱為非指導性輔導（non-directive counseling），強調治療者本身的態度和個人特質，並指出治療關係是決定治療效果的最重要因素。而精神分析學派一向重視的分析理論和技巧，則被羅傑斯所批評。到了1950年代，個人中心治療被稱為案主中心治療（client-centered therapy）（Rogers, 1951）。所謂案主中心治療是強調在心理變化和個人成長發育方面，個體自身能力具

有很大的重要性，他相信人們是能夠解決他們的個人問題的。他把案主中心的哲學擴展到教學方面，在《學習的自由》（Rogers & Freiberg, 1994）一書中闡述其人本主義的教育觀，對美國現行教育制度的弊端進行了抨擊，並提出了許多新的教育觀念。1980年代和1990年代，他的理論廣泛地被應用到教育、工業、團體、衝突解決及追求世界和平，由於羅傑斯不斷地擴大影響範圍，但都圍繞著這些主題：人如何獲得、擁有、分享，或如何屈服於權力和如何控制別人及自己等等，因此，他的理論逐漸被稱為個人中心取向（person-centered approach）（修慧蘭等譯，2015）。個人中心取向近五十年來受到廣泛的支持，往後的學者推廣羅傑斯的理論與實務，例如：動機理論中的自我決定理論（self-determination theory）強調個體在人格發展和行為自我規範的重要角色，與羅傑斯的理論不謀而合；實務方面也從古典的個案中心取向擴展到與案主同步（going with the client at the client's pace）、過程指導取向、動機介入等治療取向（Cox, Bachkirova, & Clutterbuck, 2014）。

一、重要理論概念

個人中心學派的基礎概念是來自人本主義心理學，此取向有許多概念和價值觀與存在取向是一致的。羅傑斯的基本假設是人在本質上是可以信任的，也就是人有自我了解及解決自己問題的潛能，不需治療者指導性的介入，並且只要他們能融入特定的治療關係中，就能夠自我引導邁向成長（Corey, 2009）。以下就其理論之要點敘述如下（周新富，2006b；劉焜輝主編，2003；金樹人等，2000；Rogers, 1951）：

㈠實現傾向與自我實現

羅傑斯認為，人類行為中有一種基本動力來源，就是實現傾向（actualizing tendency），這種基本動力是正向的、充滿建設性與創造性的。個人不論在何種環境條件下，均有實現的傾向存在，即使是在不利的或充滿阻撓的環境下，個體仍會努力朝成長發展的方向走。人類的行為就是由自我實現這個正向的力量所導引，它是一種積極的能力，藉著這個內在的力量，朝向正向的、積極的、成長的方向去發展。倘若我們的環境條件是完

全有利於個人成長的，則每個人都能充分表現出潛能的極限，所以，個人中心治療認為只要提供促進成長的適當條件，當事人就會發展出能力，朝向建設性的成長。

(二)重視人的意識經驗及價值

個人主觀的意識與經驗是人本主義心理學所要探討的主要對象，羅傑斯認為，自己的經驗是行為效度的評判者，個人在自我實現過程中，確實會受到社會環境因素的影響，童年的經驗對個人固然有影響力，但是後期的生活經驗更為重要。羅傑斯認為，人基本上是活在他個人的主觀世界裡，雖然知覺並不完全符合客觀的事實，但會朝著自我選擇的方向，實現自己的需要，並成為自己想要成為的人。其理論突顯出人性、人的價值和尊嚴、人的主動性和獨特性、自我實現的重要性。羅傑斯探討意識經驗和社會生活的關係，從個人主體內部出發，擴大了心理學研究的領域，豐富了關於人類精神生活研究的內涵，例如：人的價值、生活意義、自我實現、意識狀態轉換、超越自我、高峰體驗、生死體認、宇宙覺知等。既有積極的現實意義，又有深遠的歷史意義。

(三)側重人的統整與完整性

個人基本上是一個統整的人格，不可予以分割。人的存在雖受制於先天的限制，但仍堅信人類具有珍貴的自由與自律，人雖受限於遺傳、環境各種社會制度，但人的自由意志及自我概念為決定個人行為的要件。羅傑斯批判了傳統心理學把人獸性化、非人格化和無個性化的傾向，闡明了動機的巨大作用和需求的層次理論，突顯了人更高級需求所具有的價值。

(四)反對動機化約論，強調人的主動積極

行為主義因以「外顯行為」為重點研究，而使人失去人性，並把人降低為「一隻較大的白鼠或一部較慢的電腦」，佛洛伊德的精神分析則聲稱「人是一個受本能慾望支配的低能弱智的生物」，並把人貶為一個性惡的反社會動物。羅傑斯反對將人的行為化約為簡單的本能或驅力，也反對將人的行為簡化成刺激反應的連結，而提出了超越個人的動機或超越性動機的概念，認為人有自我超越與自我實現的可能性。

㈤生命的終極目標是要成為一個充分發揮功能的人

所謂「充分發揮功能的人」（fully functioning person）能察覺並開放接受正面與負面的經驗，對所有經驗都具有鮮活的體驗能力，信任自己的行為和情感，具有創造力和自發性，對於自我成長和致力發揮自己最大潛能具有持續性的需求。治療的目標在協助當事人成為功能完全發揮的個體，並朝向「自我實現」前進。每個人充分發揮功能的方式不同，但基本上包括四項共同的特徵：(1)對自己的經驗開放；(2)擁有內在的信任感；(3)發展內在的自我評價；(4)有繼續成長的意願。

二、治療技術

羅傑斯的治療理論乃源自其數千小時的臨床經驗與研究，從臨床經驗中獲得不少的體驗，他不斷審視自己在諮商中的內在經驗，也時時敏銳地分析來談者的改變歷程。羅傑斯的治療技術沒有太高深的理論基礎，沒有很難懂的哲學觀，治療者只是提供一個接納而安全的談話氣氛，讓個案與真實的自我接觸，治療者不提供任何忠告，也不對個案行為、情緒或任何陳述做任何解釋。看似簡單的諮商方法卻有著很難落實在諮商情境中的核心概念：(1)真誠與一致性（congruence）；(2)無條件的積極關懷和接納（unconditional positive regard）；(3)正確同理的了解（accurate empathic understanding）。這些核心概念說明羅傑斯對諮商態度的重視，由諮商態度進一步形成諮商關係，諮商關係可以說是個人中心治療的核心技術（劉焜輝主編，2000；Rogers, 1951）。以下分別說明之（賴保禎等，1996；林建平，2010；修慧蘭等譯，2015；劉焜輝主編，2003；Rogers, 1951）：

㈠真誠與一致

一致包括真實（realness）與真誠（genuineness），表示在治療過程中，治療者是真誠的、可靠的、整合的，他們沒有虛偽的表現，內在體驗與外在表現是一致的。如果治療者對個案有一種感受，卻對他表現出另一種感受，那麼治療效果一定會大打折扣，這說明治療者以真實的自己與個案接觸，兩人之間是「人與人的關係」，而非「專家與患者」的關係。羅傑斯認為，在治療關係中，真誠與一致是最重要的態度，也是最難達到的

態度。一個能於治療關係中坦然面對最深層的自我的人，將是最有效的治療者。真誠並不意味著告訴個案所有的想法或感受，這樣只會將重點由個案身上轉移到治療者；治療者應是一個助人的、專注的與關懷他人的，他對個案真正感到興趣且能展現這份興趣。

㈡無條件的正向關懷

無條件的正向關懷是指治療者對於個案表達真切的關心（caring）、接納（acceptance）與尊重，是一種無占有性的關懷，且尊重他擁有自由表達的權利，不針對當事人的情感、想法和行為做出個人主觀評價，治療者重視且溫暖地接納當事人而不附帶任何的條件。若關懷是為了治療者自身的利益，例如：博取個案的喜愛或欣賞，則會使個案難有建設性的改變。然而，接納指的是治療者認同當事人能夠擁有自己的情感或想法，但不表示治療者贊同個案所有的行為，個案的任何行為都不需要被認可或接受。不論個案的條件、行為或感受如何，均對其表示尊重與喜愛，讓個案能感受到溫暖、安全與被喜愛、被尊重，是諮商關係中很重要的成分，如此，個案就不必冒著失去治療者接納的風險，而能夠自由自在地擁有他自己的感情或體驗，那麼治療成功的機會就越大。

㈢正確同理的了解

羅傑斯認為，若只有溫暖的關懷和接納，而缺少同理的了解，對個案而言沒有多大的意義。只有治療者能了解個案的感受與想法，並能接納個案時，個案才能自由地探索其內在經驗，能免於受到批評的威脅。所謂「同理的了解」就是同理心（empathy），就是與個案一起了解他內心的主觀世界。同理不是同情（sympathy），不是憐憫個案，而是治療者能洞悉個案的內在世界，能將個案沒有說清楚的部分、以及未經驗到的經驗表達出來，才能探觸到個案真實的自我，進而協助個案改變與發展。所以，同理心具有三項作用：(1)協助個案以新的眼光來看待他們過去的經驗；(2)協助個案看重和珍惜他們自己的經驗；(3)協助個案修正他們對自己、他人和世界的知覺。同理心的功效即在使個案感受到被理解，與治療的成效有密切關係，治療者對個案能正確而深入的同理性了解，是促進個案成長與改變的最根本要素。

參　完形治療

完形治療（Gestalt therapy）是由皮爾斯（Fritz Perls, 1893-1970）所提出，他是德國心理學家，發展了一種心理治療的新方法，他名之為「格式塔療法」，又稱完形治療法。其概念源自完形心理學，完形有完整之意，主張人生而追求「完整」，人生存在環境之中，與環境是一體的，兩者相互依賴又相互獨立，是無法分割的整體。完形治療以人格的整合、增加覺察與接觸為治療目標，融合了精神分析、身體治療、完形心理學、勒溫的場地理論、存在主義、現象學、東方宗教、整體論、戲劇、舞蹈和肢體動作等觀點而形成（陳金定，2005）。完形治療的理論發展以存在哲學、現象場與場地理論為基礎，異於傳統的心理治療學派，許多重要的概念也源自於完形心理學，其強調焦點不在於個案之過往歷史，而是重視此時此地的現在與著重於過去如何影響現在（李茂興譯，1996）。

一、重要理論概念

基本上，完形治療是存在導向的，他們反對壓抑與潛意識的說法，強調個人生活及成長的責任，重視此時此刻的經驗及主觀經驗，具有濃厚的經驗哲學和現象心理學的色彩。完形人格理論的主要焦點主張知覺為存在的前提，察覺是體會存在的途徑，是對當下的主觀經驗，因為人具主動經驗、覺察傾向，故覺察是人格的中心。完形治療並且強調個人覺知自我及其環境的重要性，其中包含了感覺、知覺、感受（牛格正，1996；陳金定，2001）。以下略述完形治療的理論要點（邱珍琬，2017；修慧蘭等譯，2015；陳金定，2007；Seligman & Reichenberg, 2010; Sharf, 1996）：

㈠人性觀

完形治療的人性觀如同其他人文主義學派，皮爾斯對人性有樂觀和授權（empowering）的觀點，以及強調實現自我的重要性。皮爾斯的自我實現是屬現在導向，這種自我實現可以成為自己的動機，引導自己的發展，這是人類所有行為的原動力。他相信人基本上具有成功適應生活的能力，只是有時候需要他人的協助。皮爾斯稱需尋求外在支持的狀態為僵

局（impasse）或卡住的點（stuck point），治療者的任務是協助當事人通過僵局而獲得成長。完形治療在幫助人們發展覺察、內在力量和自我充足（self-sufficiency），使人們認識正向成長所需要的資源及由自己內在引發改變。

(二)整體、整合和平衡

完形治療重視人們生活中的整體（wholeness）、整合和平衡。個體必須與環境交互作用，才能構成行為的整體。個體的完形包含了他整個人（figure）、他的背景（ground，個人未能覺察的部分）與兩者之間的關係。在完形治療的過程中，不同的時間點雖然會呈現個案不同的面向，但永遠會以整合此一獨特個體所有的部分作為心理治療的指導原則。皮爾斯的治療方法更是奠基在身體、情緒和心靈經驗是不可分割之一體的假設上，特別是「身體」與「心理」的關係，身心關係並非一般所認為的二元論，而是一物體的兩個面向。人其實渴望「完形」，但有些部分被自我驅逐並且不予承認，而使得自己成為被片斷化的人，以整體論的觀點，整體的本質不可能經由對部分的分析而來，因此，若去分析這個被片斷化的碎片，只是將它們切得更零碎；在完形治療中所要去做的是，整合被自我驅逐且不予承認的部分，使人成為完整的。完形治療認為，人是不斷在追求自我成長的有機體，所有有機體會以本身所擁有的能力及環境的資源進行自我調節，來滿足自己的需求，這個過程稱之為平衡。皮爾斯以形象—背景（figure-ground）的概念來說明自我調節機制的運作。個人因需求的產生而注意到環境中的某些事物，受到注意的對象稱為形象，未受注意者稱背景。當下最急迫的需求滿足後會退到背景中，下一個最急迫的需求會從背景中浮現出來，而啟動下一個自我調節歷程。若需求未能成功地獲得滿足，則對個人而言即成為「未竟事宜」，將成為個人意識的焦點，那麼個人形象與背景的轉換將形成阻礙。

(三)未竟事宜

人們都有成千成百種身體的、感情的、心靈的需求，它們各有其意義吸引著我們的注意，有些無法滿足的需求，將會一直牽引著我們的注意。不能滿足的需求越多，就越會被過去所束縛，一旦對這些不滿足的需求沒

有自覺，就會帶來疲勞、注意力散漫、混亂、緊張、身體疾病、破壞等不滿足的行為模式，或是像怨恨、憤怒、痛苦、焦慮、哀傷、罪惡感等情緒。在完形上就將這些未解決的情況和未獲得滿足的需求，稱之為「未竟事宜」（unfinished business）。未竟事宜會一直持續下去，直到個案面對並處理了原本未能表達出來的感受之後才會過去。有時候未竟事宜會在身體上產生阻塞現象，因此，完形治療者非常注意身體的經驗，他們相信個人那些未表達的情緒會引發身體的病徵。

㈣接觸與抗拒接觸

完形治療的理論認為，接觸（contact）是改變與成長的必要條件，接觸是透過看、聽、嗅、碰及行動而形成的，有效的接觸是指與自然及他人進行互動時，不會因而失去自體感（sense of individuality）。接觸是成長的活水源頭，清楚的覺察、充沛的能量及自我表達的能力，是良好接觸的先決條件。完形治療也很重視干擾、阻隔與抗拒接觸，這些都會發展成個人因應歷程的一部分，這是一種防衛方式，會讓人們無法全面、真正地接觸到當下此刻；抗拒通常是在個人尚未覺察到就忽然發生，它會導致失功能行為出現。完形治療要協助個案覺察此時此刻之行為，以及阻礙個案完形之接觸干擾（interruption of contact）或界限干擾（boundary disturbance），以處理未竟事宜，統整分立之兩極，並且與環境保持良好關係。由於接觸干擾阻礙自我調解機制之運作，使得個人需求無法獲得滿足，而造成未竟事宜，最後，未竟事宜會以症狀或不適應行為來呈現。接觸干擾在症狀形成與治療中，占有關鍵性地位，最常見之六種接觸干擾為：融合（confluence）、內射（introjection）、投射（projection）、回射（retroflection）、折射（deflection）與減敏感（desensitization）。融合指個案獨特性消失，將自己與他人結合成一體，以「我們」取代「我」。內射指個案未經過濾與選擇，便將父母、師長、朋友等價值觀或信念納入自我結構中。投射指將自己不能接納之部分自我，推給別人。回射指個人收回對別人之反應，轉而將該反應施加在自己身上。折射指將覺察放在不重要之方向，以逃避與環境直接接觸。減敏感是指透過壓抑，使個人無法覺察對自己或對環境之感覺。

㈤覺察

　　覺察（awareness）、責任、自由（選擇）是很重要的三角關係，即覺察力越強，自由的可能性越大，而自己應為自己所做的決定和行為負責。自我覺察是完形治療的核心，完形治療學派認為，個體有自我調整的功能，個體若能充分覺察，必然可改變現況，也就是說，覺察本身即具有治療的效果。完形治療的覺察是指去發現某些事情，讓個體接觸到或感覺到自己正在做什麼，感覺到自己的思考、動作、身體姿勢等。在覺察的過程中，個體與環境做良好的接觸，以經驗內在的衝突，統整其人格的分歧與對立，藉著覺察，個體發現真實的自我，重新整合自己。皮爾斯認為，覺察應包括三個範疇：(1)對自我的覺察（內部領域）；(2)對環境的覺察（外部領域）；(3)對自我與環境互動間的覺察（中間領域）。他以剝洋蔥來比喻人格的探索，當個人與環境接觸，為了變成心理上的成熟及提升自我成長，個人必須脫去以下五層束縛：

　　1. 虛假層（the phony layer）：以刻板印象及不真誠的方式與人互動。

　　2. 恐懼層（the phobic layer）：避免心理上的痛苦、隱藏真實自我，否認那些造成難以忍受痛苦的部分。

　　3. 僵局層（the impasse layer）：通過前述兩層後，人們會感覺到迷惘、被卡住（stuck）和無力感（powerless），開始要尋求外在的協助。

　　4. 內爆層（the implosive layer）：個人覺察到自己的侷限性，開始經驗到改變，處理未竟事宜，降低自我防衛，接觸真實自我，朝向更大的整合。

　　5. 外爆層（the explosive layer）：剝開內爆層後，會很快進入外爆層。人們經驗到再整合和整體性，成為真實的自我，具有充沛的能量，感受及表達自己的情緒，使自己朝向自我實現前進。

　　另一種增進覺察的方式是活在此時此地（here and now）及意識到當下，不必留戀過去，也不要將希望放在美好的將來，「除了此時此地外，不存在任何物。」當人們能存在於此時此刻，他便能運用覺察去發現他的需求，並能知道如何去滿足它。而且個人的改變只能發生在現在，他不能改變過去已發生的或未來尚未發生的。

二、治療技術

　　完形治療的目標與其他治療的目標相同，那就是使有機體成熟及成長。完形治療有以下幾個重要的目標：(1)激發個案由外在環境的支持進入自我的支持，即由人助轉為自助；(2)幫助當事人過更充實的生活，更進一層地發揮潛能；(3)增進覺察；(4)協助當事人達到人格統整；(5)幫助個案找到自我的中心（呂勝瑛，2008）。完形治療本身並不是一種目標導向的治療方法，但致力於更基礎的目標，即協助個案獲得更多覺察，進而能擁有更多選擇；治療者的角色是供給一種氣氛，使個案有機會去發現自己的需求，特別是發現因環境的要求而使當事人放棄自我的部分。在進行諮商過程中並不解釋行為原因，所以不問「為什麼」，而是注意個案的現在如何（How），以及是什麼（What），讓個案做說明，其主要目的是尋求個案變得對其現在的感情、行為、情緒，以及感覺有更多的覺察（邱珍琬，2017；修慧蘭等譯，2015）。以下僅就完形治療的重要技術加以說明（卓紋君等譯，2002；張嘉莉譯，2000；魏麗敏、黃德祥，2006；楊忠霖，2017；Seligman & Reichenberg, 2010）：

㈠對話遊戲與空椅技術

　　對話遊戲（games of dialogue）或空椅技術（empty chair technique）是完形治療最著名的技術，目的是在促使內在極化的兩端力量能夠經由對話，而被個體覺察、接受或使兩個極化相互的了解。人格的內在極化分為優勝者（topdog）與劣敗者（underdog），優勝者代表正直、權威、道德、命令、跋扈及操縱；劣敗者扮演受害者，像是對人抱歉、無助、軟弱、無能為力等。透過內在對話的練習，使個案充分經驗內在衝突，有利於問題的探究與解決。對話遊戲又稱為空椅技術，這種遊戲亦有三種方式可以進行：

1. 空椅法

　　空椅法主要用來處理與他人關係中的未竟事宜，讓個體得以覺察並接觸過去未完成的情緒與事件，進而跳脫、疏通過去形成的固著，發展出新的因應模式。空椅法在完形治療中為最核心的技術，基於完形治療中「形象／背景」的概念，利用想像來處理個體此時此刻浮現的未竟事宜以及內

在兩極的掙扎，對於創傷的人際事件具有療效。在空椅法中，治療者邀請當事人想像內心浮現、造成其未竟事宜的他人坐在對面的椅子上，並在治療室安全的環境中，以現在已經有能量、不同於過往無力抵抗的自己，跟對方進行對話。透過治療者的引導，個案得以跳脫過往習慣的因應模式，在空椅對話中經驗到對自我與對方不同的了解，進而改變、發展出新的互動關係，讓未竟事宜得以完成、退回到背景，不再干擾當事人。

2. 雙椅法

這種方法可適用於內在和外在衝突的解決，其做法如下：置兩張椅子，一張代表反對自己的一方，另一張代表贊成自己的力量，個案扮演這兩種衝突的勢力，如此來回反覆地扮演，終能知道孰重孰輕，進而調適衝突。

3. 三椅法

安排三張椅子，其一代表事實表露，其二代表慾望表露，其三代表同理心，這三種不斷地交互呈現，可培養個案適當地向他人表露自己的需求的能力。

㈡誇張

完形治療注重經由身體的覺察而引發對心理內在的覺察，個人的身體動作、口語、行為都非常重要，但經常受到忽略。誇張（exaggeration）這個遊戲是引導個案誇大自己的肢體、語言與非語言行為，進而促進個案自我覺察的一種策略。例如：用微笑的方式說出恐怖經驗、用要揍人的手勢向重要的人說話等。

㈢倒轉

倒轉（reversals）技術是要求個案表現或扮演一個極端相反的角色，例如：請習慣討好的人演出拒絕人的角色，文靜的人表現聒噪行為，以協助個案覺察另一個人的角色或扭曲與隱藏的自我，而能將兩個極化加以統整。

㈣預演

預演或演練（rehearsal）技術是協助個案在治療中，在自己的內心或

利用想像的方式，練習一些適宜的行為，例如：要求加薪、約會等情境。
個案將自己的想法或想講的話，不斷地複誦或多次預演，以增強信心。治
療者可示範較佳的行為方式，或當個案適當地表現時，給予支持與鼓勵。

㈤我負責

治療者要求個案在講出自己的感受之後，一定要加說「我為自己剛
才說的話負責」，以使個案能在覺察後，承擔自己的責任，改善自己的
行為。

自我評量

一、選擇題

(　　) 1. 關於個人中心治療法，下列何者為非？(A)強調輔導員與當事人之諮商關係　(B)視個體具有自我實現傾向　(C)以行為改變技術為主要方法　(D)非指導式取向

(　　) 2. 關於個人中心學派的描述，何者不正確？(A)鼓勵當事人儘量表達內心的想法與感受，尤其是幼年的經驗　(B)強調要培養健康成熟的自我　(C)認為「理想我」與「現實我」差距越大，越有適應不良傾向　(D)輔導強調積極接納與真誠一致

(　　) 3. 依據佛洛伊德（S. Freud）的理論，人類的所有行為皆是由哪些驅力所產生？(A)性與固著　(B)性與攻擊　(C)固著與攻擊　(D)壓抑與慾力

(　　) 4. 下列何者是個人中心治療法對於移情作用（transference）的觀點？(A)治療的充分必要條件　(B)治療歷程的核心所在　(C)精神異常的扭曲現象　(D)不是治療的重要因素

(　　) 5. 下列哪一種行為符合羅傑斯（C. Rogers）個人中心的輔導原則？(A)讓個案知道他的行為或想法是可以被理解的　(B)與個案設立行為改變的目標，鼓勵學生改變個人行為　(C)要求個案回顧他幼兒時的經驗，以找出造成他困擾的原因　(D)幫助個案了解在學習過程中可能會面對的人際困難

(　　) 6. 「一位兒童受到父母不人道的暴力而造成傷害後，他卻認為自己未受任何傷害。」根據精神分析論的觀點，這位受虐兒童可能採用下列何種自我防衛機轉？(A)否認作用　(B)壓抑作用　(C)反向作用　(D)理由化

(　　) 7. 如果教師與小明建立無條件地接納、真誠、尊重的關係，試問教師的做法是運用下列哪一諮商學派的取向？(A)行為取向　(B)人本取向　(C)認知行為取向　(D)心理動力取向

(　　) 8. 關於佛洛伊德（S. Freud）的性心理發展階段，下列排序何者正確？(A)口腔期→肛門期→性器期→潛伏期→生殖期　(B)口腔期

→性器期→生殖期→潛伏期→肛門期　(C)口腔期→潛伏期→性器期→肛門期→生殖期　(D)口腔期→肛門期→生殖期→潛伏期→性器期

(　　) 9. 小青的家境不好，常常讓她覺得自己不如同學，她很努力念書，希望獲得好成績，得到老師和同學的肯定。這是屬於下列何種防衛機轉？(A)否認　(B)補償　(C)替代　(D)反向

(　　) 10. 佛洛伊德（S. Freud）與艾瑞克森（E. Erikson）等人之精神分析理論特別注重下列何者對青少年社會化的影響？(A)潛意識作用　(B)趨避衝突　(C)認同作用　(D)本我需求的滿足

(　　) 11. 李同學在期末考時準備不周，他批評老師試題出得不妥當有失公平，以致他考得不理想。請問李同學是使用下列何種防衛機制？(A)合理化作用　(B)反向作用　(C)補償作用　(D)昇華作用

(　　) 12. 下列哪一種情況最能說明羅傑斯（C. Rogers）「無條件的正向關懷和接納」？(A)只要小萱表現良好，父母都會特別讚賞，並立即給予肯定的話語或獎品　(B)小萱把咖哩倒在客廳的新地毯上，父母不但沒有表現出生氣，還說她做得很好　(C)小萱和妹妹打架，弄傷了妹妹。爸媽告訴小萱雖然她做錯事，但仍然是他們的寶貝孩子　(D)小萱在學校不小心弄壞同學的貴重樂器。媽媽告訴小萱，只要以後不要再發生這種事，就還是媽媽的好孩子

(　　) 13. 以下哪一個學派提出未竟事宜（unfinished business）的概念？(A)完形治療　(B)現實治療　(C)行為治療　(D)理情行為治療

(　　) 14. 十二年級的曉雯告訴導師：「我不知道人為什麼要活著，生命到底有什麼意義？」導師採用下列哪種回應最不適切？(A)聽起來你好像很茫然　(B)你想太多了，要把心思多放在課業　(C)對於這個問題，我並沒有最終的答案　(D)在這個生命階段會這麼想是很常見的

(　　) 15. 青少年覺知自己是社會的一分子，並以平等的態度關切他人福祉，可以用下列阿德勒（A. Adler）個體心理學（individual psychology）的哪一種概念予以說明？(A)社會興趣（social interest）　(B)家庭星座（family constellation）　(C)追求卓越

（striving for superiority）　(D)生活型態（style of life）

(　) 16. 精神分析學派認為下列哪一種情形會對心理健康最有負面影響？
(A)自我未能適當協調本我與超我的衝突　(B)面對痛苦現實，暫時以自我防衛機制面對焦慮　(C)面對移情現象，突破並分析浮現上來的感覺　(D)分析夢境裡呈現出的被壓抑的情緒

(　) 17. 下列哪一種治療取向認為，個體的情感如果沒有充分表達或體驗，將會影響現實生活，進而妨礙與他人的接觸？(A)完形治療　(B)敘事治療　(C)存在主義治療　(D)女性主義治療

(　) 18. 阿龍在校成績並不出色，這次月考又考得不好。他告訴朋友說：
「如果弟弟不來吵我讀書，我一定可以考得更好。」試問阿龍運用的防衛機轉為何？(A)否認（denial）　(B)認同（identification）　(C)反向（reaction formation）　(D)合理化（rationalization）

(　) 19. 為培養小明負責任的態度，媽媽要小明在決定事情時說出：「我要為自己剛剛說的話負責。」請問媽媽的這種教育方式是下列哪一個學派所提之概念？(A)完形治療學派　(B)現實治療學派　(C)行為治療學派　(D)存在主義治療學派

(　) 20. 下列諮商理論與諮商方法的描述，何者正確？(A)理性情緒治療學派運用選擇理論　(B)完形治療學派重視案主的洞察　(C)精神分析學派強調案主的責任　(D)現實治療學派看重情緒宣洩

(　) 21. 正雄老師請認輔學生小梅陳述兩、三件幼年時期或童年早期印象深刻的回憶與當時反應，並且運用小梅的出生順序與家庭關係等資料進行輔導。正雄老師所採取的諮商學派以及分析的目標為下列何者？(A)古典精神分析之「移情作用」（transference）　(B)古典精神分析之「防衛機轉」（defense mechanism）　(C)阿德勒學派之「生活方式」（lifestyle）　(D)阿德勒學派之「認知基模」（cognitive schema）

(　) 22. 無條件積極關懷或接納（unconditional positive regard or acceptance）是指：(A)諮商師必須捨棄自己個人的價值觀來接納當事人　(B)諮商師要以同意、支持、肯定的方式來展現其對當事人的關懷與接納　(C)接納當事人不等於贊同當事人，而是以一獨立

個體來關心當事人 (D)為了接納當事人，諮商師必要時需刻意隱藏自己對當事人的不以為然

( ) 23. 國二的軒信將性衝動導向社會所接受的方式，這是屬於下列哪一種防衛機制？(A)投射作用 (B)轉移作用 (C)昇華作用 (D)合理化作用

( ) 24. 中學輔導教師採用存在主義治療法為弱勢族群諮商時，下列哪一項最有可能是此種治療方法的限制？(A)重視自我覺察的能力 (B)強調從生活中尋求意義 (C)強調個人的責任，而非社會的條件 (D)將死亡當作是促進人們為生命負責的媒介

( ) 25. 下列何者是阿德勒（A. Adler）諮商學派的諮商歷程順序？甲、重新定位；乙、頓悟與解釋；丙、建立諮商關係；丁、探索生活方式的結構與動力（評量與分析）。(A)丙→甲→乙→丁 (B)丙→乙→丁→甲 (C)丙→丁→乙→甲 (D)丁→丙→乙→甲

( ) 26. 根據佛洛伊德（S. Freud）防衛機轉（defense mechanism）的觀點，青少年不只嘗試更多相同的防衛，他們更會形成自我組織的新機轉，例如：使用更抽象、智能推理去合理化自己的行為，這個新的自我防衛機轉稱為什麼？(A)昇華 (B)理智化 (C)退化作用 (D)反向作用

( ) 27. 國三的飛亞感嘆說：「學業對我而言，真的有這麼重要嗎？在我的生命中，除了學業之外，我還可以有什麼？生命的意義是什麼？」試問這些疑惑與下列哪一學派所探討的核心概念，有較高的關聯？(A)行為治療 (B)存在取向 (C)個人中心取向 (D)理性情緒行為治療

( ) 28. 自從弟弟出生以後，小芸覺得爸爸、媽媽的注意力都集中在新生弟弟身上，因此對弟弟充滿敵意。不過，小芸在爸媽面前卻表現出很愛護弟弟的舉動。此行為是屬於下列何種心理防衛機轉？(A)投射 (B)退化 (C)合理化 (D)反向

( ) 29. 羅傑斯（C. Rogers）認為自我實現的人具有下列哪些特質？①對自己的挫敗負責；②擁有內在的信任感；③發展內在的自我評價；④有願意忍受孤獨的意願；⑤有繼續成長的意願；⑥能關切受

苦難的人；⑦對自己的經驗開放。(A)②③⑤⑦　(B)①②③⑤
(C)②④⑤⑥　(D)①④⑥⑦

(　) 30. 個人中心理論認為諮商者需具備一些特別的條件，下列哪一項錯
誤？(A)真誠與一致性　(B)正確的同理心　(C)系統規劃的能力
(D)無條件的正向關懷

(　) 31. 下列諮商與輔導理論中，何者強調「自卑是一種動力」，有助於當
事人達到超越的境界？(A)理性情緒治療法　(B)存在主義治療法
(C)行為治療法　(D)阿德勒治療法

(　) 32. 許先生是一位諮商師，他運用了「空椅技術」來幫助案主進行「對
話練習」（dialogue exercise），以整合案主內心的衝突與矛盾。這
是屬於下列哪一種學派的治療方法？(A)完形治療法　(B)阿德勒治
療法　(C)當事人中心療法　(D)理性情緒治療法

(　) 33. 陳老師發現小智經常會對沒做好的事後悔，對於尚未發生的事又
很恐懼，於是教導他：「力量存於現在」、「強調此時此刻的重
要」、「認識與感受現在這一刻，避免留戀過去」。陳老師的做法
是依據下列哪一個學派的觀點？(A)完形治療法　(B)敘事治療法
(C)行為治療法　(D)理情治療法

(　) 34. 下列有關個人中心學派的敘述，何者正確？(A)對人性的基本假定
是有善有惡　(B)諮商員主要是扮演指導者的角色　(C)諮商的目的
只在協助解決當事人的問題　(D)每個人都有覺察力，能夠自我引
導，朝向自我實現

(　) 35. 下列何者不屬於「阿德勒諮商學派」所採用的治療方法？(A)私人
邏輯　(B)早期回憶　(C)家庭星座　(D)空椅技術

(　) 36. 下列何者符合個人中心治療學派（person-centered therapy）的接納
（acceptance）概念？(A)完全接納個案必須贊成（approval）個案
的行為　(B)接納是肯認（recognition）個案有權表達自己的信念與
感受　(C)接納不能超越「無害」（harmless）的原則　(D)接納是
提醒治療者必須全程（at all times）地真誠接納與無條件積極關懷

(　) 37. 諮商心理師讓個案盡情說出自己的想法、感覺、痛苦經驗和隱藏在
內心中的感情、慾望等，這是採用下列哪一項心理分析的技術？

(A)移情分析　(B)抗拒分析　(C)解釋　(D)自由聯想

參考答案

1.(C)　2.(A)　3.(B)　4.(D)　5.(A)　6.(A)　7.(B)　8.(A)　9.(B)　10.(C)

11.(A)　12.(C)　13.(A)　14.(B)　15.(A)　16.(A)　17.(A)　18.(D)　19.(A)　20.(B)

21.(C)　22.(C)　23.(C)　24.(C)　25.(C)　26.(B)　27.(B)　28.(D)　29.(A)　30.(C)

31.(D)　32.(A)　33.(A)　34.(D)　35.(D)　36.(B)　37.(D)

二、問答題

1. 試分別說明行為取向及人本取向的心理諮商理論應用於兒童輔導工作中的優、缺點。

2. 試比較精神分析、個人中心治療與行為治療三個理論取向，在人性觀及治療師角色上的差異。

3. 教師輔導學生需要先建立良好的諮商關係。請根據個人中心諮商理論，說明建立諮商關係的基本要素。

4. 現代人常覺得生活沒有目標，生命沒有意義。簡述弗蘭克（V. Frankl）意義治療中的三項生命價值，並各舉一例說明之。

5. 自我覺察是觸發個體成長改變的關鍵因素之一，各諮商理論對於自我覺察的觀點、目的及介入策略各異，請由人本諮商理論取向或精神分析治療取向中各擇一個諮商理論，說明評析之。

6. 存在主義治療學派強調自我覺察的重要性，請說明它在諮商實務上的意涵。

7. 說明佛洛伊德（S. Freud）的精神分析理論對阿德勒（A. Adler）的個人心理學、皮爾斯（F. Perls）的完形治療產生的影響。

8. 試就精神分析與非精神分析之觀點，檢討諮商中當事人的抗拒現象，並提出處理策略。

9. 羅傑斯（C. Rogers）的個人中心諮商法認為，諮商員只要提供一個適當的環境，當事人就能夠朝正向成長，試述此適當環境中諮商員的核心條件為何，並扼要說明之。（列出三項）

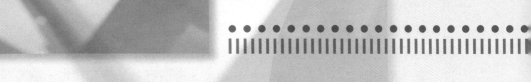

第十二章

個別諮商理論（二）

前章就精神分析取向、經驗與關係取向這兩大類的治療加以闡述，本
章再就行動治療、系統觀點及後現代取向三大類的治療理論及技術加以探
討，第一節分別介紹行為治療、認知治療、理情行為治療和現實治療等四
學派，第二節將系統觀點及後現代取向合併說明，探討女性主義治療、焦
點解決短期治療之內容要點。

第一節　行動治療

柯瑞（Corey, 2008）將行為治療、認知治療、理情行為治療和現實治
療等四學派，合稱為行動治療（action therapies），舊版本稱為認知行為取
向（cognitive behavioral approaches），因為這種治療都強調轉化領悟為行
為動作。現實治療的焦點為個案目前的行為，強調藉由擬訂清楚的計畫來
發展新行為。行為治療鼓勵行動及採取步驟以產生具體的改變，現在趨勢
是行為治療更要增加認知的因素，因為這是行為的重要決定因素。理情行
為治療及認知治療重視的是學習如何挑戰喪失功能的信念和自動化思考，
因為這兩項是導致問題行為的原因。本節將分別敘述行為治療、理情行為
治療、認知治療和現實治療的重要理論及治療技術。

壹　行為治療

行為治療的發展甚短，到1950年代後期才漸漸形成學理的體系，1960
年代才被認定為一種治療的模式（黃正鵠，1998）。行為治療的根源在於
「實驗心理學」及「人類和動物學習過程的研究」，最早期的研究為巴
夫洛夫（I. Pavlov, 1849-1936）對狗的實驗所建立的學習原則，華生（Wat-
son）將其運用在人類行為上，稱之為古典制約（classical conditioning）。
桑代克（E. L. Thorndike, 1874-1949）對貓的實驗所建立的學習三定律，以
及史金納（B. F. Skinner, 1904-1990）對鴿子等動物的實驗所建立的學習理
論，稱之為操作制約（operant conditioning），亦是行為治療的理論基礎之

一。班度拉（A. Bandura）所發展的社會認知理論，亦是行為治療理論基礎之一，在刺激—反應之間加入內在或認知歷程，並嘗試去解釋人們如何經由觀察或覺知其外在的環境而加以學習（馬長齡等，2008）。學習理論發展來解釋人格理論，但很少被用在行為治療的實務。多拉德（John Dollard, 1900-1980）和米勒（Neal E. Miller, 1909-2002）兩人一起將精神分析觀點融合霍爾（Hull）的學習理論及社會交互作用，激發出人格理論的新觀點，認為學習行為有四項關鍵要素：驅力（drive）、線索（cue）、反應（response）、酬賞（reward）（Seligman & Reichenberg, 2010）。南非心理學家渥爾普（J. Wolpe, 1915-1997）是第一位用學習理論來治療成人的精神官能症，他依據巴夫洛夫的古典制約原則發展出許多治療技術。史金納亦於1953年將操作制約理論應用到臨床問題的處理，建立以行為觀點為基礎的心理治療體系（賴保禎等，1996）。本節僅就行為治療的重要理論觀點及治療技術加以敘述。

一、重要理論概念

從1970年代起，行為治療被應用在如工商業、兒童養育、社會工作、教育、精神醫學與教養機構等領域。行為治療的應用可以分為以下五種取向：(1)應用行為分析，使用史金納的操作制約理論，聚焦在可觀察、可測量的行為；(2)新行為主義，來自巴夫洛夫的古典制約及刺激—反應理論；(3)社會學習理論，依據班度拉的理論而來，在理解認知、行為和環境三者的互動；(4)認知行為治療，探討認知如何影響行為和情緒；(5)多元模式治療（multimodal therapy），從整體的觀點來評估和擬訂處置計畫，有系統地統整各學派的策略（Seligman & Reichenberg, 2010）。

㈠行為治療原則

雖然行為治療的特定取向不同，但還是具有一些相同的原則（Seligman & Reichenberg, 2010）：

1. 雖然遺傳扮演重要角色，但是行為的個別差異主要來自不同的經驗。

2. 行為的學習和獲得主要來自楷模、制約和增強。

3. 行為有其目的性。

4. 行為治療尋求了解和改變行為。

5. 治療需採用有系統的、實驗的科學方法；目標的陳述需行為的、具體的、可測量的，且可定期評估進步情形。

6. 處置的焦點著重現在，即使行為是長期形成的。

7. 行為的產生需考量整體情境脈絡。

8. 從個案的環境操弄中，可增進適當的行為和減少有害行為。

9. 教育可引發新的學習和遷移，所以是行為治療的重要面向。

10. 治療者和個案的合作對治療的成效有很大的幫助，個案為達成治療目標，需要主動負責地完成家庭作業。

(二)人格的發展

　　行為學派的人格理論認為，人格是個體成熟與學習兩大因素共同作用所形成的，因此，行為治療將焦點放在學習因素的探討，同時，行為治療的人格理論呈現百家爭鳴的現象，每位學者的理論並不一致。以下僅就多拉德和米勒（Dollard & Miller）的人格理論說明之。多拉德和米勒相信人的行為是學習而來，情緒、目標、動機和抱負也是，不良適應或精神官能症也是學習而形成。所有學習不管簡單與複雜都包含驅力、線索、反應、酬賞等四要素。驅力是一個動機概念，構成人格的能量單位，刺激越強，驅力就越強，結果動機也就越強。線索是決定個體反應的刺激，個體會表現什麼反應、在什麼地方反應、什麼時候表現反應，都是由線索所決定，線索主要來源是視覺和聽覺。反應乃指由刺激或線索所引發的行為，在某種情況下經常最容易出現的反應就是習慣。酬賞亦可稱為增強作用（reinforcement），指能使某特定刺激或線索所引發的反應機率增加的任何東西（林淑梨、王若蘭、黃慧真譯，1991；魏麗敏、黃德祥，2006）。

　　精神分析認為，衝突是適應不良的行為的主要特色，多拉德和米勒認為衝突與情境線索有關，他們提出雙趨衝突、雙避衝突、趨避衝突、雙重趨避衝突等概念，認為不良行為的形成是由於一些衝突沒有獲得良好解決、壓抑及增強作用的結果，這些行為都是學習而來，所以，治療便是反學習，將舊的、無效的習慣替換成新的、更適當的習慣來降低驅力，並對

正向行為加以增強（林淑梨等譯，1991）。

二、治療技術

　　行為治療的理論基礎是制約學習，所謂的心理異常就是行為異常，也就是個體經由制約學習時所學到的不良習慣而已，行為治療的目的就是革除個案的不良習慣，要革除不良習慣，就要重新學習，仍按制約學習歷程進行，強調「現在」習慣性行為實質上的改變，不重視個案以往的歷史，也不強調內在壓抑釋放或衝突化解等問題（林宗鴻譯，2006）。其特殊的治療技術簡述如下（葉光輝譯，2012；馬長齡等譯，2009；黃正鵠，1998；Seligman & Reichenberg, 2010）：

㈠系統減敏感法（systematic desensitization）

　　由渥爾普所發展的系統減敏感法，原是設計來治療對特別事件、人或物體有極度焦慮的病人，是一種「反向制約」（counter conditioning）。一個人不可能同時焦慮又放鬆，如果我們能使個人在面對先前引起焦慮的刺激時放鬆，就可以解決恐懼或焦慮的問題。系統減敏感法有三個實施步驟：

　　1. 鬆弛訓練

　　先教導個案一些肌肉放鬆的技巧，治療者以輕、軟、愉快的語調引導個案放鬆肌肉。請個案想像放鬆的情境，例如：想像自己漫步在鄉間風景中，或是想像自己坐在湖畔，以讓個案達到平靜與放鬆的狀態。除了治療情境之外，治療師會要求個案每天都要進行鬆弛練習。

　　2. 建立焦慮階層

　　治療者會協助個案針對明確的範圍訂立焦慮階層表，排列出不同焦慮程度的相對事件，例如：怕狗的人可排出輕微到高階壓力的程度表。

　　3. 進行系統減敏感程序

　　減敏感程序會在初次晤談完成後數週才會開始，這段期間會讓個案學習鬆弛練習，並在家中充分練習。減敏感程序開始之前，個案要閉上眼睛，完全放鬆自己，接下來治療者會先呈現中性情境要個案想像，再開始想像輕微壓力的焦慮情境，當個體感到緊張時便進行肌肉放鬆訓練，直到

不焦慮。如此由低階到高階，一直反覆進行系統減敏感程序，漸漸地，個案對激起焦慮的情境會變得較為不敏感。

(二)代幣制（token economy）

代幣制是根據史金納的操作制約原理所設計的一種行為治療法，常用於建立精神病院患者的生活制度，也被廣泛應用到教育、管教子女及自我控制方面。代幣制是透過增強的原則，即給予好行為增強物，來改善個案的行為。例如：只要慢性精神病患表現出所欲的行為就給予代幣酬賞，不喜歡的行為，諸如尖叫、不合作等則不增強，而代幣可以兌換病患想要的東西（看電視、糖果或香菸），如此一來可令病患做任何鋪床、打掃或上菜工作。這對嚴重心理困擾及心理障礙病患在社交互動、自我照顧或工作表現上的行為很有幫助。

(三)洪水法（flooding）與內爆法（implosive therapy）

洪水法是傳統系統減敏感法的變形，為依據古典制約的消弱原理發展而成，主要在消除治療對象在面對刺激情境時所表現的恐懼、焦慮反應。可分為想像或現場實境兩種方式，讓個案暴露於焦慮情境中，但他們害怕的結果卻不會發生，將此種刺激多次連續地出現，使之成為氾濫的狀態，久之便不會再對之敏感。內爆法或稱爆炸法，與洪水法相似，同樣使個案暴露在恐怖刺激下，特別是利用想像的方式讓個案感受焦慮或恐懼，通常內爆法比較激烈，是突然爆炸性的刺激呈現。使用洪水法與內爆法需審慎，要在個案有心理準備之下實施，避免造成傷害。

(四)鬆弛訓練法（relaxation training）

肌肉鬆弛訓練是教導個案如何減少肌肉的緊張，來緩和焦慮的情緒，包括生理回饋鬆弛、催眠、冥想及自我暗示訓練等，可單獨使用或與其他方法合用。

(五)嫌惡治療（aversion therapy）

嫌惡治療是施行一種嫌惡刺激來抑制一種不良的反應，因而消除該反應的習慣強度。嫌惡治療常用的方式頗多，最常見的是處罰、過度改正法

（overcorrection）、暫停法（tine out）、付出成本法（response cost）、電擊法、化學法（嘔吐劑）等。

㈥社會技巧訓練及自我肯定訓練（assertive training）

社會技巧訓練是針對面臨人際互動困難的人，教導個案學習如何有效地與他人溝通與交往，方式包括心理教育、模仿學習、增強技術、角色扮演與回饋等程序。自我肯定訓練是在增強自我果敢、肯定或果決的行為，並實踐自己所做的決定。自我肯定訓練可以成為社會技巧訓練的一部分，兩者通常在小團體中實施，於角色扮演中做行為演練。

㈦模仿（modeling）

模仿是觀察楷模（models）和認同行為的成分，而表現出楷模的正向行為。性別、年齡、種族、信念等因素的相似性越高，則個案表現楷模行為的可能性越高。個案比較喜歡看到真人的行為或活動，治療者可以扮演楷模呈現目標行為，也可讓個案觀看公開的演說、社交聚會的交談、在會議中提出意見等情境，供個案模仿。治療者亦可以影片呈現個案想學習的目標行為，供其模仿。

㈧行為改變技術（behavior modification）

行為改變技術是運用學習原理去改變人類個體行為的各種技術的統稱，包括增強、消弱（extinction）、逐步養成等技術。

㈨行為契約（behavior contracting）

行為契約或簡稱為契約，是利用操作制約原理，經由治療者與個案協商的歷程，取得對想要改變之行為所訂立的一個合同（agreement），並盡可能形之於文字，以便個案去逐步履行，其用意在讓個案能自我約束或自我控制。

 貳　認知行為治療

原本的行為治療是指以行為主義理論的制約學習作為基礎的心理治療法，後來兼採認知論的原理，整合成有效的處置取向，因而擴大成為認

知行為治療（cognitive-behavior therapy, CBT），例如：班度拉的社會學習論即屬之。有學者認為艾理斯（Albert Ellis）的理情治療、貝克（Beck）的認知治療、麥欣保（D. H. Meichenbaum）的治療法均屬之，任何治療同時兼顧想法和行為，而將環境和情緒放在第二順位，即可稱為認知行為治療。認知行為治療是短暫的、有時間限制的，也是結構的和指導的治療，倚重教育、發問、歸納（inductive）的方法，這些策略不是在告知人們如何思考、表現或感受，而是幫助個案檢核他們適應不良的認知與假設，也就是所謂的「認知重建」（cognitive restructuring）（Seligman & Reichenberg, 2010）。以下僅就麥欣保的認知行為矯正法（cognitive behavior modification, CBM）及壓力免疫訓練（stress inoculation training）說明認知行為治療的特殊技術。

㈠認知行為矯正法

麥欣保較著名的治療技術為認知行為矯正法，這個方法整合認知論與行為論，因此被視為認知行為治療的原型。麥欣保發展這項技術是努力想將心理動力和認知治療整合到行為治療之下，他認為，要改變行為單靠一項治療系統是不夠的。他提出自我指導治療（self-instructional therapy），基本上是認知重建的一種形式，認為個體的內在認知因素對於行為有決定性的影響。內在認知因素泛指對外在事件所產生的歸因、衡鑑、解釋、信念及其他相關的建構，這一類個人有意識的內在認知稱為「內在對話」（internal dialogue），就是一個人對自己所說的話，稱為自我語言（self-verbalizations）。自我陳述對一個人行為的影響就像別人的話所帶來的影響一樣，負向自我陳述（negative self-statements）對個體的情緒、行為有負面的影響。麥欣保認為：「假如我們要改變一個人的行為，就必須先考慮他在行動之前所做的思考。」為了要產生行為的改變，個體必須介入其行為的內部對話中，如此，他們便能夠在各種情境中評估自己的行為（邱文彬，2001；黃正鵠，1998）。

㈡壓力免疫訓練（stress inoculation training）

麥欣保（Meichenbaum, 1985）認為，人類的壓力以及對壓力的因應，會受到認知、自我信念、情緒、行為與行為結果之交互作用的影響。若能

在面對壓力源時學習改變自我告知信念與想法，就能逐漸減輕壓力對身心的負面影響。因為自我告知信念的改變，人類從較輕度壓力到較大的壓力都可以漸漸因應。壓力免疫訓練教導個案認知壓力的本質，指導個案一步一步因應壓力並改變錯誤認知，並將學到的步驟應用到真實生活中。其包含訓誨式教導、蘇格拉底式的對話、認知重建、問題解決、放鬆訓練、行為與想像演練、自我監控、自我指導與自我增強等技術（鍾思嘉等譯，2006）。壓力免疫訓練包括三項實施過程（鍾思嘉等譯，2006；Meichenbaum, 1985）：

1. 概念化階段

讓個案認識壓力以及壓力下的身心反應模式，協助個案學會自我監控、自我告知信念、自身在壓力下的身心反應模式、自我告知信念產生之影響。

2. 技巧習得與演練

教導個案於壓力情境下的因應技巧，讓個案學會自我告知信念方式與鬆弛技術，並在治療過程和生活情境中反覆演練這些因應壓力的方法。

3. 應用與持續

個案持續在現實生活中以習得的技巧來因應壓力，並從實際生活情境中調整自己的因應方法，進而學習辨識哪種技術最可能奏效。

 ## 理情行為治療

艾理斯（Albert Ellis）於1955年創立理性治療（rational therapy），1961年改名為理性情緒治療（rational emotive therapy, REP），1993年又將理性情緒治療改為理情行為治療（rational emotive behavior therapy; REBT），反映出對行為的強調。REBT融合了認知治療、行為治療、精神分析及羅傑斯等學派的理論與技術，建立自成一體的治療方法，其治療過程即是認知重建的過程，主要目標在改變個人的內在思考與假設。治療理論的基本假設認為，情緒困擾與異常行為都是不適當思考的產物，改變人們對事件的認知解釋之後，個人的行為與感覺就會自動地產生改變（劉小菁譯，2008）。

一、重要理論概念

本節探討理情行為治療的重要理論概念。艾理斯認為，影響人類心理過程有三個關鍵環環相扣，分別是認知（包括理性與非理性信念）、情緒、行為結果。人們的情緒，是源自於他們的認知；事件本身並不會使人產生情緒，而是人們心裡對這件事的看法挑起了情緒。人們最常見的六種非建設性負面情緒為：焦慮（anxiety）、羞恥（shame）、憂鬱（depression）、罪惡感（guilt）、憤怒（anger）、傷害（hurt），這些非建設性的負面情緒來自於我們的非理性信念，造成一些沒有幫助的行為結果。理情行為治療學派會運用駁斥（dispute）的技巧，挑戰當事人的非理性信念，使之改變為理性信念，以得到建設性的情緒與正向的結果（陳靜宜，2007）。

㈠人性觀

理情行為治療法對於人性，以及人的不幸與情緒困擾的起因提出若干假設，認為人同時具有理性及非理性的特質，當人的想法、行為合乎理性時，人具有保護自己、讓自己快樂、反省、自我實現等傾向。人同時也有扭曲想法、鑽牛角尖、重蹈覆轍、迷信、逃避、自責，甚至自我毀滅等傾向，這些稱為非理性想法或行為。人的情緒困擾其實是非理性的想法所導致，非理性想法是自我制約（conditioning）的結果，而不是外在因素所致，其源頭除了從重要他人及文化學習而來，很多時候是我們自創的，藉由自我暗示，反覆地自我灌輸一些非理性的信念，終而讓自己深陷其中。因此，艾理斯提出兩項重要假設：(1)人因為生物上與文化上的因素，會不時地扭曲思考、製造不合理的信念而困擾自己；(2)人同時有能力改變自己的認知，進而改變情緒、行為等歷程，以理性的思維模式將困擾減至最低（修慧蘭等譯，2015；Corey, 2005）。

㈡非理性信念

艾理斯在臨床的觀察上，找出一些患有情緒困擾或適應不良的人常持有的十一項非理性信念（irrational beliefs）（劉焜輝主編，2003；Ellis, 1973）：

1. 在自己生活的環境中，每個人都需要被周圍的人所喜愛和稱讚。

2. 一個人必須能力十足，在各方面都有成就，這樣才是有價值的。

3. 有些人是壞的、卑劣的、惡意的，為了他們的惡行，那些人應該受到嚴厲的責備與懲罰。

4. 假如發生的事情不是自己所喜歡或自己所期待的，那是很糟糕可怕的。

5. 人的不快樂是外在因素引起的，個人很少有能力控制憂傷和煩惱。

6. 對於危險或可怕的事情必須非常關心，而且應該隨時顧慮到它會發生的可能性。

7. 逃避困難與責任要比面對它們容易。

8. 人應該依靠別人，而且需要一個比自己強的人做依靠。

9. 人過去的經驗對現在行為是重要的決定因素，因為過去的影響會繼續且是無法消除的。

10. 人遇到的問題應該都有一個正確、完善的解決途徑，如果無法找到，那將是件遭透了的事。

11. 人可以從不活動和消極的自我享樂中，獲得最大的幸福。

艾理斯這裡的非理性信念只有一個核心信念，就是「必須」產生出來的衍生物：(1)我必須在重要的表現和關係中成功，否則我就是不成熟且無價值的；(2)其他人必須要對我很關心、很公平，否則他們就是壞人且活該被罰；(3)我生活的世界必須絕對舒適愉快，否則我沒辦法忍受。如果個案經常以內在對話的方式強調非理性的信念，則會導致自我挫敗的行為，個人因而覺得沮喪、無能（Ellis, 2007）。

(三)A-B-C理論

理情行為治療的理論與實務的核心是A-B-C人格理論，A是指引發事件（activating event），B是信念（belief），C是情緒與行為的結果（emotional and behavioral consequence）。其主要概念為情緒反應C是跟著刺激事件A所發生的，雖然A是影響C的原因，但是實際上C的產生卻是個人信念B所直接造成的結果，此稱為A-B-C理論。A、B與C之後接著是D駁斥（disputing）、E效果（effect），有了效果即表示當事人有新的情緒或感

受F。REBT的人格理論認為，人也有能力改變想法，於是提出D，此一理論架構如圖12-1所示。該理論不只可作REBT輔導與治療者之指引，同時也可用來教導個案了解本身問題的重要項目及其因果關係，而能在治療者協助之下，改變信念系統，重新過正常或適應的生活（劉小菁譯，2008；修慧蘭等譯，2015）。

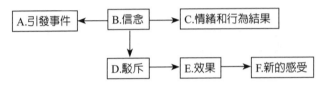

圖12-1　理情行為治療流程
資料來源：修慧蘭等譯（2015，頁340）。

二、治療技術

理情行為治療的架構雖不同於其他學派，不重視過去的經歷、表面的洞察與頓悟、不做無邊的感覺探討、不在意移情作用（transference）之處理等，但仍強調信任與默契的建立。關係一旦形成後，往後即不再那麼強調，隨即展開問題的探索，治療員鼓勵個案儘量發言後，即主動地指導，點出情緒困擾主要源自「應該」、「必須」等非理性的信念，應停止苛刻的自我要求或評價，鼓勵執行家庭作業，樂於練習駁斥及訓練理性的邏輯思考，假以時日即能漸成良好的習慣而幫助自己鑽出牛角尖（鄭溫暖、李麗晶、簡銘儒、曾玉華，2001）。其重要的治療技術說明如下（馬長齡等譯，2009；修慧蘭等譯，2015；Ellis, 2007）：

(一)評估非理性信念

REBT的評估有兩種類型，第一種是評估問題源頭的認知及行為，以及評估認知、情緒與行為的主題；第二種則是使用A-B-C人格理論找出個案問題，治療過程中都會使用這兩種方法。許多量表及測驗可用於評估個案的問題，例如：貝克的憂鬱量表、挫折不適應量表等。此外，個案會在「自助表格」（REBT Self-Help Form）上輸入引發事件及結果，這類評分

表有助於決定重要的非理性信念。透過多種評估程序，不僅評估引發事件、情緒及非理性信念，同時也評估認知彈性、解決問題技巧及個案症狀持續的理由。

㈡駁斥非理性信念的方法

　　駁斥是一種科學方法的應用，協助個案向他們的非理性信念挑戰，如此，個案可以學會理性的原則，而這些原則可用來摧毀任何不實際而無效的假設。駁斥可以是教導性的（didactic），亦即資訊性的，蘇格拉底式的對話亦是一種駁斥的方法，運用提問來讓個案對其非理性信念產生洞察。認知性駁斥的方式包括思考、辯論、解釋、解說和教導，駁斥的內容又區分為功能性駁斥、實徵性駁斥、邏輯性駁斥、哲學性駁斥四項，第一項在質疑非理性信念的實用性，第二項在幫助個案評估信念的真實性，第三項在協助個案信念的不合邏輯處，第四項在協助個案看到生活中的意義與滿足的方式。

　　最後，當事人要學習分辨非理性的信念與理性的信念。

㈢其他介入的策略

　　REBT的治療技術還包含以下幾項：

　　1. 認知策略：面質非理性信念、家庭作業、讀書治療、改變個人的自我語言、心理教育方法等。

　　2. 情緒策略：幽默的使用、理性情緒想像（想像最差的情況）、克制害羞的練習等。

　　3. 行為策略：鬆弛技術、系統減敏感法、角色扮演、角色互換扮演、技能訓練、示範、自我管理原則、使用空椅對話等。

貝克的認知治療

　　認知治療（cognitive therapy, CT）是1960年由貝克（A. Beck）發展的一種系統結構式、短期、現在取向的心理治療，最初用於憂鬱症和焦慮障礙有明顯效果，再將自動化思考、扭曲的信念和認知基模等概念，應用到不同心理疾患的治療。貝克強調信念系統和思考對行為及情感決

定的重要性，治療重點在幫助個案理解扭曲信念，辨識他們邏輯上的錯誤，讓個案學會以更正確的方式解釋事件。貝克的理論與實務，與阿德勒（Adler）、艾理斯（Eills）相似處為均強調信念的重要。凱利（Kelly）的個人建構理論與皮亞傑的認知心理學，均對貝克的理論建構有極大的影響（馬長齡等譯，2009；Beck, 1976）。

一、重要理論概念

認知治療不論源自精神分析或行為學派，不論所用的方法為何，其基本的論點均在主張一個人的困擾主要來自對現實的認知曲解與喪失功能（dysfunctional）的想法，這是個體在成長過程中經由不當的學習所形成的，這些現象會影響個體的情緒與行為，導致負向思考內容或偏差行為（馬長齡等譯，2009）。以下就貝克的理論基礎做重點敘述（馬長齡等譯，2009；Beck, 1976; Sharf, 1996; Seligman & Reichenberg, 2010）：

(一)認知扭曲的發展

認知扭曲（cognitive distortions）指個體會以自我抗拒、自我貶低、邏輯錯誤等方式，來駁斥客觀事實，以致在對外在刺激加以推論時，往往會產生系統性的錯誤和不正確結論。一個人的重要信念或基模之所以有認知扭曲的現象，是因為從兒童期開始，其思想歷程即反映這類推理偏差的基模，因而表現出錯誤或無效的資訊處理方式。認知扭曲具有很多形式：

1. 二分法思考（dichotomous thinking）：全有或全無思考（all-or-nothing thinking）、「不是……就是……」。

2. 選擇性摘錄（selective abstraction）：從事件中挑某觀念或事實，來支持憂鬱或負向的想法。

3. 獨斷的推論（arbitrary inferences）：沒有充分且相關的證據便下結論。

4. 災難化（catastrophizing）：對擔心的事加以誇大，使自己恐懼。

5. 過度類化（overgeneralization）：根據一些負面事件建立通則。

6. 標籤及錯誤標籤（labeling and mislabeling）：根據一些錯誤或過失，對自己產生負面觀點，稱之為自我標示。例如：與人相處時發生笨拙

的事件，就認為自己是不受歡迎的。

7. 擴大或貶低（magnification or minimization）：擴大缺點或貶低長處，以支持自卑信念或消沉感受。

(二)認知的層級

貝克將認知分成四個層級，認知治療開始於自動化思考（automatic thoughts），再進入認知、評估和改變中介及核心信念，最後則是調整（revision）基模。

1. 自動化思考

自動化思考是指自動反射性的內在對話，是自然發生，不需費力及選擇，亦即某刺激會自動引發個人獨特的想法，並影響情緒反應，此思考無好壞之分。這些想法的出現自動而快速，若不留意，很難被察覺。貝克的研究發現自動化思考具三大特質：武斷、選擇性注意及過度概化；而心理疾患的自動化思考常有扭曲、偏激或不合現實與邏輯。了解個案的自動化思考，對協助他們改變情緒是重要的。

2. 中間信念（intermediate beliefs）

中間信念通常反映極端的或絕對的規則和態度，形成個人的自動化思考。中間信念是建立在核心信念基礎之上所形成的態度、歸因方式、內部行為規則和指令，例如：「我必須……」、「我寧願……」等。

3. 核心信念（core beliefs）

核心信念是個人的核心理念，是整體的、絕對的、過度概括化的，是自動化認知的深層結構，由中間信念所反映。核心信念常常與早年的生活經歷和重要活動有關，但不一定是真實的，是可意識及可修正的。核心信念反映個人對世界、他人、自己和未來的觀點，可能是正向有利的，例如：「我是可愛的」、「我是有能力的人」、「這世界充滿趣味與令人振奮的機會」；也可能是負向的，例如：「人都是自私自利的」、「世界是個危險的地方」、「每件事都被我搞得一團糟」。大部分的負向核心信念可被歸為「無助的」（helpless）和「不可愛」（unlovable）兩類。當某人具有一個「我是個不值得別人愛護的人」的核心信念時，在日常生活中，他便可能出現以下的不良規則及假設：「我要儘量討好自己的丈夫，要不

然他便不會愛護我。」或「倘若我不盡力做好自己作為丈夫的責任，我的太太便會離我而去。」

4. 基模（schema）

基模即是一個人的認知結構，個體的核心信念為其中的一部分，但比核心信念來得廣泛，包含想法、情緒和行動。貝克將基模視為支配個人資訊處理和行為的特定規則，基模之內涵包含五種成分：情感（affective）、一組特定信念、受他人影響、認知、行為。個人如何看待他們的世界、重要的信念和對人、事件及環境的假設，形成其認知基模。認知基模又可分為正向（適應的）和負向（不適應的）兩類。

二、治療技術

貝克的認知治療是以幫助個案發展理性的、適應良好的思考模式為目的，為達此目的，治療者需協助個案檢視與重建自己的核心信念。此治療過程包含：(1)個案覺察自己的思考型態；(2)個案確認自己不正確的思考；(3)以客觀的、正確的認知代替不正確的思考。貝克強調治療關係的品質是認知治療的基礎，成功的諮商要靠治療者某些令人滿意的人格特質，例如：真誠溫暖、正確的同理心、不批判的接納，以及與個案建立信任和支持的關係，而個案的思考與行為的持續改變則需個案的了解、覺察與努力的配合。其特殊的治療技術如下（馬長齡等譯，2009；劉焜輝主編，2003：Sharf, 1996）：

(一)評估技巧

整個治療過程均進行評估，以清楚構思與診斷案主困擾。評估的焦點不僅侷限於個案的認知、情感與行為上，也集中於治療技術的有效性。具體評估策略有面談、自我監控、思考的取樣、信念與假設的評估和自我陳述問卷等。其中，認知概念圖（cognitive conceptualization diagram）、失功能想法紀錄表的使用，是認知治療比較特殊的方式。所使用的治療技巧包含了蘇格拉底對話、自我省察、記錄想法、家庭作業等。

㈡三個問題的技術

是一種特定形式的蘇格拉底式方法，由一系列的三個問題組成，協助轉換負面想法，進而客觀思考。這三個問題如下：(1)你有什麼證據支持那些信念？(2)你如何用其他方式來詮釋該情境？(3)如果它是真實的，那麼它暗示什麼？

㈢修正不良思考

修正不良思考的過程可分為三個階段，首先是幫助個案確認自動化思考，接著是協助個案質疑和驗證自動化思考，最後達到修正基本假設或信念的目標。確認自動化思考時，自我省察是所用的技巧之一，將認知扭曲加以標示，亦有助於個案分辨干擾推理的自動化思考。質疑自動化思考常用的方法有：澄清意義法、追根究柢法、考驗證據法、挑戰絕對性思考、重新歸因、積極思考法等。

其他治療技巧包括活動時間表、認知預演、行為預演、角色扮演、社交技巧訓練、讀書療法、果斷訓練及放鬆訓練等。

伍　現實治療

葛拉瑟（Willian Glasser）是醫學博士，在1965年提出現實治療（reality therapy），強調人們必須為自己的行為負責，他深信行為涉及選擇，且大多數的人皆有選擇，因此，諮商與心理治療的目標應是可量化的行為改變（鍾思嘉等譯，2006）。這樣理論改變了長久以來處理行為問題的重心，葛拉瑟注意的是現在，是情境的現實性，而不是想辦法去發現造成不良行為的過去情況（金樹人等，2000）。他把現實治療擴展到學校，寫成《沒有失敗的學校》（*School Without Failure*, 1969）一書，推展他的「控制理論」，之後則提倡如何在沒有強制性情況下管理學生，其名著為《高品質的學校》（*The Quality School*, 1990）。葛拉瑟擴展鮑爾斯（Powers）的控制理論（control theory），他加入一套需求系統來解釋人類的動機，而演變成選擇理論（choice theory），現實治療即是宣揚此理論的途徑（鍾思嘉等譯，2006）。

一、重要理論概述

　　葛拉瑟創設現實治療，是致力於建立一個生活化的理論基礎與可實踐的治療歷程。其理念發展可分為現實治療、控制理論、優質學校、選擇理論等四個時期（曾端真，2001a）。每個時期均有其重要著作闡述治療理論與方法。葛拉瑟除了積極將現實理論運用在諮商輔導與學校之外，也重視青少年犯罪行為的治療，例如：使用現實治療法作為酗酒與吸毒者的治療。以下僅就葛拉瑟理論的重要概念加以闡述（張傳琳，2003；曾端真，1988，2001b；邱瑞妏、方敏全，2016；鍾思嘉等譯，2006；Glasser，1998）：

㈠人性觀與人格發展

　　認為人具有一種成長的力量，來激發個體努力爭取成功的認同。現實治療法否定命定的人生哲學，承認人類基本上是自律且能學習管理他們自己的行為，人是具有獨立自主的特質。葛拉瑟相信個人先天具有健康和成長的潛力，基本上，每個人都想要有所作為並喜歡表現出成功、負責的行為，所以，每個人對行為有自我決定（self-determining）的能力，人是有自主與負責任的可能，積極與成功的自我認同是人格成長的動力。

㈡五項基本需求

　　葛拉瑟認為，人類具有五種基本需求，即生存（survival）、自由（freedom / independence）、樂趣（fun / enjoyment）、歸屬感（belonging）及權力（power / achievement）。其中，生存為生理需求，其餘為心理需求。其中有兩種基本的心理需求特別重要：一是關愛別人與被人關愛的需求，例如：愛情、友情等；一是在自己及別人眼中有價值感。而滿足需求的方式有三：負責的行為、合於現實的行為和正確的行為，三者是個體必須自幼學習以滿足需求的能力，而且在一生當中必須不斷的學習下去。如果沒有學習如何滿足需求，個體將會很痛苦，這個痛苦將會迫使個體用不合現實的方式來滿足其需求。這就是葛拉瑟所提出的3R概念，知道以正當（right）作為評價自己行為的依據，做出在不干擾他人實現其需求下，滿足自己需求的負責（responsibility）行為，並了解現實（reality）

世界，而在此限制下滿足基本需求，達到成功的認同。

㈢總合行為與動機

葛拉瑟把人的行為視為一個整體的總合行為，包含行動（doing）、思想（thinking）、感覺（feeling）和生理狀態（physiology）四個部分。他認為，人的行為正如一輛汽車的移動，是靠四個輪子引導方向。當人對刺激產生反應時，人的行動、思想、感覺和生理狀態，是相互關聯而不可分的，是一個統合的整體，稱為總合行為（total behavior），這總合行為的呈現是為滿足內在的需求。葛拉瑟特別重視前面兩個控制轉向的前輪，即行動與思考，因此，改變的重點就放在改變個案的行動與思考，而我們最能直接控制的乃是行動，其次是思考，因此，治療的焦點是藉由討論行動及評估是否能滿足需求、藉由討論需求及評估其可獲得性，以及藉由討論想法及其對個體的幫助，來改變個體的總合行為。葛拉瑟的選擇理論強調人類選擇背後的當下動機，反對心理決定論與外控心理學。

㈣心理健康的發展

葛拉瑟對心理健康的解釋如下：個體能在所處的社會規範中發揮有效的自我功能，以滿足自我價值感，並獲得生活之快樂幸福。葛拉瑟並以退化性階段（regressive stages）和正向階段（positive stages）來描述心理健康，被視為退化的心理健康階段並非是病態的，而是個體以無效的方法試圖滿足其心理需求，這些方法有時亦被稱為失敗導向的或不負責任的；而正向階段被視為滿足人類需求的有效方法，它們能平衡負向階段，並能作為個案的諮商目標。退化性階段的發展可細分為三個階段：

1. 我放棄：個體未能成功滿足需求即停止嘗試，個體行為呈現無精打采、退縮與冷漠。

2. 負向症狀：在行動上表現反社會行為，在思考方面表現悲觀或負向思考，情緒上則有輕微到嚴重的憂鬱、生氣或憤怒、不同程度的恐懼等，生理反應則是身體不舒服。

3. 負向沉溺：例如對毒品、酒精、賭博與工作的負向沉溺。

正向階段的發展亦分為三階段：(1)我會去做、我會改進、我願改變；(2)正向症狀，包括自我肯定、利他行為、理性思考、耐心、容忍、

友善、適當飲食等；(3)正向沉溺，例如：跑步或冥想。葛拉瑟認為，心理健康發展過程就是一系列的選擇，其最終結果是導致退化性階段，或是有效滿足需求的階段。

(五)人際共融關係

現實治療法強調一個關懷、接納、非強迫性的人際共融關係（involvement），減少個案由於基本需求沒有獲得滿足所引起的痛苦，進而建立對治療者的信任而引發願意改變自身行為的動機。和諧共融的關係是有效選擇的基礎，唯有在積極、正面而樂觀的治療環境中，個體才能被激發面對自己問題的能力。葛拉瑟指出建立融洽輔導關係的原則有：「必要」與「必不」兩法則，「必要」的原則包括：(1)積極性傾聽；(2)態度要一致、尊重、給予與盼望、熱誠、積極、穩重、清晰和真誠；(3)禁止論斷；(4)不過度期待；(5)能適當使用幽默感；(6)治療者應以自己真實的面貌與人格特質來面對個案；(7)分享自我經驗；(8)傾聽陳述中的主題和隱喻；(9)傾聽主要問題；(10)能夠摘要與聚焦；(11)能允許個案承受自己行為的後果；(12)允許成員沉默；(13)需表達同理心；(14)注重諮商倫理；(15)從不同的角度重複提出問題；(16)教導個案了解唯有自願改變才有希望；(17)設定界線。「必不」的原則有：(1)辯論；(2)輕視；(3)批判；(4)貶低或降格；(5)鼓勵找藉口；(6)挑剔；(7)輕易放棄。這些都會破壞治療的良好關係，團體領導者必須不斷檢視自己有無違反原則。

(六)WDEP系統

當治療者與個案建立起良好的諮商環境與融洽的友誼，亦即奠定了共融關係的基礎，才能展開「WDEP」的諮商歷程，實務應用上不一定要由W開始，可視為可由任何一點切入的循環過程。「WDEP」的內容包含下列四個階段，可視為一份諮商計畫，好的計畫必須注意下列原則：簡單（simple）、可達到的（attainable）、可評量的（measurable）、立即可行（immediate）、涉入的（involved）、可控制（controlled）、承諾（committed to）、持續（consistent），即「SAMI2C3」的原則。四階段的內容說明如下：

1. 需求（want）

協助探索和了解個案的內在需求，此階段可再細分為三個步驟，首先為探討個案內在的五種基本需求，接著請個案分享個人內在真正的需求與感覺，最後與個案達成改變行動的承諾。

2. 行動（direction and doing）

引導個案改變原有的思想，讓個案明白自己正在做什麼（具體行為），以及該行為所導致的結果是什麼，協助個案抉擇適當的行為，重建總合行為，使思想、行動、感覺和生理狀態四個部分能一致的行動。

3. 評估（evaluation）

幫助個案評估所抉擇之行動的可行性，並確定所抉擇的行為是否能滿足自我內在的需求，過程中要求個案對所抉擇的行動評估其可行性，以幫助個案反省其行為，是否真的能夠到達所欲達成的目標。

4. 計畫（plans）

以不責備、不放棄、不妥協、不批判等正面積極的態度，鼓勵個案擬訂計畫並承諾執行計畫，以協助個案重新控制其生活並滿足需求。

二、諮商技術

現實治療是一種「行動療法」，葛拉瑟闡明現實治療法是不斷前進的歷程，最終目標是協助當事人面對現實，幫助其覺察自己的問題，並能面對實際的困難，對自己的行為負責。其治療目標是教導個案選擇理論，雖然我們無法控制外在情境，但可以選擇我們自己的行為，例如：負責任的、快樂的。現實治療就是教導個體如何藉由內在控制來滿足自己的需求，找出優質世界，於最後決定適合的選擇（張傳琳，2003）。前文提到的建立人際共融關係、WDEP系統也可視為諮商技術，以下敘述現實治療比較特殊的諮商技術（王麗斐等譯，1991；張傳琳，2003；劉焜輝主編，2003）：

㈠熟練的問答藝術

由於現實治療使用發問問題的數量比其他理論來得多，因此，治療者必須學習廣博的發問技巧。發問技巧的四個主要目的是：進入個案的內心

世界、要蒐集資訊、傳遞資訊給個案、協助個案對自己的生活採取更為有效的控制。例如：治療者可以採用下列若干問題，協助其進行自我評鑑：(1)你真的想要改變你的生活嗎？(2)如果你現在獲得了想得到的願望，那麼想像中你的生活會有什麼不同？(3)你想要的事物，哪些是無法從生活中獲得的？(4)想想看，什麼事會阻止你達到所想要做的改變？

㈡適當使用幽默感

適當地、適時地使用幽默感，更能促進積極效果的達成，並且協助個案評量與說明其所知覺的情境，但此幽默並不包含敵意、嘲笑和缺乏尊重。

㈢矛盾意向法

如要求個案誇大，甚至去實踐其有問題的行為，例如：個案抱怨睡不著覺，則可指導他試圖一直保持清醒，藉由接受個案的此一行為方向，且維持此症狀，讓個案證明自己有能力控制此行為，而不再是無助的人，因而增加信心及成功的信念，進而有信心修正原有的症狀，藉此種微妙的層面，時常可以促使個案改變。

㈣設定時限（set limits）

治療者必須清楚界定所能給予個案的時間與關懷極限，例如：只在每週一小時或兩小時的約定時間內，與個案建立真正的共融。沒有界限的給予，會令個案過分依賴及使個案無法真正負起責任。同時，設限的目的在使治療關係與情境結構化，使治療目標能在清楚的約定與過程中順利達成。

㈤緊迫盯人

緊迫盯人（pinning down the patient）是促使目標達成的重要技術，也是一般治療法中所忽略的部分。越是特別的問題，就需要越緊密的跟進，以幫助個案對預定達成的行為目標做仔細的分析與安排。周詳的準備與演練，能使個案面對情境時增加適當行為的比例。

㈥語言震驚法（verbal shock therapy）

這是治療者以個案絕對無法想到的回答方式，表達對個案目前狀況的看法，使個案藉著震驚與反省，重新面對當前狀況。例如個案問：「你覺得我哪裡出了毛病？」治療者回答：「我覺得你是瘋了。」在個案驚愕與反省之後，治療者則進一步解釋。

第二節　系統觀點及後現代取向

系統觀點（systems perspective）及後現代取向（postmodern approaches）為心理治療的第四大取向。系統取向包括女性主義治療、家庭治療，強調從影響其發展的環境脈絡中來了解個人的重要性，為了讓個人產生改變，必須注意個人的人格是如何受到其性別角色社會化、文化、家庭和其他系統所影響。後現代取向包含社會建構論、焦點解決短期治療及敘事治療，這些新的理論挑戰許多傳統治療取向的假設，認為心理治療理論是沒有所謂的真理（truth），這些真實（reality）是經由人們互動產生的社會建構。系統觀點及後現代取向均聚焦於人們在系統脈絡、互動、社會條件及話語中如何進行他們的生活（修慧蘭等譯，2015；Corey, 2005）。以下僅就女性主義治療及焦點解決短期治療，探討其理論要點及治療技術。

壹　女性主義治療

傳統的心理治療理論與模式多以男性為中心，忽略女性的觀點與經驗，因為傳統心理學大多是以男性為主體，以女性為客體（the other）的脈絡下所建構出來的知識，因此當以男性立場的觀點來「定義」女性時，兩性差異的部分便以女性的「不足」或「缺憾」作為解釋，不僅貶低女性的地位，也奠定男性享受特權的基礎。女性主義的目標是希望能解放婦女、改造社會，而女性主義治療的發展是草根性的，它回應了來自女性的挑戰與日益浮現的需求（邱珍琬，2006）。女性主義治療的源起可追溯至

1960年代的美國社會，當時對女權、種族、父權社會的批判等社會改造運動，如雨後春筍般開展。在社會運動的推波助瀾下，此種對於性別、文化、種族不平等的意識覺醒快速深入不同學門之中，諮商心理學亦深受啟發。女性主義治療最大的貢獻就是將傳統心理治療帶入一個新的治療契機：關注案主所處的社會文化脈絡影響，也就是不再聚焦於個體的心理議題（陳孟吟、王鼎豪，2018）。

一、重要理論概念

女性主義治療早期大多是以協助女性為主，漸漸地也將視野擴展至男性身上，甚至是多元文化上。女性主義治療將性別和權力視為治療歷程的核心，認為在了解一個人之前，必須考慮到社會、文化與政治脈絡對個案問題所產生的影響，因此其主要核心概念為：了解並體認女性生理上受壓迫、社會政治上受束縛，導致女性受貶抑的處境，進一步要喚起女性意識的覺醒，以及發掘女性自身的優勢和與生俱來的價值（Corey, 2012）。其重要論點如下（邱珍琬，2006；修慧蘭等譯，2015；陳孟吟、王鼎豪，2018；鍾思嘉等譯，2006）：

㈠個人的即政治的

女性主義治療將重心放在幫助個案覺察事實，包括社會與文化脈絡下的壓迫。此一「個人的即政治的」（personal is political）原則，即認為個案在諮商情境中所提出之心理議題，是源自於政治與社會之脈絡。個案的心理問題不能只從傳統的個體取向出發，更應將個案身處的社會文化脈絡一併納入治療歷程中。這種政治與社會因素對個人生命的衝擊力，或許是女性主義治療最基本的信條。

㈡增能賦權的平等諮商關係

女性主義治療極重視個案與治療者的關係，從個案一進入諮商情境中，便致力維護諮商關係中的平等原則（egalitarian relationship），讓個案了解到他（她）才是自己心理問題的專家，是主動的參與者。此目的是希望去除治療者過度權威，避免在治療關係中重新複製權力不平衡的狀態。

這種平等關係的建立，便可透過「賦權」（empowerment）的技術加以實現，使當事人體悟到自己是有權力改變心理困擾的困境。賦權指的是協助無助的個案或團體獲得必要的技巧、知識，使其可以對自己的生活有所掌控。因此，女性主義的治療者不再扮演「專家」的角色，減少與個案間的權力差異，治療者與個案是「合作」的夥伴關係，彼此平等互惠。

(三)對心理壓迫的整合性分析

女性主義治療者除了非常強調性別外，他們也會體認到種族、階級、文化、宗教等各種形式的壓迫皆根深柢固地影響一個人的信念、選擇與知覺。女性主義治療認為，女性的心理困擾包含許多的被壓迫經驗，不只是性別，還有種族、階級、年齡、宗教和性取向等，這些因素又以錯綜複雜的方式彼此產生相互關聯。

(四)忠實於女性經驗

西方傳統的心理學理論和治療方法都是以男性利益為準則，而女性心理治療則忠實於女性經驗，重視女性的生活經歷，並尊重她們的觀點、價值觀和能力，認為只有女性的獨特經驗能提供了解女性的知識基礎。在對性虐待、家庭暴力、性騷擾、飲食違常等治療方面，弱勢者的聲音被認為是權威、有價值和可貴的知識來源。

(五)對社會改革的承諾

女性主義治療不僅止於傳統心理治療的個人改變，並將個人的體悟與轉變，帶入現實生活的社會情境之中，進而改變社會生活中的各式壓迫、歧視，此即「社會行動主義」（social activism）的實踐。女性主義治療者鼓勵個案透過一些行動，例如：到性受害事件處理機構擔任志工、參與各種成長團體、在職場中對抗性別歧視等，以推動社會的改革。這些活動對個案也是一種「賦權」，可協助個案將個人經驗與所處的社會文化脈絡相互連結，將能增進自我的效能感。

(六)重新定義心理困擾與心理疾病

女性主義心理治療反對精神疾病的疾病模式，認為內部心理和人際因素只是人們由於痛苦來尋求治療的部分原因，外部因素也是影響很大的。

精神疾病的重要元素，應該歸因於欠缺社會和經濟權力，而非僅有生物因素。心理上的痛苦亦被重新定義，不再被看作一種疾病或缺陷，而是對不公正制度的反應，而且被看作是抵抗、有生存能力及意願的證據。抵抗（resistance）被描述為個人在面對壓迫時，所保有的活力與堅強的名詞。

二、諮商技術

女性主義治療的目標是在幫助案主正確地辨識痛苦的來源，如此一來，雖然痛苦可能還是持續顯現，但不正確歸因所造成的自我責備與自我厭惡會逐漸下降，如此，個案可以開啟對新目標的追求路徑、策略與方式，透過個案主動涉入社會與政治的積極行動，藉以改變壓迫環境（王素幸，2011）。女性主義治療者將「性別」和「權力」視為治療歷程的核心，所使用的技術有以下八項（修慧蘭等譯，2015；鍾思嘉等譯，2006；Corey, 2005）：

㈠性別角色分析

女性主義治療偏愛使用性別角色分析（gender-role analysis），治療者與個案共同探索性別因素對其困擾的影響，性別角色分析可以使個案獲得自我知識，增加對困擾的社會文化根源的覺察，以及找到想要改變的方向。在分析時，會運用認知行為或其他技術發展行動計畫。

㈡性別角色介入

性別角色介入（gender-role intervention）是將個案的問題置於社會角色期望的脈絡下。要使當事人明白，只有她自己想衝破傳統女性社會角色框架的束縛，才能與她的自我和她的生活進行抗爭。

㈢權力分析與權力介入

女性主義治療將權力定義為：獲取個人及環境資源的能力，用以實行個人與外在改變。權力分析（power analysis）與權力介入（power intervention）是在協助個案更加意識到社會上男女權力的差異，並賦予對自我與生活負責的權力。透過此技術使個案更加意識到社會上男女權力的差異，以及我們社會中與性取向有關的權力差異，讓個案具有挑戰並改變壓迫性

的生存環境的能力。

㈣閱讀治療

閱讀治療（bibliotherapy）是提供給個案一些閱讀材料，使她認識到她的個人痛苦不只是限於她自己，許多女性都有類似的經歷。閱讀材料還可以幫助個案增長專業知識，縮短和治療者的權力差距。

㈤自我揭露

女性主義治療者要使用合適的自我揭露（self-disclosure）提出自己的情感、思想、經驗與個案分享，以減少個案的孤立感。治療者也會在適當時機善用自我揭露，告知個案重要的介入方向，並取得「知情同意」（informed consent），這也是營造平等關係的重要原則。

㈥自我肯定訓練

自我肯定訓練（assertiveness training）是女性主義治療的一個極為重要的技術，這個技術能幫助女性意識到她們的人際權力（interpersonal rights），超越刻板的性別角色，改變負面的信念，並於日常生活中付諸實踐。許多年輕女性都沒有學過如何維護自己的權益，自我肯定訓練就是教會女性如何行使自己的權力，以維護自己的權力不會遭受侵犯。

㈦重新框架與再標籤

重新框架（reframing）是要改變看待個案行為的參考架構，意味著轉換原本「怪罪受害者」的觀念，考量影響個案問題的社會政治與文化因素。重新框架並不是從內在心理找出症狀，而是把檢驗的焦點著重在社會與政治層面。再標籤（relabeling）是用來改變某些行為特質的標籤或評價，例如：說服自己是強壯、健康的女性，而非「自私自利」或太過「陽剛」。

㈧社會行動

當個案對女性主義的了解更為穩固之後，治療者會建議個案採取一些行動，這種治療技術稱為社會行動（social action），例如：到性侵害處理機構擔任志工、遊說立法委員等，如此可鼓勵個案透過參與社會活動來減

輕孤獨感，並能引起一些社會結構的改變。

 焦點解決短期治療

　　「短期諮商」之名稱是相對於傳統的、沒有時間期限、長期的諮商而言，也就是在有限的、短的會談次數內就結束或完成諮商的活動。短期諮商想要在「有限」的時間內促使「改變」發生，也就是幫助個案處理及解決他的問題，並達成諮商的目標。短期諮商具有以下特徵：(1)諮商的目標基於能夠使個案完成某些生活型態的改變（life span changes），例如：盡快消除症狀，重建先前的情緒失衡，使其了解現狀的阻礙，增加未來的適應能力；(2)限制時間完成目標（limited time），即必須在一定的時間內達成某種程度的諮商目標，但是次數尚無固定的標準，通常以25次為短期諮商的上限；(3)發展出工作同盟（development of a working alliance），即在治療過程，個案與治療者之間發展出情緒連結（emotional bond）和相互投入（reciprocal involvement）的情形（張娟鳳，2001）。焦點解決短期治療（solution-focused brief therapy, SFBT）是由薛勒（Steve de Shazer）、柏格（Insoo Kim Berg）和他的同事透過實務的歷程逐漸發展出來的（許維素，2009）。因其樂觀及講求時效的方法，受到學校諮商的普遍重視，對於校園非自願性個案及家庭中親子問題的個案，在增進其解決問題能力有頗佳的成效（林怡光、蕭文，2005）。

一、主要理論概念

　　焦點解決短期治療（SFBT）以社會建構主義的立論為基礎，一反所有既定的心理治療傳統，在沒有既定的人格理論下進行諮商。SFBT所憑藉的就是治療者與個案共同投入的諮商脈絡，如何在只有諮商脈絡的建構中促使個案改變，以達成諮商效果，正是SFBT不同於主流傳統的做法（林怡光、蕭文，2005）。SFBT強調能力本位（competency-based）取向，即強調賦權（empowerment）的概念，不以精神病理的角度看待人類行為，而是聚焦於建立個案的能力，相信個案有意願且有能力發生改變，

進而建立案主健康與功能性的生活。所以，焦點解決提供了一個肯定個案能力的積極的正向治療過程。其重要理念如下（許維素，2005，2009；Nelson & Thomas, 2007）：

㈠正向焦點思考的益處

SFBT強調正向的、目標達成的，以及解決方法上的探討，而非在問題原因上的探討，所以，SFBT是目標導向而非問題導向。治療者永遠用正向的觀點來看個案，個案會感受到治療者的接納與尊重，也會學習到用正向的角度來看自己，以提升個案的自尊心。

㈡信任個案問題解決能力

SFBT相信個案必然有能力創造一個有意義的生活，以及了解如何有意義地生活。SFBT認為人是有資源的，且是自己的資源（people are re-sourceful），有解決問題所需的能力，所以，治療者不是一再地教導個案該如何做或是做什麼，而是應該去協助個案發現自己的資源和潛能。而這些資源本身存在於個案的經驗當中，如此，個案能更信任自己，並運用自己的資源來解決問題。所以，治療的焦點集中在正面的「例外」，提供解決導向的、未來導向的模式，鼓勵個案改變且朝希望的方向前進。

㈢意義與經驗是在互動中建構與影響的

個體依據自己的經驗而形成其對生活世界的觀點，這些意義同時也成為我們真實的經驗。意義並非由外在世界所引起，其形成來自個體與環境的互動。在治療過程中，問題、目標及解決都是來自於意義，因此當意義改變時，經驗也就有所改變，反之亦然。改變可能是問題不再存在，或是個案願意採取不同行動的時候。所以，SFBT並不強調探究事件本身與原因，而是重視案主對事件的解釋，以及在事件中採取的反應和行動。換言之，SFBT不以客觀真理框架個案及其問題，而是引發個案「合用」的主體經驗與觀點，藉此發展改變之道，創造新的現實，這是社會建構主義所強調的時空脈絡的實踐。

㈣經驗的描述與行動的選擇是循環的

SFBT認為，人們對事件的描述，將會影響他對此事件所採取的行動，而這些行動又將會影響他對此事件的描述，如此循環不已。既然一個人的行動與其對事件的描述是相互循環的，我們就可以透過改變個案看待問題的觀點，以達到行為的改變，同時又可以透過改變行為來改變個案看待問題的觀點。

㈤變化隨時發生，小改變會引發大改變

沒有一件事情是永遠相同的，改變隨時在發生。世界處於不斷變化之中，而人與人的關係也不可能一成不變，治療者總能夠找出「例外」的經驗，並引導個案去看例外在何時、何處及如何發生，以協助個案找出解決問題的方法。此外，改變從小處著手會比較容易，成功經驗的累積會使個案有信心和力量去處理更大的問題，同時由簡單易行的地方開始行動，可以弱化個案對於改變的不安與抗拒。SFBT相信小的改變會導致大的改變，即所謂的「漣漪效應」。

㈥積極使用語言以促進個案改變

語言乃是建構意義與問題，以及促發改變的工具。SFBT認為，語言與對話乃是形塑真實、知覺、問題與創造各種可能性的工具。對語言形塑問題的假設上，SFBT認為，個案並非生病（sick），而是卡在（stuck）自身對問題的想像框架中，而想像的框架就是使用語言以陳述對問題的理解。SFBT的諮商晤談就是治療者與個案共同合作建構新的意義的過程。因此，語言成了描述問題、建構問題解決新的想像框架，以及觀察問題改變的主要工具。因此，SFBT積極使用語言以使之成為促進個案改變的發動器（engine），同時反映在數項諮商介入上，治療者的重要任務即在敏銳地覺察語言的限制和優勢。SFBT將語言分為賦能性、預設性、創造性、協商性等四類。換言之，SFBT就是透過語言工具，協助當事人在對話中重建個人意義並產生改變。

二、治療技術

　　焦點解決短期諮商每次諮商的時間大約60分鐘，可分為三個階段：第一階段大約30至40分鐘，晤談的重點主要是建立關係、了解當事人的狀況、建構諮商目標、尋找問題的例外與解決方法。第二階段為暫停階段，約10分鐘，這個階段的工作重點著重在第一階段所建構的解決方法，萃取出有意義的訊息給個案知道。第三階段為正向回饋階段，約10分鐘，並以正向的回饋、有意義的訊息及家庭作業，提供在休息階段時所設計的介入策略給個案參考，以促使個案行動與改變的發生（許維素等，2002）。SFBT發展出五大詢問技巧，可作為其治療技術的特色（許維素等，2002；許維素，2004）：

(一)諮商前改變的問句

　　當個案在預約心理諮商時，這個動作就可以造成正向的改變。在第一次正式諮商時，治療者會以「諮商前改變的問句」開始會談，例如：「在預約諮商到現在的這段時間中，曾經做過什麼讓問題改變的事嗎？」治療者向個案傳遞「改變已經發生」、「希望改變能夠持續」的信念，並藉由這些改變狀態的詢問，可以誘導、喚起和放大那些個案已經做到的正向改變。

(二)例外問句

　　例外問句（exception questions）即帶領個案去看到問題不發生、問題比較不嚴重的時候。例外事件就是在個案過去的生活當中，認為問題應當發生，但是卻沒有發生的經驗。治療者透過這樣的問句，協助個案思考問題也有不存在或是被解決的時候，並建構出解決的辦法。例如：「什麼時候你比較沒有想到這件事？那時你有什麼不同？是如何做到的？」

(三)奇蹟問句

　　奇蹟問句（miracle question）是引導個案假想未來問題已經解決的遠景，並從中捕捉到達到成功的可能路徑與正向目標。治療者會這樣問：「有一天，你睡覺醒來，有一個奇蹟發生了，問題解決了，你會如何得

知？有什麼事情會不一樣？有這種新的感受、很棒的感覺後，你又會做些什麼？」這個問題藉著讓個案清楚地看見目標，來催化解決問題的精神狀況。

㈣評量問句

當遇到某些不容易被觀察到的改變經驗，像是感受、心情或溝通時，可以採用評量問句（scaling question）。這樣的問句可以引導出個案的理想遠景，並轉化成具體、可掌握的小步驟，讓個案辨識出進步的情形，培養出小小的變化，並能對個案加以肯定。例如：「如果以1到10來看，10表示你想要達成的境界，1表示最不好的情況，你目前是幾分？」「你是做了什麼讓你可以到達目前這個情況？如果你想要再進一格，可以做些什麼？」

㈤因應問句

因應問句（coping question）是當個案過分強調所面對的困難時，可以在發現個案一些很小的、視為理所當然的行動力時，給予一絲小小的成就感，提醒個案仍然沒有因困難而倒下，並暗示個案有其應對之道。例如治療者說：「你今天是如何起床的？如何走到治療室的？如何熬過難過的時候？」「雖然離婚使你情緒低落，但是你仍將家庭和孩子照顧得那麼好。我很好奇，你是如何做到的？」

除了這五項諮商技巧外，SFBT也使用其他治療學派所使用的技巧，例如：(1)外在化問句（externalize question），即將個案與他的問題分開，以提高價值感；(2)關係導向問句（relationship oriented question），企圖讓個案重要他人的觀點，來豐富與落實個案的解決方法；(3)一般化（normalizing）的同理，即把個案所說的內容，以「過去式」或嚴重程度較低的用字回應之；(4)重新架構（reframing）；(5)追蹤性問句，即追問個案的下一步行動，以增強其改變；(6)讚美（compliment）；(7)家庭作業（task）。

自我評量

一、選擇題

(　) 1. 七年級的小明跟導師說：「這次段考我的成績很爛，同學嘲笑我這麼簡單的題目都不會。我真的很笨，感覺超難過。」根據理情行為學派，真正引起小明難過的是下列何者？(A)智商太低　(B)同學的嘲笑　(C)段考成績很爛　(D)認為自己很笨的信念

(　) 2. 八年級的明帆情緒控制差，教師在綜合活動課程播放適切表達情緒的影片，或請同學用角色扮演練習情緒表達，這是下列哪一種方法？(A)示範法　(B)空椅法　(C)洪水法　(D)系統減敏感法

(　) 3. 葛拉瑟（W. Glasser）認為學生有五種基本的心理需求，其中學生的想法和地位受到重視，是屬於以下哪一種心理需求？(A)權力的需求　(B)隸屬的需求　(C)自由的需求　(D)樂趣的需求

(　) 4. 在諮商過程中，蔡老師強調運用學生本身的有利資源與成功經驗，逐步促成學生積極且有效的改變，以解決學生本身所面臨的難題。請問蔡老師運用下列哪一種諮商？(A)認知行為諮商　(B)理性情緒諮商　(C)個人中心諮商　(D)問題解決諮商

(　) 5. 為了協助建樺克服考試的焦慮，教師一方面協助他分析在不同時間點及不同類型的考試下的焦慮程度，另一方面指導他肌肉放鬆的方法。在建樺的身體完全放鬆時，再引導他從引發焦慮程度最低的考試情境想像起，逐級而上。這類做法是屬於何種輔導方法？(A)系統減敏感法　(B)情感反映法　(C)操作法　(D)交互抑制法

(　) 6. 翔翔常常沒寫完功課，他提到心裡好像有個惡魔，一直在告訴他要去玩電腦不要寫功課，他也知道這樣不好，但就是沒辦法。陳老師對翔翔說：「那我們來想想辦法，看怎麼把這個惡魔趕走，不要讓它在旁邊影響你。」陳老師所用的是什麼諮商技巧？(A)完形治療的預演　(B)短期諮商的奇蹟問句　(C)敘事治療的問題外化　(D)完形治療的兩極對話

(　) 7. 小珍害怕與人接觸，面對人群時讓她相當焦慮緊張，輔導教師經過晤談後，教導她肌肉鬆弛，然後將引發她焦慮的情境依序排列，鼓

勵她想像害怕的情境並配合鬆弛練習，有效地幫助小珍克服面對人群的恐懼。請問輔導教師係運用何種技術？(A)想像洪水法　(B)自我肯定訓練法　(C)行為契約法　(D)系統減敏感法

(　) 8. 焦點解決短期心理諮商（solution-focused brief therapy, SFBT）十分重視將輔導目標放在運用學生個人的資源，來協助他們改變，因此，下列哪一類問話方式是SFBT常用到的技巧？(A)太厲害了，你是如何辦到的？　(B)你昨天為什麼沒有來上課？　(C)你是不是對任課老師有什麼不滿，所以你才會上課睡覺？　(D)如果老師做些什麼，你就會願意繼續把你的功課完成？

(　) 9. 下列何者不是正式進行系統減敏感法（systematic desensitization）之前的準備工作？(A)建立焦慮層次表　(B)讓個案接受肌肉放鬆訓練　(C)引導個案想像不同焦慮情境配合鬆弛訓練　(D)熟悉操作膚電反應（生理回饋）記錄器

(　) 10. 相信只有我們可以控制自己的行為，行為是可以被選擇的，強調不懲罰、絕不放棄的諮商學派是下列何者？(A)現實治療　(B)人本學派　(C)心理動力治療　(D)認知行為學派

(　) 11. 在國中服務的佩珊老師，以「天下本無事，庸人自擾之」、「有志者事竟成」等觀點協助某位受困於自我挫敗的學生。請問佩珊老師的協助處理方式與下列何種諮商學派的核心概念較為接近？(A)理性情緒行為治療學派　(B)精神分析治療學派　(C)行為治療學派　(D)女性主義取向

(　) 12. 五年級的曉明在第一次段考發生嚴重考試焦慮現象，下列哪一個選項是符合特定諮商學派的代表性輔導策略？(A)行為學派的輔導教師探討焦慮的內在動力　(B)認知行為學派的輔導教師，運用壓力免疫訓練　(C)個人中心學派的輔導教師，運用系統減敏感法　(D)心理分析學派的輔導教師探討歸因方式與挫敗信念

(　) 13. 「什麼樣的生活是你想要的？」「你正在做什麼？」「你上星期做了什麼？」「最近什麼事妨礙你達成想要的？」上述問題是下列哪一個學派最常使用的問法？(A)認知行為學派　(B)個人中心學派　(C)現實治療學派　(D)精神分析學派

（　　）14. 下列諮商學派中，何者最強調解決―建構（solution-building）的概念？(A)焦點解決　(B)認知行為　(C)完形取向　(D)當事人中心

（　　）15. 小安是九年級的女生，她很不喜歡上學、上課也不專心、常常打瞌睡與學習動機低落。若是採用現實治療理論來協助小安，最適當的會談焦點為何？(A)深入分析小安不喜歡讀書的原因　(B)了解小安的潛意識抗拒學校的原因　(C)深究小安的過去經驗與學習動機的關係　(D)討論小安解決目前學校困境的看法

（　　）16. 面對一位考試成績不好而感到挫折的學生，輔導教師透過以下問句：「你覺得哪一個科目比較容易學習？」「有些科目考得還不錯，你是怎麼做到的？」藉此引導出該生的成功經驗與優勢能力。請問這樣的做法屬於下列哪一種治療取向？(A)意義治療　(B)溝通分析治療　(C)認知行為治療　(D)焦點解決短期治療

（　　）17. 十一年級的小婷生氣地告訴輔導教師：「倩倩又遲到了，她一定是不重視我。」經過老師以理情治療法開導後，小婷對老師說：「我想她是塞車才遲到的。」說完後便開心地離開輔導室。下列敘述，何者較為正確？(A)「我想她是塞車才遲到的」是非理性信念　(B)「生氣」是小婷受事件本身所引發的情緒感受　(C)「塞車」是促發事件，即事件發生的前置因素　(D)「開心地離開輔導室」是小婷的新情緒和新行為

（　　）18. 小雅希望班上同學都喜歡、讚美她，然而她在班上卻有人際關係的困擾。陳老師試著引導她思考：「在學校裡有沒有一些特別的情況，是妳可以跟同學和諧相處的？那時候妳是怎麼辦到的？」老師採用的是哪一個學派的諮商輔導策略？(A)溝通分析治療學派　(B)個人中心治療學派　(C)理性情緒治療學派　(D)後現代治療學派

（　　）19. 以下哪一種方法是理情行為治療（REBT）常用的方法？(A)系統減敏感法　(B)認知性家庭作業　(C)洪水法　(D)夢的解析

（　　）20. 小莉對於自己「不夠女性化」的外表及特質總有著深沉的罪惡感，以女性主義治療的觀點，諮商員應如何幫助小莉？(A)找出隱藏內在的女性特質以彰顯出來　(B)輔導她接受自己「不夠女性化」的特質　(C)協助她對抗外界不公平的見解　(D)了解問題背後的社會

性和政治性根源

( ) 21. 下列關於行為治療法的敘述，何者為非？(A)系統減敏感法主要係依據「古典制約」原理 (B)代幣制中的「代幣」是一種「替代性增強物」 (C)「記過註銷」或「將功贖罪」都是屬於「正增強」的運用 (D)對喧鬧打鬧等尋求注意行為「視而不見」是屬於「消弱技術」的運用

( ) 22. 關於現實治療對移情的看法，下列何者較為正確？(A)移情是治療中不可避免的現象 (B)治療師鼓勵並接受當事人的移情 (C)移情是當事人逃避責任的一種方式 (D)治療師運用移情探討當事人過去的重要經驗

( ) 23. 下列何人提出「自動化思考」（automatic thoughts）與「認知扭曲」（cognitive distortions）的觀點？(A)貝克（A. Beck） (B)艾理斯（A. Ellis） (C)葛拉塞（W. Glasser） (D)佛洛伊德（S. Freud）

( ) 24. 國二的小明有抽菸、酗酒等不良習性。下列哪一種技術用來改正該不良習性較為有效？(A)隔離法 (B)代幣法 (C)內隱嫌惡法 (D)系統減敏感法

( ) 25. 在現實生活中，我們無法永遠擔憂著別人的難題，如果始終讓這樣的想法困擾著自己，這是下列哪一種理情諮商法的概念所造成？(A)認知曲解 (B)自動化思考 (C)非理性信念 (D)非理想主義者

( ) 26. 下列有關現實治療的說明，何者正確？(A)強調價值的判斷 (B)強調移情的觀念 (C)著重過去而非現在 (D)專注完整行為的了解

( ) 27. 下列有關貝克（A. Beck）認知治療的敘述，何者正確？(A)憂鬱是由內在產生的怒氣所引起 (B)有情緒困擾者的信念，傾向於反映客觀的現實 (C)個人心理的內在溝通內容，可透過自省的方式獲得 (D)在找出非理性的思考之後隨即進行駁斥，並直接教導當事人正確的觀念

( ) 28. 根據貝克（A. Beck）認知治療理論所提出的「認知三角」，下列哪一項不屬於引發憂鬱的因素？(A)對世界的負向看法 (B)對未來的負向看法 (C)對過去的負向看法 (D)對自己的負向看法

（　）29. 讓當事人大量暴露於引發焦慮的刺激情境中，但他們所害怕的後果並不會發生，這是下列哪一種治療方法？(A)洪水法　(B)肌肉鬆弛法　(C)系統減敏感法　(D)漸進式暴露法

（　）30. 教師對學生說：「雖然朋友不斷影響你、慫恿你，你還是把多年的菸癮戒掉了，哇！真了不起。你是怎麼做到的？」這是焦點解決短期治療的哪一種問句？(A)評量問句　(B)例外問句　(C)差異問句　(D)奇蹟問句

（　）31. 現實治療學派會使用下列哪一個概念解釋青少年使用社群網站的原因？(A)社會興趣（social interest）　(B)正常焦慮（normal anxiety）　(C)非理性信念（irrational beliefs）　(D)歸屬與愛（need to belong, to love）

（　）32. 九年級的小魏常有憂鬱情緒，出現罪惡感和自傷行為。輔導小魏時，下列哪一個是貝克（A. Beck）認知治療理論的主要做法？(A)協助小魏建立正向同儕關係　(B)了解成長經驗對小魏的影響　(C)從對話中辨識小魏負向的自動化想法　(D)鼓勵小魏探索正向經驗，以提升復原力及希望感

（　）33. 小喬是一位身心狀況不穩定的九年級學生，輔導教師在會談中詢問：「你在哪裡能得到安心與自在？請在腦海中想像一個圖像，並說明給我聽。」藉此了解小喬的「獨特世界」，以釐清他的需求與理想。這樣的做法屬於下列哪一種治療取向？(A)敘事治療　(B)現實治療　(C)完形治療　(D)焦點解決短期治療

（　）34. 森森對人群有嚴重的焦慮感，李老師想透過系統減敏感法降低他的焦慮感，請選出正確的實施順序：甲、實施放鬆訓練；乙、確定焦慮階層；丙、在想像中試驗；丁、在現實中驗證。(A)甲→乙→丙→丁　(B)乙→甲→丙→丁　(C)丙→丁→乙→甲　(D)丁→乙→丙→甲

（　）35. 教師以系統減敏感法來協助大明放鬆身體，進而克服考試焦慮。這是應用下列哪一種方法？(A)古典制約的交互抑制　(B)社會學習的觀察學習　(C)操作制約的增強原理　(D)操作制約的消弱原理

（　）36. 從理情行為學派的理論來看，案主的困擾最主要是來自於下列哪一

項？(A)早年的創傷經驗　(B)沒有獲得他人的肯定與重視　(C)從別人身上學到的非理性信念　(D)不斷的以非理性信念自我暗示

(　) 37. 菁華在班上人緣不佳，柯老師推薦她閱讀一些繪本或品格小故事，希望她能有所改變。請問柯老師使用下列哪一種輔導策略？(A)認知改變策略　(B)行為改變策略　(C)自我管理策略　(D)改變環境策略

(　) 38. 七年級的小光對於考試成績經常患得患失，因為心裡一直有著「我必須得到別人的讚賞，不然我就很失敗」這樣的想法。根據理情學派的觀點，小光覺得困擾的主要原因為何？(A)挫敗的情緒　(B)不合理的信念　(C)偏低的自我效能感　(D)家庭或學校的受挫事件

(　) 39. 「如果奇蹟發生，一夜之間你的困擾突然消失了，你會有哪些不同？」這樣的問法是哪一個理論取向較可能運用的技術？(A)敘事治療　(B)完形治療　(C)存在主義治療　(D)焦點解決短期治療

(　) 40. 下列何者對理情行為治療法（REBT）的描述是錯誤的？(A)人們的困擾是受自己制約的結果，而不是受到外在因素的制約　(B)不強調諮商員與當事人的協同合作關係　(C)一種在有限的時間，針對某特定行為所進行帶有教育色彩的治療法　(D)會使用家庭作業

(　) 41. 下列何者是焦點解決短期治療的觀點？(A)治療師是解決問題的專家　(B)了解問題的原因有助於解決問題　(C)問題常常來自於不當的解決方法　(D)問題症狀是失功能的行為

(　) 42. 下列哪一項是焦點解決取向教師在班級經營上會採取的對話方式？(A)「同學們，如果以後都像今天下午表現這麼好，就太棒了。」(B)「同學們，今天下午的表現都非常好，你們做得比昨天好多了。」　(C)「同學們，你們今天下午表現很好，我讓你們提早十分鐘下課。」　(D)「同學們，大家今天下午的表現真是太好了。你們是怎麼做到的？

(　) 43. 七年級的小美在參加演講比賽前一天非常緊張。邱老師要她一邊想像上台演講的狀況，一邊深呼吸並放鬆。此建議最可能是下列哪一種治療取向？(A)行為學派　(B)完形學派　(C)精神分析　(D)存在主義

(　) 44. 女性主義治療者堅信，性別是治療工作的核心，且必須納入社會文化觀點才足以理解當事人。下列哪兩項是女性主義治療的終極目標？(A)去性別化和去階級化　(B)自由自主和承擔責任　(C)賦權增能和社會改變　(D)心理重建和提升幸福感

(　) 45. 女性主義諮商認為以下哪一個技術可以拉近治療者與當事人的關係，使彼此的關係較為平等？(A)權力分析　(B)自我肯定訓練　(C)性別角色分析　(D)自我揭露

參考答案

1.(D)　2.(A)　3.(A)　4.(D)　5.(A)　6.(C)　7.(D)　8.(A)　9.(D)　10.(A)

11.(A)　12.(B)　13.(C)　14.(A)　15.(D)　16.(D)　17.(D)　18.(D)　19.(B)　20.(D)

21.(C)　22.(C)　23.(A)　24.(C)　25.(C)　26.(D)　27.(C)　28.(C)　29.(A)　30.(B)

31.(D)　32.(C)　33.(B)　34.(B)　35.(A)　36.(D)　37.(A)　38.(B)　39.(D)　40.(B)

41.(C)　42.(D)　43.(A)　44.(C)　45.(D)

二、問答題

1. 小偉活潑好動而且經常出現打同學、搶東西的行為，轉介到學校輔導室後，輔導教師決定和級任導師共同採用代幣制度（token economy）來輔導小偉。請說明什麼是代幣制度？並請應用代幣制度設計一個方案來輔導小偉的行為。

2. 校園霸凌問題日益嚴重，調查顯示，霸凌常與錯誤的認知有關。請根據艾理斯（A. Ellis）的理情行為治療法（REBT），依下列項目說明如何輔導有霸凌行為的國中生？甲、A-B-C理論；乙、駁斥非理性想法；丙、改變語言型態；丁、家庭作業。

3. 說明現實治療（reality therapy）學派的WDEP系統，並列舉及簡述輔導人員在此系統中，促使案主改變的可行的作為。

4. 瑞明對於某老師有恐懼與焦慮，試述如何用系統減敏感法幫助他降低對這位老師的恐懼與焦慮？

5. 九年級的小芬經常與同學產生爭執，也常有憤怒、悲傷等負面情緒，導師想以理情行為治療（rational emotive behavior theory）取向來提升小芬的情緒管理能力。請說明艾理斯（A. Ellis）的理情理論架構中之A-B-C內涵，並舉出

兩項具體的輔導方法。

6. 小彬考完數學後，非常焦慮地找導師談話。小彬說：「雖然成績尚未公布，我認為我會不及格。爸媽知道後，我一定完蛋，好可怕！我數學不好，不是一個好學生。除非我考好，不然我就是個失敗者。我看到數學老師與我互動怪怪的，好像我考不好，他不理我了！」請以認知治療取向，指出小彬話語中三種認知扭曲及其相對應的句子並加以說明。

7. 七年級的小華跟導師說：「這次段考我的自然成績很爛，同學笑我題目這麼簡單都不會寫，我真的很笨，感覺超難過。」依理情行為學派的觀點，回答以下三個問題。

(1) 引發小華心理困擾的A-B-C架構中，A、B、C分別代表何者？

(2) 導師在協助小華了解A-B-C架構後，可以採取何種做法改善小華的負面情緒？

(3) 如果導師的輔導有效，小華的信念或想法可能會有什麼改變？

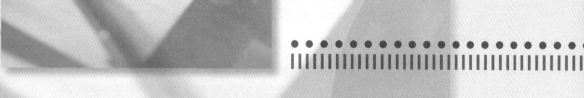

第十三章

個別諮商技術

　　如前章所述，助人模式或取向有數十種之多，其中有些取向受到冷落，有許多的模式仍然一直繼續在建構中，其倡導者和支持者都說有效，但對於學習助人專業的「新手」，特別需要一個基本的、實用的、有效的助人模式。一般助人歷程都會分成幾個階段（stage），每一個階段都有其特有的議題和任務，以協助個案朝向管理問題和發展機會（曾端真、鍾瑞麗，2011）。因此，本章第一個重點即針對諮商的歷程做統整性的說明，讓讀者了解諮商的基本歷程。任何諮商的歷程都會包含這四項要素，這四項要素也可視為諮商的歷程：(1)建立良好的諮商關係；(2)評估和目標設定；(3)策略的選擇和實施；(4)評鑑和結束（termination）（Cormier, Nurius, & Osborn, 2017）。如何與個案建立良好的關係，是個人中心治療特別強調的諮商基礎，因此，諮商員特別需要具備建立諮商關係的技術。評估和目標設定是諮商的第二階段，主要在探索個案們的需要或願望，諮商員需要具備評估和確認問題的技術。第三階段是策略的選擇，也是行動介入的階段，開始要擬訂與執行改變的行動計畫，所使用的技術則包含了認知、情感及行為介入的策略。評鑑階段是要檢視介入策略是否有效，如此，諮商者才知道對個案的諮商是否要結束或從頭開始。諮商員在不同的諮商歷程所使用的技術是不同的，當然也有一些技術適合運用在整個諮商歷程。本章即針對不同諮商階段所使用的技術做重點介紹。

第一節　諮商的歷程

　　各諮商治療學派有其不同的目標與技術，但基本上還是要幫助個案解決問題。對於諮商的歷程，學者提出三階段、四階段及五階段的歷程，每一階段有其重點與任務，以協助朝向解決問題的方向邁進。

壹　三階段模式

　　三階段模式是最常見的諮商歷程，例如：關聯、了解、改變（relating-understanding-changing, RUC）的諮商歷程關係。以下分別說明各階段

的工作重點與任務（陳金定，2001；林美珠、田秀蘭譯，2017）：

一、探索階段

探索階段（exploration stage）在協助個案探索其想法、感覺與行動。助人者和個案建立支持性、治療性的關係，讓個案表達和探索他們的感覺，思考複雜的問題，在此階段所蒐集到的資料通常只是個案外顯問題的訊息，不是深層的個人經驗資料，因此，這個階段的重點在建立良好的諮商關係，才能進入個案的深層經驗。此階段的主要工作任務如下：(1)建立支持與發展助人關係；(2)鼓勵案主說出他們的故事；(3)鼓勵案主探索想法與感覺；(4)催化感覺的激起；(5)從個案的觀點了解個案。

二、洞察階段

洞察階段（insight stage）在協助個案了解其想法、感覺與行動。助人者和個案一起致力於了解個案自己的想法、感覺、行為，或了解內在的動力。洞察階段可以幫助個案從嶄新的觀點來看問題，能提升個案自我了解的程度，並從不同的觀點提供新的想法和回饋，讓個案得以發展出較深層次的覺察與了解。洞察階段不同於探索階段只做傾聽之類的反應，助人者會對個案的觀點加以挑戰，助人者會提供他們的想法，並運用他們親身的經驗來幫助個案從新的角度看事情。此階段的主要工作任務有：(1)與個案一起建構新的洞察；(2)鼓勵個案決定其在想法、感覺、行動上所扮演的角色；(3)與個案討論助人關係的課題，使個案擁有適當的責任感和控制感。

三、行動階段

個案經由探索和洞察的努力後，在此階段決定要採取的行動，並付諸執行。在行動階段（action stage），助人者引導個案朝向做決定與做改變，而這也剛好反映出個案對自己的新了解。此階段可以教導個案改變的技巧，協助發展改變的策略，並評估行動計畫的成果，必要時進行修改。行動階段的工作任務有以下五項：(1)鼓勵個案探索可行的行為；(2)協助

個案決定行動；(3)催化行動技巧的發展；(4)對個案嘗試所做的改變給予回饋；(5)協助個案評估改變，並共同修正行動計畫。

 四階段模式

伊根（Egan）將輔導歷程分為關係建立期、自我探索期、自我了解期及問題解決期，尼爾森－瓊斯（Nelson-Jones, 2014）提到諮商歷程四階段的分法為：準備階段、開始階段、中間階段、結束階段。各階段所用到的技術如表13-1所示，每個階段的主要任務說明如下（引自黃光雄，2000）：

1. 關係建立期：營造良好關係，增進當事人求助意願。
2. 自我探索期：引導當事人探索其經驗、行為和想法。
3. 自我了解期：增進當事人對問題的覺察，包括內視和外觀。
4. 問題解決期：進入改變調整的狀態，包括自我調節、自我控制與問題解決。

表13-1　諮商四階段歷程所用到的技術

階段名稱	起 起始階段	承 承續階段	轉 轉變階段	合 綜合階段
目標	建立關係	自我探索	自我了解	行動計畫
技術	1. 生理專注 2. 心理專注	1. 初層次同理心 2. 真誠 3. 尊重 4. 具體	1. 高層次同理心 2. 自我表露 3. 面質 4. 立即性	1. 問題解決的技術 2. 角色扮演 3. 行為改變技術 4. 家庭作業

資料來源：黃光雄（2000）。

 五階段模式

陳金定（2015）將行為改變歷程分為五個階段，輔導實務結合行為改變歷程能發揮更大的輔導成效。這五個階段分別為：(1)籌劃前階段（precontemplation）；(2)籌劃階段（contemplation）；(3)準備階段（preparation）；(4)行動階段（action）；(5)維持階段（maintenance）。本章分別就諮商階段初期、探索階段、工作階段及終結階段說明不同階段需要使用的諮商技術。

第二節　諮商階段初期的諮商技術

諮商階段初期（initial stage）包含「接案階段」（phrase of intake）及「初始階段」。所謂「好的開始是成功的一半」，雙方的諮商關係及目標若能在諮商初期即有輪廓，將有助於往後的進行。諮商初期的個案大致有兩個來源：一是諮商師主動發掘或受轉介之委託；二是由個案自行前來求助。學校的個案大多是被動而來，因此，個案的心中會充滿疑惑，甚至抗拒。諮商師在進行初次晤談時，可依個案之情形採取下列兩種態度：以蒐集資料為主或以建立關係為主。不管是以何種角度切入，此階段的諮商師要展現專注、傾聽、無條件接納、同理及真誠一致等態度，讓個案的焦慮及疑慮慢慢降低（王文秀等，2011）。

 ### 壹　第一次晤談的重點

接案階段可視為諮商前的階段，也可視為諮商的起始階段。主要工作重點在於場面構成及理解個案的各項訊息，例如：求助的問題、需要及與問題相關的發展與個人資料，並讓個案了解諮商的方式與訊息。接案階段需要蒐集充分的訊息，以利後續諮商的安排與發展。在此階段可視個案對諮商的了解狀況，調整場面構成的內容。如果個案從來沒有接受過諮商，就需要有完整的場面構成（賀孝銘，2009）。初次的晤談有時候也是最後一次的諮商，因為個案可能只做一次治療，因此可以將資料儘量蒐集完備，然後就進入諮商主題。通常第一次晤談的談話重點如下：(1)說明會談的起因；(2)說明諮商的性質、進行的方式及彼此的角色、任務；(3)確

認當事人的期待、諮商的目標；(4)引導個案說他自己的故事；(5)蒐集、詢問與問題有關的相關資訊；(6)評估需要的療程，約定會談的時間（邱珍琬，2007）。

 ## 貳 諮商員的態度

諮商效果除了諮商技術之影響外，諮商關係也是一項重要的因素。構成良好諮商關係的要素包含信任、接納、尊重、溫暖、真誠、專注等態度。

一、基本態度

諮商員的基本態度包括溫暖、真誠、接納、尊重、支持，以下分別說明之（張德聰、林香君、鄭玉英、陳清泉，2002；張德聰、黃素菲、黃正旭，2008）：

㈠溫暖

諮商員透過非口語訊息，傳達給個案支持、肯定、關心、接納、受歡迎的感受。除建立關係初期，個案情緒宣洩需要大量溫暖的支持外，整個諮商過程中都需要提供適當的溫暖氣氛。

㈡真誠

諮商員能敏感地察覺自己在諮商過程中的感覺，基於促進個案成長的動機，願意誠懇地將自己的感受傳達給案主。真誠的態度具體表現如下：(1)以人的方式而非以角色的方式來面對當事人，角色的方式面對別人如戴著面具與別人溝通；(2)諮商員願意開放自己，可以把自己的感受、想法和經驗與當事人分享，但也應注意到開放內容對諮商關係的影響；(3)承認自己的限制，因為有時候個案的問題超出自己的能力範圍，諮商員不必用防衛性的方式來捍衛我們的專業權威和專業地位。

㈢接納

諮商員對個案的想法及感受不予評價，並尊重個案的獨特性，透過語

言和非語言的溝通讓個案感到安全、輕鬆、自由、關懷。當個案表達其感受或問題，諮商員應對其表達或問題給予正面回應，回應不等於回答。例如個案問：「我該如何管教小孩？」諮商員不直接回答，但要有回應。接納是一種簡單的反映技巧，可應用如：「嗯嗯」、「接下去呢」、「我明白」等方式回應。接納亦非同意，是對個案的想法、行為予以包容。

㈣尊重

尊重是不評價、不強迫的態度，相信個案有能力處理自己的問題。尊重的態度表現在以下具體行為：(1)諮商員願意投入諮商，願意盡心盡力和個案討論問題並解決問題；(2)將個案視為獨特的人，可以有自己的感受、想法，不一定需要符合諮商員的期待；(3)將個案視為有能力的人，引導個案運用本身具備的能力去解決生活上的困難；(4)不批判或評斷個案；(5)不對個案貼標籤。

㈤支持

諮商員能在個案有情緒及安全需要時，提供適度的關懷與肯定。支持的態度可減低個案的焦慮，營造一個有安全感的環境，以引發個案對未來產生希望。

二、專注的態度

諮商員的專注（attending）可分為生理上的專注與心理上的專注兩部分（黃惠惠，1996；王文秀等，2011）：

㈠生理上的專注

諮商員的姿勢，傳遞出他對個案的關切、願意聆聽與陪伴。生理上的專注又稱為身體上的專注，包含五個基本要素，簡稱為SOLER：(1)面對個案（squarely），避免正對面而直盯著對方，最好間隔90度角；(2)身體姿勢開放（open），肩膀放鬆且雙手自然垂擺或輕微交叉，避免手臂及雙腿交叉；(3)身體適當前傾（lean），身體自然地向前傾，使對方可以感受到你的投入或對談話有興趣；(4)保持眼睛的接觸（eye contact），但不能死盯著對方看，眼神也不要太常看別處；(5)身體放鬆（relaxed），保持放

鬆但卻靈活、輕鬆卻不隨便的狀態。其他生理上的專注尚包括座位的距離適當、臉部的表情自然親切、對個案的話有所反應（如：點頭）等。

㈡心理上的專注

心理上的專注是指諮商員的肢體語言，展現出對個案的關注、尊重與接納。諮商員的肢體動作、眼神注視、眼球轉動、身體擺動、整體外觀，以及語調等方面，均以無聲但有力的方式呈現出來，進而影響諮商的進行。專注通常是與積極的傾聽連結在一起，在下一個技術中再做探討。在諮商時，諮商員的眼神飄移、過多的笑容、分心的行為，例如：玩頭髮、玩筆、對個案的話題沒有適時回應等，均屬不專注的行為。

 參　傾聽

傾聽是輔導的基本功夫，要個案學會自我探索，諮商員便要懂得傾聽。真正的輔導，應該是個案說給諮商員聽，如果是諮商員說給個案聽，則比較像是上課或說教。傾聽是指我們專注地在聽個案述說自己的事情，我們必須放下手邊的工作以及心裡的事情，全神貫注地傾聽。傾聽的時候，不僅眼睛看著個案，身體的姿勢也顯示傾聽的神情和模樣。在傾聽過程，要有適當行為語言的協助，肢體語言、表情、口語的回饋、眼神都很重要。在晤談時，諮商員儘量不要去接電話、不要做筆記、不要同時做別的事情。傾聽的時候，就是只做傾聽這件事情，讓個案覺得你是專心一意在聽他訴說（公務人員保障暨培訓委員會，2016）。傾聽是專注、聽見、解讀與最終的了解等能力的綜合，最先需要注意的就是「專注行為」，讓個案從外觀就可以看出諮商員有沒有在注意聽，基本上要呈現的有身體姿勢、眼神交會、臉部表情、了解與最低鼓勵，例如：點頭、嗯等非語言訊息的表示（邱珍琬，2007）。專注與傾聽在諮商的所有過程中皆需要使用到。

肆　場面構成

　　場面構成又稱結構技術、結構化（structuring），係指諮商員對於一般諮商過程的性質、限制、目標及諮商的特殊關係，而對個案所做的說明或解釋。如此，個案對諮商的性質及功能有基本的了解，使諮商的進行有一合理的計畫結構，因而減少諮商關係的曖昧性，可加深個案求助的意願。場面構成做法是在諮商剛開始時，諮商員對諮商架構的說明：「我想對諮商先做個說明，我們每週大概可以有一次的晤談時間，在這一小時的晤談時間內，你可以談論你最想談的困擾……。你不用擔心，你在這裡談的話，原則上我都會加以保密，除了你或別人可能受到傷害的狀況我無法保密之外，別人不會知道談話的內容……。」其包含以下要點：(1)接納或邀請學生投入輔導，例如：「你看起來似乎有些煩惱，我很願意了解你的狀況，幫助你……。」(2)說明輔導的性質、時間與方式，例如諮商員說：「我希望能夠幫助你更了解自己和你的處境，或許經過我們的討論之後，你可以減少你的煩惱，找出解決問題的方法。」(3)使學生了解自己的角色和責任，例如諮商員說：「大人的事由他們自己去處理就可以了，現在我所關心的是你的情形。你可以多說說自己的想法和感覺嗎？」(4)晤談中隨時建構諮商場面，例如諮商員說：「在這裡，你可以自由地表達你的想法和感受」、「現在了解到底發生了什麼，比你不斷的責怪自己（或責怪他人）更重要」（張德聰等，2002；李冠泓等，2005；陳金定，2001）。

第三節　探索階段的諮商技術

　　探索階段的重要性在於催化關係的發展，讓個案有機會探索問題重點，諮商員必須在這個階段開始把個案的問題概念化。所謂個案概念化（case conceptionalization）是指諮商員根據某一個諮商理論或模式，將個案及其問題做一個有系統的整理與陳述（林家興、王麗文，2003）。透過

蒐集個案的情緒、認知和行為資料，可以有系統地描述個案的問題，以便諮商員能經由洞察和行動階段，讓個案的問題得到最好的處遇（林美珠、田秀蘭譯，2017）。針對這個階段所用到的諮商技術分別敘述如下：

 ## 壹 開放式問句與探究

探究或稱為詢問（questioning），是諮商員主動詢問一些問題，讓個案探索自己的想法和感覺，使其對問題有進一步的澄清和了解（李冠泓等，2005）。使用開放式問句和探究的目的有四：(1)當個案開始進入晤談、漫談、含糊不清或卡住時，可以有澄清或聚焦的作用；(2)可使個案說他們所想的事情或表達非理性的想法；(3)可讓個案表達特定經驗的感覺；(4)當個案正在含糊籠統地談論問題時，可以讓諮商員更了解個案正在說些什麼。如何使用開放式問句與探究？其技巧如下：(1)聲音的語調要低，表達出關心和親近，說話的速度應該要慢；(2)開放式問句應該短而簡單；(3)必須選擇最重要或最顯著的議題來聚焦（林美珠、田秀蘭譯，2017）。例如個案說：「我心情很不好。」諮商員說：「要談談你的狀況嗎？」

 ## 貳 具體化

具體化（concreteness）與前一種技術極為接近，是以具體的詞彙協助個案討論所表達的感覺、經驗或行為，並針對特定的問題自我探索，而非漫無目標的談論。其目的是為了獲得更具體詳細的訊息，藉此對學生有更清楚的了解，同時具有引導學生進一步思考自己問題的作用。具體化技術可以運用於任何時刻、任何階段，只要諮商員覺得個案的敘述含糊不清，必須深入探討時，即可使用此技術。當諮商員想澄清疑點時，可以用封閉式問句；想蒐集個案資料時，可採用開放式問句。其句型如下：為了什麼事？發生多久了？如果你是他的話，你會做什麼？發生什麼事……讓你覺得……（李冠泓等，2005）。

參　重述與摘要

　　重述（restatement）是重複或複述個案所說的內容或意義。重述通常用的字較少，但與個案原意相似，通常也比個案所說的還要具體明白。重述的重點在於意義或內容，而不是感覺或內在經驗。諮商員在使用重述技巧時，必須把所傾聽到的內容化作口語文字，使諮商員在助人過程中能扮演主動積極的角色，以不帶立場的方式，重新檢視其所聽到的正確性。其格式如下：我聽到你說……、聽起來像是……、我想是不是……（林美珠、田秀蘭譯，2017）。

　　摘要（summarization）技術是重述的一種形式，個案講了一段話之後，諮商員整理其內容之重點，然後回應給個案。通常只做重點式整理，勿過分冗長，不加諮商員主觀的看法。其用法為以結構性句型整理個案所說的話，例如：因為……所以……；談到這裡，我們稍微整理……；剛才你所提到的幾個重點有……（李冠泓等，2005）。

 肆　簡述語意

　　簡述語意（paraphrase）是將個案的意思以簡單重述方式回應個案，讓雙方一同檢查是否有雞同鴨講的情況，以掌握個案所要表達的正確意思。當個案的敘述冗長、內容繁多時，諮商員必須確定他對個案的了解，是否就是個案所表達的內容。此時，諮商員可以用簡述語意技術，將他所了解的重點傳達給個案，其句型為：你的意思是……；我聽到的是……（邱德才，2001）。以下為簡述語意的範例（邱德才，2001）：

　　個案說：「這算什麼嘛，我辛辛苦苦花了整整一個星期才寫出來的報告只得了一個乙；而小陳一夜之間拼拼湊湊趕出來的報告，又短又沒內容的，竟然能得到甲。你說老師到底有沒有標準嘛……」

　　諮商員：「你的意思是說，你非常努力寫出來的報告，成績並不理想。」

伍 情感反映

情感反映（reflection of feeling）技術是指在進行諮商時，諮商員辨認個案語言與非語言行為中明顯或隱含的情感，並且反映給個案，協助個案覺察、接納自己的感覺。情感反應具有以下四項功能：(1)促使個案察覺自己的情感；(2)協助個案重新擁有自己的情感；(3)讓諮商員可以正確地了解個案，或個案了解自己；(4)建立良好的諮商關係（陳金定，2001）。

個案在治療關係中需要感覺到足夠的安全，才能冒險去挖掘感覺。當他們做自我揭露時，必須覺得不會被貶抑、困窘或羞愧，而是覺得被接納及尊重，因此，反映必須以溫和的方式來做。當諮商員學習做情感反映的時候，可以開始使用以下的格式：你覺得……因為……。例如諮商員說：「你覺得挫敗，因為你沒有得到你要的。」就像是重述一般，助人者應該篩選出什麼是最突顯的感覺，而不是去反映所有的感覺。以下是情感反映的格式：聽起來似乎你感到……；我猜想是否你感覺……；如果我是你，我將感覺……（林美珠、田秀蘭譯，2017）。

陸 自我表露

自我表露（self-disclosure）為諮商員將過去發生過相似的自身經驗與個案分享，以增加個案對自己經驗及行為後果的了解，並從中得到積極的啟示。分享的內容需和當事人正在經歷的事件相關，時間勿太長，以免岔開晤談的重點。分享時以及分享之後宜觀察、核對個案的反應與想法（李冠泓等，2005）。這裡有三種適合於探索階段的自我表露類型：相似性的表露、訊息的表露與感覺的表露。相似性的表露讓諮商員可以表達認同和再保證，當諮商員說：「我了解，因為我也有過相似的經驗。」這樣可以協助個案了解他們的經驗是正常的。訊息的表露是事先簡短地告知個案有關諮商員的個人訊息、專業背景和訓練。感覺的表露可以用來為個案示範他們可能會有什麼感覺，例如諮商員說：「當我第一次應徵工作時，我想

到面談要說什麼就覺得可怕。」感覺的表露能刺激個案去面對和表達他們的感覺（林美珠、田秀蘭譯，2017）。

 ## 柒　同理心

同理心（empathy）是諮商員具備敏銳的感受力及透澈的洞察力，有意願地從個案的角度去了解其想法、感覺與困境，從個案的內在參考架構進入其私人知覺世界；諮商員能身同此心、心同此理地了解個案的內在參考架構，並將所理解到的感受傳達給個案知道。同理心可分為初層次同理心（primary empathy）與高層次同理心（advanced empathy），前者常出現於諮商員與個案建立關係的初期，藉由個案所表達的感受、行為予以設身處地的反映；後者多發生於諮商員與個案在治療關係穩固良好時，諮商員反映個案所隱含的涵義或尚未經驗的感受，催化個案面對問題的真正感受並自我探索，對困擾有著真正的了解與進一步的處遇（吳紫仔、許竑彬，2011）。然而，同理心反映技術在個人取向的諮商關係中最受重視，而在任務取向的助人關係中則比較少見（潘正德，2007）。

初層次同理心極類似情感反映，表達方式為「簡述語意」加上「情感反映」，例如：「你覺得（感受）……，是因為（行為、經驗）……」「聽起來你（感受）……，是因為（行為、經驗）……」以下為初層次同理心實例（李冠泓等，2005）：

個案：「我爸爸、媽媽的身體不好，姊姊嫁了以後又很少回家，我那個不長進的弟弟又經常惹爸爸、媽媽生氣，我來當兵之後，家裡又少了一份收入，我的心情真的好亂喔……。」

諮商員：「我覺得你很擔心（情感反映），因為你爸爸、媽媽的身體不好（簡述語意）。」

高層次同理心則是說出個案未表達出來，但卻有感於心的回應，同時可能會帶給個案一些新的領悟以及協助個案自我了解。其實例如下（李冠泓等，2005）：

個案：「我剛和媽媽吵架，我覺得好難過。」

諮商員：「除了難過的心情，我好像還感覺到你有種委屈的感覺，是嗎？」

 沉默

沉默在諮商過程中是很常見的現象，有些個案的沉默時間長達5-10分鐘，甚至半小時。面對沉默的個案，需要加以了解與處理。有些諮商員對於個案沉默或不說話的現象，會感到不知所措，甚至覺得個案不合作，以致諮商不下去。在諮商初期出現的沉默，很可能是個案不知道如何說，學會後就會一直說；有時是對諮商員的不信任，或擔心說出來的後果，這時要處理、澄清兩人信任的關係。以下為處理個案沉默的幾種方式：(1)讓個案有足夠的時間思考，不必急著打破沉默；(2)以語言鼓勵個案說話；(3)從個案的非語言行為引出話題；(4)結束會談，另約時間（林家興、王麗文，2003；李冠泓等，2005）。

 ## 第四節　工作階段與終結階段的諮商技術

工作階段與探索階段的界限很難區分清楚，當諮商員對個案的困擾問題已有足夠的了解，個案亦有意願面對並克服其困擾問題，即可形成假設並擬訂處遇計畫。這階段的諮商介入策略可分為三大類型：認知的、情感的、行為的。認知策略如理情治療法，情感為主的策略如個人中心主義、情緒安撫，行為策略如自我肯定訓練、社交技巧訓練。諮商歷程的最後階段為「終結階段」，決定終結時間的考慮因素有四項：(1)是否有建立契約，論及何時結束諮商關係；(2)是否在諮商過程中獲得其想要達到的目標；(3)若有一方認為諮商沒什麼助益，甚至有害；(4)不可抗拒的因素，例如：畢業、轉學或離職。當諮商過程結束後數週，諮商員可用電郵或面談方式進行追蹤輔導，了解其適應情形（王文秀等，2011）。本節所探討的諮商技術包含兩部分：(1)協助當事人了解與覺察其想法、感覺、行為；(2)協助個案評估與執行改變的策略。

壹　挑戰與面質

　　挑戰（challenge）與面質（confrontation）兩者字面雖然不一樣，但是意義是一樣的。有些學者將面質包括在挑戰的大傘底下，視面質為挑戰的一部分。挑戰或面質技術是指當諮商員發現個案語言與非語言行為不一致、逃避面對自己的感覺與想法、語言行為前後矛盾、不知善用資源、未覺察自己的限制等行為時，諮商員指出個案矛盾、不一致的地方，協助個案對問題有進一步的了解。面質技術通常使用在諮商員與個案有良好關係之後，也就是在諮商的第二、第三階段時。在使用面質技術時，因談話過程偏向於糾正，會使得個案以為被責罵或者批判，常會引起個案對於諮商員的反彈，因此，諮商員就必須搭配使用同理心技術以及情感反映技術來相互配合。或是以假設語氣方式進行，讓個案有被尊重的感覺，較不易產生防衛心態。有時也可使用漸進的方式，先從個案能接受的層級開始，然後慢慢導入較深的層級。其句型為：「只是因為……，就……嗎？」以下為挑戰與面質的實例：(1)你是說只是因為長得不好看，就交不到男朋友嗎？真的是這樣子嗎？(2)你不是不知道該怎麼去做，而是不願意去做吧？(3)你上次提到回去要和父母溝通有關零用錢的事，這次來卻表示忘了提，不知道你對這件事的看法如何？（陳金定，2001；邱珍琬，2007；Nelson-Jones, 2014）

貳　立即性

　　立即性（immediacy）是指在諮商關係或過程中，諮商員針對雙方所發生的一些狀況做一種立即、直接、雙向的討論。立即性包含此時此刻的立即性、關係的立即性兩類。在下列情況中可以運用立即性技術：個案沉默不語、個案對諮商員表示好感、個案有依賴現象、個案形成無目的漫談、雙方關係緊張等情況。諮商員與個案所進行直接而開放的討論，有助於澄清兩人的諮商關係，讓當事人更有參與感。此技巧適合在雙方已具有穩定的關係基礎時使用，在關係尚未建立時就使用可能會引起個案的抗

拒。以下為使用實例：當諮商員感受到個案沉默不語時，諮商員說：「我感覺到談話中，你話說的很少，好像不大敢說，是不是我們的過程中我做了什麼，讓你有所顧忌？」（邱德才，2001；陳恆霖，2004）

 ## 澄清

澄清（clarification）是在諮商過程中，針對個案有表達不清楚或有曖昧不清的地方，諮商員可請其提出比較明確的說明，或說出自己的理解，並請個案核對是否正確。澄清技術可以使個案更清楚自己的想法、看法、觀念，諮商員也可核對自己所得到的訊息與個案原意是否相符（潘正德，2007）。這個技術在整個諮商過程都可以用，只要當諮商員對個案的敘述不清楚的時候就可進行澄清。澄清技術與探究或詢問相類似，其句型如下：你的意思是……（諮商員對個案陳述內容的理解），是嗎？（李冠泓等，2005）

詮釋或解釋

詮釋（interpretation）或解釋（explanation）的技術最早出現在精神分析學派，當諮商員蒐集到足夠的資訊時，也可以做適度的詮釋（邱珍琬，2007）。詮釋是諮商員對於個案的想法、感受與行為，提出一個基於專業素養的說明，協助個案使用不同的方式去發現自己的行為模式與困擾的原因，以擴大來談者的視野，增進自我的了解，進而解決其問題（張德聰等，2002）。在措辭上，諮商員可以不使用確切的字句，而使用暫時性的字眼，例如：也許、你願意嗎、那是可能的、你認為怎麼樣、我想假如、這樣是不是適合呢……等等，這些經過仔細挑選的用字比較容易降低個案的抗拒性。若諮商員解釋不正確，個案可能會被動接受、拒絕或生氣；若解釋正確，個案會有「啊哈」的反應，可能也會有新的洞察出現（李冠泓等，2005）。

伍　聚焦

由於複雜問題所牽涉的許多小問題無法同時解決，諮商員要協助個案決定哪些問題要先處理，因此在諮商過程中便需使用聚焦（focusing）的技術，找出最能發動個案種種資源的著力點，以避免削弱太多的能量在不必要的問題上（王文秀等譯，2000）。諮商員可以運用對焦的方式，將焦點對準個案，或將焦點對準晤談主題，引導個案選擇什麼資料該先注意、先討論，目的是使個案能在解決問題的初期即嘗到成功的滋味，而能更有動機繼續努力（李冠泓等，2005）。

陸　重新框架與重新標示

重新框架與重新標示這兩個相似的策略是從女性主義和家族治療取向發展出來的，目的在重組觀念。重新框架或稱重新架構（reframing），是一種重新看問題的介入技術，也就是從不同的、較正面的角度詮釋事件或情境，以協助當事人以積極正向的角度來看問題。重新標示（relabeling）是試著以較正面的詞句形容個案所呈現的負面行為或信念，例如：諮商員將「壞小孩」重新標示為「適應型兒童」。如果個案對自我的觀感頗差，諮商員可重新框架或重新標示個案的觀念，重新詮釋個案的語言，如此一來，他們就能從全新、較正向的觀點看待自己。舉例來說，如果個案無法做決定時就會自責，認為自己就是很笨，諮商員可以重新標示他是不想輕率地做決定，或重新框架為「可能還沒有得到全部的事實資訊」（陳增穎譯，2012）。前章提到的矛盾意向法（paradox）包含了重新框架、癥狀處方、抗拒治療性的改變，以及與個案站在一起等技巧。癥狀處方是讓個案去故意、努力表現出關切的問題行為，甚至是更嚴重的行為，漸漸地，個案就會發現其實自己是可以控制那個行為的（邱珍琬，2007）。

後現代心理治療學派有一項治療技術稱為「外化問題」（externalizing problems，或譯問題外化），這項技術與重新框架頗為類似。提出「當事人非問題所在，問題本身才是問題」（the person is not the problem, the problem is the problem）的觀點，將人與問題分開，把問題從人身上抽離出

來,如此,個案即可減輕責難的壓力。也就是從不同的角度與觀點來看這件事,或是跳脫目前的角色或情境,讓個案有新的空間和角度來看待問題,如此可以有不同的解釋與解決方式出現(修慧蘭等譯,2015)。

柒 訊息提供

訊息提供是認知介入的策略之一,亦是一種教育策略,可以改變個案對情境的反應,協助他們設立目標和做決定。諮商員在學校裡經常會辦理工作坊和訓練課程,例如:生活技巧、壓力管理、衝突解決、溝通技巧、求職策略、自殺防治、藥物濫用等主題,在與個案當前問題相關聯的情況下提供資訊(陳增穎譯,2012)。諮商員提供的資訊可分為兩大類,一是諮商員直接提供,一是諮商員教導個案從何處、用什麼方式取得。這些資訊包括書籍、活動、媒體、測驗資料等,例如:讀書治療法就是要求個案閱讀相關資料作為諮商過程的一部分(陳金定,2001)。

給予回饋技術類似訊息提供,當諮商員想要傳達給個案一些自我訊息以刺激行為改變時,就可運用這項技術。回饋可以讓個案了解在諮商過程中諮商員的觀察(個案的特點,或是優勢、挑戰等),以及個案進步的情況,這些都可以讓個案增進對自我的了解與增進個案的自我效能感(邱珍婉,2007)。

捌 行為介入策略

行為介入策略具體而明確,諮商員鼓勵個案表現特定的目標行為,以改善問題或解決問題。練習行動可以在諮商室中進行,也可以在療程間指派家庭作業。常見的介入策略有:(1)設立目標與訂定契約;(2)示範;(3)角色扮演及預演;(4)寫手記;(5)想像與視覺化;(6)結構式行為改變技術(代幣制、放鬆訓練、系統減敏感法、肯定訓練等);(7)自我管理;(8)力場分析;(9)問題解決;(10)做決定;(11)家庭作業等。以下僅就重要技術說明之(陳增穎譯,2012;陳金定,2001;邱連煌,2001;Nelson-Jones, 2014;Cormier, Nurius, & Osborn, 2017):

一、設定目標（goal setting）

　　設定目標為諮商員於引導個案對其問題的探索及確定後，進一步協助個案對自己的問題解決設定具體可行的目標。設定目標可以產生下列的效果：(1)使目標更明確；(2)增加個案的行為動機；(3)增加堅持度；(4)增加行動的計畫性。諮商員要在適合的時機之下使用此技術，而所設定的目標必須是具體可行、可測量、可驗證的。大的目標又可分拆成幾個小目標，依照時間進度逐項落實。例如：戒菸、減重或運動的行為改變，諮商員首先要設立基準線，或測量當前的行為，接下來與個案共同決定何謂成功達到某個特定行為，如此才能擬訂具體的行動，追蹤進度是否達成。

二、寫手記（journal writing）

　　諮商員通常會將寫手記當作自我發現之旅，設立目標並勾勒達成目標的步驟後，個案要規律地寫手記，寫下與目標相關的行動、想法與感覺，以描述為主，儘量不評論、分析或解釋。例如：理情治療學派要求個案要駁斥非理性想法，並建構新的理性想法，才會產生新的感覺。個案可以用手記追蹤想法及行為如何改變、新行為出現的狀況等，個案可以將手記帶來諮商晤談中，與諮商員一起討論。

三、想像（imagination）與視覺化（visualization）

　　想像是透過正向的心像協助個案看見他如何因應問題，產生有效的行動。視覺化可達到放鬆、減輕壓力、改善情緒等好處。剛開始練習時，諮商員可以主動引導，讓個案聆聽放鬆訓練的指導語，進行想像練習。也可透過引導式想像技術，例如：心理預演等，讓個案想像自己正一步一步地經歷某種情境，最後成功加以克服。引導式心像也可以是突發奇想或異想天開，一旦生氣、難過或焦慮的感覺浮現時，就可用視覺化的方式加以處理克服。

四、問題解決

個案在諮商員的協助下，經過自我探索、自我了解，並界定問題所在後，針對個案的問題，協助個案依相關的步驟克服問題。問題解決技術即是協助個案建立一套實際的行動計畫，以協助個案突破困境、解決問題的方法。其實施如下：(1)讓個案了解問題每天都在發生；(2)定義問題；(3)建立個案同意而具體可行的目標；(4)想出有助於問題解決的策略及方法；(5)評估、選擇、準備最可能促使目標達成的作業；(6)鼓勵採取具體行動；(7)評估實行的效果；(8)鼓勵及增強實現的部分。

五、力場分析（force-field analysis）

力場分析是對個案所要完成目標的情境中，其所具有的阻力與助力加以分析，並且協助個案發展增加助力和減少阻力的各種行動方案。其使用步驟如下：(1)確定個案的目標；(2)探討可能阻礙達成目標的各種阻力；(3)探討可能有利完成目標的各種助力；(4)討論增加助力的方法；(5)討論減少阻力的方法；(6)綜合出幾個可行的選擇方案。

六、自我管理（self-management）

自我管理是一項合作的、教導取向的技術，其內容包含了設定目標、動機、監控、管理自我障礙（self-impediments）、自我增強、環境的障礙和增強、維持信心和為達成目標的堅持。自我管理界定為：運用外在作用（如視覺提示、聽覺提示、自我記錄等）或是內在作用（如自我教導、自我評量、自我增強等），促使個體表現出規範的行為。自我管理一般不是把學習原理實施於個人，而是教個案這些原理後，使他們直接應用到自己身上，使自己的行為受到自己控制。自我管理策略大致上是由五個部分所組成的，諮商員要有系統地教導個案自我管理的技能，其施行程序說明如下：

㈠選擇目標行為

個案可以自行選擇目標行為，或是由諮商員提供選擇清單供個案挑選，而清單中要同時羅列個案的正向行為與問題行為，但重要的是，個案

本身需要有想改變的動機。

㈡自我監控（self-monitoring）

自我監控包含自我記錄（self-recording）、自我觀察（self-observation）與自我評估（self-assessment），三者皆是指個人系統化地觀察自己對於目標行為的反應。自我監控無法單獨使用，通常需要搭配其他的增強方法，在一段時期的外在評估（增強適當行為與懲罰不適當行為）後，自我監控始能達到最佳效果。此外，在連續的行為前，要先做自我記錄，如此可以促使個案達到目標行為。

㈢進行介入計畫

建立有效且清楚的增強計畫，避免不合理的增強（bootleg reinforcement），而一開始進行介入計畫即必須訂定明確的增強標準。此外，諮商員亦可提供增強物選單供個案參考。

㈣實行自我管理後效強化

藉由自我管理計畫中的正增強與負增強，讓自己想要的行為再次發生；藉由自我管理計畫中的懲罰，讓不適當的行為能減少出現頻率。實施時要注意的有以下三點：(1)增強或懲罰具有立即性與可接近性；(2)沒有出現在自我管理計畫中的增強物必須排除；(3)懲罰不宜過重，否則個案會無法前後一致地實行。

㈤評估自我管理計畫

一段時間後，個案需評估自我管理計畫是否有修改的必要。除了常見的量化資料評估，亦可學習以社會效度的方式來評估自我管理計畫的成效，亦即考慮個案相關重要他人對個案行為改變的看法。

玖　移情與抗拒的處理

移情一般分為正向移情（positive transference）與負向移情（negative transference）。正向移情是指個案對諮商員表達正面的情感，包括喜歡、

愛慕、崇拜、欣賞、親近等感覺。負向移情是指個案對諮商員表達負面的感覺，包括討厭、厭惡、懷恨、不滿、害怕等感覺。只要正向的移情維持在正常的範圍裡，將有助於建立良好的諮商關係與工作同盟。然而，各種移情都有可能發揮抗拒的功能，移情中妨礙自我探索、自我了解的言行，即是一種抗拒的現象（林家興、王麗文，2003）。基本上，抗拒是很正常的反應或現象，畢竟抗拒改變是人之常情，除非迫不得已。如果發現個案在改變行動上有抗拒情形發生時，諮商員應該要思考到幾個可能原因：(1)未具備需要的技能；(2)有一些潛在的危機或冒險，例如：擔心變得更糟；(3)其他限制因素，例如：想搬出原生家庭，卻依賴家人的經濟支援；(4)酬賞不足；(5)想要有完美的計畫後才行動。通常非自願性個案最容易出現以下行為：逃避、找藉口、敵意的行為、沉默等抗拒行為。抗拒作用可視為一種屬於防衛性質的移情作用，亦即個案反對諮商的一種防衛系統（邱珍琬，2007）。

如何處理抗拒呢？以下有幾項建議可供參考：(1)避免自我譴責（self-reproachment），應該避免不必要的愧疚感；(2)留心但不處理，試試別的諮商方式；(3)將抗拒行為轉換為無威脅性，例如諮商員說：「是不是外頭發生有趣的事？為何沒正眼瞧我？」(4)暫時轉移話題，例如諮商員說：「你認為自己的事不需要別人插手？」(5)直接對質並邀請個案探索抗拒過程；(6)轉介。轉介是抗拒作用一直未能獲得改善的最後做法，另一時機是諮商員無法解決個案的問題，在徵求個案的同意後，將個案轉介給另一位諮商員或其他諮商機構，諮商員則結束與個案的諮商關係（邱珍琬，2007；李冠泓等，2005；潘正德，2007）。

拾　結束

結束技術包括兩種情況：一是每一次晤談的結束動作，一是治療關係結束動作。每次晤談包含以下的重點：(1)詢問個案這段時間的狀況與變化；(2)回顧上一次晤談的重點；(3)本次晤談主題的確認，是延續上週的話題，或是新的、較急迫的問題；(4)會談時間快結束時應做摘要；(5)指

定與本次問題有關的家庭作業；(6)約定下次晤談的方向與時間。每一次晤談結束之前，可以採用的策略有：(1)直接說明時間到了該結束晤談；(2)運用摘要；(3)互相回饋，分享談話的感受與想法；(4)詢問下一次想要談的主題（邱珍琬，2007）。

　　另一種情況是諮商關係即將結束，諮商員需要做出結束的決定或動作。也許是治療有效，也許是治療無效，或是另有原因；若是感覺治療不如預期的效果，個案也會主動提出結束諮商。何時該結案並沒有一定的規則可循，下列五個指標可作為判斷個案是否適合結束諮商的參考：(1)不再有心理的痛苦；(2)個性或自我的功能有顯著的調整；(3)消除或減少追求健康、快樂與成就的障礙；(4)可以與自己和他人和諧相處；(5)對於外在的壓力與挫折增加顯著的適應能力。

　　諮商關係將結束時，諮商員可以先告知個案下一次將是最後一次晤談，我們可以一起談談對於結束諮商的感覺。如果個案向諮商員索取聯絡電話與地址，最好只給辦公室或機構的電話與地址，避免給私人或家裡的電話或地址。結束諮商關係時要做好妥善的處理，通常必須涵蓋幾個重點：(1)協助個案回顧諮商過程；(2)引導個案發現自己的學習與改變；(3)諮商員給予回饋與增強；(4)引導個案討論對於結案的看法與感受；(5)鼓勵個案落實所學於日常生活中；(6)讓個案有信心與能力因應未來的問題；(7)提醒個案可利用的資源（林家興、王麗文，2003；李冠泓等，2005）。

自我評量 ....

一、選擇題

( ) 1. 教師從事輔導時，會談情境的安排，下列哪一個做法不適當？
(A)會談室採用暖色系家飾　(B)輔導教師的座位最好面向房門
(C)以密閉且不受打擾的空間為宜　(D)雙方座位最好面對面，以利
於觀察和談話

( ) 2. 關於「重述」技巧的敘述，下列何者最不適當？(A)應聚焦於當事
人的情緒感受　(B)應儘量使用當事人自己的用語　(C)應避免一
次將當事人的談話重點全部重述出來　(D)應使用假設性語氣進行
重述

( ) 3. 導師對八年級的美萍說：「我覺得，我們之間似乎發生了一些狀
況，幾分鐘前我們對於你人際關係的困擾還頗有共識，但突然間我
們好像就談不下去了。我很關心你的想法，你願意說說看嗎？」導
師使用的是下列哪一種晤談技巧？(A)增強　(B)摘要　(C)設限
(D)立即性

( ) 4. 十一年級的小珍，最近家裡農作物遭土石流淹沒。小珍：「我擔心
家裡經濟會有困難必須休學，但我很想繼續讀書。」王老師：「你
是否與父母討論過家中的經濟狀況？」王老師採用了下列哪一種技
術？(A)引導　(B)解釋　(C)簡述語意　(D)自我揭露

( ) 5. 小恆和導師晤談，一開始談話，他就抱怨：「我為什麼要來這裡？
其他小朋友都可以出去玩，我就不行。好煩喔！」導師下列的口
語反應技巧，何者最具有「同理心」（empathy）的諮商效果？
(A)「放學後，找老師聊一聊，也很不錯啊！今天我們也可以一起
玩遊戲嘛！」　(B)「我知道你不喜歡，想想看為什麼老師只找你
而不找別人，我是很關心你的！」　(C)「我體會到你現在心情很
不舒服，因為你沒辦法像其他小朋友一樣出去玩。」　(D)「你放
學後想要做什麼？也許我們可以來討論一下；既然你不想談，今天
就不談了。」

( ) 6. 有位經常逃家的學生表示他很喜歡家人，輔導教師問他：「你說你

很喜歡家人，但是又不想回家。」請問這種指出當事人內在邏輯的不一致是何種諮商技巧？(A)面質　(B)同理心　(C)專注　(D)立即性

（　　）7. 教師在輔導學生時，能設身處地對學生產生一種共鳴性的了解，此種輔導技巧為何？(A)同理心　(B)積極關注　(C)真誠與一致　(D)尊重與接納

（　　）8. 「你的憂鬱情緒是由你自己引發的，你可以加以改變」，這句話所使用的技術是現實治療法中的哪一個技術？(A)解釋技術　(B)建設性辯論　(C)單一性冥想　(D)積極性技術

（　　）9. 哪一種技術最不適合用在諮商的起始階段？(A)引導　(B)反映　(C)沉默　(D)傾聽

（　　）10. 教師詢問學生：「這個星期發生了哪些事？」教師的問話屬於下列哪一個選項？(A)同理心　(B)簡述語意　(C)開放式問句　(D)面質

（　　）11. 在精神分析與心理動力學派的諮商技術中，對於當事人移情作用、抗拒或潛意識壓抑的經驗，常透過何種技術分析？(A)面質　(B)無條件積極關注　(C)駁斥　(D)詮釋

（　　）12. 吳老師是輔導室的輔導教師，也是小新班上的科任教師，有一天小新主動到輔導室找輔導教師晤談，剛好吳老師是該時段值班的輔導教師，請問此時吳老師應該如何處理？(A)直接與小新進行諮商　(B)轉介至適當的輔導教師進行諮商　(C)先與小新建立諮商關係　(D)先晤談一段時間再評估是否轉介

（　　）13. 在治療過程的初期，助人者可以用什麼方式與個案建立正向的治療關係？(A)維持良好關係，以滿足行政工作上對個案量的要求　(B)覺察輔導教師自己本身的議題，並與個案分享　(C)將個案視為自己的朋友，以便能輕鬆對話　(D)仔細地傾聽個案，並適時給予同理

（　　）14. 哲琦對輔導教師說：「我爸是老師，爸媽離婚後，爸爸再婚。新媽媽不喜歡別人知道我是爸爸的孩子，不准我在別人面前喊『爸爸』，要叫爸爸『老師』。很多時候我都去祖父母家住。」下列輔導教師的回應，哪一項較符合「初層次同理心」？(A)你是否曾

有逃家的念頭　　(B)有祖父母疼惜你，多好！像我都沒有，真羨慕你　(C)你覺得很難過，因為新媽媽不希望別人知道你跟爸爸的關係　(D)新媽媽有自卑心理，無法面對自己的選擇，你應該要同理她

(　) 15. 導師發覺十年級的阿文對考試作弊的說詞前後矛盾，於是以面質技術詢問阿文。下列哪一項最符合此技術的做法？(A)「阿文，老師再也不想聽你作弊的理由，作弊就是不對，老師只好向學務處報告。」　(B)「阿文，你已經作弊至少三次，你也知道學校對作弊的懲處很嚴重。你說該怎麼辦？」　(C)「阿文，你上星期說是真真傳字條給你，現在又說是從地上撿來的，究竟是怎麼回事？」(D)「阿文，老師也曾經考試時找同學幫忙，後來知道這是不對的，就努力讀書，你認為呢？」

(　) 16. 小莉：「想到週六要到爸爸和他女朋友家，就覺得好高興。」老師：「你說很高興，但你眼裡卻泛著淚水。」此時，教師使用了何種晤談技巧？(A)澄清　(B)探究　(C)面質　(D)摘要

(　) 17. 小玉在心理輔導過程中，會不自覺地將她過去對母親的感受，轉到輔導教師的身上。這是哪一種現象？(A)反移情作用　(B)抗拒作用(C)移情作用　(D)認知謬誤

(　) 18. 輔導教師與小華的晤談過程中，強力指導小華怎麼做才是對的，要成為什麼樣的人才會被認可。輔導教師最可能犯的錯誤是下列何者？(A)灌輸自己的價值觀給小華　(B)沒有接受進一步的訓練與督導　(C)隱瞞了個別諮商的利弊得失與風險　(D)過度使用面質的技巧，打擊小華的自信心

(　) 19. 在晤談時，青少年一開始不容易表露自己的困擾，甚至抗拒。教師採取下列哪些做法比較適當？甲、使用青少年熟悉的語言；乙、教師表示絕對會為他完全保密；丙、說服他與教師晤談可帶來的益處；丁、從青少年相關的生活經驗開啟話題。(A)甲乙　(B)甲丁(C)乙丙　(D)丙丁

(　) 20. 在輔導的過程中，學生常把輔導教師當成責怪他的父或母。這是下列哪一種作用？(A)替代作用　(B)投射作用　(C)移情作用　(D)內

射作用

(　) 21. 八年級的小花對導師說：「我覺得都是我害爸媽離婚，一切都是我的錯，早知道我就好好的寫功課。」若使用同理心技巧，導師如何回答較為適當？(A)沒有寫功課和爸媽離婚沒有直接的關係　(B)父母是不是曾經因為你沒有好好寫功課而處罰你　(C)你後悔沒有當一個乖小孩，不然爸媽也許不會分開　(D)你不要自責了，我們來看有什麼辦法可以督促你寫功課

(　) 22. 曉芳對導師說：「張老師好溫柔，長得又美，要是我媽也像她那樣的話，該有多好！」若使用「簡述語意」的方式反映，導師會怎麼說？(A)你已經把張老師當成自己的母親了　(B)你希望母親就跟張老師一樣溫柔美麗　(C)張老師很不錯，但她畢竟是你的老師　(D)你長得不錯呀，你的母親應該也不差吧

(　) 23. 有關輔導過程中運用同理心的描述，下列何者最正確？(A)同理心太多會變成同情心，不能濫用　(B)同理心是針對當事人的口語內容反應　(C)同理心是能感同身受但並不迷失於其中　(D)同理心就是進入並停留在當事人的世界之中

(　) 24. 八年級的筱筱告訴導師：「我的段考考砸了，爸媽一定會抓狂，我不想回家。」下列哪一種說法較具同理心？(A)你的哪一科考得比較差？　(B)你爸媽抓狂的時候會做什麼？　(C)聽起來你比較擔心爸媽的反應，而不是考得怎樣？　(D)萬一你父母一直抓狂，難道你可以永遠不回家嗎？

(　) 25. 小英跟導師說：「我都已經上國中了，可是爸媽老是把我當小孩子看，什麼事都問得很仔細，好像我都不懂一樣。好煩喔，我很想要自己試試看！」下列哪一個句子最接近導師展現同理心的回應？(A)「你是不是做過什麼事讓他們不放心呢？」　(B)「你覺得很煩，希望父母可以支持你獨立。」　(C)「你應該極力去爭取你的自由，不要輕易放棄。」　(D)「這就是天下父母心，總是愛自己的孩子，你要好好珍惜。」

(　) 26. 七年級的小華跟教師說：「我不喜歡上學，同學他們都欺負我。」教師回答：「我想更清楚知道他們如何欺負你？」教師的反應運用

了下列哪一個諮商技巧？(A)具體化　(B)結構化　(C)反映情緒
(D)簡述語意

（　）27. 當導師轉介班級學生來輔導室接受諮商，學生低著頭且焦慮不安時，下列學校輔導教師的回應，何者最為適合？(A)你放心，我會幫助你的！　(B)你何必緊張啊？（提高語調）不用怕啦！不會有事的啦！　(C)你心裡有些感受很難表達，對不對？沒關係，慢慢來！　(D)如果你還沒有準備好要說，那就不要說，等你準備好再開始！

（　）28. 案主有可能覺察到問題且開始承認其存在，這是在諮商過程中的哪一期？(A)準備期　(B)行動期　(C)醞釀期　(D)醞釀前期

（　）29. 教師輔導兒童需要面談時，最佳的座位安排方式為何？(A)90度座位　(B)平行座位　(C)前後座位　(D)面對面座位

（　）30. 小芳老師輔導一位人際衝突的學童，透過「引導想像」及「角色扮演」方式，練習與衝突對象之對話。小芳老師所運用的諮商技術為下列何者？(A)操作制約　(B)行為演練　(C)自由聯想　(D)具體技術

（　）31. 諮商員對案主投射一些情緒或表達出與治療無關的行為，這是屬於下列何種現象？(A)示範　(B)正移情作用　(C)反移情作用　(D)真誠一致性

（　）32. 怡恬到辦公室找導師，告訴導師：「不是我不用功，這一次的英文考題太難了，很多題目上課都沒教過。現在我不敢回家，爸媽看到成績一定會抓狂，怎麼辦？」導師想應用同理心的技巧，下列那一種說法較適當？(A)「你對自己考不好很難過。」　(B)「你的英文考不好，其他科目呢？」　(C)「聽起來你很懊惱，老師了解你的感受。」　(D)「聽起來你很擔心爸媽對你考不好的反應。」

（　）33. 輔導教師對案主說：「你說過你要去做，那你什麼時候有做到呢？」這是哪一種個別輔導技巧？(A)具體　(B)面質　(C)引導　(D)自我表露

（　）34. 教師協助案主進行自我探索時，下列哪一項不是協助案主自我探索的技巧？(A)仔細傾聽　(B)給案主最佳的建議　(C)晤談時以案主本

人為焦點　(D)協助案主將談話內容具體化

(　) 35. 小櫻說：「我受不了了，爸媽每次都拿我和別人比，說我不如其他人，我好討厭他們這樣對我！」下列何者最接近同理心的回應？(A)「你這樣想，是不會解決問題的！」　(B)「你有想過用什麼方法改善現況嗎？」　(C)「當爸媽這樣說時，讓你覺得很生氣！」(D)「我爸媽以前也常常拿我和其他人比呀！」

(　) 36. 小傑向周老師表示：「我很氣爸爸昨天晚上不准我上FB。」下列周老師的「同理心」反應，何者最適切？(A)「爸爸的約束讓你感到不愉快。」　(B)「我們來想想看爸爸為什麼限制你。」(C)「你要不要告訴爸爸你被限制的感覺。」　(D)「也許爸爸不知道你使用FB的目的。」

(　) 37. 下列哪個情境會使輔導人員陷入雙重關係的困擾？(A)認輔非自己任課班級的學生　(B)接受受輔學生親手繪製的謝卡　(C)接受受輔學生家長邀請的餐宴　(D)協助安頓半夜求助的受輔學生

(　) 38. 在諮商歷程中的第一階段著重建立關係，諮商員應使用的技術為何？(A)自我表露　(B)尊重　(C)傾聽　(D)立即性

(　) 39. 輔導教師與來談的學生相談甚歡，且已超過預訂的時間，輔導教師顧慮可能對諮商關係有不良影響，而不急著終止晤談，此時，輔導教師最可能忘了使用下列何種諮商技術？(A)澄清技術　(B)面質技術　(C)具體化技術　(D)結構化技術

(　) 40. 一位國中生向輔導教師抱怨：「不是我愛計較，但有的老師總是偏愛長得漂亮的同學，他們總是可以拿高分，而我認真準備卻只有及格。」下列何者是輔導教師最為適當的同理回應？(A)「老師那樣的評分標準，實在令人生氣。」　(B)「你的努力沒有得到期望的結果，心情相當沮喪。」　(C)「每個老師有自己的評分標準，也許你可以問一下老師，別太快做結論。」　(D)「沒關係，路遙知馬力，外表不會是永遠的，實力最重要，你清楚自己的錯誤就好了。」

(　) 41. 在某次兒童會談中，輔導教師有鑑於案主在近期的晤談越趨於拘謹客氣，妨礙開放坦承的溝通，於是對案主表示：「最近的晤談好像

卡住了，我感覺你也不像以前一樣那麼放鬆！我們一起來看看發
生了什麼事。」該教師所運用的晤談技術為下列何者？(A)澄清
(B)面質　(C)立即性　(D)自我揭露

(　　) 42. 當小睿抱怨：「好倒楣，為什麼我要來這裡談話，已經來了好幾
次，對我一點幫助都沒有。」王老師回應：「我感覺你還不太相信
我，也認為來這裡談話沒有用，是不是我們可以來討論看看問題在
哪裡？」此時王老師所運用的諮商技巧較接近下列何者？(A)反映
技術　(B)挑戰技術　(C)闡述技術　(D)立即性技術

(　　) 43. 在心理輔導過程中，小凱會不自覺地將他過去對媽媽的感受，轉
向輔導者。這是屬於下列何種現象？(A)反向作用　(B)移情作用
(C)抗拒作用　(D)壓抑作用

(　　) 44. 某輔導教師想使用自我表露，來增加學生對他的信任感。下列哪一
項自我表露的做法是不正確的？(A)考慮個人的經驗是否能夠有效
幫助學生　(B)自我表露要能激發學生產生突破性的思考　(C)自我
表露的部分最好是自己已經解決的困擾　(D)自我表露內容要鉅細
靡遺，才容易讓學生了解

(　　) 45. 林強是某所國中的輔導教師，最近發現某位個案特別依賴他，生活
大小事都來報告，林老師決定約他隔天討論彼此的關係。這是下列
哪一種助人技巧？(A)面質　(B)澄清　(C)具體化　(D)立即性

(　　) 46. 小新主動到辦公室找導師，在閒話家常後就沉默了。導師回應他：
「你有什麼特別的事情想要跟我討論呢？」這是運用下列哪一項技
巧來開啟話題？(A)摘要　(B)澄清　(C)詢問問題　(D)情感反映

(　　) 47. 花花因為段考成績不理想，覺得很沮喪。導師分享自己也曾考壞，
被老師和爸媽責罵，當時也覺得自己糟糕透了，幸好後來振作起
來，才考上理想的學校。導師使用了下列哪一種諮商技巧？(A)引
導　(B)澄清　(C)自我表露　(D)高層次同理心

(　　) 48. 蘇老師說：「育誠，你雖然答應我要用功讀書，可是好像並沒有真
正做到。」蘇老師使用下列哪一種輔導技巧？(A)解釋　(B)面質
(C)立即性　(D)同理心

1.(D)　2.(A)　3.(D)　4.(A)　5.(C)　6.(A)　7.(A)　8.(D)　9.(C)　10.(C)
11.(D)　12.(B)　13.(D)　14.(C)　15.(C)　16.(C)　17.(C)　18.(A)　19.(B)　20.(C)
21.(C)　22.(B)　23.(C)　24.(C)　25.(B)　26.(A)　27.(C)　28.(C)　29.(A)　30.(B)
31.(C)　32.(D)　33.(B)　34.(B)　35.(C)　36.(A)　37.(C)　38.(C)　39.(D)　40.(B)
41.(C)　42.(D)　43.(B)　44.(D)　45.(D)　46.(C)　47.(C)　48.(B)

二、問答題

1. 請說明建立良好諮商關係的技術包括哪幾種？

2. 諮商的歷程有三階段（stage）、四階段及五階段之分，請依據某一諮商學派，說明各階段的重點與任務。

3. 請說明同理心的意義和功能，並就初層次與高層次同理心各舉一例說明之。

4. 在諮商技術中，簡述語意是基本諮商技術之一，請說明其定義，並舉一實例說明簡述語意與鸚鵡式的重述有什麼不同？

5. 在諮商員的專業態度中，了解諮商過程中的沉默是重要的，請問在諮商中沉默可能的意涵有哪些？請舉出其中兩種，並說明諮商員可以何種方式面對。

6. 探索階段的重要性在於催化關係的發展，諮商員要使用哪些技術讓個案來探索本身的問題？

7. 諮商歷程的最後階段稱為終結階段，這個階段要運用到哪些諮商技術？

8. 閱讀下文後，回答問題。

　　升上八年級後，小芬的心情顯得特別低落，常常趴在桌上睡覺。班級導師吳老師找小芬談話，兩人對話如下：

　　「小芬，妳怎麼了？老師看妳最近上課無精打采，有發生什麼事嗎？」教師問。

　　「我覺得生活沒有意思，因為沒有人在乎我。」小芬說。

　　「聽起來妳感到很難過。可以說說看為什麼會覺得沒有人在乎妳？」教師問。

　　「我有幾個要好的同學，每次我傳訊息給他們，他們都很快『已讀』了，卻『不回』。」小芬說。

　　「會不會他們剛好在忙，沒有時間回呢？」教師說。

小芬很激動的說:「不可能!我看到他們在別人的IG按讚或留言,這樣不是很奇怪嗎?所以我才說沒有人在乎我,我覺得自己一點價值都沒有!」

(1) 經由吳老師與小芬的對話,可看出吳老師使用了哪些輔導技巧?甲、同理;乙、引導;丙、面質;丁、自我揭露;戊、積極聆聽。(A)甲乙丙 (B)甲乙戊 (C)乙丙丁 (D)乙丁戊 　　　　　　　　　*參考答案:(B)

(2) 請指出小芬具有哪些羅森伯格(M. Rosenberg)提出的青少年自尊 (adolescent self-esteem)特徵,並以小芬的說法作為支持的理由。

(3) 根據艾理斯(A. Ellis)理情治療法,小芬有什麼非理性信念?吳老師駁斥其非理性信念的引導話語為何?

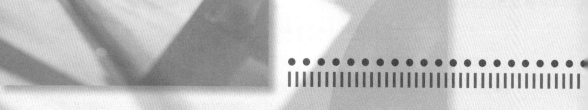

第十四章

團體輔導

　　團體輔導、團體諮商及團體治療三者的性質不同，但名稱卻經常交互使用，在學校的情境中更是如此。團體輔導在學校的三級預防工作中，可以是發展性、介入性或處遇性輔導，因為團體輔導的目的可以是資訊交流、問題解決、技能學習、自我成長或是諮商治療（徐西森，2011）。團體輔導要能發揮功能，必須考量到團體動力（group dynamics）的因素，這是維繫團體功能的一種力量或方式，這股力量又與團體的領導者有密切關係，因為領導者的領導風格、技術，對團體的發展有重要的影響力。團體領導者多半是由專任輔導人員擔任，當然也可聘請校外的專業人員擔任。領導者必須適時地催化團體氣氛，激發團體動力的運轉，因此，領導者需不斷地學習專業知能及領導技術，使團體輔導的成效能充分發展。本節首先探討團體輔導的基本概念，其次探討團體的發展過程及領導者所需運用的技術，最後再列舉團體方案設計的實例，讓初學者對團體輔導能建立一個完整的概念。

第一節　團體輔導的意義與特性

　　本節在針對團體輔導的基本概念做探討，分別從意義、特性、療效因素及類型等四個主題來說明。療效因素可以說明團體輔導的功能，因為有這些療效因素的存在，才能達成團體輔導的目標。

壹　團體輔導的意義

　　團體輔導（group guidance）是運用團體的進行方式，促進團體中的個人情緒、認知、行為之整體人格的發展適應，以及協助團體中的成員成長和改變的歷程。這樣的歷程可以有計畫地實施於任何情境或機構，最典型的是應用在學校教育中（林建平，2010）。張景然（2001）認為，團體輔導是指運用團體動力學的知能，由受過專業訓練的領導者，藉由專業的技巧與方法，協助成員獲得有關的資訊，以建立正確的認知觀念與健康的態度行為。美國團體工作者協會為團體輔導或團體工作所下定義如下：指在

團體情境裡提供協助或完成工作的一種專業，它是由合格的專業人員應用團體的理論和歷程，協助互相依存的一群人，達成個人性、人際性或與工作有關的共同目標（引自吳武典、洪有義、張德聰，2011）。綜合上述定義，團體輔導需具備下列四項要素（吳武典等，2011）：

一、團體情境

助人情境的構成是團體輔導的前提，在團體中所展現的溫暖、真誠、支持、信任、同理等特質和氣氛，均有助於成員的個人成長或問題解決。

二、團體歷程

成員針對某些需要或問題，進行持續的、動力的、有目標的行動。透過團體歷程得以增進合作、提升士氣、凝聚向心力。

三、團體領導

有效、負責的領導者能幫助團體達成目標，領導者經營團體的成效取決於每位成員是否能充分發揮潛能，且又能保持團體的和諧。

四、團體壓力

透過人際互動，團體裡每個人都被期待有所反應或互相認同，這會對個人形成壓力。這種壓力往往暗示著成員要順勢而為或依照他人的願望行為，由之轉化成團體規範及社會增強體系。

貳　團體輔導與團體諮商的差異

團體輔導與團體諮商（group counseling）、團體心理治療（group psychotherapy）等名詞各有人使用，有必要在此加以說明。團體輔導在1931年左右經常與團體諮商互為運用，1947年團體輔導逐漸發展成團體諮商，各類團體不斷問世，例如：訓練性團體、會心團體等。有些諮商員、領導者也開始充實精神醫學知能，並學習催眠等技術，加上有些精神科醫師不

斷涉入團體諮商，進而促使團體心理治療的發展（徐西森，2011）。雖然團體輔導與團體諮商在習慣上有混用的趨勢，但嚴格說起來，團體輔導一般是代表預防性的心理教育工作，人數可以多到整個班級的學生；團體諮商則是發展性的心理教育工作，人數以8至12人為原則，在領導者的帶領下，經歷為期8至20次的團體過程；至於團體心理治療則是治療性的團體工作，在醫院或社區精神醫療單位實施（何長珠，2003）。

 ## 參　團體輔導的特性

團體輔導具有經濟性、經驗交流等優點，它也是一種有效的諮商服務，目前已成為普遍應用的助人工作方式，它同時具備下列的特性（徐西森，2011）：

一、專業性

團體輔導的領導者需受過團體動力學及其相關學科的專業訓練，且運用專業的方法與技術來領導成員。

二、開放性

團體輔導透過開放性的情境來引導成員獲得內在需求的滿足與外在資訊的充實。在開放的團體情境中，有助於成員表達其需求與感受，達成團體目標。

三、互動性

團體內的成員產生交互作用，彼此的認知、態度與經驗互相影響。利用團體輔導，有利於成員消除孤單感，使經驗共通化，有效產生支持互動。

四、目標性

團體輔導有其教育性的目標，透過團體輔導來協助成員獲得正確的資訊，以建立正向的認知、態度與行為。

五、一致性

團體成員雖需領導者的帶領、引導，方能達成其目標，但前提是領導者與成員、成員與成員之間必須有其一致性的共識，例如：遵守團體契約與團體規範、認同團體、支持成員等共識。

六、結構性

團體輔導從工作準備、團體形成、過程運作，乃至成效評估，都有其一定的方法、技術與設計，即使是非結構性的團體，也有其運作的模式。

 ## 團體輔導的療效因素

在團體過程中，有助於成員生理、心理、行為或症狀改善的一切因素，稱為團體療效因素。大多數研究都是在每一次的團體結束之後，邀請成員進行重要事件報導（critical incident reports），探討成員對團體助益事件的知覺內容為何（周玉真，2007）。在團體輔導的療效因素中，以亞隆（Yalom, 1995）所提出的最具代表性，其所著的《團體心理治療理論與實務》曾被美國精神醫療期刊評價為最具影響力的教科書之一，更被廣大團體心理諮詢與治療專業工作者視為「聖經」，書中將治療性的改變歸納為十二種療效因素，以下分別說明之（何長珠、曾柔鳴、劉婉如，2011；方紫薇、馬宗潔譯，2001；Yalom, 1995）：

一、注入希望（instillation of hope）

希望的注入和維持對所有心理治療都是重要的。希望不僅讓成員繼續治療，而且對於治療方法的信心本身就有治療的效果。另外，當成員在參加團體的過程中，看到其他成員有改善時，也會激發其相信自己也會在團體中獲益。團體領導者必須盡一切努力來提升成員對團體治療療效的信心，也要定期提醒成員對自己進步的注意。

二、普同感（universality）

普同感或普遍性是指：團體成員發現自己不是唯一遇到問題的人，而是大家都有相同或相似的經驗。許多成員進入團體之前都有焦慮不安的想法，認為自己的不幸是獨特的，只有他們有這種恐懼或不能為他人接受的問題、念頭、衝動和幻想。而且這種獨特感常常因為社會孤立而擴大，使深入的親密關係無法形成。在團體中當聽到其他成員坦露與自己相似的焦慮時，彼此會產生共鳴，看到大家的共同性，便不再認為自己的問題是特殊的。

三、傳達資訊（imparting of information）

傳達資訊是指在團體中，領導者提供的教導式指引，包括心理健康、心理疾病等，以及諮商員或其他成員對生活問題所提供的忠告、建議或直接指導等，都能促進成員增加對問題的了解與掌握，進而協助成員獲得多元角度的問題思考方式。

四、利他性（altruism）

利他性是指在團體中，領導者與成員，或成員與成員之間，自發性地幫助彼此、利益他人的態度和行為。剛開始接受治療的成員起初士氣比較低落，自覺無法為他人提供任何有價值的意見，在團體初期，他們會認為自己是一個包袱，當發現自己對別人很重要時，便會對自己有正向感覺和自尊的提高。

五、原生家庭的矯正性重現（corrective recapitulation of the primary family group）

當成員與領導者及其他成員產生與家人間類似的連結時，成員對於原生家庭關係產生一種新的學習，成員經由這個團體可以提供大量且具有矯治性的經驗，固有的角色會不停地被探索和調整，並不斷鼓勵探索關係和嘗試新行為，成員與領導者一起解決問題，修通（working through）困擾個人生命已久的未竟事務（unfinished business），這樣的經驗稱之為原生

家庭的矯正性重現。

六、發展社交技巧（development of socializing techniques）

　　發展社交技巧是指，透過團體氣氛的引導、團體互動的過程，某些不知如何表達自我或不會與他人建立良好親密關係的成員，可進而發展基本的社交技巧，這些技巧對成員將來的社會互動有很大的幫助。

七、行為模仿（imitative behavior）

　　行為模仿是一種有效的治療力量，團體成員在團體過程中經由傾聽、觀察、模仿及學習團體內其他成員或領導者的行為、態度、思考的觀點，甚至認同某成員，而產生的替代性學習經驗，繼而放棄不適應的行為。

八、人際學習（interpersonal learning）

　　亞隆認為，人的困擾通常與人際議題有關，人際學習是一個寬廣且複雜的療效因素，它既是團體治療的重要因素，也是團體情景中特有的歷程。在團體中的成員藉著主動或回應他人，與他人產生連結，所產生人際間互相影響的改變行為，稱為人際學習。透過心理洞察，修通移情、矯正性的情緒經驗，發展出能力以辨認不適應的人際行為並改變它。

九、團體凝聚力（group cohesiveness）

　　團體凝聚力是成員覺得被了解、關懷、支持、有歸屬感、受到其他成員的重視，因此感到被團體接納，同時團體對成員有其吸引力。在這種情境下，成員較能進行自我探索，能察覺到以前不能接納的自我，且較能與別人有深刻的關係。成員在有凝聚力的團體中較能提高自尊，團體成員為獲得團體尊重而較能習得正向的社會行為。

十、情緒宣洩（catharsis）

　　情緒宣洩是成員表達對生活上或是團體其他成員的正向或負向之感受，而帶來某種抒解。當成員能夠自在地在團體中表達個人的正、負向情

緒時，將可進一步激發自身的能力去面對及解決問題。開放的情緒表達對團體治療的過程極為重要，在治療過程中，許多領導者都努力在團體中幫助成員釋放壓抑的感情。

十一、存在性因素（existential factors）

治療中的存在性因素包括責任、基本孤獨、必然性等，成員透過團體了解基本孤獨、生命的有限性及最終幻滅、存在的焦慮與必然性，以及原本就存在著不公平與不合理的現實本質，並且了解到，無論和別人多親近，仍需獨自面對人生；無論從別人那裡得到多少指導和支持，終究必須為自己生活的方式負起責任。

十二、自我了解（self-understanding）

自我了解是指在團體的互動過程中，成員逐漸了解自己的人格特質、信念態度與行為模式，發現並接納以前不清楚或無法接受的自我部分。覺察問題發生的所在，並在團體中探索經驗，從而了解自我，掌握與發展自己。

伍 團體輔導類型

關於團體類型，部分學者的分類是依據專業介入程度、個體嚴重程度等，加以區分為團體輔導、團體諮商、團體心理治療（吳武典等，2011）。亦有依據團體的目標，分為發展、矯正及調整團體。以下就團體組成的功能、結構、性質等向度說明團體輔導的類型（徐西森，2011；吳秀碧，2017）：

一、就團體功能而言

㈠成長性團體

此類團體注重成員的身心發展，協助成員自我認識、自我探索，進而自我接納、自我肯定，例如：自我肯定小團體。

㈡訓練性團體

此類團體注重成員生活知能的充實與正向行為的建立，例如：人際關係訓練團體、身心鬆弛工作坊等。

㈢治療性團體

此類團體注重成員經驗的解析、人格的重塑與行為的重組，例如：悲傷治療團體、心理劇工作坊等。

二、就團體結構性而言

㈠結構性團體

團體的結構元素包括主題、架構、內容和材料、程序、步驟、時間管理。結構性團體通常領導者需要事先計畫一個方案，以便作為實施的依據，領導者按固定的架構與時間、策劃實施各次主題、內容、活動等。輔導團體、心理教育團體、自我肯定訓練、憤怒控制訓練團體等，常使用高結構方式以便達成成員需要獲得的學習目標。

㈡非結構性團體

非結構性團體（unstructured group）與結構性團體的主要差異在團體整體結構的高低，並非沒有運用活動、計畫或練習，而是領導者配合成員的需求、團體動力的發展及成員彼此的互動關係來決定團體的目標、過程及運作程序。由於非結構性團體通常更能滿足成員的需求，很適合用在治療性的團體，特別是人際相關問題的團體諮商與治療，例如：自我與人際試探團體、個人適應困難的諮商團體等。

三、就團體性質而言

㈠輔導／心理教育團體

此類團體旨在提供成員專業的資訊或生活的知能，領導者設計團體目標與團體議題，鼓勵、引導成員學習、分享與討論，以運用資訊來做適切的決定，促進專業成長與生活適應。這是一般性的預防性、教育性的團體，常見於學校教育情境，團體人數較多，團體進行次數較少。

㈡諮商／心理治療團體

　　此類團體都是在處理個人內在化或自我發展的議題，甚至較深層次的心理困擾，透過團體成員的互動，以增進內在的成長與發展。這是一種發展性、治療性的團體，團體人數較少，團體次數較多，多見於學校或社會輔導機構的專業情境，而心理治療團體大多在心理諮商機構與醫療院所實施。

㈢任務／工作團體

　　此類團體係為達成特定的工作或任務而組成，以團體而非個人為焦點，經常出現於企業組織或公務部門中。其人數與次數不定，視工作任務而定，領導者也未必僅限於心理專業人員，常見不同學術領域的專業人員，例如：科技研發計畫團體。

㈣支持／成長團體

　　此類團體旨在交流資訊、支持情感，領導者提供一個溫暖、安全和支持的團體氣氛，針對主題來設計相關的活動，鼓勵成員分享和討論。其團體人數與進行次數不定，有時採用非結構團體方式為之，例如：家暴婦女支持團體或教師成長團體等。

第二節　團體發展階段與領導者的技術

　　團體應是一持續變動而不是靜止不動的發展狀態，而其變動的過程中是有階段可循的，每一階段所發展出來的團體動力或團體主題皆會不同，下一階段的發展狀態會受上一階段所影響。且每個團體的團體發展情形是不盡相同的，它會受到人、事、物及情境影響而形成不同的團體歷程。是以藉由對團體發展歷程做概括式的了解，將有助於掌握團體的動態互動狀況（鄭鈴諭，2003）。

壹　團體發展階段

團體歷程指團體的發展過程或發展階段，是團體成員互動的動態歷程。所有的團體均會經過三個階段：起始階段、中間（工作）階段和結束階段，而且不論團體只聚會一次或十五次，它都會經過這些階段，因此，領導者清楚地掌握覺察促進、妨礙團體歷程的有益及有害的因素，這將有助於領導者增強協助成員達到目標的能力（程小蘋等譯，2007）。

一、團體發展的連續階段

塔克曼和詹森（Tuckman & Jensen, 1977）檢閱團體發展的研究，發現團體的發展有五個階段，分別為形成期（forming）、激盪期（storming）、規範期（norming）、執行期（performing）、中止期（adjourning）。雖然這五個時期的長度和強度不一定相同，但基本上會依序出現。

㈠形成期

團體存在的目標、結構與指揮的從屬關係，還相當不穩定。團體成員間的互信度低，所以，團體成員對於誰該負責該團體的領導權及進行方式，普遍抱持著保守觀望的態度。

㈡激盪期

這個階段團體內存在著衝突，團體中的成員雖然已接受了團體的存在，但會抗拒團體對個人所施予的約束。所以在這階段會出現權力衝突的爭議，例如：次團體（subgroup）的形成，或延遲之類的間接抗拒行為。

㈢規範期

這時期的特徵在於團體凝聚力（group cohesiveness）的出現，成員對團體的認同感加深，成員間的情誼也隨之轉濃。當這個階段完成時，團體的結構大致成形，對成員的行為表現也會有共同遵守的規範。

㈣執行期

團體的結構開始發揮作用，成員們不僅專注於工作任務上，彼此間還存在著溝通、合作和互助的行為，而團體凝聚力和成員對達成團體目標的

奉獻行為，更發揮綜效功能。

(五)中止期

團體之所以存在的目標已完成，但團體成員在經過這一段共同努力之時期，有些人會因團體的成就而感到高興，有些人卻因為即將解散而出現失落感。

二、團體發展階段模式

團體輔導工作的過程就如同人生的階段，不同的團體階段，團體工作的成員狀態、需求、任務也就不同。柯瑞（Corey, 2008）將團體發展分為六個階段，以下分別說明之：

(一)團體的形成期（formation stage）

團體的形成期又稱為團體前期，需要投入大量時間去計畫，這段期間的任務包括準備、宣傳、篩選與選擇成員，並準備給予成員成功的經驗。

(二)團體的適應期（orientation phase）

團體的適應期是團體開始時的適應與探索時間，在這個階段，成員學習團體的功能，確認他們自己的目標，澄清他們的期待與尋找他們在團體中的定位。

(三)團體的轉銜期（transition stage）

轉銜期或稱為轉換階段，其特徵是處理成員間及成員對團體的衝突、防衛與抗拒。此時，成員會經驗到許多不同的情感，可能也會再次問自己想涉入多少。

(四)團體的工作期（working stage）

工作期的特徵為凝聚力與生產力（cohesion and productivity），其目標為行動，即處理重要的個人問題，並將由團體中的學習或領悟，轉化為團體內部及團體外部生活中的行動。

(五)團體的終了期（final stage）

團體的第五個階段為終了期，其特徵為鞏固與結束（consolidation and

termination），這個階段最重要的領導技巧之一，在於將團體中的學習運用於日常生活中。當團體即將結束，把學習到的事物鞏固起來是格外重要的。

㈥團體結束後的議題（postgroup issues）

團體結束後的議題有二：追蹤與評估（follow-up and evaluation）。追蹤是團體結束後對成員的聯繫，評估則是對團體輔導的成果與經驗進行評估與檢討。

 ## 團體輔導前的準備工作

團體發展可劃分為準備階段、開始階段、轉換階段、工作階段、結束階段，在不同階段有不同的任務，領導者所需具備的技巧也不同。首先提到團體輔導前的準備工作，許多團體之所以無法成功，是因為不太重視團體前的計畫，團體計畫應該從寫下一份書面的計畫書開始，思考一些影響團體運作的重要因素。

一、擬訂團體計畫書

團體進行前最重要的準備工作是要先有一個完整適切的團體計畫，一份團體計畫書通常包含以下的內涵（吳武典等，2011）：

1. 團體的目標：團體的主要目標為何？每次的子目標為何？
2. 團體的對象：團體的主要對象是誰？團體成員的性質為同質性或異質性？
3. 團體的名稱及性質：例如成長性或輔導性團體，如自我成長團體。通常針對國、高中生採用結構性、同質性的團體比較合適。
4. 團體成員的篩選：針對此種團體主要成員的邀請及合理的篩選過程。
5. 團體人數的上、下限：一般而言，若含團體輔導者可開放至8至15人。
6. 團體聚會的時間：如每週一次，每次2小時，進行6至8週，時間是

在上午或是下午。

7. 團體聚會的主題：需確定團體的主題，以及決定團體主題的決定權來自團體輔導者或團體成員。

8. 團體計畫的評估與追蹤：團體計畫評估以及追蹤的過程是否客觀周延。

9. 團體發展階段特徵的考量：思考此團體每個階段的特徵、團體輔導者的功能、可能產生的問題，以及如何藉由團體活動的安排來催化與促進團體階段的發展。

10. 團體預算書的考量：如由機構贊助、成員負擔或兩者兼予考量。

11. 其他考慮因素：如是否有其他的資源人士必須聯繫、學生是否需簽定家長同意書。

二、團體成員的招募與篩選

若學校同意團體計畫的進行，接著就是要如何以最有效的方法來傳達訊息給學生，以便招募適當的成員。宣傳的方式有張貼海報、與潛在的成員直接接觸說明、教師轉達、書面宣傳等。不是每個人都能從團體諮商過程中獲益，領導者應根據專業知識與團體的性質，擬訂篩選成員的標準。篩選的方式有三：(1)個別晤談，了解其參與意願、動機、人格特質等，並且提供團體的相關資訊；(2)邀請報名的成員參與篩選的團體聚會，引導成員說明參與的動機，從成員的互動狀況篩選適合的成員；(3)透過書面資料的篩選，即請潛在成員書寫參與團體的相關書面資料，從中篩選成員。當確定組成團體成員名單後，不管是錄取或不錄取的成員都應盡快通知。在團體的正式聚會前，先召開團體預備會議，預備會議有助於成員彼此的熟悉、團體規範的建立（謝麗紅，2012）。

 團體輔導的開始階段

團體的開始階段是團體發展過程的第一個階段，也是一個定向及探索的階段。領導者必須了解此階段的特徵、任務、技術等，才能順利的帶領團體（張德聰等，2004）。

一、團體開始階段的特徵

團體開始階段的主要歷程是定向與探索。成員因為對於團體的陌生，因此會產生許多的焦慮、擔憂，成員也較為沉默，且互動上較為不流暢。成員因為信任尚未建立，成員之間的談話通常是較為安全或社會較可接受的話題，即使談論到自己也是較表面的。此階段成員開始彼此熟悉，開始探索與團體主題相關的擔心和希望（吳武典等，2011）。

二、團體開始階段的任務

團體開始階段，領導者的任務有下列幾項：(1)處理成員初入團體的焦慮；(2)澄清成員與團體的目標；(3)確定團體可行的規範；(4)設定團體的限制；(5)提升成員正向的相互催化成長，並激發成員繼續參加團體的動機（陳慶福等譯，2010）。

三、團體開始階段的領導技術

團體開始階段，領導者通常需使用以下幾種基本技術（王嘉琳等譯，2010；陳慶福等譯，2010；吳武典等，2011）：

㈠結構化（structuring）

團體開始階段，團體領導員必須決定如何結構團體，例如：依照團體計畫及進度、引導團體成員澄清團體目標、形成共識、成員與團體的契約或規範，以及確定團體進行方式、時間、地點等，皆為團體結構化之內涵。但在使用結構化技術時，要避免形成控制型態的領導方式。

㈡導致信任的態度與行動

領導者的某些態度和行動會促進團體的信任感，這些技巧包括專注和傾聽、了解語言和非語言行為、同理心、真誠、自我揭露、尊重，以及關懷的面質（caring confrontation）等。所謂關懷的面質是領導者以邀請的方式讓成員檢視他們的言行間，或所言與表現出來的非語言線索的不一致現象，這是以關懷和誠實的方式來進行面質。

㈢確定與澄清目標

　　領導者在開始階段的重要任務是協助成員確定與澄清影響他們參加團體的特定目標，設定目標對一個新團體是很重要的，而團體目標和個人目標皆是不可或缺的。建立契約是讓成員去澄清與達成個人目標的一項好方法，契約是參與者對想要探索的問題和願意改變的行為的一份聲明，同時，契約也是開放的，允許適時的修改與替換。

㈣團體開始階段時結束的技術

　　團體開始時，亦需注意每次團體的結束如同團體開始時一樣重要。因團體結束時，每個成員的感受可能各不相同。一般而言，有經驗的團體領導員於團體結束前10分鐘左右，會適當地引導成員對此次團體提出回饋、感受分享、摘要，並引導成員回去再思考：團體中尚未解決的問題、其他成員的一些反映，或對於此次團體的學習情形、回省自己於此次團體的參與情形、下次團體要探討的主題，或成員的行為有正向之改變等，有些團體甚至有一些適合於團體目標及過程的家庭作業，以便下次分享。

肆　團體輔導的轉換階段

　　在團體進入工作階段之前，通常會經驗到一段轉換的階段，在此階段，團體一般會出現焦慮、防衛、抗拒、控制的問題、成員間的衝突、對領導者的挑戰等問題行為。在轉換期間，成員們和領導者的表現，將會影響團體凝聚力的發展（陳慶福等譯，2010）。若以一個12至15次的團體而言，於第二次或第三次時，可能進入了轉換階段，約占全部團體時間的5%至20%。此階段又可分為兩個次階段，即暴風雨期和規範期（吳武典等，2011）。

一、團體轉換階段的特徵

　　此階段成員開始與其他成員競爭，於團體中由口語及非口語中顯出團體的權力及控制的競爭。如果能克服暴風雨期，將進入規範期。暴風雨期的特徵主要為焦慮、抗拒，抗拒現象可能是針對討論的素材、團體領導

者、團體特定成員，或是提出控制團體氣氛的問題，例如：我感到不安全。規範期的特徵為成員間開始願意相互分享，且較為友善，氣氛也更為正向，因此有機會解決壓力，使團體更加凝聚，使團體朝向更加成長的階段（吳武典等，2011）。

二、團體轉換階段的任務

在此階段，團體領導者的主要任務有以下幾項：(1)創造支持性與挑戰性的團體氣氛；(2)告訴團體成員認識並表達其焦慮的重要性；(3)幫助成員認識他們所呈現的防衛性行為反應；(4)指出並說明成員的那些明顯企圖爭取權力及控制的行為；(5)真誠地面對成員對領導者的挑戰；(6)以同理心、支持態度及催化的溝通技巧，協助成員表達其想法及情緒（黃政昌等，2015）。

三、團體轉換階段的領導技術

領導者在轉換時期所面臨的主要挑戰有二：(1)讓成員面對與解決在團體中的衝突；(2)面對因焦慮所產生的抗拒與防衛。因此，領導者需使用一些技巧來克服上述挑戰（吳秀碧，2017）：

㈠連結

發展成員之間的關係是這個階段的重要工作，領導者要善用連結技術（linking technique）。領導者在整理成員分享觀點的差異或相似的內容時，應運用摘要技術，將成員所分享的某些具有關聯性的討論或活動串連起來，以增進成員之間的互動，並提升團體凝聚力。

㈡教導基本人際溝通技巧

領導者需要示範與教導成員適當與有效的人際溝通技巧與態度，以利創造安全、溫暖與支持的團體氛圍。教導的基本技巧主要有自我揭露、同理和回饋；需要教育的態度主要有不批評、不指責、不教導、不說教。

㈢處理成員的抗拒

這個階段常見的現象是成員的抗拒，領導者需要敏察原因，對症下

藥。若是缺乏安全感所致，需要加強團體安全和信任的提升；若是對抗領導者或整個團體，則需要給予表達機會；若由於領導者所致，則需要自我省思，揭露個人感受，並邀請成員討論。

伍 團體輔導的工作階段

團體工作階段是團體重要的生產性階段，但並沒有一條明確的界線劃分團體的各階段，各階段之間重疊也是很有可能的，許多團體可能從未達成真正的工作階段，但關鍵的工作可能出現在團體的其他階段。團體要達到工作階段，不可或缺的是成員願意去克服阻礙或干擾（陳慶福等譯，2010）。

一、團體工作階段的特徵

當一個團體進入到工作階段，成員會開始承諾把他們的重要問題帶到聚會中探索，藉由他們的投入讓團體產生動力。這個階段，團體信任和凝聚力的程度最高，成員對領導者及團體更信任、更開放，也較願意分享感受及意義，成員逐漸增加自己在團體中所學到的好經驗，並應用於團體外的生活，以解決生活的問題，或增進自己的成長（王嘉琳等譯，2010；陳慶福等譯，2010）。

二、團體工作階段的任務

在此階段，團體中的共享關係相當穩定，成員會關心共同的利益，即團體的諮商與治療效能，因此，成員將會努力互助來協助彼此。這時期團體領導者的主要任務有四：(1)協助成員得到權能（empowering）；(2)善用團體資源協助成員；(3)協助成員發展解決問題的能力與技巧；(4)協助成員改變或解決問題。這裡所謂的賦能是使成員能夠覺得有能量去面對自己的問題或困擾，這是產生改變動機的基礎（吳秀碧，2017）。

三、團體工作階段的領導技術

為達成這個階段的主要任務，領導者需要適當的策略與技巧，增進與運用團體中治療因素的力量是一項重要的策略。由於工作階段團體的凝聚力頗高，有利於運用治療因素的力量促進成員的改變或解決問題。領導者使用的重要技術如下（吳秀碧，2017；王嘉琳等譯，2010；陳慶福等譯，2010）：

㈠示範法

領導者於團體過程中以身作則，示範有關團體問題的因應方法，讓成員於短時間藉由觀摩而學習到解決問題的策略。此外，成員間的自我揭露亦可產生示範的功能。

㈡自由的試驗

團體提供一個安全的場所讓成員試驗新的行為，試驗過後，成員可以決定他們所要改變的是何種行為。角色扮演是一種有效的方法，得以在人際關係的情境中實行新的技巧。

㈢認知的重建

在團體中工作的核心部分，包括了對於當下情境中信念的挑戰與探索，團體提供成員許多的機會，使他們得以評估自己的想法及採取認知改變的歷程，以替代自我設限的信念。

㈣承諾改變

為了使改變發生，個人必須相信改變是有可能的，但是只有希望是不夠的。有結構的改變需要一種堅定的解決之道，以確實做出為了改變所必須做的事，所以，成員需要有一些行動來承諾願意改變。

陸　團體輔導的結束階段

團體最後的階段是鞏固成員所學習到的策略，並將之轉換到日常生活中。團體進入結束階段，成員彼此的了解會更加深入，如果能適當地處

理，這個結束階段可能是個人改變的最重要階段（Jacobs, Masson, Harvill, & Schimmel , 2012）。

一、團體結束階段的特徵

團體的組成是為了解決成員的困擾與問題，當成員的問題或困擾解決之後，最後的工作就是妥善結束團體。面對分離的事實，成員可能會出現傷感、焦慮，有些則會有成長的喜悅。預期團體的結束，成員會退縮，降低自己的參與熱情。另一方面，成員會將團體內的學習與經驗，移到團體外實際生活，實踐改變（陳慶福等譯，2010）。

二、團體結束階段的任務

對於短期和有時間限制的團體，時間到了，團體就得結束，成員害怕團體的結束也是友誼關係的終止；此外，在這個階段，成員也會評估自己的收穫，以確認團體的價值。因此，本階段的主要任務有以下幾項：(1)處理離別的情緒；(2)協助成員預備適應外界情境；(3)協助成員整理學習成果，並運用於生活中；(4)處理未竟事宜；(5)領導者引導成員彼此給予真誠回饋與祝福；(6)提醒成員保密；(7)提供團體成員有效的資源；(8)提供團體追蹤聚會或個別談話，以評估團體的效能（陳慶福等譯，2010；吳武典等，2011）。

三、團體結束階段的領導技術

領導者為達成上述的主要任務，可以參酌使用以下的技術（吳秀碧，2017；陳慶福等譯，2010）：

(一)團體經驗回顧

領導者帶領成員從頭到尾回顧在每一次聚會所學到的事情，讓參與者討論他們在團體中學到什麼、團體對他的幫助是什麼等問題。領導者使用具體化的技術，讓成員能做更具體的說明。

㈡行為改變的練習

為鼓勵成員在未參與聚會時仍能維持新行為的練習，領導者可用家庭作業及建立契約的技術，督促成員持續練習。在團體最後聚會時，給成員時間撰寫契約，並向其他成員大聲朗讀，成員再給予回饋，如此可以協助他們在團體結束後能朝預期的目標持續努力。

㈢處理分離焦慮

聚會越久和越親密的團體，結束時團體成員越可能產生較高的分離焦慮。因此需要在結束團體之前兩週向成員預告，讓成員能準備好迎接結束的到來。對於分離焦慮的成員，有機會分享情緒並得到成員的回饋。聚會結束後，成員們可能會互相交換通訊資料，以保持聯繫，團體成員可以發展成支持網絡。

以上對團體歷程的各個階段說明其特徵、主要任務、領導者使用的技術。關於團體技術，根據研究發現，在團體領導歷程出現的技術共計四十九種，依其使用功能可以分為四大類：第一類基本溝通技術九種，第二類深化與探索技術十一種，第三類團體過程領導技術十七種，第四類行動化介入技術十二種等（吳秀碧、許育光、洪雅鳳、羅家玲，2004）。詳細內容請參見表14-1。

表14-1　團體領導者技術運用分類表

基本溝通技術	積極傾聽（active listening）、澄清（clarifying）、摘要（summarizing）、具體化（concrete）、檢核（checking）、邀請（inviting）、詢問（questioning）、支持（supporting）、非語言之運用（nonverbal）
深化與探索技術	探詢（probing）、同理（empathizing）、解釋（interpreting）、再導向（redirecting）、挑戰（challenging）、評估（assessment）、面質（confronting）、個人分享（personal sharing）、回饋（feedback）、反映（reflection）、肢體碰觸（touching）
團體過程領導技術	掃描（scanning）、調節（moderating）、連結（linking）、阻斷（blocking）、取得共識（consensus taking）、設定基調（tone setting）、聚焦（含維持焦點與轉換焦點，focusing）、說明（explaining）、此時此地（here-and-now）、團體摘要（group summarizing）、團體歷程評論（process comment）、忽略（neglecting）、沉默（silent）、場面架構（structuring）、開啟團體（opening group）、結束團體（terminating group）、引出話題（drawing out）

行動化介入技術	示範（modeling）、角色扮演（role play）、空椅（empty chairs）、教導（teaching）、結構性活動（含繞圈方式，activity）、運用團體資源（group resource）、雕塑（sculpturing）、具象化或視覺化（visualize）、隱喻（metaphor）、問題解決（problem solving）、幻遊（fantasy）、要求口頭承諾（asking for oral commitment）

資料來源：吳秀碧、許育光、洪雅鳳、羅家玲（2004，頁38）。

第三節　團體方案的設計

「方案設計」乃活動經營時一種有組織的行動計畫，以確保活動有效的進行。團體輔導的方案設計乃是運用團體動力學及團體輔導、團體諮商等專業知識，有系統地將一連串的團體活動加以設計、組織、規劃，以便領導者帶領成員在團體內活動，達成團體輔導的功能與目標（徐西森，2011）。

壹　團體方案設計的內容

一個完整的團體方案設計，至少應包括下列項目：(1)方案名稱；(2)活動地點；(3)活動時間；(4)參加對象；(5)參加人數；(6)活動方式；(7)設計動機（理論依據）；(8)設計目標（活動目標、團體目標、階段目標）；(9)活動資源（人力資源、物力資源、財力資源）；(10)活動內容；(11)時間配置；(12)方案評鑑（徐西森，2011）。

貳　團體方案設計的步驟

方案設計的步驟涉及個人理念和習慣，因此並無一定的程序。學者認為，一般常用的方案設計包括以下的步驟（王智弘，1998；謝麗紅，2012）：

一、評估潛在成員的需求

領導者首先要考慮的是這個團體的對象，他們的性別、年齡、心理需求、問題困擾為何？以訪談或問卷調查來了解他們的需求。

二、確認團體的性質、主題與目標

領導者需決定即將進行團體的性質、主題與目標，在設計特定主題的團體輔導活動方案時，需先針對特定主題的問題成因及問題之輔導策略加以分析，因特定的問題有特定的協助策略，能有適切的理論基礎方能掌握方案重點，切中需要與問題要害，以選擇有效的策略與適切的活動，達成團體輔導活動的目標。

三、蒐集相關文獻或方案設計

團體方案不能憑空想像而成，必須有相關的理論或文獻基礎，作為設計方案的依據。領導者可以就現有的方案加以評估，必要時需加以修正、調整，使符合團體需求。

四、規劃團體整體架構

也就是安排團體的大致流程，包括各次團體的進行次序、活動內容、所需時間等，以作為安排各次單元活動細部流程之依據。

五、安排各次單元細部流程

即針對每次團體的團體目標，選擇適合的暖身活動、主要活動與結束活動，再考慮活動所需的設備、時間，並為每個活動準備替代活動以備臨時之需。

六、團體帶領前、帶領時、帶領後的評估、修改

針對團體帶領前、帶領時的過程評估，與團體帶領後的總結評估，來修正團體方案，使方案符合團體的需求或團體的發展狀況。

七、與同儕討論或尋求督導

領導者每次帶領團體結束後，需盡快評估自己的領導技巧。另外也可以透過與同儕討論或尋求專業督導，來增進自己團體領導的能力。

 ## 團體發展各階段的活動設計

針對團體不同的發展階段，方案設計與活動選擇上的考量重點亦有所不同。以下就開始階段、轉換階段、工作階段、結束階段，說明不同階段的設計重點（徐西森，2011）：

一、團體開始階段的設計重點

團體剛開始進行時，領導者與成員都會有些壓力，這時，設計活動要考量以下要點：(1)塑造溫馨氣氛；(2)設計無壓力狀態下的相互認識活動；(3)澄清成員期待與團體導向；(4)擬訂團體契約，建立運作規範；(5)設計的活動宜偏表面層次，勿導向深層次的分享。

二、團體轉換階段的設計重點

團體進行若干次後，可能會發現團體卡住了，可能會有成員分享不夠具體深入等現象。在設計方案時，可選擇適合的活動來催化團體動力，此階段的設計重點如下：(1)設計此時此刻的分享性活動，激發團體動力；(2)設計引發成員中層次自我表露的活動；(3)設計檢視團體、探討人際關係的活動；(4)設計催化團體動力的活動。

三、團體工作階段的設計重點

當團體信任感、凝聚力建立後，團體動力流暢，領導者宜降低掌控的行為，多給予成員自由互動與成長的空間。此時，團體方案設計的考量如下：(1)針對團體目標來設計活動；(2)針對成員需求來設計活動；(3)針對團體特殊事件來設計活動；(4)針對團體動力來設計活動；(5)針對領導者專長來設計活動。

四、團體結束階段的設計重點

　　團體發展進入尾聲，成員難免會有依依不捨、如釋重負或問題懸而未決等感覺，在活動設計上宜注意以下重點：(1)讓成員有機會回溯整個團體經驗；(2)讓成員彼此給予與接受回饋；(3)讓成員自我評量與團體評估；(4)讓成員互相期許、祝福與增強激勵。

肆　團體方案與活動設計範例

　　張玉姍、程景琳（2013）以小團體輔導方案研究對於改善關係受害者之心理適應的成效，以新北市某國中12名關係受害之八年級女生為研究對象，接受為期8週共13小時的團體輔導。此團體方案包含問題解決策略及社交技巧之訓練，並將情緒調節策略之加強亦納入方案課程中，其內容包含情緒調節、積極人際信念、問題解決與溝通技巧等主題，並在活動安排中特別重視成員的技巧練習，該團體方案大綱見表14-2。

表14-2　團體方案大綱

次數	單元名稱	內容摘要	單元目標
一	賓緣歷險記 （一節課）	1. 最佳投手 2. 心之所向 3. 揪團	1. 協助成員認識彼此。 2. 澄清參加團體的期待，並凝聚團體共識。
二	人群中的我 （一節課）	1. 姓名心臟病 2. 人際樹圖 3. 祝福小語一	1. 引導成員拉近距離，增加熟悉度。 2. 藉由繪圖了解成員在人際互動中的角色，透過分享產生共鳴、建立凝聚力。
三	面對烏雲與暴風雨 （兩節課）	1. 突圍闖關 2. 情緒臉譜 3. 負向情緒因應 4. 家庭作業一 5. 祝福小語二	1. 透過體驗活動，誘發成員平日人際互動的情緒經驗。 2. 分享負向情緒與因應方式，並學習正向情緒調節。
四	跳脫思路的陷阱 （兩節課）	1. 向右傳畫 2. 情境接龍 3. 角色扮演 4. 柯南的推理	1. 透過傳畫活動，體驗事不如己意時的感受、想法。 2. 透過情境接龍的討論，了解情境、想法、結果的關聯。

次數	單元名稱	內容摘要	單元目標
		5. 祝福小語三 6. 家庭作業二	3. 透過角色扮演，發現消極想法會引發負面情緒。 4. 透過柯南的推理，引發正向、理性的思考，並應用在自己身上。
五	請妳跟我這樣說 （兩節課）	1. 麵包工廠 2. 有效溝通A 3. 情境演練 4. 祝福小語四 5. 家庭作業三	1. 透過體驗活動，呈現成員的溝通方式，並體驗正向人際經驗。 2. 學習自我肯定的表達。
六	請妳跟我這樣做 （兩節課）	1. 搶救大兵 2. 有效溝通B 3. 祝福小語五 4. 家庭作業四	1. 透過體驗活動，呈現成員的解決策略，再次體驗正向人際經驗。 2. 透過討論，學習建設性的問題解決策略。
七	人際拼圖 （兩節課）	1. 紅白對抗 2. 狀況劇 3. 情境演練 4. 祝福小語六 5. 家庭作業五	1. 透過小組競賽複習團體內容。 2. 藉由情境演練實際表達感受、想法與解決策略。
八	開朗少女成功記 （一節課）	1. 團體回顧 2. 回饋單填寫 3. 好歌分享	1. 透過影片、相片回顧團體歷程。 2. 透過回饋單填寫，了解成員在團體中的收穫。

資料來源：張玉姍、程景琳（2013，頁73）。

自我評量

一、選擇題

（　　）1. 張老師在團體輔導中，帶領成員學習如何有效處理同儕壓力和適當表達憤怒，這是應用下列哪一項方法？(A)面質　(B)暴露法　(C)反應預防　(D)社會技巧訓練

（　　）2. 方華正在教學實習，每次上臺試教前，他都會懷疑自己為什麼想要投入教師的生涯？到底教育的意義與目的為何？他最適合參加下列哪一類型的團體輔導？(A)會心團體　(B)正念團體　(C)夢工作團體　(D)存在主義團體

（　　）3. 在人際互動團體中，有位成員正在分享經驗時，部分成員卻在閒聊。團體領導者說：「團體開始時，我們就有共同約定，有人發言時要尊重及專心傾聽。」這是下列哪一種團體帶領的技巧？(A)阻止　(B)面質　(C)設限　(D)同理心

（　　）4. 小哲不太擅長交朋友，在人群中常感到孤單，他在導師的推薦下，參加人際關係成長團體。小哲在團體中得到許多體會與學習，也更了解自己。下列敘述何者錯誤？(A)小哲發現原來不是只有自己這樣，此稱為「普同感」　(B)小哲很佩服某位成員，也參考他的思考及作為，這是「行為模仿」　(C)小哲看到其他成員的改善，增加了自己的勇氣，此即團體的「利他性」　(D)小哲在團體中說出自己的困擾，感受到被團體接納，這是「團體凝聚力」

（　　）5. 小哲在團體中坦露自己的人際困境，下列關於輔導教師所使用的團體輔導技巧，何者正確？(A)「每次當你與同學吵架時，你心裡有哪些想法？」這是自我揭露的技巧　(B)「我感覺你在說這件事時仍感到生氣，我們聽聽其他夥伴的想法。」這是澄清的技巧　(C)「我聽到你和同學間的互動，會隨著對方心情好壞而不同，這讓你覺得很為難。」這是反映的技巧　(D)「我聽出小哲的想法與其他夥伴不同，說說看，大家希望討論哪個部分呢？」這是積極傾聽的技巧

（　　）6. 李老師帶領了一個八年級學生的小團體。在第一次團體結束時，李

老師說：「今天我們都分享了自己的故事，下次讓我們一起來想想如何面對這些困境。」李老師使用「我們」的描述，主要是想達到下列哪一個目的？(A)行為模仿　(B)團體凝聚　(C)發展社會技巧　(D)減少團體衝突

(　) 7. 玉文在第三次團體時說：「本來我不想參加，但是從這幾次分享中才知道其實每個人都有類似的問題。」玉文的體會反映其獲得下列哪一種輔導成效？(A)普同感　(B)利他性　(C)注入希望　(D)人際學習

(　) 8. 下列哪一項敘述顯示團體領導者使用「連結」（linking）的技巧？(A)「希望大家可以針對今天討論的主題發言。」　(B)「還沒有發言的人也可以說說自己的看法。」　(C)「有人建議要用小組的方式進行討論，其他人的意見呢？」　(D)「小美剛才分享的，聽起來和小陳的感受類似，大家覺得呢？」

(　) 9. 九年級的小宣在導師推薦下參加提升學習成效的成長團體。下列哪一項經驗敘述最接近「利他性」？(A)小宣很佩服某位成員，也參考他的讀書方法　(B)小宣覺得團體中老師的指導和建議對他很有幫助　(C)小宣認為團體成員可互相支持，他也可以提供有價值的意見　(D)小宣有「我們都在同一條船上」的感受，有困擾的不是只有自己

(　) 10. 關於團體領導技巧的使用，下列何者為不符合倫理原則？(A)領導技巧的運用應有治療的目的，並基於相關理論架構　(B)在具有熟悉該技巧的督導者的督導下，必要時，領導者可以嘗試使用自己不熟的技巧　(C)領導者需對所使用的技巧具有相當的了解，所以應以特定的某一理論來帶領所有的團體　(D)領導者應配合當事人的身心準備狀況來選擇適合的團體活動或領導技巧

(　) 11. 團體諮商中，諮商師對某些行為、感受、思考提供可能的說明，以鼓勵當事人做更深層次的自我探索，這是哪一種諮商技術？(A)同理　(B)解釋　(C)澄清　(D)連結

(　) 12. 某高中輔導股長成立「自我成長團體」，在團體發展過程中出現成員彼此爭辯、對領導者的帶領方向也有所質疑。這是屬於團體發

展中的哪一個階段？(A)初期階段　(B)轉換階段　(C)工作階段
(D)結束階段

(　　) 13. 進行團體輔導工作時，下列哪些原則必須遵守？甲、獲學校行政人
員的支持；乙、考量與兒童相關的法條規定；丙、要多設計一些肢
體碰觸的活動激發團體動力；丁、為教導兒童有始有終的概念，團
體要走完所有的設計；戊、需特別考量團體的大小與時間。(A)甲
乙戊　(B)乙丙丁　(C)甲丙戊　(D)乙丁戊

(　　) 14. 八年級的小如被大部分同學排擠和孤立，進行團體輔導時，輔導教
師運用下列哪一種方式較為適切？(A)請排擠小如的同學公開道歉
(B)直接安排小如幫班上同學做事　(C)請小如反省為何被同學排擠
和孤立　(D)透過角色扮演，讓同學設身處地體驗小如的感受

(　　) 15. 輔導教師要開設情緒管理團體，下列有關團體設計與帶領的專業考
量，何者最不恰當？(A)為促進學童對團體保密的了解，領導者可
將保密條款列入團體規範，提醒學童　(B)不同年齡的國小學童有
不同的情緒管理經驗，為提升觀察模仿學習的效益，應考慮納入高
中低年級學童於同一團體　(C)學童常挑戰領導者，以確認團體的
安全。為增加團體安全感，領導者對於學童抱怨家長與師長時，可
表達對學童的同理　(D)學童行為常是其內在經驗的隱喻呈現，當
學童破壞團體室物品或持續大吼大叫，領導者需考量學童行為背後
所欲傳遞的訊息

(　　) 16. 小萍在第四次團體結束後，向老師表示她想退出團體，不想參加
了。下列何種處理方式最為適當？(A)請其他小朋友向小萍表達被
她「拋棄」的感覺　(B)離開是小萍的權利與自由，不需向團體其
他成員說明　(C)與小萍一起回顧團體歷程，若她不適合此團體可
將其轉介　(D)告訴小萍，現在退出團體對團體是一種傷害，故要
極力慰留她

(　　) 17. 根據亞隆（I. Yalom）對於團體凝聚力（group cohesiveness）的看
法，班級出現下列四個情況時，哪一個團體凝聚力最低？(A)同學
們勇於自我揭露　(B)同學們表達對彼此的支持　(C)同學們要求大
家要有一樣的想法　(D)同學們上課出席率高，參與狀況亦佳

( ) 18. 許老師準備帶領一個國中生「自我探索」團體，下列哪一項是第一次團體的主要任務？(A)解決成員困擾　(B)澄清團體目標與規範　(C)凝聚成員對團體的向心力　(D)處理團體中的風暴與衝突

( ) 19. 佑心是國中輔導教師，她帶領一個「國中生生涯探索」團體，下列何者是該團體輔導轉換階段的主要任務？(A)協助成員彼此建立初步的認識　(B)凝聚成員對團體的向心力　(C)討論團體規約　(D)解決成員困擾

( ) 20. 藉由團體領導者與成員之間的問答過程，使成員自由的、完整的表達，並對個人情況進一步評量、探索，這是初層次領導技巧中的何種技巧？(A)支持技巧　(B)同理心技巧　(C)澄清技巧　(D)反映技巧

( ) 21. 在進行第三次團體輔導時，小傑不斷地用語言攻擊及辱罵阿國，認為阿國對團體沒有貢獻。在這種狀況下，領導者採取下列哪一種介入最為適當？(A)無條件接納小傑的情緒反應　(B)提醒團體互動規範，阻止小傑不當的行為　(C)以小傑的方式回應，使其感受到被攻擊的滋味　(D)提醒阿國既然已參加團體就要貢獻自己一份力量

( ) 22. 某國中輔導室計畫成立一個「單親家庭學生成長團體」。輔導室將計畫發給導師，請導師推薦學生參與團體輔導。王老師查閱學生資料之後，挑選了兩位學生，在班上公開通知他們到輔導室報到，參與「單親家庭學生成長團體」。在這個案例中，可能會觸及哪些輔導專業倫理議題？甲、自由選擇權；乙、隱私權；丙、預警責任；丁、知情同意權。(A)甲乙丁　(B)甲丙丁　(C)甲乙丙　(D)乙丙丁

( ) 23. 團體領導者在活動告一段落將重點整理一遍，以深化成員對內容的反思，促使成員思考收穫，使討論更加聚焦，這是哪一種團體領導技巧？(A)摘要技術　(B)澄清和發問　(C)輪流發言技術　(D)串聯與指出差異

( ) 24. 依據亞隆（I. Yalom）的觀點，團體的療效因素不包括下列哪一項？(A)錯誤認知的探索與重建　(B)提供忠告、建議或直接指導　(C)提升個案對團體治療的信心　(D)早期家庭經驗的矯正性復甦

( ) 25. 領導者提供適切的資訊以及生活的技能，鼓勵學生互動、討論、分

享，以便更了解他們自己與周遭的環境，並做出有效的決定與生活適應，其參加人數約在12至40人，此類輔導團體是屬於下列何者？(A)輔導／心理教育團體　(B)支持／心理成長團體　(C)任務／工作導向團體　(D)諮商／心理治療團體

(　) 26. 用以協助成員增加在團體中有意義的互動，包括協助成員釐清目標和討論行動計畫、協助成員帶動團體方向、教導成員將重點置於自己來談，以及協助成員表達等，主要是屬於下列何項技巧？(A)催化　(B)開啟　(C)同理心　(D)訂立目標

(　) 27. 當團體諮商師說：「剛才聽了小美的話，我覺得滿有創見而且具體可行，不知各位的看法如何？」這種團體諮商技術，是屬於下列何者？(A)鼓勵　(B)面質　(C)示範　(D)解釋

(　) 28. 團體輔導在進行第一次聚會時，小英個性比較被動，有點猶豫而不敢進入團體輔導室。下列邀請方式，何者最為恰當？(A)「快進來，有很多好玩的遊戲等你來玩喔！」　(B)「我看到你來了，請進，先找個舒服的地方坐下吧！」　(C)「趕快進來，我們就要開始了，不進來你會後悔喔！」　(D)「快進來，再不進來就要把門關上，不讓你參加喔！」

(　) 29. 團體成員出現較多抗拒、焦慮情形，通常是在團體發展過程中的哪一階段？(A)開始　(B)轉換　(C)工作　(D)結束

(　) 30. 團體領導者對於團體成員所提到的經驗與困擾，表達其類似的經驗與看法。此種團體領導技巧屬於下列何者？(A)建設性技巧　(B)設限技巧　(C)立即性技巧　(D)自我表露技巧

(　) 31. 下列有關團體輔導特性的敘述，何者正確？甲、可將問題一般化；乙、效果比個別輔導好；丙、可獲得多重回饋；丁、比較符合經濟效益。(A)甲乙丙　(B)甲乙丁　(C)甲丙丁　(D)乙丙丁

(　) 32. 在團體剛形成時，領導者會和成員討論使團體有效運作的共同信念。這項做法最主要是基於下列哪一種概念？(A)團體結構　(B)團體規範　(C)團體動力　(D)團體凝聚力

(　) 33. 輔導教師說：「麗如、文雄、益坤，你們談到人際相處的感受，有相同的地方，也有獨特的感受，這對我們團體都是十分重要的。」

輔導教師採用的是下列哪一項團體輔導的技巧？(A)連結　(B)投入　(C)結構化　(D)此時此地

(　　) 34. 黃老師帶領一個國小高年級學生的「人際溝通」輔導團體。目前團體中的成員漸漸變得熟悉，開始能夠分享一些快樂與挫折的經驗。從成員的互動表現，可推斷團體的發展已進入下列哪一個階段？(A)適應階段　(B)認同階段　(C)工作階段　(D)結束階段

(　　) 35. 在團體輔導過程中，領導者鼓勵成員給予彼此回饋。下列有關回饋的敘述，何者最為適當？(A)他的作為讓我覺得不舒服　(B)你說話的語氣非常地柔和　(C)當時你不看我而且也不說話　(D)他沒有認真看待角色扮演的問題

(　　) 36. 教師進行班級輔導時，下列哪項技巧能讓學生在問答過程中自由完整地表達意見？(A)解釋技巧　(B)澄清技巧　(C)摘要技巧　(D)建議技巧

(　　) 37. 在團體輔導過程中，當成員產生離心力且缺乏安全感時，最可能是下列何者出了問題？(A)個人需要　(B)人際關係　(C)團體目標　(D)團體規範

(　　) 38. 輔導教師為酗酒的學生安排戒酒團體輔導方案，在團體輔導中討論他們意志消沉的原因與處理壓力的方法，以期改正該不良習性。這是屬於下列哪一種模式？(A)醫療模式　(B)道德模式　(C)心理學模式　(D)基因或遺傳模式

參考答案

1.(D)	2.(D)	3.(A)	4.(C)	5.(C)	6.(B)	7.(A)	8.(D)	9.(C)	10.(C)
11.(B)	12.(B)	13.(A)	14.(D)	15.(B)	16.(C)	17.(C)	18.(B)	19.(B)	20.(C)
21.(B)	22.(A)	23.(A)	24.(A)	25.(A)	26.(A)	27.(A)	28.(B)	29.(B)	30.(D)
31.(C)	32.(B)	33.(A)	34.(B)	35.(B)	36.(B)	37.(D)	38.(C)		

二、問答題

1. 張老師在國中帶領自我探索團體，當進行第三次團體輔導時，成員出現互相攻擊的行為或對彼此不滿的情緒，此時他應怎麼做才能使團體輔導繼續進行？請至少舉出五點建議。

2. 依團體性質及功能，可將團體分為哪些類型？
3. 何謂團體療效因素？請說出五種團體輔導的療效因素。
4. 輔導諮商學者柯瑞（Corey, 2008）將團體發展分為六個階段，請略述其內涵。
5. 何謂團體凝聚力（group cohesiveness）？其特性為何？身為團體領導者應如何發展並維持團體凝聚力？
6. 團體輔導的開始階段有何特徵？領導者需具備何種技術才能順利帶領團體？
7. 請說明團體輔導結束階段的特徵、任務及領導者所需運用的技術。

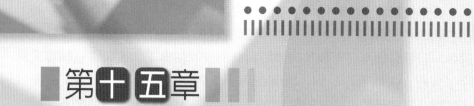

第十五章

諮詢與個案輔導實務

在學校輔導工作的推展中，發展性以及預防性的輔導工作是重要的，在各級學校的輔導工作中，對象年齡層越低者，所需的預防性輔導介入越多。若要有效推展全校性的預防與發展性的輔導工作，輔導室輔導人員除了直接介入個別諮商與小團體輔導外，對一般教師以及學生家長提供「諮詢」服務恐怕是未來應該加以強調的。在有限的資源與時間下，諮詢（consultation）可以說是發揮輔導功能值得採用的另一種服務方式。諮詢的服務對象包括校內教師、行政人員，以及學生家長。輔導工作中，如何與校內教師進行溝通與協調，如何克服家長輔導理念不足的問題而能與其討論子女的問題，在整個學校輔導工作的實施上是刻不容緩的（林美珠，2002）。個案研究與諮詢皆是在協助個案解決問題，達成輔導成效。在個別輔導的過程中，除諮商技術的應用之外，對個案問題的診斷與輔導策略的擬訂是個案研究的實施目的。基於上述思維，本章探討個別輔導的相關工作，先探討諮詢服務的做法，再闡述個案研究的做法，最後再列舉個案輔導的實例，以對個案研究有更深刻的了解。

📖 第一節　諮詢

諮詢是與個案輔導有間接關係的工作，輔導人員在實施個別輔導時，可能會遇到很難處理的個案，為使個案的輔導有所進展，輔導人員可以向縣市內的學生輔導諮商中心的心理師或在大學輔導系任教的教師進行諮詢，請這些專業人員提供個案處遇上的建議。學校的輔導人員在學校內也要對教師、行政人員、家長和其他專業人員提供諮詢服務，例如：對教師的認輔個案、班級經營提供資訊上的諮詢，對學生家長提供溝通技巧、親職教育上的諮詢（黃月霞，2002）。如此對個案或學生問題的預防與處遇，都會產生正向的影響。

壹 諮詢的基本概念

一、諮詢的定義

諮詢（consultation）這個名詞在醫學、法律和工商界並不陌生，諮詢在這些領域強調的是專業知識的提供。事實上，工商界的諮詢活動是普遍的。而諮詢在心理衛生和教育的活動不太為人所了解（黃月霞，2002）。以下是文獻對諮詢所下的定義：

諮詢是一種間接的服務，通常指學校輔導人員對學生之重要他人，例如：學生的教師、學生的家長，所提供的一種助人的方式，目的在幫助學生解決問題及發揮功能（張德聰等，2004）。

諮詢是一種專業性服務，意指諮詢員（consultant）對求詢者（受諮詢者，consultee）提供他的專門知識和技術的服務。諮詢是在協助受諮詢者增進自我效能與問題解決能力，以因應工作要求，進而解決或預防學生的問題（宋湘玲等，2004）。

諮詢是諮詢者、求詢者及當事人之「三角關係」，是諮詢者與求詢者之間自願的、合作性的問題解決過程，目的在於提升被諮詢者的效能以及對當事人的服務（劉焜輝主編，2014）。

綜合以上的定義，諮詢是一個提供資訊與建議、問題解決的過程，主要在協助求詢者（教師或家長）處理個案的相關工作，諮詢關係同時含括了輔導人員、教師及個案三個角色。

二、諮詢的目的

諮詢的主要目的是藉由相關專業者提供專業知識或技術，以利求詢者能更有效地解決個案的問題，或協助個案改善自己的問題。其目的共有以下八項：提供資料、提供解決問題的方法、對個案問題做診斷、提供建議、協助求詢者共同解決問題、與求詢者建立共識並促進其對個案問題的投入、促進個案的學習能力、增進接受諮詢單位的整體工作效率等。在學校輔導工作裡，不論是學生個人、家長、導師、任課教師、行政人員，甚

至對學校整體，不同目的的諮詢工作在校園裡是有其必要的（王文秀等，2011）。

三、諮詢的類型

諮詢技術適用在學校、機構組織或社區，以利於心理衛生工作之推動與發展，其可從求詢者的對象與諮詢的功能兩個方向來區分諮詢的類型（鄔佩麗，2010）：

㈠依求詢者的對象來分

1. 個別諮詢

就是一位諮詢員與一位求詢者共同針對個案問題研擬計畫，以使求詢者能夠找出最有效能的實施步驟。

2. 團體諮詢

是指一對多數的諮詢關係，可能是針對某一個議題，由與此問題有關或關心此議題的人士與一位諮詢員共同參與諮詢的歷程，例如：數名教師與一位諮詢員共同針對校園裡已發生的暴力事件探討可行的處理步驟。

3. 組織諮詢與社區諮詢

是由一名諮詢員和一個社區或組織成員共同探討社區或組織內所產生的問題，求詢者是以社區或組織成員為對象，探討的問題是以社區或組織的現象為焦點。

㈡依諮詢發揮的功能來分

1. 危機諮詢（crisis consultation）

求詢者的案主面臨危機，其前來求詢的目的是為了幫助案主解除已經發生的危機，例如：案主有自殘的傾向，求詢者需要諮詢員協助研擬一些措施。

2. 補救諮詢（remedial consultation）

案主表現的行為使求詢者無法掌握，因此前來尋求諮詢以找出一些策略來因應案主的行為，並防範可能發生的危機，例如：某學生曾有毆打教師的行為，某教師需要諮詢員協助處理這名學生的不當行為。

3. 發展諮詢（developmental consultation）

這是一種預防性的措施，其目的在創造一個有助於成長的學習環境，是以所有的相關人員為對象，並非只是以特定人物為對象，例如：在學校裡安排父母效能訓練或學生的學習團體，視為是發展性諮詢的型態。

四、諮詢的特徵

為了對諮詢建立更清晰的概念，可從七個角度來說明諮詢的特徵（鄔佩麗、黃兆慧，2006）：

㈠由求詢者尋求協助

諮詢是因為求詢者的需要而建立的一種人際互動歷程，所以必須是由求詢者主動提出而建立的一種關係。當求詢者在處理個案的過程中發現自己無法突破困境，而希望以諮詢歷程幫助自己更有能力處理此個案。

㈡求詢者擁有完全的自主性

由於求詢者是一個有能力解決問題的人，受限於輔導專業知能的不足，需要專業人員幫助他能用較客觀的態度來衡量現況，以進一步找到解決問題的策略。因此在諮詢的互動歷程中，求詢者可以決定採取哪些措施以達到解決問題的目標。

㈢諮詢關係是保密的

諮詢關係猶如諮商關係一般，諮詢員對於求詢者所講的內容應採取保密的措施，以維護案主與求詢者的隱私與利益。

㈣諮詢關係猶如同儕般的合作關係

諮詢是指兩個專業人員之間的人際互動歷程，兩者是透過討論與分享的方式，共同針對求詢者的需要研擬計畫。諮詢員與求詢者的關係是平等與合作的，諮詢員需尊重求詢者的意願。

㈤諮詢關係能讓求詢者獲取資源

求詢者因需仰賴諮詢員提供重要的資訊，以協助求詢者更有能力去處理問題，因此，諮詢關係將可使求詢者能從諮詢員那裡得到有效的資源，

以化解困境。

㈥諮詢關係只處理問題本身

諮詢的關係將鎖定在處理問題的焦點，而不過度涉入求詢者或個案的自我覺察及其個人發展狀態。也就是諮詢歷程的主軸界定在個案問題的事件本身，而非個人的心理狀態。

㈦以預防為主要的考量

諮詢是一種間接的服務方式，是幫助那些直接面對案主的助人工作者更有能力去為案主提供第一線服務，使個案得到必要的協助。因此，諮詢員的主要責任在協助求詢者增進處理問題的技術，使之日後面對類似的困境時有能力自行處理。

貳 諮詢的歷程與模式

因理論取向、倡導者、諮詢目的等不同，諮詢的方法與模式也有多樣化的發展。以下先介紹諮詢的一般歷程，再概略介紹幾種諮詢的模式。

一、諮詢的歷程

通常諮詢的歷程包括進入、診斷、處理、結束等階段，但在實際運作上，各階段是互相重疊的。以下分別探討各階段的任務（Dougherty, 2005）：

㈠開始進入階段（entry）

這個階段，諮詢員和求詢者進入諮詢系統，先討論個案所面臨的問題，以了解問題的性質。兩人建立良好的關係，發展工作契約，使雙方都清楚彼此的目標、需求及期望，皆是本階段的任務。

㈡診斷階段（diagnosis）

這個階段包括蒐集資料、定義問題、目標設定、產生可能的介入策略等任務，用來獲得資料的方法有觀察、問卷、調查、檢視紀錄、訪談等，由分析和解釋資訊來定義問題。在診斷階段可能會產生介入的策略，可以

應用到下一個階段。

㈢處理階段（implementation）

　　第三階段為處理階段，處理階段是諮詢過程中的重要階段，其任務包括選擇介入策略、擬訂計畫、實施計畫和評估計畫。計畫執行後要進行結果的評估，依據評估結果可能重新發展計畫或是進入結束階段。

㈣結束階段（disengagement）

　　這個階段包括評估整個諮詢過程、諮詢後的追蹤計畫及結束正式的諮詢關係。諮詢過程評估的方式可以是與求詢者面對面的討論，或是使用滿意度調查；諮詢後的追蹤計畫是了解求詢者如何維持諮詢的成效。

二、諮詢的模式

　　諮詢有多種模式或理論，其中三種模式最適合於學校背景，這些是心理衛生諮詢、行為諮詢、過程諮詢，這三種皆以解決問題為首要目標，預防問題為次要目標。學校使用較廣泛的諮詢模式，例如：輔導是幫助學校做預防問題產生的諮詢工作，諮商員幫助教師、家長和行政人員計畫一些滿足學生發展性需求的活動（黃月霞，2002）。以下即針對上述三種諮詢模式做概略介紹（宋湘玲等，2004；黃月霞，2002；戴嘉南、連廷嘉，2001；Brown, Pryzwansky, & Schulte, 2011）：

㈠心理衛生諮詢（mental health consultation）

　　心理衛生諮詢模式由開普蘭（Caplan）於1970年提出，他認為，求詢者可能缺乏專業知識、技巧、自信與客觀性，而降低其因應個案的效能。如果諮詢員能協助其增加專業知能，將可增加他們處理問題的能力。他把此類諮詢分為下列四種：

　　1. 以案主為中心的個案諮詢（client-centered case consultation）

　　在進行諮詢工作時，諮詢員聽取求詢者對個案問題描述後，直接對個案的問題進行診斷與評估，並提供求詢者（教師或諮商員）處理個案問題的方向。例如：教師向輔導人員尋求協助，輔導人員提供有關處理個案問題的有效建議。

2. 以求詢者為中心的個案諮詢（consultee-centered case consultation）

在此模式裡，諮詢員並不直接處理個案的問題，主要在對求詢者進行專業訓練，讓諮商員或教師能更有效地處理個案的問題。開普蘭將求詢者分為缺乏知識、缺乏技能、缺乏信心、缺乏客觀性（objectivity）四類，每一類有不同的行動建議處遇。

3. 以方案為中心的行政諮詢（program-centered administrative consultation）

此模式與個案問題無關，而是諮詢員針對某一組織或機構所設計的活動方案提供專業知識，讓該方案能更符合專業要求，以增進其對個案的專業服務。

4. 以求詢者為中心的行政諮詢（consultee-centered administrative consultation）

此模式目的在增進求詢者設計輔導方案及促成組織發展等方面的問題解決等專業能力，重點在針對求詢者的需要，而不是以某一項輔導方案為中心。

㈡認知行為諮詢（cognitive-behavioral consultation）

認知行為諮詢是基於行為主義的古典及操作制約的學習理論，以及班度拉（Bandura）社會學習理論的一種問題解決過程，使用行為改變策略以增進求詢者與個案的功能。諮詢員並不直接和個案接觸，而是透過求詢者以減少個案問題行為，以改變個案的行為。例如：教師在班級經營或輔導學生時遭遇問題，以諮詢方式向專家請教，諮詢員則教導一些解決問題所需的技巧及原理原則。

㈢過程諮詢（process consultation）

過程諮詢是諮詢員不扮演專家的角色，而是強調學習解決問題的過程，過程中的每一步驟皆需兩人共同合作，例如：蒐集資料、界定問題、產生介入策略、實施計畫等。這種合作模式是學校諮商員常使用於父母、教師及行政人員的諮詢服務。過程諮詢是發展取向的，假如求詢者僅接受專家的建議，他可能解決了目前的問題，但也可能未學到將來類似問題發生時要如何處理的技巧。

諮詢的技巧

諮詢與諮商極為相似，其哲學基礎、運作方式與最後目標相似，而且均運用相同的溝通技巧來協助個體解決問題與做決定。以下略述在諮詢過程中的各階段所需應用的技巧（宋湘玲等，2004；黃月霞，2002；鄔佩麗、黃兆慧，2006；Brown, Pryzwansky, & Schulte, 2011）：

一、建立關係階段

理想的諮詢關係必須是一種合作式的相互依賴，求詢者會對諮詢員有所依賴，諮詢員將對求詢者給予情緒上的支持與觀念上的啟發。除非諮詢員能與求詢者建立良好的關係，否則他的意見將無法被求詢者所接受。在這階段，諮詢員所需要的技巧如下：(1)專注的態度與行為；(2)無條件的關懷與接納；(3)積極傾聽；(4)情感反映；(5)建立責任；(6)覺察優點。

二、確認問題階段

此階段的目的在促使求詢者盡可能地清楚陳述問題，將想改變的目標及問題正確地界定，以便澄清、診斷問題。所需要的技巧有：(1)積極傾聽；(2)回饋；(3)面質；(4)連結；(5)探索問題（exploration）；(6)聚焦（focusing）；(7)執行；(8)列出可行之策略；(9)澄清；(10)解釋資料；(11)腦力激盪。

三、促進改變階段

當問題已經清楚確認，求詢者被鼓勵發展一套具體可行的技術，並嘗試新的方法以解決問題。本階段所需的技巧有：(1)設定目標；(2)發展行動計畫；(3)提供支持；(4)協議；(5)安排優先順序；(6)類化所學。

四、評估與結束階段

最後階段是諮詢員根據個案的行為與求詢者可以發揮的功能評估成效，並且進行追蹤以觀後效。在這階段，諮詢員所需要的技巧有：(1)觀

察成效；(2)驗證目標達成（追蹤）；(3)評估（evaluation）；(4)摘要；
(5)結束。

 ## 第二節　個案研究

　　個案研究應用在許多不同的領域，個案研究的流程通常包括以下幾個
步驟：接獲個案、蒐集背景資料、了解個案目前功能狀況、訂定個案處理
計畫、進行個案問題行為處理、對個案改善狀況進行評估、結案與追蹤評
量（王文秀等，2011）。將個案研究應用到學校輔導工作需與諮商的歷程
相結合，配合個案會議的召開，如此方能落實個案的輔導工作。

壹　個案研究的意義

　　個案研究（case study）在於探討一個個案在特定情境脈絡下的活動性
質，希望去了解其中的獨特性與複雜性。研究者的興趣通常在於了解過程
而非結果，因而研究者會著重整體觀點，了解現象或事件的情境脈絡而不
只是特殊的變項（林佩璇，2000）。個案研究所指的「個案」，可以是一
個人、一個事件，或一個機構或單位，研究者選擇單一個案，採用各種方
法如觀察、訪談、調查、實驗等，來蒐集完整的資料，以掌握整體的情境
脈絡與意義，達成對個案整體而通盤的了解。所以，個案研究即是採用各
種方法，蒐集有效且完整的資料，以對一個人或一個有組織的單位做縝密
而深入的研究歷程（陳李綢，2005）。

　　在心理輔導領域，個案研究是發揮輔導專業的一個重要方法，心理輔
導的對象是人，個案研究便是針對當事人（學生）的行為問題進行系統的
探索，提出有效的輔導策略並付諸實施的過程（張德聰等，2004）。狹義
的界定是指有關於個人的一種報告，是以主觀的方式對個人行為或情境的
描述、解釋或評判。

個案研究的目的

　　個案研究應用在輔導方面，主要是要蒐集個案資料，建立輔導與諮商策略，進而達到問題解決的效果。因此，個案研究的目的主要有三項（黃政昌等，2015）：

一、了解案主問題，擬訂輔導策略

　　藉由個案研究，可以分析所蒐集到的各種資料之間的脈絡關係，進而了解案主的行為動機、心理狀態及其問題的癥結所在等，從而研擬出適切的、有效的輔導策略。

二、各盡專業職責，提升輔導知能

　　輔導室通常會召集學校相關人員參與個案研討會議，經由會議中溝通、協調的過程，針對問題解決策略進行適度的調整與分工，在相互分享經驗的過程中，亦有助於輔導知能的提升。

三、檢視諮商輔導作為，提升專業服務品質

　　對輔導人員而言，透過個案研究，有機會檢視過去到現在對個案的輔導處遇方式並進行意見交流，達到專業交流的功能，對於同性質的個案，亦可建構出諮商輔導的模式，以提升專業服務的品質。

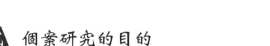 **個案研究的實施**

　　學校的個別輔導工作除了直接與學生進行個別諮商與小團體輔導外，基於輔導處遇之需要，還要對於問題行為無法改善的個案進行個案研究，於個案會議中整合不同專業人員的看法，期能突破輔導上的困境。因此，輔導人員在個案會議召開之前，需持續蒐集資料並撰寫成個案研究報告，於會議中提出及進行研討，再由與會人員共同擬訂可行的輔導目標及策略（黃政昌等，2015）。

一、實施認輔制度

近年來社會問題日異複雜的情況之下，校園裡的學生問題也變得複雜與嚴重，許多學生的問題已不能單純由學校本身來解決，必須仰賴社工師與心理諮商師的協助。學校裡的「高關懷學生」來自於因為社會問題而產生的高風險家庭，對於高關懷學生的各種輔導計畫是學校輔導工作的重點。而高關懷學生的人數眾多，並非單靠輔導人員之力即能給予協助，於是教育部推動認輔制度，受輔對象包括：(1)身心障礙學生與高關懷學生；(2)各班導師提報；(3)學生主動尋求協助者等三類，由輔導室安排具有輔導熱忱之教師進行輔導。認輔教師輔導的學生大多是問題比較輕微，給予初級協助與介入，則其困擾或問題行為可以得到改善或是不至於惡化。認輔教師為無給職，其工作事項如下（教育部推動認輔制度實施要點，2002）：

1. 晤談認輔學生：每位教師以認輔一至兩位學生為原則，適時進行，每月至少一次。

2. 實施家庭訪問：有必要時進行，平日亦可用電話與認輔學生家長溝通。

3. 參與校內外輔導知能研習與個案研討會：配合輔導室規劃進行。

4. 接受輔導專業督導：配合輔導室安排進行。

5. 記錄認輔學生輔導資料：在個案輔導紀錄表上簡略摘記晤談、電話聯絡，以及家庭訪問大要。

6. 認輔時間以一學年為原則，若學生認輔原因消失，可於上學期末終止認輔關係。

二、開始進行個案研究

陳李綢（2005）將個案研究分為六項步驟：(1)輔導人員或教師選定輔導的個案；(2)確定個案的問題行為；(3)蒐集個案資料，透過晤談、訪視、調查、測驗、觀察、作品分析等方法，蒐集有關個人、學校、家庭、社會等資料；(4)進行診斷與分析，尋找問題癥結所在，以及推論問題發生的原因；(5)處理與輔導，即擬訂及實施處理與輔導的策略；(6)追蹤

輔導。

　　個案研究的步驟與個別輔導的歷程有雷同之處，兩者的差異在於個案研究在蒐集個案資料方面所採用的方法比較多元，當然，個別輔導亦可採用晤談以外的技術來蒐集資料。個別研究的歷程亦與「個案概念化」的概念有異曲同工之處，皆是在將個案的問題轉化為詳細、具體的問題敘述，進而擬訂具體的輔導策略。

三、召開個案會議

　　在學校輔導工作中，若用美國密蘇里州已成為示範的學校綜合輔導方案（comprehensive school counseling program）的架構來看，學校輔導工作的構成要素應包括輔導與諮商課程、個別學生計畫、系統支持，以及回應性服務。回應性服務即對於學生、父母與教師尋求資訊的立即性需求給予回應，同時需支援輔導課程和個別學生計畫工作。回應性服務中，學校處室個案會議是常見的一種工作模式，由學校各次系統（包括導師、家長、行政人員、任課教師、同學等）合作，以形成共識地一同協力幫助學生個案（許維素，2014）。個案研究會議（conference of case study），簡稱個案會議（case conference）或個案研討會，由輔導室負責召開與執行。參與會議有關人員包括校長、相關處室主任、組長、輔導教師、導師及家長，必要時邀請外聘專家學者、專業督導諮詢人員、心理師、社工師或醫師等一同參與。

㈠會議目的

　　個案會議的召開乃藉由工作實務之討論，提升教師輔導效能。此外，對於問題較為特殊或複雜的個案，以及有輔導困境的個案，經由與會人員的充分討論，擬訂出對個案有效的具體輔導策略。

㈡會議程序

　　個案會議程序如下：(1)主席報告；(2)個案報告，說明處遇目標、流程，以及目前遭遇的問題；(3)輔導策略討論，由與會人員針對個案問題共同提出有效的輔導策略；(4)專家意見與評論；(5)主席結論。輔導室最好每學期能固定安排時段召開個案會議，每次可以討論一至兩個個案，會

議時間為2至3小時。

㈢注意事項

個案會議的個案研究報告務必謹守保密原則,例如:書面資料不應該出現案主全名、會議結束要回收資料及銷毀,如果案情涉及通報或法律上的規定,與會人員應簽署保密同意書,以確保案主的權益(黃政昌等,2015)。會議紀錄內容彙整後應知會相關人員,作為後續輔導之執行依據,於下次會議再追蹤執行成效。

肆 個案研究報告

個案研究常見問題如下:(1)蒐集所得資料之真偽難以鑑定;(2)分析問題之觀點不易一致;(3)個案診斷之發現不能普遍應用;(4)個案會議無法經常召開;(5)個案輔導無法落實;(6)無暇撰寫個案報告(賴保禎等,1996;馮觀富,1997)。由上述檢討可知,落實個別輔導工作是達成個案研究成效的重要因素。輔導人員在輔導學生時,需要撰寫輔導紀錄,在召開輔導會議前,需整理成個案研究報告的格式,再繳交至輔導組。個案研究報告是以文字陳述對個案問題的調查診斷、處理與輔導的經過情形,做一種有系統的記錄,並檢討其得失,提供他人作為個案研究的參考。個案研究報告的內容通常包含以下項目(王文秀等,2011;黃政昌等,2015;賴保禎等,1993):

1. 個案基本資料:包括案主的姓名、性別、年齡、年級、身體特徵等。

2. 個案來源:說明接案緣起,例如:案主主動求助或轉介而來。

3. 主要問題敘述:明確、簡單的說明問題行為,例如:逃學,案主自×月×日至×月×日,計×次。

4. 問題背景:應包括個人身心狀況、家庭關係、學校生活、社會關係、學業成績、心理測驗等資料。個案背景資料的蒐集主要在說明問題行為,例如:案主的問題行為是逃學,則背景資料就要用來說明為何逃學。

5. 分析與診斷:此部分在說明案主為何有此行為,診斷是依據所蒐

集的背景資料而來，資料越多，診斷越正確，據此提出的輔導策略也越能有效果。

6. 處理與輔導經過：此部分撰寫輔導策略與實施之經過，諮商員根據所擬之輔導策略與方法進行輔導，輔導過程不必詳細敘述，交代實際執行的策略為何及其成效如何。

7. 追蹤：個案輔導結束後，諮商員所做的追蹤輔導。如果個案仍在輔導中，此部分可以省略。

8. 檢討與建議：輔導人員對輔導過程中所使用的策略及輔導結果，不管成功或失敗，都必須檢討現況。其主要內容包括：客觀問題解決情形、對自己所使用策略的覺察，以及未來的輔導可能採取的策略等。

個案研究報告的內容項目繁多，撰寫上費時甚久，因此，有些輔導人員提出簡化格式的呼聲。表15-1為嘉義市學生輔導諮商中心所使用的個案研究報告格式，內容上做了許多簡化。

表15-1　個案研究個案資料表

個案研究個案資料表					
個案姓名		性　　別		年　　班	
出生日期	年　　月　　日	年　　級			
家長或監護人		職　　業			
電　　話					
聯絡地址					
重要關係人		關　　係			
輔導者		接案日期			
一、個案行為概述：					
二、個案家庭描述：					
三、分析診斷：					

四、輔導策略：

1.社會處遇：

2.學校處遇：

3.輔導方向：

五、特殊紀錄：

六、期待討論的困難（議題）及獲得之幫助與回饋

資料來源：嘉義市學生輔導諮商中心（2014）。

 ## 第三節　個案輔導實務

　　學校裡的高關懷學生在身體上及心理上的困難與問題，需要教師們主動關懷、協助處理其危機狀況；他們在情緒、學業、人際關係表現上，可能會有憂鬱、成績低劣、獨行、對人生感到茫然、家庭連結力低、長期心情低落、有自傷的可能、過度壓抑、人際關係不穩定等現象（杜淑芬，2007）。此時，學校利用專業心理諮商，提供高關懷學生心理諮商與輔導，協助學生能夠平安度過危機，回復問題處理的能力（王俊凱、陳建宏、黃煜棠，2010）。以下分別以校園自殺防治、網路電玩成癮兩個案例，說明個案的輔導實務。

壹　校園自殺防治

　　正在課堂當中，突然接獲緊急通知，有學生在七樓意圖跳樓輕生。趕赴現場後，果然不出所料，又是那個罹患憂鬱症的

孩子。我軟硬兼施地費了番功夫，才將怡君從窗臺上抱下來。看她緊抱著我，哭得非常傷心，不知道又是什麼人、什麼事，觸動了她如玻璃般脆弱的心。原來，國文課程進行分組報告時，沒有人邀請她參與小組，她直覺是同學怕她影響成績，不願意跟她同組，所以覺得自己只會給別人添麻煩，沒有人喜歡她，活著沒用，便一個人悄悄走上七樓想從窗戶跳下去，死了算了。（教育部，2009b）

　　身處校園中的青少年，不論是自殺身亡或未遂，此一事件對於其本人、家庭、班級、社群，甚至校園整體，都會產生非常大的衝擊。事實上，自殺事件所延伸出的家庭議題、校園恐慌、替代性創傷，甚至自殺未遂者返回校園的適應問題，都可能彰顯校園危機事件處理適切與否的壓力與挑戰，並增加校園自殺事件的複雜度與挑戰性。因此，學校輔導室針對學生自殺危機個案提供適當的預防及介入處遇，以減低學生企圖自殺的比例，必然是重要的工作項目之一（賴念華、鄭鈴諭、許維素、王雨薇，2014）。學校應擬訂學生憂鬱與自傷防治計畫，據以執行並定期檢討修正。以下分別就初級預防、二級預防、三級預防工作，說明推動與實施自殺防治計畫（教育部，2014a）：

一、初級預防

　　初級預防的目標在增進學生心理健康，免於憂鬱自傷。實施策略為增加保護因子、降低危險因子。其行動方案包括以下做法：

㈠建立校園危機應變機制

　　設立24小時通報求助專線，訂定自殺事件危機應變處理作業流程，並定期進行演練。

㈡校長主導整合校內資源，強化各處室合作機制

　　1. 教務處：規劃生命教育融入課程，提升學生抗壓能力（堅毅性與問題解決能力）與危機處理，以及憂鬱與自殺之自助與助人技巧。

2. 學務處及輔導室：

(1)舉辦促進心理健康之活動，例如：正向思考、衝突管理、情緒管理，以及壓力與危機管理。

(2)辦理生命教育電影、短片、閱讀、演講等宣導活動。

(3)結合社團及社會資源，辦理憂鬱與自殺之預防工作。

(4)強化教師輔導知能：實施全體教師（含導師及教官等相關訓導人員）對憂鬱與自我傷害辨識及危機處理知能。

(5)對家長進行憂鬱與自殺認識與處理之教育宣導。

(6)同儕之溝通技巧與情緒處理訓練。

3. 總務處：

(1)學校警衛危機處理能力之加強。

(2)校園高樓之中庭與樓梯間之意外預防安全網、生命教育文宣與求助專線之廣告。

4. 人事單位：提供職員正向積極的工作態度訓練，建立友善的校園氛圍。

二、二級預防

二級預防的目標在早期發現、早期介入，減少憂鬱自傷發生或嚴重化之可能性。實施策略為篩選高危險群，即時介入。具體的行動方案如下：

1. 高關懷群篩選：每學期（含開學新生入學）定期進行問卷篩選，篩檢「疑似憂鬱症」、「曾經有自殺企圖或已有自殺計畫者」及「憂鬱性妄想或幻聽者」。

2. 全員篩檢：新生入學時即建立檔案，並建立高關懷群檔案，每學期定期對高危險群進行長期追蹤與介入輔導；必要時，並進行危機處置。

3. 提升導師、同儕、教職員、家長之憂鬱辨識能力，以協助觀察篩檢，對篩檢出之高危險群提供進一步個別或團體的心理諮商或治療。

4. 整合校外之專業人員，例如：臨床心理師、諮商心理師、社工師、精神科醫師等資源到校服務。

三、三級預防

　　三級預防的目標在預防自殺未遂者與自殺身亡的周遭朋友或親友模仿自殺，其實施策略為建立自殺與自殺企圖之危機處理及善後處置標準作業流程。具體的行動方案如下：

　　1. 自殺未遂：建立個案之危機處置標準作業流程，對校內之公開說明與教育輔導（降低自殺模仿效應），並注意其他高關懷群是否受影響；安排個案由心理師進行後續心理治療，以預防再自殺；家長聯繫與預防再自殺教育。

　　2. 自殺身亡：建立處置作業流程，含對媒體之說明、對校內相關單位之公開說明與教育輔導（降低自殺模仿效應）、家長聯繫協助及哀傷輔導。

　　3. 通報轉介：依「校園安全及災害事件通報作業要點」與「自殺防治通報轉介作業流程」進行通報與轉介。

　網路電玩成癮

　　由於網際網路的普遍應用，也進入了兒童及青少年的生活層面，從學習、娛樂到交友，網路對兒童及青少年的影響越來越大。對兒童及青少年極具吸引力的另一網路人際活動是網路遊戲，有許多兒童及青少年玩網路連線遊戲，例如：跑跑卡丁車、楓之谷、仙境傳說、天堂或魔獸世界等網路遊戲，都有為數眾多的兒童及青少年玩家。惟網路遊戲易於引發網路成癮（internet addiction）的問題，在所有網路使用的行為問題中，又以網路成癮的問題最受到大家的注意（王智弘，2008）。網路成癮亦稱為網路沉迷，過度的上網可能會形成類似酒癮、藥癮、毒癮、病態性賭博等無法自律之上癮行為，導致造成個人不由自主的上網行為而陷入無法自拔的地步，以致其日常生活受影響，並使個人身心功能造成缺損（魏希聖、李致中、王宛雯，2006）。有些學生因此而日夜顛倒，白天再來學校補眠，甚至有些學生因此而長期中輟。

一、網路成癮的輔導策略

王智弘（2007）提出校園網路成癮五級預防模式，可藉由更周全的整體防治機制以避免校園網路成癮與其他網路心理問題的發生，以創造優質的學校網路心理健康環境，而達興利除弊的功能。校園網路成癮問題五層次的預防機制如下：

㈠健康促進

以建構優質的網路輔導、學習與生活環境，而達到善用網路以提升心理健康、學習效能與生活品質，以期能發展有利健康促進之網路心理健康環境。具體做法有：

1. 提升健康使用網路的知能：提供如何在生理層面與心理層面上均能以健康的方式與態度使用網路的師生研習課程。

2. 強化網路專業倫理：加強網路服務提供者（網路設備、伺服器、資料庫等網管人員）的專業倫理教育與法律教育、制定網路服務提供者的專業倫理守則。

㈡初級預防

初級預防的重點在透過發展性與預防性的網路心理健康措施，以避免全校師生網路成癮與相關網路行為問題的發生。具體做法如下：

1. 對學校教師、學生、家長提供網路成癮、網路心理健康與網路安全之輔導知能研習課程。

2. 對學生提供有關生涯規劃、人際關係、溝通技巧、提升自尊、學習輔導、時間規劃、休閒安排、壓力調適與自我監控等之團體輔導活動與研習課程。

㈢預警制度

預警制度層次在建立全校師生之網路成癮與其他網路行為問題之預警系統，以進行早期介入、避免危險，及早提供校內師生所需之協助。具體做法如下：

1. 學務系統建立缺、曠課狀況與行為問題表現之預警系統。

2. 教務系統建立學生學習表現檢視系統，特別是對於學業表現異常退步學生的篩檢與追蹤。

3. 輔導系統建立學生網路成癮狀況的篩檢系統，透過量表篩檢、教師告知、家長告知或同儕回報，以早期發現與及時預防網路成癮及網路行為問題的發生。

4. 將網路成癮納入高危險群學生與中輟學生之處遇計畫。

㈣次級預防

次級預防的重點在針對全校師生網路成癮與相關心理健康問題加以處理，必要時運用校內外的轉介機制以能充分運用心理健康專業人員，來處理已發現問題之網路成癮當事人。具體做法如下：

1. 對網路成癮學生提供面談、電話、函件或網路形式的網路成癮個別諮商或團體諮商。

2. 納入導師與任課教師以參與共同協助網路成癮學生的輔導計畫，並提供網路成癮的相關諮詢服務。

3. 納入學生同儕、家長以參與共同協助網路成癮學生的輔導計畫，並提供網路成癮的相關諮詢服務，而重要他人的適度規範、約束與支持亦相當重要。

㈤三級預防

三級預防的重點在避免網路成癮與網路行為問題在校園中擴散與蔓延。具體做法有：

1. 建立特約心理諮商、心理治療、精神醫療等網路成癮問題之轉介系統。

2. 聯合全校資源以建立學校網路成癮與網路心理健康問題之危機處理機制，最好能形成標準作業程序。

3. 對網路成癮學生之班級與友伴提供網路成癮問題之篩檢與預防輔導。

4. 積極運用社區與校外資源（包括教育、醫療、警政、司法、社福等社區資源）以推動學區之網路成癮防治與輔導計畫。

二、網路成癮的輔導案例

以下為網路成癮的輔導案例，案主因為沉迷於網路電玩，繼而產生拒學、學業成就下降等問題，在輔導人員長期的輔導之下，擺脫了網路成癮（池旭臺等，2011）：

㈠案主家庭背景

案父：計程車司機，收入較不穩定，經濟與家庭功能上都扮演消極角色。

案母：公家機關雇員，收入穩定，經濟與家庭功能上都扮演積極角色。

案妹：小學五年級，與個案互動尚佳，兄妹有共同的興趣、話題。

案母在家庭系統上扮演核心的角色，長期下來承擔了過多的功能，因案父近似於隱形，然而案父的無功能，原因似也在此，家庭活動大都是母子三人一起參與，案父缺席，案母投入家庭活動程度之深令人吃驚，雖和子女關係緊密（陪讀書及寫作業，跑SHE簽名會，一起聽歌一起唱，看職棒），但亦造成個案欠缺獨立及其他生活的能力，最後甚至導致母子關係對立。案母對家中的經濟及角色功能的分配似無安全感，又因焦慮而承擔雙重角色，然而結果仍是焦慮。個案談及案父時亦覺案父沒有什麼功能，缺乏認同對象。

㈡個案簡史

個案小一至小六皆名列前茅（班排前三名），七年級後要保持漸有困難，但成績仍優異，八年級加入理化，個案首次段考因理化考不好，致使名次退步，個案無法接受成績退步事實，故開始沉迷網路遊戲，但卻因此使成績一落千丈，似乎可為自己的成績退步找到合理化藉口（比起成績的退步，歸因於自己能力不足要好過一些），玩線上遊戲同時亦有逃避現實及抒解壓力的作用，個案此時已有拒學傾向，偶爾未到校上課，在家玩線上遊戲。個案男導師以嚴厲著稱，常因個案未到校，進度趕不上同學，成績退步而責備及督促個案。個案與導師發生言語衝突，從此便中輟在家，完全遁入網路世界。

　　輔導處積極追蹤個案復學：輔導教師多次至個案家中與個案及其父母晤談，輔導主任及組長至個案家中探望，導師亦親自前去鼓勵個案，後將此案轉介至區域心衛中心。在輔導教師、家長與××醫院精神科醫師談過後，醫師至個案家中出診，輔導教師亦陪同前往描述當時狀況：個案關在房中拒絕開門，房門用衣櫃擋住，案母怕個案傷害自己，故用鑰匙將門打開，從縫隙中看到個案用棉被將自己完全蓋住，不願出來也不願談話。後雖鼓勵個案就醫，但個案不願門診。後來個案中輟近一年，隔年由輔導處協助家長為個案辦復學，個案已願意出門來校，但仍不願入班（已非個案原班，而是復學後下一屆的班級），由學校教育替代役男全日陪伴，替代役男為與個案建立關係，故與個案一起玩三國志線上遊戲。此事偶然為個案新導師（女）及同班同學看到（新導師與新同學都很溫暖，會主動至輔導處關懷個案），新導師認為讓個案在校玩線上遊戲十分不妥，向輔導主任反映此事，替代役男倍感壓力下，對個案態度轉為嚴厲，兩人剛建立的關係遂轉為對立，個案乃在此背景下，帶著憤怒與敵意轉而暫於諮商室就讀。

(三)個案症狀

　　1. 耐受度增加，個案上網時間持續拉長，甚至徹夜未眠，玩到累了才睡。

　　2. 個案上網時間及頻率越來越超出預期，甚至失控，每天都必須上網，不能不上網。

　　3. 個案掙扎於要不要放棄上網到校上課，知道家人及師長關心他，連線上遊戲的網友都鼓勵他回校上課，但個案覺得就是停不了，每天都要上網才放心。

　　4. 個案花很多時間在線上遊戲中，中輟期間幾乎只做上網這件事。

　　5. 個案怕與昔日同學聯絡，也不再喜歡看職棒，生活唯一的任務就是上網。

　　6. 個案知道已付出很大的代價，但仍然繼續。

　　7. 個案的人格與情緒特點：個案對挫折的忍受度低，會選擇逃避的方式面對壓力，自信不足，常低著頭快步通過人群，置身人群中會很不自

在，易緊張焦慮，說話快而簡單，且很小聲，身體會不自然地晃動。

㈣輔導策略

1. 建立關係階段

(1)輔導處召開個案輔導就讀會議，個案全日安置於諮商室，協助個案走出家門到學校，並初步適應學校環境。

(2)案母每日接送個案上下學，時間與一般學生同，協助個案初步適應學校作息。

(3)對案主做自我介紹，使案主漸漸熟悉輔導人員。

(4)協助個案了解並確認輔導目標，個案能入班上課。個案說出一句關鍵句：「我知道這裡（指諮商室）是我最後的退路了。」

(5)先處理此時此刻所感受到的個案的負面情緒（憤怒、敵意），引導個案述說並傾聽。

(6)說明輔導就讀計畫：與個案一起確認輔導目標，既然有共識，就要雙方一起參與及努力，但個案是主角，強調輔導人員只是輔助角色。

(7)每天與案母互動，皆給予其肯定與支持，同理其情緒的部分。當案母過度焦慮時，則一再與其討論「停損點」，並隨不同的時段彈性調整此停損點。

2. 執行輔導就讀計畫階段

(1)閒置個案策略：個案第一週在討論「本週目標」及前三天每一天的「今日計畫」時都說不知道，有可能是休學在家太久，已不習慣規劃自己的生活，亦可能是依賴案母已成習慣，抑或對新的輔導教師仍存觀望態度。每天皆重複以上的輔導就讀計畫，了解其是否不習慣或有困難，並討論是否需修正。因未安排個案每日生活，個案曾說「很無聊，諮商室的書都被我看完了」，把握此關鍵句。

(2)與導師合作，為個案準備一個安全與接納的環境：與導師私下討論關懷個案，但又不會帶給個案壓力的方法：假裝經過才順道進來，為個案蒐集各科考卷，再暗中放在個案的座位附近。導師安排一些小天使，邀請及陪伴個案到操場上體育課。

(3)與個案討論按表操課及入班的可能：個案按課表看書，寫講義，

小天使會為個案帶來作業及考卷，並在個案完成後帶回教室。與個案討論進班的可能，逐步增加進班的課堂數，由沒壓力的課程開始。對於要進班上理化課一事，個案很難克服，常要求交換替代計畫。因見個案掙扎得很辛苦，故曾讓個案交換替代計畫，甚至無替代計畫。當雙方都有些焦慮時，輔導教師會與個案分享感受，並表示何不暫且放下一次，來一次無計畫的放鬆？但仍強調只能偶一為之，後來個案已願上理化課，至此已完全入班。

3. 結案及追蹤輔導階段

(1)個案有兩年未完整讀書，但程度仍然很好。個案將此視為無上的榮譽，這是個案上學的動力。

(2)個案以優異成績考上公立學校，高一升高二時曾面臨一大考驗：究竟是否參加教師的研究計畫？參加了可甄試上臺科大，但要住在學校，沒時間玩三國志；不參加則要自己拼學測，但可玩三國志。輔導教師曾與其討論三國志對其生命的意義，以及不同的選擇會帶來不同的結果，鼓勵其思考與決定，無論結果如何都支持他。

(3)個案高中三年皆名列前茅，拿獎學金，與師長及同學相處頗佳，仍暗戀國中時暗戀的女生，仍玩三國志，仍看職棒，支持兄弟象，今年已考上一間中部的國立科技大學。

自我評量 ....

一、選擇題

( ) 1. 有關青少年中途輟學問題的敘述，下列何者較不正確？(A)輟學青少年常有輟學的朋友　(B)給予青少年完全的自由才能避免中輟　(C)中輟問題是多元因素交互作用的結果　(D)某些青少年中途輟學問題和早年經驗有關

( ) 2. 周老師欲進行個案研究，下列哪一項是個案研究的正確步驟？
(A)蒐集資料→選擇個案→作成個案史→診斷問題→處理問題
(B)選擇個案→蒐集資料→作成個案史→診斷問題→處理問題
(C)選擇個案→作成個案史→蒐集資料→診斷問題→處理問題
(D)選擇個案→蒐集資料→診斷問題→處理問題→作成個案史

( ) 3. 當家長對國中孩子的行為問題不知道如何處理時，請學校輔導教師提供輔導知能，這是屬於下列何種服務？(A)諮詢　(B)諮商　(C)治療　(D)轉介

( ) 4. 小玲在家經常和弟弟發生衝突，她的父母對此感到有些束手無策，於是向學校輔導教師尋求協助。輔導教師提供小玲父母一些子女管教與輔導的建議。上述事例中，該輔導教師所採取的輔導措施為下列哪一項服務？(A)諮詢　(B)轉介　(C)心理衡鑑　(D)家族治療

( ) 5. 實施個案研究的步驟，下列說明何者為非？(A)決定對象後要著手蒐集資料　(B)資料蒐集後，做成個案報告以利開會討論　(C)資料蒐集後，以個案會議增進對對象的了解　(D)根據個案會議的討論結果，進行輔導

( ) 6. 八年級的永福最近幾週不斷的增加上網時間，才能獲得足夠的滿足感，如果不增加上網時間，滿足感便會下降。永福的狀況最符合網路成癮的哪一項特徵？(A)顯著性　(B)耐受性　(C)戒斷現象　(D)強迫上網渴望

( ) 7. 請排列出正確的個案研究法步驟：(1)接案；(2)撰寫個案報告；(3)確定問題行為；(4)追蹤輔導；(5)蒐集資料；(6)評量成效；(7)診斷原因；(8)輔導策略。(A)13245678　(B)13578642　(C)13275846

(D)52371486

( ) 8. 關於輔導工作中的個案研究，下列敘述，何者有誤？(A)個案研究的目的之一為了解個案問題，擬訂輔導策略　(B)個案研究會議中，如果發放書面資料，需要回收資料並簽署保密同意書　(C)個案輔導紀錄中應詳細描述諮商歷程，讓導師和家長了解輔導教師的努力　(D)個案概念化是將蒐集的個案資料予以組織，形成假設，以設定輔導目標和做法

( ) 9. 下列敘述何者不屬於網路成癮的核心徵兆？(A)上網時間越來越長　(B)無法克制上網的衝動　(C)不喜歡網路人際互動　(D)不能上網時出現身心症狀

( ) 10. 教育部推動「認輔制度」，鼓勵教師認輔適應困難及行為偏差學生，教師扮演「個別關懷、愛心陪伴」的角色功能，這種角色行為係屬下列何者？(A)初級預防　(B)次級預防　(C)三級預防　(D)診斷治療

( ) 11. 下列有關輔導工作中「諮詢」的意義與功能的敘述，何者為非？(A)諮詢是一種三角關係，包含了諮詢者、被諮詢者與當事人　(B)諮詢工作的目的在增加被諮詢者的效能，以提升對當事者的服務　(C)諮詢是諮詢者與被諮詢者自願的、合作性的問題解決過程　(D)在學校中接受諮詢者往往是需要被協助的學生，諮詢者的角色就在提供學生協助

( ) 12. 中等學校設置「心理衛生諮詢服務中心」的目的，下列何者為非？(A)協助導師了解學生心理病理形成與可能的處遇方式　(B)協助家長了解孩子心理病理形成與可以如何配合處遇　(C)協助輔導教師增進心理衛生專業知能，以提升服務品質　(D)聘請精神醫療專業人員對於精神疾病個案之諮詢與服務

( ) 13. 下列何者不是「歷程諮詢」的前提假設？(A)來談者有積極的意志與某程度的問題解決能力　(B)終究只有來談者知道可用於他所處情境的解決辦法或介入方式　(C)如果來談者能選用自己的解決辦法，那麼來談者就能增進未來問題的解決技巧　(D)諮詢者必須提供來談者所提問題解答的專業內容，才能滿足個案需求

( ) 14. 有關諮詢，以下何者不對？(A)諮詢歷程包含諮詢者、受諮詢者、個案　(B)諮詢是一種短暫、自願且信任的合作歷程，內容是保密的　(C)諮詢是一種預防導向的直接心理服務　(D)學校輔導人力有限，透過諮詢可以提供更多的服務給個人或團體

( ) 15. 在學校輔導實務工作上可發現，兒童的許多問題均與家長或學校導師有關聯，下列哪一個論述最為恰當？(A)輔導教師可透過諮詢來蒐集資訊、澄清問題和促進系統合作　(B)輔導教師同步進行導師諮詢和家長諮詢，會失去客觀性而應避免　(C)在親職教育中針對家長運用大型演講進行成效有限，故初期不宜實施　(D)若轉介者為導師，則輔導教師與家長進行諮詢時，宜傳達導師的重要期待

( ) 16. 下列對於個案研究的敘述，哪一項不正確？(A)個案研究要了解當事人的身心發展狀態與人格特徵　(B)個案研究的目的是解決問題　(C)個案研究是心理輔導領域特有的方法　(D)個案研究要分析當事人行為的成因，也要重視當事人的力量與資源

( ) 17. 輔導室提供處理學生問題行為的建議給九年級的陳老師，這是屬於學校輔導工作內容的哪一項服務？(A)安置　(B)資訊　(C)諮詢　(D)諮商

( ) 18. 柯拉法（J. Kalafa）提出情緒感受（feeling）、行為反應（action）、改變（change）及預兆（threat）的FACT自殺警告訊號，對青少年自殺防治工作有何重要的啟示？(A)青少年自殺是無法預防的　(B)真正想自殺的人是不會發出訊號的　(C)常提到有關死亡的話題是人之常情　(D)青少年在採取自殺手段前通常會有預警

( ) 19. 調查校園中缺席率高及常使用健康中心的學生，並請導師及輔導室主動關心學生的學習與生活狀況，是屬於哪種自殺防治策略？(A)促進壓力調適能力　(B)早期復健　(C)運用社區資源　(D)早期發現危險個案

( ) 20. 下列哪一個敘述較不是明顯的「網路成癮」的特徵？(A)耐受性　(B)戒斷現象　(C)因使用網路而增加社交活動　(D)上網時間與頻率常超過原本的預期

（　）21. 下列何者特徵非網路成癮的徵兆？(A)一直想著剛剛上網時發生的事情　(B)上網時間經常較原來預期的時間長很多　(C)常想到用網路來解決生活及學習上的問題　(D)當離線或不能上網時，會覺得不安、易怒、沮喪或殘暴

（　）22. 一般而言，網路成癮的矯正治療策略包括：(1)提升改善動機；(2)訂定改善的目標與契約；(3)覺察問題；(4)學習其他技藝或發展其他活動。請依照其順序排出。(A)1234　(B)3142　(C)3124　(D)3214

（　）23. 對於網路成癮的敘述，以下哪些敘述大致上正確？A.網路成癮指的是重複地使用網路而導致的一種慢性或週期性的著迷狀態，對於上網所帶來的滿足感會產生心理與生理上的依賴；B.個人愛好上網可能是基於補償、替代、幻想與認同作用；C.網路的特質為具有匿名性、安全性與自由性；D.對於網路成癮者，應透過技巧養成加強其自我效能，以酬賞方式來減少上網時間，並加強處理各種生活問題的各項技能。(A)ABCD　(B)ABC　(C)BCD　(D)ACD

（　）24. 下列哪些項目是網路成癮行為？甲、不能控制上網衝動；乙、每日上網搜尋資訊；丙、因網路斷線或接不上而坐立難安；丁、過度投注網路造成人際及健康問題。(A)甲乙丙　(B)甲丙丁　(C)乙丙丁　(D)甲乙丙丁

（　）25. 輔導室安排個案會議前，輔導教師應該提供下列哪些資料，讓個案會議能順利進行並產生效果？(A)個案基本資料、個案輔導紀錄、個案接受輔導同意書　(B)個案基本資料、個案輔導紀錄、個案輔導策略　(C)個案基本資料、個案評估報告、個案輔導策略　(D)個案評估報告、個案輔導紀錄、未來輔導計畫

（　）26. 在學校輔導工作中，常會因處理某個個案的問題而召開個案輔導會議，下列有關個案輔導會議的敘述，何者最不正確？(A)這樣的會議很重視各方意見能充分表達　(B)此類會議的類型屬於任務團體（task group）　(C)此類會議通常都由心理師協助召開　(D)參與人員包含導師、任課教師、輔導教師、心理師及相關處室人員

（　）27. 近年來，校園內學生因感情問題而出現自傷和自殺的案件有增多

的趨勢，學校輔導中心主任便積極針對學校教職人員和學生，提
供其生命教育的研習課程。此做法是屬於心理衛生的哪一種處遇？
(A)前初級　(B)初級　(C)第二級　(D)第三級

(　　) 28. 經過個案評估會議後，針對需要三級輔導的個案做什麼處理？
(A)請家長、輔導教師、班級導師進行「親師合作」等系統合作
(B)安排認輔教師與志工媽媽　(C)安排專任或兼任輔導教師協助，
規劃輔導方案　(D)轉介學生輔導諮商中心或其他社福或衛政等單
位尋求協助

(　　) 29. 「進行輔導工作時，盡力蒐集資料，然後針對當事人困擾形成一全
面性的假設與分析，並依此擬訂處遇策略。」此段描述可說明何
種概念？(A)擬訂介入處遇目標　(B)心理分析　(C)個案透明化
(D)個案概念化

(　　) 30. 下列何者是自殺防治的一級預防？(A)對於自殺未遂者定期評估其
自殺意念與企圖，以預防其再自殺　(B)對於有自殺計畫者，進行
危機處理　(C)定期篩檢高自殺危險群，並給予輔導　(D)加強生命
教育、壓力與情緒管理、心理衛生

參考答案

1.(B)　2.(B)　3.(A)　4.(A)　5.(B)　6.(B)　7.(B)　8.(C)　9.(C)　10.(A)
11.(D)　12.(B)　13.(D)　14.(C)　15.(A)　16.(C)　17.(C)　18.(D)　19.(D)　20.(C)
21.(C)　22.(C)　23.(A)　24.(B)　25.(C)　26.(C)　27.(B)　28.(D)　29.(D)　30.(D)

二、問答題

1. 九年級的小芬最近幾週言行異於往常，出現幻聽，常常自言自語，讓同學覺
得莫名其妙，甚至因此和同學發生衝突，疑似罹患思覺失調症。請舉出五項
導師應該採取的具體輔導作為。

2. 七年級的小凱平時喜歡玩線上遊戲，已經連續三天沒到校上課，教師與其家人
聯絡，父母總是覺得不上學其實也無所謂，並沒有積極協助小凱正常到校。

(1) 為了確保小凱能穩定上學，學校應尋求哪些校外系統的合作與協助？試
列舉兩種並說明之。

(2) 經過學校和相關系統的努力後，終於找到小凱並讓他到學校上課，學校

　　後續的輔導計畫應包括哪些內容？試列舉三種並說明之。

3. 七年級的阿哲沉迷於線上遊戲，被醫師診斷有「網路成癮」的傾向。請舉出五項阿哲可能顯現的症狀。

4. 隆傑是某國中的專任輔導教師，該學校今天早上發生疑似學生墜樓的事件，隆傑於是緊急與該生的班級及目睹學生進行班級輔導。試說明此時輔導的重點、目的，以及要如何進行？隆傑應注意哪些事項及後續的安排？

5. 請從個人、家庭、學校、社會面向各舉出一個青少年中輟的可能成因，並舉出三項教師可以改善中輟行為的具體輔導措施。

6. 最近小晴有疑似自我傷害的行為，教師發現後主動關懷他，並提到須知會家長和輔導室，但小晴堅定表示不願意讓其他人知道。

   (1) 導師在輔導學生時，對於當事人的個人隱私應予以保密，但仍應在合理範圍內保護學生的最佳權益，除了自傷／自殺之外，試列舉二個保密例外的特殊情況。

   (2) 為了讓小晴知道告知家長的必要性，請身為導師的你針對「保密例外」、「同理」、「探問」，分別寫下一句適當的溝通例句。

7. 小軒上了高中以後越來越悶悶不樂，導師某天發現小軒有自我傷害的行為，請說明導師輔導小軒時，可以表現的因應態度（兩項）與採取的風險評估做法（三項）。

8. 板橋市光仁中學簡姓國二女學生上午在學校廁所服下大量藥物，由於學生突然未上課，引起老師注意而四處尋找才找到她，立即召來救護車送往亞東醫院急救，目前正在加護病房觀察。至於為何服下大量藥物，校方正在了解中。光仁中學指出，簡同學平時在校成績不錯，乖巧且熱心服務，在校無不良紀錄，近日表現也無異樣，今天正常到校，但是第四節上課時卻無故缺席，引起老師注意，於是通知學務處派員在校內四處尋找，最後才在廁所內找到簡女，簡女當時已軟癱，雖有意識但無法正常對話。

   校方於是通知家長並召來救護車緊急送往亞東醫院洗胃急救，目前已無生命危險。至於為何服藥過量，正由相關單位調查，校方也派員陪伴輔導。醫護人員指出，簡女疑似服用「史立寧」過敏藥，一般人一次只服用一顆，但是簡女卻一次服下約四十顆，以國外致死醫例換算，簡女若服用超過十二顆就有生命危險，所幸發現得早，院方還將進行心、肝、腎功能檢驗。請問學務處如何進行危機處理？輔導室要如何輔導這位學生？

參考文獻

一、中文部分

公務人員保障暨培訓委員會（2016）。**公務人員考試錄取人員實務訓練輔導員及人事人員工作手冊**。臺北市：公務人員保障暨培訓委員會。

方崇雄、周麗玉（2003）。在融入中完成經驗統整的生涯發展教育。**研習資訊，20**(2)，9-17。

方紫薇、馬宗潔譯（2001）。**團體心理治療的理論與實務**。臺北市：桂冠。（I. D. Yalom, 1995）

方德隆譯（2014）。**有效的班級經營：課堂的模式與策略**。臺北市：高等教育。（C. J. Hardin, 2012）

牛格正（1991）。**諮商專業倫理**。臺北市：五南。

牛格正（1996）。**諮商原理與技術**。臺北市：五南。

牛格正、王智弘（2008）。**助人專業倫理**。臺北市：心靈工坊。

王川玉、葉一舵（2017）。臺灣學校輔導工作的新進展及其關鍵事件。**學生事務與輔導，56**(2)，13-27。

王文秀、田秀蘭、廖鳳池（2011）。**兒童輔導原理**（第三版）。臺北市：心理。

王文秀等譯（2000）。**助人者的語談技術：基本技巧與行為處遇**。臺北市：心理。（W. H. Cormier & S. Cormier, 1994）

王以仁等譯（2004）。**學校輔導與諮商**。嘉義市：濤石。（John J. Schmidt, 2003）

王金國（2009）。正向的態度，正向的教育──正向管教的理念與做法。**靜宜大學實習輔導通訊，8**，8。

王俊凱、陳建宏、黃煜棠（2010）。學校教育面對高關懷學生之輔導方式之省思──以愛愛家園安置之個案為例。**網路社會學通訊期刊，84**，2018年6月27日檢索自http//www.nhu.edu.tw/~society/e-j.htm

王素幸（2011）。在女性主義治療中增強主體感與策略：希望理論觀點。**諮商與輔導，301**，43-46。

王財印、吳百祿、周新富（2017）。**教學原理**（第二版）。臺北市：心理。

王智弘（1996）。諮商未成年當事人的倫理問題。**輔導學報，19**，287-321。

王智弘（1998）。**高中團體輔導手冊**。臺中縣：省政府教育廳。

王智弘（2004）。諮商專業倫理之理念架構與諮商專業倫理機制的運作模式。**中國輔導學會2004年年會暨學術研討會論文集**。臺北市：國立臺灣師範大學。

王智弘（2005）。諮商專業倫理之理念與實踐。**教育研究月刊，132**，87-98。

王智弘（2007）。校園網路成癮五級預防模式之建立。**臺灣心理諮商通訊，210**。2018年6月21日取自http://www.heart.net.tw/epaper/210-1.html

王智弘（2008）。兒童及青少年網路成癮症之輔導策略。**兒童及青少年網路成癮之探討研討會**。臺北市：國立臺灣大學。

王智弘、林意苹、張匀銘、蘇盈儀譯（2006）。**輔導與諮商原理：助人專業的入門指南**。臺北市：學富。（D. J. Srebalus & D. Brown, 2000）

王嘉琳、廖欣媚、吳健豪、張慈宜、尹彰德譯（2010）。**團體諮商：理論與實務**。臺北市：學富。（G. Corey, 2006）

王麗斐、李旻陽、羅明華（2013）。WISER生態系統合作觀的雙師合作策略。**輔導季刊，49**(3)，2-12。

王麗斐、杜淑芬（2009）。臺北市國小輔導人員與諮商心理師之有效跨專業合作研究。**教育心理學報，41**(5)，295-320。

王麗斐、杜淑芬、趙曉美（2008）。國小駐校諮商心理師有效諮商策略之探索性研究。**教育心理學報，39**(3)，413-434。

王麗斐、杜淑芬、羅明華、楊國如、卓瑛、謝曜任（2013）。生態合作取向的學校三級輔導體制：WISER模式介紹。**輔導季刊，49**(2)，4-11。

王麗斐主編（2013a）。**國民中學學校輔導工作參考手冊**。臺北市：教育部。

王麗斐主編（2013b）。**國民小學學校輔導工作參考手冊**。臺北市：教育部。

王麗斐等譯（1991）。諮商與心理治療的理論與實施。臺北市：心理。（G. Corey, 1991）

田秀蘭（1991）。生涯輔導工作的現況與展望。載於中國輔導學會（主編），輔導理論與實務：現況與展望（頁271-305）。臺北市：心理。

田秀蘭（2003）。社會認知生涯理論之興趣模式驗證研究。教育心理學報，34(2)，247-266。

危芷芬譯（2004）。心理測驗。臺北市：雙葉。（A. Anastasi & S. Urbina, 2000）

江原麟、陳冠吟、黃雅芬譯（2006）。教室裡的行為管理：交流分析之應用。臺北市：心理。（G. Barrow, T. Newton, & E. Bradshaw, 2001）

池旭臺等（2011）。現實與虛幻：網路沉迷輔導。臺北市：教育部。

行政院個人資料保護委員會籌備處（2023）。個人資料保護法。

何金針、陳秉華（2007）。臺灣學校輔導人員專業化之研究。稻江學報，2(2)，166-183。

何長珠（2003）。團體諮商：心理團體的理論與實務。臺北市：五南。

何長珠、曾柔鳴、劉婉如（2011）。團體諮商概要。臺北市：五南。

何英奇、毛國楠、張景媛、周文欽（2005）。學習輔導。臺北市：心理。

余民寧（2005）。心理與教育統計學。臺北市：三民。

余挺毅（2007）。發展國民小學輔導教師多元文化諮商能力初試量表。網路社會學通訊期刊，63。2018年2月10日檢索自http//www.nhu.edu.tw/~society/e-j.htm

吳秀敏、林佩芸、吳芝儀（2016）。從「學生輔導工作倫理守則」談學生輔導工作之倫理困境。諮商與輔導，367，14-17。

吳秀碧（2017）。團體諮商與治療。臺北市：五南。

吳秀碧、許育光、洪雅鳳、羅家玲（2004）。非結構諮商團體過程中領導者技術運用之研究。中華心理衛生學刊，17(3)，23-56。

吳武典、洪有義、張德聰（2011）。團體輔導理論與實務。新北市：空中大學。

吳武典主編（1980）。學校輔導工作。臺北市：張老師。

吳武典等（1995）。輔導原理。臺北市：心理。

吳芝儀（2000）。**生涯輔導與諮商**。嘉義市：濤石。

吳芝儀（2005）。我國中小學校輔導與諮商工作的現況與挑戰。**教育研究月刊，134**，23-40。

吳芝儀（2008）。學生輔導法的研擬與影響。**輔導季刊，44**(3)，34-44。

吳芝儀（2018）。**107課綱高中生涯規劃學科內涵探究**。2018年4月6日檢索自http://www.tcdca.org/?p=3119

吳清山（2015）。**教育概論**。臺北市：五南。

吳紫伃、許竑彬（2011）。諮商中的同理心技術初探。**臺灣心理諮商季刊，3**(2)，1-14。

呂勝瑛（2008）。**諮商理論與技術**。臺北市：五南。

呂鳳彎、翁聞惠、吳宗儒、黃馨瑩、吳芝儀（2015）。中小學學校輔導人員面臨的保密困境及因應策略。**輔導季刊，51**(3)，58-67。

宋宥賢（2016）。臺灣校園專任輔導教師角色職責構建與專業定位促進之探究。**新社會政策，46**，115-124。

宋湘玲、林幸台、鄭熙彥、謝麗紅（2004）。**學校輔導工作的理論與實施**（增訂版）。高雄市：復文。

李咏吟（1997）。學習策略的診斷與輔導。載於李咏吟（主編），**學習輔導：學習心理學的應用**（頁271-306）。臺北市：心理。

李明峰（2014）。存在主義心理治療的發展與新趨勢。**諮商與輔導，345**，7-9。

李冠泓等（2005）。諮商心理治療技巧密集訓練手冊。臺北市：心理。

李美華譯（2007）。**正面管教法：接納、友善學習的教室**。臺北市：人本教育文教基金會。（聯合國教科文組織，2006）

李茂興譯（1996）。**諮商與心理治療的理論與實務**。臺北市：揚智。（G. Corey, 1976）

杜正治（1997）。補救教學的實施。載於李咏吟（主編），**學習輔導：學習心理學的應用**（頁425-474）。臺北市：心理。

杜淑芬（2007）。**高關懷學生的辨識與轉介**。2019.6.19檢索自http://sccv.cycu.edu.tw/sccv/attach/thr_care/09.doc。

沈美秀（2005）。**國小學童親子互動關係、情緒智力與生活適應之相關研**

究。國立高雄師範大學教育研究所碩士論文，未出版，高雄市。

兒童福利聯盟文教基金會（2007）。**兒童校園「霸凌者」現況調查報告**。2018年3月28日，取自http://www.children.org.tw/database_report.php?id=204&typeid=4&offset=0。

卓紋君、范幸玲、黃進南、徐西森譯（2002）。**完形治療的實踐**。臺北市：心理。（P. Clarkson, 1989）

周文欽、賴保禎、歐滄和（2003）。**心理與教育測驗**。新北市：國立空中大學。

周玉真（2007）。焦點解決親職團體之團體效果與療效因素分析。**教育心理學報，39**(1)，1-21。

周甘逢、徐西森、龔欣怡、連廷嘉、黃明娟（2003）。**輔導原理與實務**。高雄市：復文。

周新富（2006a）。**家庭教育學：社會學取向**。臺北市：五南。

周新富（2006b）。**班級經營**。臺北市：華騰。

周新富（2016a）。**班級經營**。臺北市：五南。

周新富（2016b）。**教育研究法**。臺北市：五南。

周新富（2017）。**課程發展與設計**。臺北市：五南。

周新富（2023）。**教學原理與設計**。臺北市：五南。

孟瑛如（2017）。**資源教室方案：班級經營與補救教學**（第三版）。臺北市：五南。

林生傳（1996）。教改聲中談中、小學教學革新的主要趨勢。載於國立高雄師範大學教育系（主編），**中小學教學革新研討會大會手冊**（頁7-15）。高雄市：高師大。

林佩璇（2000）。個案研究及其在教育研究上的應用。載於中正大學（主編），**質的教育研究方法**（頁239-262）。高雄市：麗文。

林坤燦（2008）。**融合教育普通班特殊教育服務方案**。花蓮：國立東華大學特殊教育系。

林宗鴻譯（2006）。**人格心理學**。臺北市：洪葉。（J. M. Burger, 2004）

林幸台（1991）。**生計輔導的理論與實施**。臺北市：五南。

林幸台、田秀蘭、張小鳳、張德聰（2010）。**生涯輔導**。臺北市：心理。

林怡光、蕭文（2005）。焦點解決短期諮商對繼親兒童親子關係輔導效果之研究。**諮商輔導學報，13**，59-81。

林建平（2004）。**學習輔導理論與實務**。臺北市：五南。

林建平（2010）。**兒童輔導與諮商**。臺北市：五南。

林美珠（2002）。諮詢能力內涵與評量之探討研究。**中華輔導學報，12**，117-152。

林美珠、田秀蘭譯（2017）。**助人技巧：探索、洞察與行動的催化**（第四版）。臺北市：學富。（Clara E. Hill, 2013）

林家興（2004）。諮商專業倫理與中學輔導教師：兼論輔導教師與個案家長溝通的倫理議題。**學生輔導，93**，142-149。

林家興，王麗文（2003）。**諮商與心理治療進階：心理分析取向的實務指南**。臺北市：心理。

林家興、洪雅琴（2001）。學校人員對國中輔導工作及專業輔導人員試辦方案之評估研究。**教育心理學報，32(2)**，103-120。

林素貞（2018）。**資源教室方案與經營**（第三版）。臺北市：五南。

林淑君、王麗斐（2013）。君子不器：諮商心理師與校長合作推動初級發展性輔導工作的經驗分享。**輔導季刊，49(3)**，10-27。

林淑梨、王若蘭、黃慧真譯（1991）。**人格心理學**。臺北市：心理。（E. J. Phares, 1991）

林淑華、吳芝儀（2017）。美國學校輔導諮商發展史及對臺灣學校輔導工作之啟示。**輔導季刊，53(2)**，48-59。

林清文（2007）。**學校輔導**。臺北市：雙葉。

林進材（2004）。**教學原理**。臺北市：五南。

林萬憶、黃韻如（2007）。**學校輔導團隊工作：學校社會工作師、輔導教師與心理師的合作**。五南。

林蔚芳、賴協志、林秀勤（2012）。社會認知生涯理論模式之文獻回顧。**輔導季刊，48(3)**，50-63。

邱文彬（2001）。認識觀之心理病理模式與認知療法的整合。**淡江人文社會學刊，9**，133-164。

邱珍琬（2006）。**女性主義治療理論與實務運用**。臺北市：五南。

邱珍琬（2007）。**諮商技術與實務**。臺北市：五南。

邱珍琬（2015）。**圖解輔導原理與實務**。臺北市：五南。

邱珍琬（2017）。**諮商理論與技術**。臺北市：五南。

邱連煌（2001）。認知行為改變：行為的自我管理。**國教天地，143**，3-23。

邱溫譯（2000）。**伯恩：溝通分析學派創始人**。臺北市：生命潛能。（I. Stewart, 1992）

邱瑞妏、方敏全（2016）。現實治療團體理論運用在體重過重青少年減重方案設計之可能性。**臺灣教育評論月刊，5**(9)，131-140。

邱德才（2001）。**解決問題的諮商架構**。臺北市：張老師。

邱德才（2002）。**TA的諮商歷程與技術**。臺北市：張老師。

金慶瑞、林惠芬（2003）。國中資源班學生學校生活素質之研究。**特殊教育學報，18**，247-278。

金樹人（1998）。**生涯諮商與輔導**。臺北市：東華。

金樹人（2001）。**職業興趣組合卡**。心理。

金樹人、王淑敏、方紫薇、林蔚芳（1992）。國民中學生涯輔導計畫規劃之研究。**教育心理學報，25**，125-200。

金樹人、張德聰、黃素菲（2000）。**當代諮商理論**。新北市：空中大學。

洪莉竹（2008）。中學輔導人員專業倫理困境與因應策略研究。**教育心理學報，39**(3)，451-472。

洪莉竹（2011）。中小學學校輔導人員倫理決定經驗研究。**輔導與諮商學報，33**(2)，87-107。

洪莉竹（2014）。**學生輔導工作倫理守則暨案例分析**。臺北市：張老師。

洪惠嘉（2016）。國中輔導老師專業倫理議題之探討。**臺灣教育評論月刊，5**(6)，59-62。

胡中宜（2012）。學校社會工作員參與學生輔導工作之實務策略。**教育心理學報，43**(4)，833-854。

胡永崇（2000）。國小身心障礙資源班實施現況及改進之研究：以高雄縣為例。**屏東師院學報，13**，75-110。

胡永崇（2015）。學習障礙與學業低成就的鑑別與補救教學內容之思辨。**南屏特殊教育，6**，55-64。

胡永崇等譯（2011）。**學習障礙**。臺北市：心理。（W. N. Bender, 2005）

修慧蘭、鄭玄藏、余振民、王淳弘譯（2015）。**諮商與心理治療：理論與實務**（三版）。臺北市：雙葉。（G. Corey, 2013）

修慧蘭等譯（2016）。**諮商與心理治療：理論與實務**（四版）。臺北市：雙葉。（G. Corey, 2012）

唐思涵（2016）。從十二年國教適性輔導看國中生涯輔導困境與因應之道。**臺灣教育評論月刊，5**(5)，88-91。

唐璽惠（2002）。生活適應不良學生輔導策略。**學生輔導，83**，70-83。

孫頌賢（2016）。**諮商心理衡鑑的理論與實務**。臺北市：張老師。

徐西森（2011）。**團體動力與團體輔導**。臺北市：心理。

徐昊杲、武曉霞、徐美鈴、羅珮瑜、虞邦敏、楊惠娟（2012）。心理測驗工具應用在國中學生選習技藝教育課程之研究。**測驗學刊，59**(2)，219-245。

涂金堂（2009）。**教育測驗與評量**。臺北市：三民。

郝永崴、鄭佳君、何美慧等譯（2007）。**有效教學法**。臺北：五南。（G. D. Borich, 2004）

馬長齡等譯（2009）。**諮商與心理治療**。臺北市：新加坡商聖智學習。（Richard S. Sharf, 2008）

高雄市國民中小學輔導教師工作規定（2012）。高雄市新興高中網站。2018年2月10日檢索自http://www.hhhs.kh.edu.tw/ftp/20120921012042.pdf

高雅惠（2004）。格式化諮商記錄：SOAP在諮商記錄之使用。**諮商與輔導，225**，24-27。

張本聖、洪志美譯（2005）。**心理衡鑑大全**。臺北市：雙葉。（G. Groth-Marnat, 2003）

張本聖、洪志美譯（2012）。**心理衡鑑大全**（第二版）。臺北市：雙葉書廊。（G. Groth-Marnat, 2011）

張民杰（2011）。**班級經營：學說與案例應用**。臺北市：高等教育。

張玉姍、程景琳（2013）。小團體輔導對遭遇關係攻擊之國中女生的輔導成效。中等教育，**65**(2)，63-85。

張佳琳（2016）。學校諮商師輔導成效好，美國多州擴編預算增置。2018年

2月8日檢索自駐紐約辦事處教育組網頁http://www.edutwny.org/interna-tional-education-news

張春興（1989）。**張氏心理學辭典**。臺北市：東華。

張春興（2013）。**教育心理學：三化取向的理論與實踐**（第二版）。臺北市：東華。

張娟鳳（2001）。短期諮商的效能因素與工作同盟之研究。**教育心理學報，32**(2)，71-102。

張祐瑄（2016）。**輔導諮商人員的倡導之路：以《學生輔導法》為例**。國立彰化師範大學輔導與諮商學系碩士論文，未出版。彰化市。

張景然（2001）。團體諮商的規劃和實施：第二年的督導報告。**輔導季刊，37**(3)，37-46。

張進上（2006）。**諮商與輔導概論**。高雄市：復文。

張傳琳（2003）。**現實治療法理論與實務**。臺北市：心理。

張新仁（2001）。實施補救教學之課程與教學設計。**教育學刊，17**，85-106。

張新仁（2006）。學習策略的知識管理。**教育研究與發展期刊，2**(2)，19-43。

張新仁、邱上貞、李素慧（2000）。國中英語科學習困難學生之補救教學成效研究。**教育學刊，16**，163-191。

張嘉莉譯（2000）。**波爾斯：完形治療之父**。臺北市：生命潛能。（P. Clarkson & J. Mackewn, 1993）

張蓓莉（1998）。資源教室方案應提供的支援服務。**特殊教育季刊，67**，1-5。

張德聰、周文欽、張景然、洪莉竹（2004）。**輔導原理與實務**（第二版）。新北市：國立空中大學。

張德聰、林香君、鄭玉英、陳清泉（2002）。**諮商技巧實務訓練手冊**。臺北市：天馬。

張德聰、黃素菲、黃正旭（2008）。**諮商技術：助人策略與技術**。新北市：空中大學。

張麗鳳（2010）。**學校輔導工作團隊的分工與合作**。發表於2010世界公民人

權高峰會，2018年2月9日檢索自http://www.worldcitizens.org.tw/awc2010/ch/F/F_d_page.php?pid=24766

教育部（1968）。生活教育實施方案。

教育部（1998）。建立學生輔導新體制：教學、訓導、輔導三合一整合實驗方案。**學生輔導，58，**10-17。

教育部（2002）。教育部推動認輔制度實施要點。

教育部（2007）。國民小學與國民中學班級編制及教職員員額編制準則。

教育部（2009a）。校園安全與生活輔導案例彙編：校園的守護天使。

教育部（2009b）。校園自我傷害防治手冊。

教育部（2011）。國中與高中職學生生涯輔導實施方案（**100-103年**）。

教育部（2012）。校園霸凌防治準則。

教育部（2013）。各級學校及幼兒園通報兒童少年保護與家庭暴力及性侵害事件注意事項及處理流程。

教育部（2014）。國立高級中等學校組織規程準則。

教育部（2014）。學生輔導法。

教育部（2014a）。校園學生自我傷害三級預防工作計畫。

教育部（2014b）。推展在學青年生涯輔導工作方案（**103-106年**）。

教育部（2015）。學生輔導法施行細則。

教育部（2015）。學生轉銜輔導及服務辦法。

教育部（2016）。高級中等教育法。

教育部（2017a）。教育部國民及學前教育署補助置國中小輔導教師實施要點。

教育部（2017b）。教育部國民及學前教育署補助辦理補救教學作業注意事項。2018年3月28日檢索自http://priori.moe.gov.tw/index.php?mod=about/index/content/precautions

教育部（2018）。十二年國民基本教育課程綱要國民中小學暨普通型高級中等學校綜合活動領域。

教育部（2022）。教育部國民及學前教育署補助辦理國民小學及國民中學學生學習扶助作業注意事項。

教育部（2023）。性別平等教育法。

教育部（2023）。**國民教育法。**

教育部（2024）。**學校訂定教師輔導與管教學生辦法注意事項。**

教育部學生輔導資訊網（日期不詳）。**輔導設施。**2018年1月31日檢索自 http://www.guide.edu.tw/facility.php

許雅雯等（2017）。**健康促進**（第二版）。臺北市：新文京。

許維素（2001）。高中輔導教師推展學校輔導工作的行動發展歷程分析。**暨大學報，5**(1)，1-29。

許維素等（2002）。**焦點解決短期心理諮商。**臺北市：張老師。

許維素（2004）。社區諮商義工「焦點解決短期諮商初階訓練方案」之研究。**應用心理研究，22**，217-249。

許維素（2005）。**焦點解決短期心理治療的應用。**臺北市：天馬。

許維素（2009）。焦點解決短期治療高助益性重要事件及其諮商技術之初探研究。**教育心理學報，41**(S)，271-294。

許維素（2014）。學校處室個案會議的執行——焦點解決取向的應用。**諮商與輔導，337**，56-61。

許維素等譯（2015）。**學校輔導與諮商方案的設計、實施與評鑑。**臺北市：心理。（N. C. Gysbers & P. Henderson, 2012）

郭生玉（2000）。**心理與教育測驗。**臺北市：精華。

郭祥益主編（2013）。**適性輔導揚才啟航：高級中等學校導師生涯輔導操作手冊。**臺北市：教育部青年發展署。

陳志賢、徐西森（2016）。落實學生輔導法之輔導評鑑指標研究。**教育研究月刊，264**，21-36。

陳李綢（1996）。學習策略訓練方案對國中生閱讀理解學習之影響。**教育心理學報，28**，77-98。

陳李綢（2005）。**個案研究理論與實務。**臺北市：心理。

陳孟吟、王鼎豪（2018）。從女性主義治療探討《扶桑花女孩》之東方文化觀點及在本土化諮商上的應用。**諮商與輔導，386**，32-35。

陳秉華（2005）。我國中小學校輔導與諮商工作的現況和挑戰。載於嘉義大學（主辦），**現代教育論壇：第一屆中小學輔導與諮商學術研討會論文集。**嘉義市：嘉義大學。

陳金定（2001）。**諮商技術**。臺北市：五南。

陳金定（2005）。完形治療理論——症狀之形成與治療改變之歷程。**輔導季刊，41**(2)，54-63。

陳金定（2007）。完形治療理論之驗證：接觸干擾、未完成事件與心理幸福感因果模式考驗。**教育心理學報，39**(1)，45-67。

陳金定（2015）。**青少年發展與適應問題：理論與實務**。臺北市：心理。

陳金龍（2015）。**補救教學在十二年國教中的定位、做法與挑戰**。2018年3月26日，取自http://net.yhsh.tn.edu.tw/~leader/04/03.pdf

陳品秀、黃紫棻、簡筱雅、余雅軒、林祉吟（2017）。兒童青少年三級預防保護——跨專業合作概念。**家庭教育雙月刊，70**，78-85。

陳恆霖（2004）。立即性技巧的應用：一個案例的分析。**輔導季刊，40**(3)，9-17。

陳若璋、王智弘、劉志如、陳梅菁（1997）。**臺灣地區助人專業實務人員倫理信念、行為及困境之研究**。國科會專案研究報告（編號：NS86-2413-H-001-001）

陳英豪、吳裕益（1996）。**測驗與評量**。高雄市：復文。

陳皎眉、黃富源、孫旻暐、李睿杰（2011）。論心理測驗與國家考試。**國家菁英季刊，7**(1)，15-31。

陳鈞屏（2010）。心理衡鑑原則與實作。**諮商與輔導，297**，2-4。

陳增穎譯（2012）。**諮商概論**。臺北市：心理。（M. H. Guindon, 2011）

陳慶福、翁樹澍、許淑穗、劉志如、吳淑禎、王沂釗譯（2010）。**團體諮商：歷程與實務**。臺北市：聖智學習。（M. S. Corey, G. Corey, & C. Corey, 2010）

陳靜宜（2007）。走出負面情緒的泥沼——以理情治療的個案為例。**諮商與輔導，259**，21-24。

陳龍安（1992）。**兒童諮商技術**。臺北市：心理。

陳麗玉（2007）。航向藍海：學校輔導行政之挑戰與創新。**教育理論與實踐學刊，16**，61-75。

彭淑婷、許維素（2013）。學校輔導教師督導員的專業發展：美國學校輔導教師學會全國模式之介紹與啟發。**中等教育，64**(2)，98-121。

彭駕騂（1997）。**諮商與輔導Q&A**。臺北市：風雲論壇。

曾端真（1988）。**現實治療理論與實施**。臺北市：天馬。

曾端真（2001a）。從現實治療到選擇理論（上）。**諮商與輔導，187**，20-25。

曾端真（2001b）。從現實治療到選擇理論（下）。**諮商與輔導，188**，27-32。

曾端真、鍾瑞麗譯（2011）。**助人歷程與技巧**。臺北市：雙葉。（G. Egan, 2004）

曾耀霖（2011）。**單親青少年生涯自我概念之研究**。國立臺東大學特殊教育學系碩士論文，未出版。

游以安、姜兆眉（2017）。助人專業合作的鏡映與省思：從社工師觀點看諮商心理師於學校輔導場域的專業實踐。**輔導與諮商學報，38**(2)，53-74。

程小蘋、黃慧涵、劉安真、梁淑娟譯（2007）。**團體諮商策略與技巧**。臺北市：湯姆生。（E. Jacobs et al., 2006）

賀孝銘（2009）。**個別諮商實習教材**。2018年5月21日檢索自https://cte.ncue.edu.tw/CTE_web/cte/main_98/teach_97/t_material_97-5.pdf

馮觀富（1991）。**輔導行政**。臺北市：心理。

馮觀富（1997）。**輔導原理與實務**。臺北市：心理。

黃月霞（2002）。**兒童輔導與諮商：了解兒童、諮商服務、技巧訓練**。臺北市：五南。

黃正鵠（1998）。**行為治療的基本理論與技術**。臺北市：天馬。

黃光雄（2000）。**教育概論**。臺北市：師大書苑。

黃政昌（2005）。學校三級預防策略之探討。**諮商與輔導，184**，19-23。

黃政昌（2008a）。諮商中需要的心理評估（Psychological Assessment）：談臨床心理衡鑑VS.諮商心理評估。**諮商與輔導，265**，38-41。

黃政昌（2008b）。**心理評估：在諮商中的應用**。臺北市：雙葉書廊。

黃政昌（2015）。誰說諮商心理師不會做心理衡鑑（評估）？是「不一樣」，不是「不會」。**諮商與輔導，349**，11-14。

黃政昌、黃瑛琪、連秀鸞、陳玉芳（2015）。**輔導原理與實務**（第二版）。

臺北市：心理。

黃素菲（2016）。後現代的幸福生涯觀：變與不變的生涯理論與生涯諮商之整合模型。**教育實踐與研究，29**(2)，137-172。

黃惠惠（1996）。**自我與人際溝通**。臺北市：張老師。

新北市（2011）。**新北市各級學校教師輔導學生實施要點**。

楊忠霖（2017）。完形治療之空椅技術應用於受霸凌者之未竟事務。**諮商與輔導，379**，37-39。

楊瑞珠譯（1997）。**諮商倫理**。臺北市：心理。（G. Corey, M. S. Corey, & P. Callanan, 1993）

楊靜芳（2011）。高中生涯輔導的內涵與實務。**諮商與輔導，306**，16-20。

溫錦真、陳百芳、黃宜珍等（2011）。發生校園心理危機時！第三級預防臨床心理工作的實務與探究。**2011臺灣臨床心理學會年會海報摘要**。

葉一舵（2013）。**臺灣學校輔導發展史**。臺北市：心理。

葉光輝譯（2012）。**性格心理學**。臺北市：雙葉。（L. A. Pervin & D. Cervone, 2010）

葉盈麗（2016）。國小輔導工作現況與倫理。**師友月刊，591**，42-46。

葉重新（2010）。**心理與教育測驗**。臺北市：心理。

鄒慧英譯（2003）。**測驗與評量：在教學上的應用**。臺北市：洪葉。（R. Linn & N. E. Gronlund, 2000）

鄔佩麗（2010）。**輔導與諮商心理學**。臺北市：東華。

鄔佩麗、陳麗英（2011）。**輔導原理與實務**。臺北市：雙葉。

鄔佩麗、黃兆慧（2006）。**諮詢的理論與實務**。臺北市：心理。

鄔佩麗、翟宗悌、陳麗英、黃裕惠（2017）。**輔導原理與實務**（第二版）。雙葉。

雷新俊（2008）。校園霸凌事件的防治與輔導。**國教之友，60**(4)，33-41。

嘉義市學生輔導諮商中心（2014）。**個案研討個案資料表**。2018年6月25日檢索http://case.cy.edu.tw/fdownload/fdlist.asp?a=1&PageNo=2&id={27F15F12-43B6-4494-B8E2-7E28D02194AE}

臺南市大橋國中輔導室（2013）。**學生輔導資料紀錄表（B卡）**。2018年8月3日檢索自http://counseling.dcjh.tn.edu.tw/

臺灣輔導與諮商學會（2002）。**臺灣輔導與諮商學會諮商專業倫理守則**。2018年2月20日檢索自http://www.guidance.org.tw/ethic_001.html

臺灣輔導與諮商學會（2015）。**學生輔導工作倫理守則**。2018年2月20日檢索自http://www.guidance.org.tw/school_rules/content.html

趙曉美、王麗斐（2007）。臺北市國民小學輔導業務專業性之調查研究。**臺北市立教育大學學報，38**(1)，67-92。

趙曉美、王麗斐、楊國如（2006）。臺北市諮商師國小校園服務方案之實施評估。**教育心理學報，37**(4)，345-365。

劉小菁譯（2008）。**理情行為治療**。臺北市：張老師。（A. Ellis & C. MacLaren, 2001）

劉玉玲（2007）。**生涯發展與心理輔導**。臺北市：心理。

劉仲成（2016）。《學生輔導法》的立法過程與內涵及其影響。**教育研究月刊，264**，4-20。

劉淑敏（2013）。**存在主義與存在諮商，以傅朗克意義療法及亞隆的心理療法為主軸的探究**。東海大學哲學研究所博士論文，未出版。

劉焜輝（1988）。**輔導工作實務手冊**。臺北市：天馬。

劉焜輝（1990）。**輔導原理與實施**。臺北市：天馬。

劉焜輝主編（2003）。**諮商與心理治療新論**。臺北市：天馬。

劉焜輝主編（2014）。**輔導原理與實務**。臺北市：三民。

劉翔平（2001）。**尋找生命的意義：弗蘭克的意義治療學說**。臺北市：城邦。

潘正德（2007）。**諮商理論、技術與實務**。臺北市：心理。

潘淑滿（2004）。**個案記錄之撰寫技巧**。2018年8月2日檢索自http://web.thu.edu.tw/s935656/www/knowgirl3.pdf

蔡美香（2015）。2014年美國諮商學會諮商倫理專業守則之關鍵修訂及其意涵。**輔導季刊，51**(4)，10-17。

鄭崇趁（2005）。從組織再造的需求探討教訓輔三合一方案在教育改革中的角色功能。**國立臺北教育大學學報，18**(2)，75-100。

鄭崇趁（2008）。正向管教理念中的班級經營策略。**學生輔導季刊，105**，30-41。

鄭溫暖、李麗晶、簡銘儒、曾玉華（2001）。理情行為治療法在運動心理諮商之應用。**北體學報，9**，213-217。

鄭鈴諭（2003）。團體動力的探究——團體歷程的運作。**諮商與輔導，210**，39-43。

鄭慶民等（2023）。**國民中學推動生涯發展教育工作手冊**。臺北市：教育部。

蕭景容、徐巧玲（2011）。生涯未確定當事人對敘事取向生涯諮商之經驗內涵分析。**教育心理學報，42**(3)，445-466。

賴念華、鄭鈴諭、許維素、王雨薇（2014）。大學校園自殺防治工作之挑戰：以諮商中心的經驗為本。**中華輔導與諮商學報，39**，1-34。

賴保禎、周文欽、張德聰（1993）。**輔導原理與實務**。新北市：國立空中大學。

賴保禎、金樹人、周冲欽、張德聰（1996）。**諮商理論與技術**。新北市：國立空中大學。

賴保禎、盧欽銘等（1995）。**輔導原理與實施**。臺北市：中國行為科學社。

駱芳美、郭國禎（2018）。**諮商理論與實務**。臺北市：心理。

戴嘉南、連廷嘉（2001）。心理健康諮詢模式與行為諮詢模式的比較分析。**諮商輔導文粹，6**，87-118。

謝文全（2002）。**學校行政**。臺北市：五南。

謝守成、郎東鵬（2009）。**大學生職業生涯發展與規劃**。上海市：華中師大。

謝明瑾、王智弘（2016）。國民小學諮商心理師面臨保密議題倫理判斷歷程之敘說研究。**臺灣諮商心理學報，4**(1)，17-43。

謝曜任（2013）。從WISER模式談專任輔教師的角色與功能。**輔導季刊，49**(3)，13-18。

謝麗紅（2012）。**團體諮商方案設計與實例**。臺北市：五南。

鍾思嘉等譯（2006）。**諮商與心理治療理論與實務**。臺北市：培生。（D. Capuzzi & D. R. Gross, 2006）

韓楷檉、蘇惠慈（2008）。高中輔導教師專業職務角色個人變項、學校變項與生涯輔導專業能力關係之研究。**輔導與諮商學報，30**(2)，63-82。

簡茂發（2011）。**心理測驗與統計方法**（第四版）。臺北市：心理。

藍玉玲、張玉萱、陳畹蘭（2015）。「心理衡鑑初次晤談」客觀結構式臨床
測驗之初探研究。**中華輔導與諮商學報，44**，133-158。

魏希聖、李致中、王宛雯（2006）。高中職學生網路成癮之危險因子與偏差
行為研究：以臺中縣霧峰大里地區為例。**臺中教育大學學報：教育類，
20**(1)，89-105。

魏麗敏、黃德祥（2006）。**諮商理論與技術**。臺北市：五南。

羅燦煐（2005）。政策面vs.執行面：校園性侵害及性騷擾防治之政策分析、
現況檢視及實務芻議。**國家政策季刊，4**(1)，101-140。

蘇盈儀、姜兆眉（2015）。存在主義治療與塔羅牌結合及對話。**輔導季刊，
51**(1)，56-64。

鐘穎（2012）。**學校輔導的新趨勢**。教育部輔導工作資訊網。2018年2月13
日檢索自http://a001.cpshs.hcc.edu.tw/front/bin/ptdetail.phtml?Part=1203003
8&Category=62&PartPage=2

二、英文部分

Airasian, P. W. (2000). *Assessment in the classroom: A concise approach* (2nd ed.).
Boston: McGraw-Hill.

American School Counselor Association (2005). *The ASCA National Model: A
framework for school counseling programs* (2nd ed.). Alexandria, VA: Author.

Bandura, A. (1986). *Social foundations of thought and action: A social cognitive
theory*. Englewood Cliffs, NJ: Prentice-Hall.

Beck, A. T. (1976). *Cognitive therapy and emotional disorders*. Madison, CT: In-
ternational Universities.

Berne, E. (1964). *Games people play: The basic handbook of transactional analy-
sis*. New York: Ballantine.

Borich, G. D. (2004). *Effective teaching methods* (5th ed.). Upper Saddle River,
NJ: Prentice Hall.

Bronfenbrenner, U. (1979). *The ecology of human development*. MA: Harvard Uni-
versity Press.

Brown, C. G. (2012). A systematic review of the relationship between self-efficacy and burnout in teachers. *Educational and Child Psychology*, *29*, 47-63.

Brown, D., & Srebalus, D. J. (1996). *Introduction to the counseling profession*. Needham Heights, MA: Allyn & Bacon.

Brown, D., Pryzwansky, W. B., & Schulte, A. C. (2011). *Psychological consultation and collaboration: Introduction to theory and practice* (7th ed.). Upper Saddle River, New Jersey: Person.

Burden, P. R., & Byrd, D. M. (2010). *Methods for effective teaching*. Boston, MA: Allyn & Bacon.

Corey, G. (2005). *Theory and practice of counseling and psychotherapy* (7th ed.). Belmont, CA: Thomson.

Corey, G. (2008). *Theory and practice of group counseling* (7th ed.). Wadsworth: Cengage Learning.

Corey, G. (2009). *Theory and practice of counseling and psychotherapy* (8th ed.). Belmont, CA: Brooks/Cole Cengage Learning.

Corey, G. (2013). *Theory and practice of counseling and psychotherapy*. Belmont, Calif: Brooks/Cole Cengage Learning.

Corey, G., Corey, M. S., & Callanan, P. (2011). *Issues and ethics in the helping professions* (8th ed.). Pacific Grove, CA: Brooks/Cole.

Cormier, S., Nurius, P. S., & Osborn, C. (2017). *Interviewing and change strategies for helpers* (8th ed.). Boston, MA: Cengage Learning.

Cox, E., Bachkirova, T., & Clutterbuck, D. (eds.) (2014). *The complete handbook of coaching*. Thousand Oaks, CA.: Sage.

Crawford, D. K., & Bodine, R. J. (2001). Conflict resolution education: Preparing youth for the future. *Juvenile Justice*, *8*(1), 21-29.

Dougherty, A. M. (2005). *Psychological consultation and collaboration in school and community settings: A casebook* (4th. ed.). Pacific Grove, CA: Wadsworth Publishing.

Egan, G. (1994). *The skilled helper: A problem-management approach to helping*. Pacific Grove, Calif.: Brooks/Cole.

Ellis, A. (1973). *Humanistic psychotherapy: The rational-emotive approach.* New York: McGraw-Hill.

Ellis, A. (2007). *The practice of rational emotive behavior therapy* (2nd ed.). New York: Springer.

Erford, B. T. (2003). *Transforming the school counseling profession.* Upper Saddle River, NJ: Pearson Education.

Garner, N. E. (2008). *Conflict resolution programs in the schools* (ACAPCD-19). Alexandria, VA: American Counseling Association.

George, R. L., & Cristiani, T. S. (1995). *Counseling theory and practice* (4th ed.). Boston: Allyn & Bacon.

Ginzberg, E., Ginzberg, S. W., Azelrad, S., & Herman, J. L. (1951). *Occupational choice.* New York: Columbia University.

Gladding, S. T. (1996). *Counseling: A comprehensive profession* (3rd ed.). Englewood Cliffs, New Jersey: Prentice-Hall.

Glasser, W. (1969). *School without Failure.* NY: Harper Collins.

Glasser, W. (1986). *The basic concepts of reality therapy.* Canoga Park, CA: Institute for Reality Therapy.

Glasser, W. (1990). *The quality school.* New York, NY: Harper and Row.

Glasser, W. (1998). *Choice theory: A new approach to psychiatry.* New York, NY: Harper Collins.

Goldstein, A. P. (1993). Interpersonal skills training interventions. In A. P. Goldstein & C. R. Huff (eds.), *The gang intervention handbook.* Champaign, IL: Research Press.

Goodman-Scott, E., Watkinson, J. S., Martin, I., & Biles, K. (2016). School counseling faculty perceptions and experiences preparing elementary school counselors. *The Professional Counselor, 6*(4), 303-317.

Gottfredson, L. S. (1981). Circumscription and compromise: A developmental theory of occupational aspirations. *Journal of Counseling Psychology, 28*, 545-579.

Goulding, M., & Goulding, R. (1979). *Changing lives through redecision therapy.*

New York: Pace University Press.

Grant, K. B., & Ray, J. A. (2010). *Home, school, and community collaboration*. London: Sage.

Gysbers, N. C., & Henderson, P. (2012). *Developing & managing your school guidance and counseling program* (5th ed.). Alexandria, VA: American Counseling Association.

Henley, M. (2010). *Classroom management: A proactive approach* (2nd ed.). Boston: Pearson.

Holland, J. L. (1985). *Making vocational choices: A theory of vocational personalities and work environments* (2nd ed). Englewood, New Jersey: Prentice-Hall.

Jacobs, E., Masson, R. L., Harvill, R. L., & Schimmel, C. J. (2012). *Group counseling: Strategies and skill*. Belmont, CA: Cengage Learning.

Jones, A. J. (1970). Principles of guidance. NY: McGraw-Hill.

Jones, C., Shillito-Clarke, C., Syme, G., Hill, D., Casemore, R., & Murdin, L. (2000). *Questions of ethics in counselling and therapy*. Philadelphia, PA: Open University Press.

Kerr, M. M., & Nelson, C. M. (2006). *Strategies for addressing behavior problems in the classroom*. Upper Saddle River, New Jersey: Pearson Prentice Hall.

Kitchener, K. S. (1984). Intuition, critical evaluation and ethical principles: The foundation for ethical decisions in counseling psychology. *Counseling Psychologist, 12*(3), 43-55.

Krumboltz, J. D. (1994). Improving career development theory from a social learning perspective. In R. Lent & M. Savickas (eds.), *Convergence in career development theories: Implications for science and practice* (pp. 9-31). Palo Alto, CA: Consulting Psychologists Press.

Lent, R. W., Brown, S. D., & Hackett, G. (1996). Social cognitive career theory. In D. Brown and L. Brooks (eds.), *Career choice and development* (3rd ed.) (pp. 373-422). San Francisco, CA: Jossey-Bass.

McLeod, J. (2003). *An introduction to counselling* (3rd ed.). Buckingham: Open

University Press.

Meara, N. M., Schmidt, L. D., & Day, J. D. (1996). Principles and virtues: A foundation for ethical decisions, policies, and character. *The Counseling Psychologist*, *24*(1), 4-77.

Meichenbaum, D. (1985). *Stress inoculation training*. Elmsford, NY: Pergamon.

Nelson, T. S., & Thomas, F. N. (eds.) (2007). *Handbook of solution-focused brief therapy: Clinical applications*. NY: Haworth.

Nelson-Jones, R. (2014). *Practical counselling and helping skills*. London: Sage.

Payne, D. A. (2003). *Applied educational assessment* (2nd ed.). Belmont, CA: Wadsworth Thomson Learning.

Remley, T. P., & Herlihy, B. (2016). *Ethical, legal, and professional issues in counseling* (5th ed.). Boston, MA: Pearson.

Rogers, C. (1951). *Client-centered therapy: Its current practice, implications and theory*. London: Constable.

Rogers, C., & Freiberg, H. J. (1994). *Freedom to learn*. Upper Saddle River, NJ: Merrill.

Santrock, J. W. (2011). *Educational psychology* (5th ed.). NY: Graw-Hill.

Schmidt, J. J. (2008). *Counseling in schools: Essential services and comprehensive programs* (5th ed.). Boston: Allyn & Bacon.

Seligman, L., & Reichenberg, L. W. (2010). *Theories of counseling and psychotherapy: Systems, strategies, and skills* (3rd ed.). Upper Saddle River, NJ: Pearson Education.

Shapiro, F. (2002). *Eye movement desensitization and reprocessing: Basic principles, protocols, and procedures*. New York: Guilford.

Sharf, R. S. (1996). *Theories of psychotherapy and counseling: Concepts and cases*. Pacific Grove, CA: Brooks/Cole.

Shertzer, B., & Stone, S. C. (1981). *Fundamentals of guidance* (4th ed.). Boston, MA: Houghton Mifflin.

Sommers-Flanagan, J., & Sommers-Flanagan, R. (2004). *Counseling and psychotherapy: Theories in context and practice*. Hoboken, NJ: John Willy & Sons.

Srebalus, D. J., & Brown, D. (2006). *A guide to the helping professionals*. Boston, MA: Allyn & Bacon.

Super, D. E. (1953). A theory of vocational development. *American Psychologist, 8*, 185-190.

Swain, R. (1984). Easing the Transition: A career planning course for college students. *Personnel & Guidance Journal, 62,* 529-533.

Tuckman, B. W., & Jensen, M. A. C. (1977). Stages of small-group development revisited. *Group & Organization Studies, 2*(4), 419-427.

Vyskocilova, J., & Prasko, J. (2013). Ethical questions and dilemmas in psychotherapy. *Activitas Nervosa Superior Rediviva, 55*(1-2), 4-11.

Wenier, B. (1972). *Theories of motivation: From mechanism to cognition*. Chicago: Markham.

Yalom, I. D. (1995). *The theory and practice of group psychotherapy* (4th ed.). New York: Basic Books.

Zunker, V. G. (2012). *Career counseling: Applied concepts of life planning* (8th ed.). Wadsworth: Cole. Brookes.

國家圖書館出版品預行編目資料

輔導原理與實務／周新富著. --二版. --臺北
　市：五南圖書出版股份有限公司, 2024.08
　　面；　公分
　ISBN 978-626-393-508-2（平裝）

1.CST: 教育輔導

527.4　　　　　　　　　　113009295

112B

輔導原理與實務

作　　　者 ― 周新富

企劃主編 ― 黃文瓊

責任編輯 ― 黃淑真、李敏華

文字校對 ― 黃淑真

封面設計 ― 姚孝慈

出 版 者 ― 五南圖書出版股份有限公司

發 行 人 ― 楊榮川

總 經 理 ― 楊士清

總 編 輯 ― 楊秀麗

地　　　址：106臺北市大安區和平東路二段339號4樓

電　　　話：(02)2705-5066

網　　　址：https://www.wunan.com.tw

電子郵件：wunan@wunan.com.tw

劃撥帳號：01068953

戶　　　名：五南圖書出版股份有限公司

法律顧問　林勝安律師

出版日期　2019年1月初版一刷（共二刷）
　　　　　2024年8月二版一刷

定　　　價　新臺幣600元

經典永恆・名著常在

五十週年的獻禮 ── 經典名著文庫

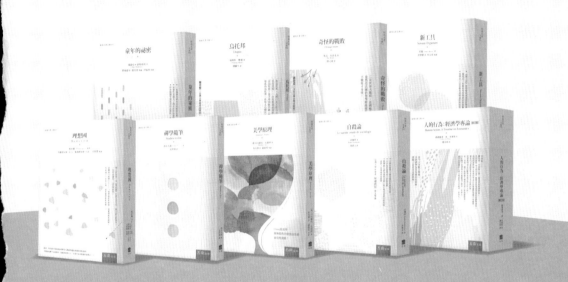

五南，五十年了，半個世紀，人生旅程的一大半，走過來了。

思索著，邁向百年的未來歷程，能為知識界、文化學術界作些什麼？

在速食文化的生態下，有什麼值得讓人雋永品味的？

歷代經典・當今名著，經過時間的洗禮，千錘百鍊，流傳至今，光芒耀人；

不僅使我們能領悟前人的智慧，同時也增深加廣我們思考的深度與視野。

我們決心投入巨資，有計畫的系統梳選，成立「經典名著文庫」，

希望收入古今中外思想性的、充滿睿智與獨見的經典、名著。

這是一項理想性的、永續性的巨大出版工程。

不在意讀者的眾寡，只考慮它的學術價值，力求完整展現先哲思想的軌跡；

為知識界開啟一片智慧之窗，營造一座百花綻放的世界文明公園，

任君遨遊、取菁吸蜜、嘉惠學子！